Timothy P. Vick

Geld verdienen mit Warren Buffett

Timothy P. Vick

Geld verdienen mit Warren Buffett

Value Investing verstehen und erfolgreich umsetzen
Aus dem Amerikanischen übersetzt von Helga Höhlein

Die Deutsche Bibliothek – CIP-Einheitsaufnahme

Vick, Timothy P.:
Geld verdienen mit Warren Buffett / Value Investing verstehen und erfolgreich umsetzen / Timothy P. Vick. Aus dem Amerikan. übers. von Helga Höhlein. – Landsberg/Lech : mi, Verl. Moderne Industrie, 2000
  ISBN 3-478-38360-9

Copyright © 1999 by Horizon Publishing Co., LLLC. All rights reserved.

Copyright für die deutschsprachigen Rechte © 2000 verlag moderne industrie AG & Co. KG, 86895 Landsberg/Lech
Internet: http://www.mi-verlag.de

Titel der amerikanischen Originalausgabe: „Wall Street on Sale"

Alle Rechte, insbesondere das Recht der Vervielfältigung und Verbreitung sowie der Übersetzung, vorbehalten. Kein Teil des Werkes darf in irgendeiner Form (durch Fotokopie, Mikrofilm oder ein anderes Verfahren) ohne schriftliche Genehmigung des Verlages reproduziert oder unter Verwendung elektronischer Systeme gespeichert, verarbeitet, vervielfältigt oder verbreitet werden.
Umschlaggestaltung: Daniela Lang, Stoffen
Satz: Fotosatz Buck, Kumhausen
Druck: Himmer, Augsburg
Bindearbeiten: Thomas, Augsburg
Printed in Germany 380 360/060001
ISBN 3-478-38360-9

Inhaltsverzeichnis

Einleitung 11

Danksagung 15

1 Was ist das – Value Investing? 17
- Definition von „Wert"
- Die sieben Prinzipien des Value-Ansatzes

2 Zur Historie des Value-Ansatzes 39
- Bestätigung des Value-Ansatzes durch empirische Untersuchungen
- Erfolgsstorys als Beweismaterial

3 Einen irrationalen Markt schlagen 69
- Vorliebe für höhere Preise am Aktienmarkt
- Der Irrationalitätszyklus
- Ein Wort zur Informationsasymmetrie
- Nutzung von Ineffizienz zum eigenen Vorteil

4 Zur Sinnlosigkeit von Prognosen 89
- Kein Verlass auf Unternehmensvoraussagen

5 Anlageerfolg zwischen Anleihe und Aktie 103
- Zusammenhang zwischen Anleihe und Aktie
- Stromversorgungsunternehmen als Anleihetreuhänder
- Zur Gewinnrendite
- Sechs Regeln für den Vergleich von Aktien und Anleihen
- Anleihen als Alternative zu Aktien
- Zum Zusammenhang zwischen Anleiherenditen und Aktienkursen

6 Verbesserung der Renditen auf lange Sicht mit „Kaufen und Halten" 129

- Drei Grundregeln für Aktienanlagen
- Gründe für längere Haltezeiten
- Die „Gewinnpunkte"-Methode
- Zum Timing von Höhen und Tiefen
- Ein Beispiel aus dem wirklichen Leben: *Dow-Industrials*-Unternehmen (1988–1996)
- Die sieben Gebote beim Markt-Timing

7 Investitionen mit schnellem Kapitalrückfluss ... 149

- Kriterien für einen angemessenen Kapitalrückfluss
- Optionen bei der Kapitalrückflussanalyse
- KGV als Bindeglied zwischen Nettoertrag und Kapitalrückfluss
- Die Kapitalrückflusstabelle
- Kapitalrückfluss und Wachstum: Eine Alternativmethode
- Zum Werteffekt wachstumsorientierten Kaufens

8 Unternehmensbewertung: Ermittlung von Gewinnen und Cashflow 169

- Ihnen gehören die Gewinne!
- Welchen Preis würden Sie für einen Besitzanteil am eigenen Haushalt bezahlen?
- Vier Methoden zur Beurteilung künftiger Gewinne
- Zuordnung von Unternehmenswerten
- Die „Diskontierungsrate"
- Anwendung der Diskontierungsrate
- Berechnung des fortlaufenden Wertes
- Für welche Diskontierungsrate sollten Sie sich entscheiden?
- Zusammenfassung

9 Analyse der Dividendenentwicklung eines Unternehmens 197

- Der Wachstumsfaktor bei Dividenden
- Dividenden als Relikt aus „Hamster"-Zeiten
- Dividenden und branchenspezifische „Lebenszyklen"
- Steuergesetzgebung und Dividenden
- Zur „Logik" von Dividendenreinvestitionsplänen

10 Bemessung der Unternehmensleistung 217

- Eigenkapitalrendite
- Zum Prognosepotenzial von Eigenkapitalrenditen
- Erhöhung der einbehaltenen Gewinne
- Produktivität – die Ergiebigkeit von Anlagewerten und Humankapital

11 Entdeckung verborgener Werte in Gewinnspannen 237

- Zur Aussagefähigkeit von Quartalsergebnissen
- Operativer Leverage-Effekt: Wenn die Gewinne schneller steigen als die Umsätze

12 Analyse der maßgeblichen finanziellen Kennzahlen 255

- Geldanlage nach Maßgabe von Buchwerten
- Zur Definition von „Buchwert"
- Bewertung von bilanztechnisch ausgewiesenen Vermögensbeständen
- Zur praktischen Anwendung von Grahams Anpassungsprinzipien
- Unternehmerdenken im Umgang mit Buchwerten
- Aktienkauf nach Maßgabe des Kurs-Gewinn-Verhältnisses
- Zum richtigen KGV-Verständnis
- Risiken bei ausschließlicher Verwendung von KGV-Kennzahlen
- KGV-Betrachtungen im richtigen Kontext
- Interpretation von KUV-Werten
- Die Verknüpfung von KUV-Werten mit Gewinnspannen

13 Einschätzung immaterieller Unternehmenswerte 279

- Immaterieller Wert Nr. 1: Rationales Management
- Immaterieller Wert Nr. 2: Kluger Umgang mit Personalkürzungen und Wertberichtigungen
- Immaterieller Wert Nr. 3: Wertschöpfung im Management
- Immaterieller Wert Nr. 4: Franchise-Wert
- Immaterieller Wert Nr. 5: Ein leserfreundlicher, klar verständlicher Jahresbericht

14 Zusammenstellung eines Portfolios: „Subsidiaritätsansatz" 309

- Sinn und Zweck von Diversifikation
- Fünf Grundprinzipien zur Erzielung einer angemessenen Diversifikation
- Die Durchschnittskostenmethode
- Zusammenstellung eines Value-Portfolios
- KGV-Effekt auf die Rendite des Anteilseigners
- Abrundung des Portfolios mittels „Subsidiaritätsansatz"
- Wert und Wachstum
- Aktien auf der „Warteliste"
- Der richtige Zeitpunkt für den Verkauf von Aktien
- Abschließende Verhaltensmaßregeln für den Aktienverkauf

15 Erfolgreich investieren mit Warren Buffett 335

- Punkt 1: Halten Sie sich ans „Schlagmann"-Konzept
- Punkt 2: Vermeiden Sie Verluste
- Punkt 3: Konzentrieren Sie sich auf wenige rentable Aktien
- Punkt 4: Nutzen Sie „sichere Anlagen" als Garantie für positive Renditen
- Punkt 5: Verlassen Sie sich nicht auf allzu seltene Absolutwerte
- Punkt 6: Kaufen Sie nachvollziehbare Unternehmenswerte
- Punkt 7: Halten Sie Ausschau nach hohen Eigenkapitalrenditen

- Punkt 8: Suchen Sie nach „Bollwerk"-Werten
- Punkt 9: Verkaufen Sie starke Unternehmenswerte nicht zu früh
- Punkt 10: Ignorieren Sie den Markt
- Zusammenfassung: Mr. Buffett hat das Wort

Stichwortverzeichnis............................. 357

Einleitung

Vor 150 Jahren behauptete John Stuart Mill in seinen *Principles of Political Economy* (deutsche Übersetzung: *Grundzüge der politischen Ökonomie*), Kapitalvermögen stiege und fiele im Wert ganz nach Lust und Laune der menschlichen Natur. Bei steigenden Preisen wittere die Allgemeinheit Gewinnchancen, treibe den Wert weiter in die Höhe und schaffe somit die Voraussetzungen für „sich selbst erfüllende Prophezeiungen". In ähnlicher Weise könnten fallende Preise die entgegengesetzte Reaktion fördern: „Die Disposition als solche tendiert dazu, den gewünschten Effekt herbeizuführen", schrieb Mill.

Aktienkurse steigen und fallen, und oft genug stecken keine anderen Triebkräfte dahinter als Angst, Passion und Begierde – ureigene, verständliche, wenngleich nicht eben zuträgliche menschliche Emotionen. Dieses launische Auf und Ab an der Wall Street bietet ungeheure Gewinnchancen, besonders dann, wenn das Anlegerpublikum ein Unternehmen falsch bewertet hat. Noch vor wenigen Jahren hatten die Leute Angst, das 11fache der Gewinne für *Merck & Co.* oder *Johnson & Johnson* zu bezahlen. Investoren ließen *Intel* beim 12fachen der Gewinne links liegen, schraken vor *Cisco Systems* bei 24 Dollar je Aktie zurück und wagten sich an Bankaktien wie *Wells Fargo* zu 75 Dollar gar nicht erst heran. Doch schon 1998 galt es in Anlegerkreisen als gewagt, wenn man dieselben Aktien zum enormen Vierfachen des Preises und 30fachen der Gewinne *nicht* zu seinem Besitz zählte! Wenn Sie begreifen, dass Wall Street kaum mehr als die Personifizierung – ein Spiegelbild – unseres menschlichen Egos ist, haben Sie den ersten Schritt zu langfristigem Anlageerfolg getan. Der zweite Schritt heißt: sich engagieren.

Das vorliegende Buch soll Ihnen zeigen, wie Sie sich an der Wall Street erfolgreich engagieren können – unter Anwendung eines wertorientierten Ansatzes, der heute als *Value Investing* bezeichnet wird. Seit seiner Einführung Mitte der 30er Jahre haben viele weltweit führende Börsenprofis vom *Value Investing* profitiert – zum Beispiel Warren Buffett, Walter Schloss, Mario Gabelli, Michael Price, John Neff, John Templeton und George Soros, um nur einige wenige Namen zu nennen. Die Methode, mit der sich solche Leute zu Schnäppchenprei-

Einleitung

sen in vielversprechende Unternehmen „eingekauft" haben, erweist sich als das erfolgreichste Instrument zur Aktienauswahl aller Zeiten.

Von *wertorientierten Geldanlagen* können auch Sie nur profitieren: Sie erwerben Aktien der gefragtesten Unternehmen der Welt *und* genießen die Früchte ihres Wachstums. Und da Sie nicht bereit sind, überhöhte Preise zu zahlen, erzielen Sie zwangsläufig höhere Renditen – bei weitaus geringerem Verlustrisiko.

Dennoch wird der *Value*-Ansatz als ernst zu nehmende Disziplin weitgehend ignoriert. Stattdessen blüht und gedeiht die Finanzbranche, die Ihnen weiszumachen versucht, Börsengeschäfte seien ein undurchsichtiges, komplexes Unterfangen, das *Sie* allein niemals in Angriff nehmen sollten und schon gar nicht durchschauen könnten. Auf diese Weise werden Investoren Opfer ihrer eigenen Emotionen. Wirtschaftsmagazine geizen nicht mit heißen Tipps („Welche Aktien Sie jetzt kaufen sollten") und Börsenmakler konstruieren ausgefeilte Pläne, denen zufolge Sie Ihre Aktien schneller tauschen müssten als Ihre Tanzpartner. Die Finanzbranche hat nie den schlichten Ansatz zu würdigen gewusst, Vermögen im Wert von 1 Dollar zu einem Preis von weniger als 1 Dollar zu erwerben und dann die Aktienanteile geduldig zu halten. Mit anderen Worten: Erfolgreiches Geldanlegen verlangt mehr als einen schnellen Walzertakt auf dem Parkett. Nur steht ein gemächlicher, stetiger Erfolg nicht eben hoch im Kurs!

Es könnte keinen besseren Zeitpunkt geben als den jetzigen, um sich den Value-Ansatz zu Eigen zu machen. Derzeit mischt fast jeder zweite Haushalt in den USA am Aktienmarkt mit; allerdings beweist die überwiegende Mehrheit der Anleger bei der Planung ihrer Aktienportfolios weitaus weniger Geduld als bei der Planung ihrer Mahlzeiten, Ferien oder Kleidung. 15 Jahre Bullenmarkt haben die Investoren zu der Überzeugung gebracht, sorgfältiges Nachforschen sei den Zeitaufwand nicht wert und derzeit sei kein Preis zu hoch, als dass man ihn nicht flugs zahlen sollte. Das Investieren in Wachstumswerte in Erwartung künftiger Kursgewinne hat ein eher umsichtiges Anlageverhalten verdrängt – wie schon im Jahr 1987, Anfang der 70er Jahre und in den goldenen Zwanzigern. Und wie alle schlechten Gewohnheiten dürfte auch diese Sorglosigkeit vielen Investoren immer wieder zum Verhängnis werden.

Wissenschaftliche Untersuchungen der letzten 20 Jahre haben erwiesen, dass Aktien mit der Zeit langsam zulegen. An solchen Ergebnissen ist einfach nicht zu rütteln – ebenso wenig wie an den daraus abzuleitenden sieben Lektionen:

1. *Kurzfristiges Handeln mit Aktien schmälert die Renditen.* Sie werden den Markt nie schlagen können, wenn Sie auf Ihrer verzweifelten Suche nach schnellen Gewinnen sprunghafte Aktienkäufe und -verkäufe tätigen. Je häufiger Sie Ihr Portfolio ummodeln, desto mehr geraten Sie ins Hintertreffen.
2. *Die einzig probate Methode, den Marktdurchschnitt zu übertreffen, ist die Verknüpfung von Preis und Wert.* Sie müssen zunächst den wahren Wert eines Unternehmens ermitteln, sollten dann unter Preis kaufen und dürfen letztlich im Schnitt mit höheren Renditen rechnen als andere Investoren.
3. *Die meisten hinlänglich bekannten Diversifikationsprinzipien können Sie vergessen.* Wenn Sie „zur eigenen Absicherung" dutzende unterschiedlicher Aktien zusammenstückeln, handeln Sie sich garantiert schlechtere Renditen ein. Dasselbe trifft auf das Kursdurchschnittsverfahren zu – auch ein solcher auf Versuch und Irrtum basierender Ansatz verhilft Ihnen allenfalls zu mittelmäßigen Renditen.
4. *Aktiengeschäfte nach Maßgabe technischer Indikatoren wirken sich eher nachteilig als förderlich auf Ihre Renditen aus.* Noch ist ein konsistent erfolgreiches Patentrezept für eilige Börsenentscheidungen nicht erfunden worden. An der Bewertung eines Unternehmens vor Ihrer Kaufaktion führt kein Weg vorbei. Andernfalls – sollten Sie ungeachtet des Wertes eines Unternehmens und seiner Verdienste investieren – setzen Sie sich hohem Verlustrisiko aus und lassen Ihre Geldanlage zu einem reinen Spekulationsgeschäft verkommen.
5. *Auf keinen Fall sollten Sie dem Zauber markttechnischer „Informationen" erliegen.* Wenn Sie die Finanzwelt mit ihren eigenen Waffen schlagen wollen, sollten Sie all die zyklischen Prognosen bezüglich der Entwicklung von Wirtschaft, Zinsen, Gewinnen und Aktienwerten getrost vergessen.
6. *Sie können an der Börse Erfolg haben – gewappnet mit kaum mehr als den in allgemein zugänglichen Geschäftsberichten publizierten Unternehmensdaten.* Viele wertorientierte Anleger verlassen sich auf Informationen, wie sie Jahresberichten, Broschüren und Vollmachtindossamenten zu entnehmen sind.
7. *Die meisten Informationen, die Sie zur Bewertung eines Unternehmens benötigen, können Sie kostenlos aus dem Internet abrufen.* Privatanleger verfügen mittlerweile über dieselbe Informationsbasis, die einst den legendären Geldmanagern vorbehalten war.

Die Markthistorie ist durch zyklische Schwankungen geprägt. Investoren sollten sich immer wieder klar machen, dass sie für einen

Einleitung

Gewinn von 100 Dollar im Schnitt Rückschläge in Höhe von rund 40 Dollar hinnehmen müssen. Zwei Schritte vorwärts, ein Schritt zurück – dieser Prozess kann schmerzhaft sein, wenn man nicht den fundamentalen Wert bedacht hat. Und das gilt für die wenigsten Investoren. Allen wissenschaftlichen Untersuchungsergebnissen und deutlich erkennbaren Trends zum Trotz sind die meisten Anleger auf periodisch auftretende Verluste nicht vorbereitet. Langfristig gesehen ist mit hoher Wahrscheinlichkeit ein Aufwärtstrend bei Aktienkursen zu erwarten. Anhaltendes Wirtschaftswachstum und erhöhte Produktivität führen in aller Regel zu einer stetigen Verbesserung des inneren Unternehmenswertes und dieser wiederum treibt die Aktienkurse in die Höhe. Allerdings halten zu viele Anleger stur an der Vorstellung fest, die eigene Geldanlage sei der Stein des Weisen – so überzeugt sind sie, dass die Aktien, die sie heute kaufen, eines Tages auf wundersame Weise Millionäre aus ihnen machen. Daneben gibt es die Wachstumsinvestoren, die sich spontan von den 100 Dollar Gewinn blenden lassen und dabei jedes Verlustrisiko übersehen – Blinde betätigen sich als Blindenführer. Demgegenüber suchen Wertinvestoren nach Möglichkeiten, wie sie ihre 100 Dollar Gewinn ohne die 40 Dollar Verlust erzielen können.

Das vorliegende Buch fasst die wichtigsten Grundsätze des *Value Investing* zusammen und erläutert viele der Techniken, die legendäre Investoren wie Warren Buffett zum Aufbau ihrer Imperien angewendet haben. Einleitend werden die wesentlichen Aspekte wertorientierten Anlegens vorgestellt, damit der Leser einen ersten Eindruck erhält, auf welche Weise zahllose Gelddisponenten ihr Glück gemacht haben. In den nachfolgenden Kapiteln erfährt der Leser dann im Einzelnen, wie ein Unternehmen im Hinblick auf sein Investmentpotenzial zu bewerten ist. Abschließend wird gezeigt, wie man ein Portfolio mit hochwertigen Aktien zusammenstellt.

Ich bin sicher: Dieses Buch hat Ihnen so viel an Rüstzeug zu bieten, dass Sie Ihre Zukunft selbst bestimmen und Ihren Erfolg an der Börse durch umsichtige, kluge Geldanlagen steigern können. Die Grundsätze, die hier zur Sprache kommen, sind zeitlos gültig und werden Ihnen in guten wie in schlechten Börsenzeiten weiterhelfen – ob Sie sich nun für den Kauf von *Internet*-Aktien entscheiden oder Anteile an *General Electric*, *Sony*, *Duke Power* oder *Bethlehem Steel* erwerben wollen.

Viel Glück bei Ihrer Schnäppchenjagd!

Timothy P. Vick
November 1998

Danksagung

Es ist außerordentlich zeitaufwendig, ein Buch wie dieses zum Abschluss zu bringen, zumal eine ganze Reihe von Leuten geduldig und umsichtig dazu beitragen müssen. An erster Stelle möchte ich meiner Frau Rebecca für ihre unermüdliche Unterstützung und die redaktionelle Bearbeitung des Manuskripts danken – und meinen Kindern Calvin und Natalie für all die Geduld, die sie ihrem Papa trotz seiner schier endlosen Wochenenden und Abende am Computer entgegengebracht haben. Ein besonderer Dank gilt meinem Verlagslektor Jeffrey A. Krames, der dieses Projekt bis zum Schluss mit vielen wertvollen Anregungen betreut hat. Dank gebührt auch meinem Kollegen Kenneth Pogach, einem für den Finanzbereich zuständigen Dozenten an der *Purdue University*: Er hat mir dabei geholfen, viele der in diesem Buch vorgestellten Bewertungsaspekte kritisch zu hinterfragen. Chris Vaughn (*Horizon Publishing Co.*) danke ich für seine Hilfe bei der Grafikerstellung und Satztechnik. Warren Buffett, Walter Schloss, Charles Brandes und die Partner bei *Tweedy, Browne* haben mir freundlicherweise gestattet, Argumente aus ihren eigenen Veröffentlichungen in meinem Buch zu verwenden – auch dafür bin ich zu Dank verpflichtet.

1 Was ist das – Value Investing?

Man muss vor allem den Wert kennen.
Charles Dow zugeschrieben

Als Benjamin Graham erstmalig einschlägige Bewertungsprinzipien in seinem bahnbrechenden Buch *Security Analysis* (deutsche Übersetzung: *Wertpapieranalyse*) aus dem Jahr 1934 aufstellte, gab es das Konzept *Value Investing* noch nicht. Graham hätte wohl Einwände gegen die Bezeichnung als solche gehabt und sich gegen die Verformung des Konzepts im Lauf der Jahrzehnte gewehrt. Noch ganz unter dem Eindruck der Bärenmarkt-Jahre 1929 bis 1933 verfolgte der damals 40-Jährige lediglich die Absicht, Investoren beizubringen, wie man Jahresabschlüsse analysiert und den realen Wert eines Unternehmens am Markt richtig einschätzt. Für ihn war es unvorstellbar und geradezu schwachsinnig, ein Unternehmen zu kaufen, ohne zuvor seine Wachstumsperspektiven analysiert zu haben.

Das 700 Seiten starke Buch erschien in einer Zeit äußerster Sorglosigkeit – und gilt heute als „Bibel" des Value-Ansatzes. Die Finanzmärkte im ersten Drittel des 20. Jahrhunderts wurden weithin manipuliert, oft sogar von einem einzigen Investor oder Banker, der darauf aus war, den Kurs eines Wertpapiers aufzuschwänzen oder die eigenen Gewinne abzusichern. Bevor der Kongress in Washington in den 30er Jahren strikte Offenlegungsgesetze verabschiedete, wiesen die amerikanischen Unternehmen ihre Finanzergebnisse so gut wie gar nicht aus und den spärlichen Daten, die sie in ihren Berichten veröffentlichten, war vielfach nicht zu trauen. Die wenigen Rechnungslegungsvorschriften, die es überhaupt gab, waren recht milde und fanden in den verschiedenen Branchen nicht einmal einheitliche Anwendung. Insiderhandel war nicht nur an der Tagesordnung, sondern sogar zugelassen. Die Unternehmen gingen an die Börse, ohne ihren potenziellen Investoren aussagekräftige Fakten und Daten zu ihren Geschäftstätigkeiten vorzulegen. Informationen wurden nur zögernd und unregelmäßig herausgegeben, so dass die breite Öffentlichkeit über den aktuellen Börsenstand und den ganzen Hokuspokus an der Südspitze von Manhattan weitgehend im Unklaren blieb.

1 Was ist das – Value Investing?

Die gesamte Kulisse war dazu angetan, wilde Gerüchte in Umlauf zu setzen und die Kurse klettern und purzeln zu lassen, ohne den Wertaspekt – oder das Dilemma der Opfer – groß in Betracht zu ziehen. Vor Graham hatte sich noch keiner die Mühe gemacht, Standardrichtlinien für die Analyse eines öffentlichen Unternehmens aufzustellen. Zwar hatten ein paar Akademiker bereits mit dem Begriff „innerer Wert" *(intrinsic value)* hantiert. Doch ihre groben mathematischen Modelle fanden nur in der Bankwelt und in Akademikerkreisen Anerkennung. Das breite Publikum in Amerika wusste kaum zwischen einer erstklassigen Wertpapieranlage und einem offenkundigen Scheingeschäft zu unterscheiden.

In seinem Buch *Security Analysis* ging es Graham nicht darum, ein Patentrezept zum schnellen Reichwerden zu konzipieren. Und als „Vater des Value-Ansatzes" oder als „maßvoller Investor" hätte er schon gar nicht bezeichnet werden wollen. Mit seinem Beitrag wollte er lediglich einer Kultur, die im Wertpapierhandel ein Ziel in sich und nicht ein Mittel zum Zweck sah, zu objektiv klarem Sinn und Verstand verhelfen. So hatte Graham wenig Verständnis für einen Investor, der einen Vermögenswert erwerben wollte, ohne zuvor dessen Mechanik erkundet zu haben. Seine Empfehlung lautete vielmehr: Man muss einem Unternehmen erst mal ordentlich gegen die Reifen treten und unter die Motorhaube schauen, bevor man seinem Händler einen Kaufauftrag erteilt.

Grahams drastische Empfehlung mutet geradezu naiv an, trifft aber den Kern des Value-Ansatzes: Gutes Recherchieren vor dem Aktienkauf führt zu gutem Urteilsvermögen; konsistentes methodisches Vorgehen führt zu klugen Entscheidungen; Kaufen zu fairen Preisen führt zu überdurchschnittlichen Renditen. „Die Tatsache, dass [*Value Investing*] so einfach ist, hindert die Leute daran, diesen Ansatz zu lehren", hat der milliardenschwere Value-Investor Warren Buffett einmal gesagt. „Sie haben das alles hinter sich, Studium und Promotion, und jahrelang mathematische Lösungen für alle möglichen schwierigen Probleme gepaukt; und dann sollen Sie zu diesem Ansatz zurückfinden. Das ist gerade so, als ob Sie Theologie studiert hätten, um letztlich festzustellen, dass die Zehn Gebote alles waren, was Sie brauchten."[1]

Heute wird *wertorientiertes Investieren* vielfach mit „billiger" Geldanlage gleichgesetzt. Der Value-Ansatz gilt als Anlagestrategie zum Erwerb „unpopulärer" Unternehmen – Unternehmen, die sich in größten Schwierigkeiten befinden oder deren Aktien unter 10 Dol-

---

[1] J. L. Davis, *New York Times Magazine*, April 1990.

lar gehandelt werden. Als ich 1997 mit der Herausgabe meines Investmentmagazins *Today's Value Investor* begann, war ich überrascht, wie viele Abonnenten die Meinung – und die Hoffnung – vertraten, ich würde ihnen heiße Tipps für den Kauf neuer Wachstumswerte zum Kurs von 2 Dollar je Aktie geben. In der Sprache des Bullenmarktes wurde „Wert" bereits mit Billigpreisen in Verbindung gebracht.

In gewisser Weise gehören Wert und Preis tatsächlich zusammen, so wie Wert und Wachstum zusammengehören. Überzeugte Wertinvestoren konzentrieren sich auf Preise; nie würden sie mehr Geld für eine Aktie zahlen, als das Unternehmen wert ist. Aber sie sind nicht nur an Preis und Wert, sondern genauso auch am Wachstumspotenzial eines Unternehmens interessiert. Denn wenn ein Unternehmen nicht in der Lage ist, seine Gewinne und seinen Nettowert – seinen „inneren Wert" – im Lauf der Zeit zu erhöhen, ist nicht sicher, dass seine Aktien im Wert steigen. Erst die Kombination dieser drei Faktoren – der Erwerb von Wachstumswerten zu Wertpreisen – beschert Investoren überdurchschnittliche, den Markt übertreffende Renditen.

Definition von „Wert"

Was verstehen wir unter *Wert*? In der Wertpapierbranche wird der Wertbegriff ziemlich pauschal verwendet – oft so locker und wahllos, dass *Wert* zum undifferenzierten Etikett der eigenen Anlagestrategie verkommt. Millionen von Geldanlegern, darunter auch viele Fondsmanager, nehmen für sich in Anspruch, „Wertsucher" *(value seekers)* zu sein. Nur zeigt sich meist, dass solche Leute nicht intensiver um Wertermittlung bemüht sind als Händler, die auf spontane Kurssteigerungen spekulieren. Sie verwenden den Wertbegriff gewissermaßen als Gütesiegel – in Ermanglung einer straffen Disziplin. Doch der Terminus *Wert* im finanziellen und rechtlichen Sinn hat konkrete materielle Bedeutung. Das Zivilrecht kennt verschiedene Wertkategorien:

- **Fairer Marktwert.** Dies ist der wichtigste Standardwert, wie er bei der Bewertung von Privatvermögen, insbesondere bei der Immobilienwertermittlung und bei der Vermögensbesteuerung, angewendet wird. Der faire Marktwert ist, kurz gesagt, der Preis, den ein Anleger für ein vergleichbares Vermögensobjekt zu zahlen bereit ist. Er wird fast immer in Geldwerten definiert, zumal der faire Marktwert den Barbetrag ausweist, den ein Käufer aufzubringen – oder ein Verkäufer anzunehmen – bereit ist. Dabei wird vorausgesetzt, dass beide Parteien über hinreichende einschlägige Informationen verfügen, um den Wert des zum Tausch anstehenden Objekts beurteilen zu können. Vorausgesetzt wird auch, dass weder der Käufer noch der Verkäufer den Preis als solchen vorgibt; vielmehr bestimmt der Markt den fairen – „marktgerechten" – Wert. Vermutlich haben Sie selbst schon viele Male mit marktgerechten Bewertungen zu tun gehabt. Wenn Sie ein Haus kaufen oder verkaufen wollen, richten Sie sich bei Ihren Preisvorstellungen nach den lokalen Marktverhältnissen. Wenn Häuser wie das Ihre zu Preisen zwischen 200000 und 220000 Dollar verkauft werden, dann wird auch der Verkaufspreis für Ihr Haus kaum von dieser Preisspanne abweichen. Sollte dies dennoch der Fall sein, so hat sich für die nähere Umgebung ein neuer marktgerechter Wertstandard herausgebildet. Wann immer Sie für eine Aktie bereitwillig und ohne weiteres Hinterfragen den aktuellen Kurs zahlen, erkennen Sie den fairen Marktwert des Unternehmens an.

- **Anlagewert.** Der Anlagewert eines Unternehmens ist für alle potenziellen Käufer unterschiedlich, da jeder Käufer eigene, persönliche Renditeanforderungen an einen Vermögenswert stellt. Betrachten wir zum Beispiel drei Investoren, die Aktien des Unternehmens *Procter & Gamble* zum Kurs von 50 Dollar erwerben wollen. Der erste Investor ist vor allem an der Sicherheit seiner Geldanlage interessiert und folglich nicht bereit, Kursrückgänge von mehr als 15 Prozent hinzunehmen. Der zweite Anleger möchte – oder muss vielleicht – eine 20-prozentige Aktienrendite im Jahr erzielen und nimmt dafür größere Kursschwankungen in Kauf. Der dritte wiederum strebt eine Dividendenrendite von mindestens 4 Prozent jährlich an. Damit erwartet jeder der drei Investoren eine andere Mindestrendite, die nur bei ganz bestimmten Kursen zu realisieren ist. Der erste Investor wird vom Kauf der Aktie absehen, wenn der Kurs unter einen Wert von 42,50 Dollar (15 Prozent von 50 Dollar) absacken könnte. Der zweite Anleger wird nur dann Aktien von *Procter & Gamble* kaufen, wenn die Aussicht besteht, dass sich der Kurs innerhalb eines Jahres auf mindestens 60 Dollar beziehungsweise in fünf Jahren auf 124 Dollar erhöht. Der dritte schließlich wird *P&G*-Aktien nur so lange besitzen wollen, wie die Jahresdividende des Unternehmens mehr als 2 Dollar beträgt. Da somit jeder Investor ganz spezielle Anforderungen an die erwartete Mindestrendite stellt, fällt auch die jeweilige Unternehmensbewertung unterschiedlich

aus. Folglich werden die Investoren *P&G*-Aktien nur unter ganz bestimmten und genau festgelegten Bedingungen kaufen beziehungsweise verkaufen – völlig unabhängig vom wirklichen Wert des Unternehmens.
- **Buchwert.** Mit diesem Wertstandard wird der in der Bilanz ausgewiesene Nettowert des Unternehmens bemessen – der Eigenkapitalwert je Aktie. Viele Wertanleger orientieren sich an dieser Kennzahl, um unterbewertete Aktien ausfindig zu machen. Sie argumentieren zu Recht, ein Unternehmen könne nicht auf längere Zeit unter seinem Nettowert gehandelt werden. Entweder müsse das Aktienkapital über den Buchwert hinaus steigen oder die Geschäftsführung müsse Vermögensteile veräußern und den Erlös den Aktionären zufließen lassen. Die Bedeutung des Buchwertes wird in Kapitel 12 näher erläutert.
- **Veräußerungswert.** Dieser Wertstandard gibt Auskunft darüber, was ein Unternehmen erzielen könnte, wenn alle Vermögensteile verkauft, alle Außenstände hereingeholt und alle noch ausstehenden Rechnungen und Schulden beglichen worden sind. Der Veräußerungswert ist für Value-Investoren nur von geringer Bedeutung, denn als wertorientierter Anleger sollte man sich auf vitale Unternehmen konzentrieren, bei denen die Erwirtschaftung künftiger Gewinne und keine Bankrotterklärung zu erwarten ist. Der Veräußerungswert kann allerdings eine Rolle spielen, wenn der Markt eine Aktie hochgradig überverkauft (wie dies bei *Chrysler*-Aktien Anfang der 80er Jahre oder bei *Citicorp*-Aktien 1991 der Fall gewesen ist). Solche Schnäppchen sollte man sich natürlich nicht entgehen lassen.
- **Innerer Wert.** Der innere Wert ist weniger ein subjektives als vielmehr ein generisches Konzept, mit dessen Hilfe ein Unternehmensbewerter einem Unternehmen einen bestimmten Wert zuschreibt, nachdem er die Finanzsituation des Unternehmens analysiert hat. Absolut gesehen entspricht der innere Wert dem Substanzwert eines Unternehmens – dem marktgerechten Verkaufspreis, den die Investoren für das Unternehmen verlangen könnten, wenn alle denselben Informations- und Kenntnisstand hätten. Bei der Bestimmung des inneren Unternehmenswertes ist der Investor bemüht, so weit wie möglich einen Preis je Aktie für folgende Komponenten zu ermitteln: (1) die Vermögensbestände des Unternehmens, (2) den Wert der erwarteten künftigen Unternehmensgewinne oder Dividenden und (3) die Zuwachsrate für den Umsatz beziehungsweise die Gewinne des Unternehmens.

1 Was ist das – Value Investing?

Abbildung 1-1 veranschaulicht den Zusammenhang zwischen den verschiedenen Wertstandards. Am Beispiel eines hypothetischen Unternehmens soll gezeigt werden, wie unterschiedlich sich die methodischen Ansätze auswirken können. Zu diesem Zweck wurden vier Standardwerte – Marktwert, innerer Wert, Buchwert und Veräußerungswert – übereinander aufgetragen. Der Marktwert ist mit dem Aktienkurs angegeben und weist die höchste Schwankungsintensität auf. Das Auf und Ab und die täglichen Fluktuationen des Marktwertes lassen erkennen, wie sich der Unternehmenswert in der Einschätzung der Händler laufend ändert. In der Praxis erweist sich der Marktwert auf Grund seiner Unbeständigkeit als das am wenigsten brauchbare Kriterium zur Bestimmung des wirklichen Unternehmenswertes. In unserem hypothetischen Beispiel steigt der Marktwert zunächst von 60 Dollar auf 80 Dollar, fällt dann unter 60 Dollar, erhöht sich auf 90 Dollar und sackt wieder zurück auf einen Kurs um 60 Dollar. Im Gegensatz dazu verändert sich der fundamentale Wert des Unternehmens nicht annähernd so schnell – gleich, ob er als innerer Wert, als Buchwert oder als Veräußerungswert bestimmt wird. Der wirkliche Wert unseres hypothetischen Unternehmens steigt vielmehr allmählich an, selbst zu Zeiten, in denen der Marktwert drastisch abfällt.

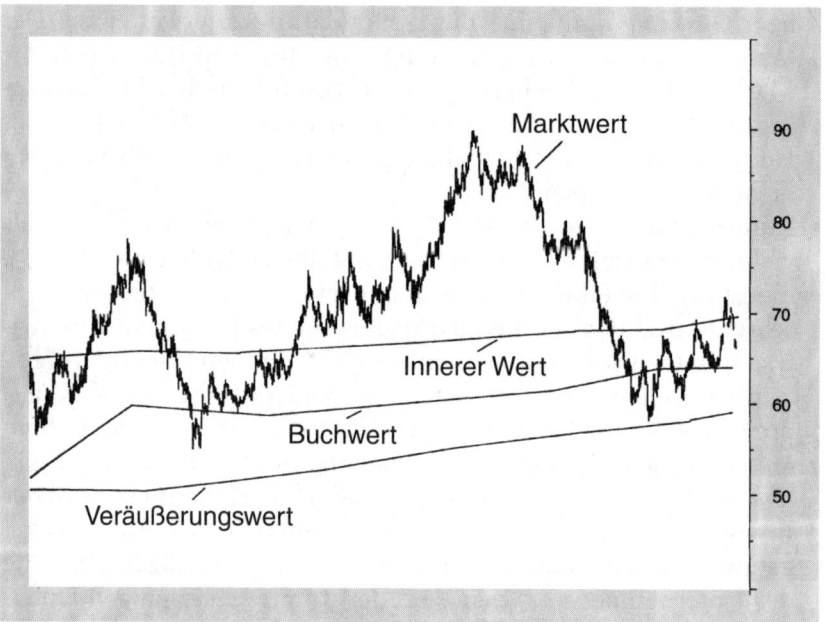

Abbildung 1-1: Zusammenhang zwischen Marktwert und anderen Standardwerten

Ein wertorientierter Anleger hält Ausschau nach Aktien, bei denen der Marktwert unter dem inneren Wert liegt. Je tiefer die Aktien unter den inneren Wert fallen, desto vielversprechender ist das Geschäft – desto größer ist das Renditepotenzial. Im vorliegenden Beispiel waren die Aktien zweimal unter den inneren Wert und vorübergehend sogar unter den Buchwert des Unternehmens abgesunken. Ihren attraktivsten Kurs hatten die Aktien im Bereich des Veräußerungswertes erreicht, wo kaum noch das Risiko eines weiteren Kursabfalls bestand.

Die sieben Prinzipien des Value-Ansatzes

Wertorientierte Geldanlagen haben nichts Mysteriöses an sich. Der praktische Umgang mit Wertanlagen verlangt keine Computer-Algorithmen und keine ökonometrischen Formeln. Sie brauchen als Anleger auch nicht Wirtschafts- oder Finanzwissenschaften studiert zu haben, um die Grundlagen zu beherrschen. Mit einem Taschenrechner und gesundem Menschenverstand kommen Sie viel weiter. Was Sie brauchen, ist vor allem ein klarer Kopf. Selbst anerkannte Börsenprofis verrennen sich und machen Fehler, indem sie nutzlose Daten sammeln und analysieren, sämtliche Marktbewegungen minutiös verfolgen und letztlich auf Ereignisse reagieren, die von Statistikern als „Störsignale" bezeichnet werden – Ereignisse, die sich auf den Haupttrend kaum auswirken. Privatanleger verhalten sich nicht anders. Für sie ist die Wall Street ein Tempel des Wissens, gerade so, als ob Analysten und Strategen begnadete „Seher" wären, die unfehlbar künftige Gewinne, Cashflow-Zahlen und Arbeitslosenquoten aus Tabellen und Kurvendiagrammen herauszulesen vermögen. In Wirklichkeit sind die Wall-Street-Eminenzen nur dazu da, Ihnen etwas zu verkaufen und Ihren Wunsch, einen Blick in die Zukunft zu tun, für eigene Zwecke zu nutzen. Die Weissagungen dieser Experten bezüglich künftiger Gewinne oder Marktbewegungen sind um nichts besser als die Orakel, auf die sich die alten Griechen bei der Bestellung ihrer Äcker verließen.

All die Prognosemodelle, die solche Wall-Street-Profis zu tausenden entwickelt haben, einschließlich ihrer in die Millionen gehenden Kaufempfehlungen, erweisen sich allenfalls als „Hühnersüppchen"-Börsenmedizin: Kaufen Sie zwei Aktien Ihrer Wahl und kommen Sie in 20 Jahren wieder! Im Gegensatz dazu kann der Value-Ansatz von jedermann mit Erfolg praktiziert werden. Seine Leitsätze und umwerfenden Erfolgsbilanzen liegen offen zutage: Die Welt mag das Value-Modell von allen Richtungen her betrachten wie eine Skulptur von Rodin oder einen Trapezakt. Seine Grundprinzipien sind von eleganter Schlichtheit – vorausgesetzt, Sie bringen das richtige Temperament und die richtige Einstellung mit.

Das erste Prinzip:
Vermögenswerte zu „Schnäppchenkursen" kaufen

Nach Sonderangeboten Ausschau zu halten ist in der Psyche der Amerikaner ebenso tief verankert wie ihre Vorliebe für *Sitcoms* zu den Hauptsendezeiten. Sie halten es für selbstverständlich, dass ein Produkt – ein Stück Seife, eine Pontiac-Limousine oder alte Schulkleidung – mehr wert ist, wenn der Preis sinkt. Der Lebensmittelhändler von nebenan hat Steaks im Angebot? Ihre erste Reaktion könnte die sein, schnell ein paar Steaks einzukaufen. Und bietet ihr Lieblingsschnellimbiss preisgünstig Hamburger mit Fritten auf der Tageskarte an, ist die Verlockung groß, auf das Kochen am eigenen Herd zu verzichten und sich eine ordentliche Portion von dort mitzunehmen. Warum die Amerikaner so sind? Weil sie Wertfanatiker sind. Sie rechnen sich aus, welcher Preis fair und angemessen ist, und häufig warten sie mit einer Kaufentscheidung so lange, bis ein entsprechender Preiseinbruch erfolgt ist. *Pepsi*-Dosen im 24er Pack für 5,99 Dollar lässt man links liegen, aber kostet dieselbe Menge nur 4,99 Dollar, entspricht der Preis plötzlich unserer Wertvorstellung.

Die Finanzmärkte dürften die einzigen Institutionen der Welt sein, die das Grundprinzip solchen Konsumverhaltens auf den Kopf stellen. Da wird den Anlegern nämlich eingeredet, Aktien seien tunlichst bei steigenden Kursen zu kaufen, es sei „sicherer", mit dem Strom zu schwimmen und die Preise in die Höhe zu treiben, hingegen „riskanter", eine Aktie dann zu erwerben, wenn deren Kurs auf Talfahrt ist. Es ist doch so: Wall Street möchte den Investoren Angst machen, sie würden etwas „verpassen". Wir sollen glauben, wenn wir jetzt nicht diese oder jene Aktie kauften, würde der Kurs nur weiter anziehen, ohne dass wir von der Rally profitieren könnten.

Das erste Wertanleger-Prinzip lautet also: Erwerben Sie Wertpapiere zu „Schnäppchenkursen", so wie Sie auch bei Toilettenartikeln oder beim Kauf eines neuen Autos preisgünstige Sonderangebote berücksichtigen. Sie sollten zwischen Ihrem Konsumverhalten und Ihrem Anlageverhalten keinen Unterschied machen. Das ist ein und dasselbe. Gleich, was Sie kaufen – irgendwas aus Ihrem Lebensmittelladen, *Intel*-Aktien, einen Silberbarren, Schatzbriefe oder die Vorzugsaktien Ihres Versorgungsunternehmens vor Ort: Sie sollten stets bemüht sein, preisgünstige Angebote zu nutzen, um den Wert Ihrer Geldanlage zu maximieren. Natürlich ist es schwierig, den Wert von Konsumgütern richtig einzuschätzen. Keine zwei Kaufinteressenten könnten auf Anhieb den wirklichen Wert einer Flasche Haarschampon oder eines Autos kalkulieren. Solche Produkte besitzen für uns einen immateriellen Nutzen; sie stellen in unserem Leben einen Nutzwert dar, den wir nicht eindeutig in Geldwerten ausdrücken können. Stammaktien hingegen sind in ihrem Wert sehr genau zu bemessen. Mithilfe des richtigen Instrumentariums kann ein Anleger den wirklichen Wert des entsprechenden Unternehmens bis auf wenige Pfennige pro Aktie bestimmen. Dies verschafft Anlegern einen deutlichen Vorteil gegenüber Konsumenten. Da sich Börsenkurse blitzschnell – und häufig unerklärlich – ändern können, bekommen Anleger immer wieder unzählige Gelegenheiten, Unternehmensaktien zu „Schnäppchenkursen" zu erwerben.

Der Grund für Aktienkäufe bei niedrigen Kursen ist schlicht und einfach: Sie steigern Ihre potenzielle Rendite. ... Gewinne werden beim Aktienkauf – nicht beim Aktienverkauf – gemacht.

Woran erkennen Sie nun ein Wall-Street-„Schnäppchen"? Ganz einfach: Sie haben es immer dann mit einem solchen zu tun, wenn Sie Vermögensanteile oder Gewinne eines Unternehmens im Wert von 1 Dollar für weniger als 1 Dollar erwerben können. Je tiefer Ihr Kaufkurs unter 1 Dollar liegt, desto höher ist Ihr Renditepotenzial und desto geringer Ihr Verlustrisiko. Umgekehrt sollten Sie niemals mehr als 1 Dollar für 1 Dollar Basiswert bezahlen. Wenn ein Unternehmen, sagen wir, 50 Dollar pro Aktie wert ist und dieselbe Aktie für 60 Dollar am Markt gehandelt wird, sollten Sie von einem Kauf absehen. Die Aktien des betroffenen Unternehmens sollten erst dann für Sie in Betracht kommen, wenn der Kurs unter die 50-Dollar-Grenze absinkt – je tiefer, desto besser. Wie in späteren Kapiteln noch erläutert wird, hat der Kauf von Unternehmenswerten zu Angebotspreisen seit jeher marktübertreffende Renditen erbracht, und das aus einem ganz einfachen Grund: Die Unterbewertung von Objekten muss definitionsgemäß irgendwann ein Ende haben. Früher oder später erkennt der Markt seinen Irrtum und korrigiert das unterbewertete Aktienkapital zumindest bis auf einen fairen Wert, wenn nicht sogar höher. Der Grund für den Aktienkauf bei niedrigem Kurs ist schlicht: Sie erhöhen Ihre potenzielle Rendite. *General-Electric*-Aktien zum Kurs von 40 Dollar werfen immer eine bessere Rendite ab, als wenn sie zum Kurs von 50 Dollar gekauft werden. Gewinne werden beim Aktienkauf – nicht beim Aktienverkauf – gemacht. Der Aktienverkauf ist lediglich der Abschluss Ihrer Transaktion und bestätigt, dass Ihre vorangegangenen Recherchen zutreffend waren.

Das zweite Prinzip:
Eine Wertvorstellung entwickeln

Die wohl wichtigste Aufgabe eines jeden Anlegers ist die Einschätzung der im Angebot befindlichen Vermögenswerte. Ob Sie nun eine Eigentumswohnung in Florida, einen Erté-Druck oder eine *Exxon*-Beteiligung erwerben wollen – in jedem Fall müssen Sie eine Vorstellung vom Wert des Kaufobjekts entwickeln. Die meisten Aktienanleger würden wohl zugeben, dass sie kein bestimmtes System bei ihrer Bewertung verfolgen. Nachdem ich im Lauf der Jahre mit hunderten von Investoren gesprochen habe, wage ich zu behaupten, dass nur wenige Anleger den Wert eines Unternehmens vor ihrem Aktienkauf ermitteln. Einige Investoren treffen ihre Börsenentscheidungen ausschließlich anhand von Charts und technischen Indikatoren. Andere kaufen eine Aktie eher aus dem Grund, weil sie darüber in der Zeitung gelesen haben oder weil sich ein Analyst im Fernsehen diesbezüglich positiv geäußert hat. Wiederum andere entscheiden sich spontan für eine Aktie, weil ein Aktiensplit angekündigt wurde, eine Dividendenerhöhung ansteht oder ein Jahreshöchstkurs erzielt worden ist. Und dann gibt es noch Anleger, die sich, offen gesagt, nur deshalb Aktien zulegen, weil sie es nicht fertig bringen, ihrem Makler eine abschlägige Antwort zu erteilen.

Es ist bedauerlicherweise so: Die Mehrzahl aller Anleger widmet ihrer Einkaufsliste oder der Planung ihres Gartens mehr Zeit als der Auswahl der Aktien, mit denen ihre finanzielle Sicherheit steht und fällt. Wer Anlageerfolge verbuchen will, muss etwas dafür tun. Die großen Investoren des 20. Jahrhunderts sind auch nicht mithilfe trivialer Chartanalysen oder purer Raterei zu Geld und Vermögen gekommen. Sie haben vielmehr ihre Zielobjekte genau studiert und verdanken ihren Erfolg nicht minder analytischen Recherchen. Lange vor ihrer Entscheidung für eine Finanzposition haben sie möglichst viel Informationen über Unternehmen, Branche und Entwicklungspotenzial in Erfahrung gebracht, um schließlich einen Höchstpreis festlegen zu können, den sie für das Aktienkapital zu zahlen bereit sind – nach Maßgabe ihrer Bewertung des Unternehmens. Jedes andere Verhalten hätte Zufälligkeiten in ihren Börsengeschäften Vorschub geleistet. Wer als Investor Geld anlegt, gleich, ob es sich um 1000 Dollar oder um 50 Mio. Dollar handelt, ohne die wirtschaftliche und finanzielle Sachlage sorgfältig geprüft zu haben, kann auch gleich den Knobelbecher zur Hand nehmen. Sie mögen gelegentlich dicke Gewinne mit dem Kauf einer vom Broker empfohlenen Aktie oder bei einem Aktiensplitting machen, aber solche Gewinne sind nur dem Zufall und keineswegs einer kompetenten Entscheidung zu verdanken.

Wenn professionelle Unternehmensbewerter Vermögensanteile einschätzen, müssen sie ihre Wertergebnisse und ihre Bewertungsmethode verteidigen – unter Umständen sogar vor Gericht. Eine unzulängliche Bewertung hat unweigerlich Angriffe seitens interessierter Dritter zur Folge: Familienmitglieder, Aktionäre, Gläubiger oder die für das Zielunternehmen tätigen Juristen melden sich zu Wort. Als Privatanleger sind Sie zu solch strikter Analyse nicht verpflichtet. Kein Mensch fragt danach, ob Sie *Caterpillar*-Aktien zu 65 Dollar kaufen, ob Sie die Aktien just zu einem Zeitpunkt verkaufen, zu dem das Unternehmen neue Anleihen begibt, oder ob Sie mit Ihrer Investition warten, bis der Kurs auf 50 Dollar gefallen ist. Wohl aber müssen Sie bereit sein, Ihre Investmententscheidung und Ihr methodisches Vorgehen vor sich selbst zu rechtfertigen.

Je nach Situation kann die Bewertung eines Unternehmens nach strikten Kriterien erfolgen oder relativ schmerzfrei vonstatten gehen. Ein Analyst, der den ersten Börsengang eines Unternehmens zu bewerten hat, muss jeden Aspekt der Geschäftstätigkeiten des Kandidaten einer strikten Prüfung unterziehen. Demgegenüber mag ein Anleger, der nach einem gut positionierten Unternehmen Ausschau hält, die Vorzüge eines Unternehmens durchaus innerhalb von wenigen Stunden angemessen bewerten. Sie müssen nur möglichst schnell in Erfahrung bringen, ob das Unternehmen Ihren Kaufkriterien genügt. Von Warren Buffett heißt es, er wüsste binnen 20 Minuten, ob ein Zielunternehmen die Investition wert ist. Die von ihm angewendete Methode (in Kapitel 15 beschrieben) ist so stringent, dass er 99 von 100 Unternehmen sehr schnell auszusondern vermag. Doch für die wenigen potenziellen Investmentobjekte, die er dann ins Auge fasst, nimmt er sich Tage bis Wochen Zeit, um letztlich eine Bestätigung für seine ersten Bauchgefühle zu erhalten.

So wie Buffett gehen wohl die meisten erfolgreichen Investoren aus aller Welt vor. Sie führen eine sorgfältige Unternehmensbewertung durch und weisen dem Aktienkapital einen Wert zu, bevor sie sich zum Kauf entschließen. Große Investoren legen ihr Geld nicht blindlings an und verlassen sich bei ihren Börsengeschäften auch nicht auf reine Mutmaßungen. Die Bewertung eines Unternehmens vor dem Aktienkauf kommt Ihnen in dreierlei Hinsicht zugute:

- **Die Unternehmensbewertung führt zu konsistenten Börsengeschäften.** Nur sehr wenige Anleger setzen sich vor ihrem Aktienkauf strikte Kauf- und Verkaufsschwellen. Infolgedessen sind ihre Aktienpläne bezüglich ihrer weiteren Entwicklung völlig offen, was Fehlentscheidungen und Verluste nach sich ziehen kann. Wenn Sie Aktien ungeachtet des zugrunde liegenden Unternehmenswertes kaufen, setzen Sie sich vielfältigen Risiken aus – unter anderem der Möglichkeit, einen zu hohen Preis für ein Unternehmen bezahlt zu haben.
- **Die Unternehmensbewertung dient zur Rechtfertigung Ihrer Strategie.** Psychologisch gesehen ist es für Investoren sehr wichtig, sich die Gründe für einen Aktienkauf zu verdeutlichen. Wer einen solchen Kauf nicht vor sich selbst zu rechtfertigen vermag, handelt unweigerlich aus irrationalen Motiven heraus. Das kann dann zur Folge haben, dass Aktien vorzeitig verkauft oder aber drohende Probleme verkannt und Aktien zu lange gehalten werden. Schlimmer noch – solche Anleger lernen nicht aus ihren Fehlern und fallen beim Kauf anderer Unternehmenswerte wieder herein.
- **Die Unternehmensbewertung verhilft Ihnen von vornherein zur Festlegung von Renditekriterien.** Sie sollten möglichst keine Aktie erwerben, wenn Sie sich nicht zuvor überlegt haben, welche Rendite Sie erwarten. Kaufen Sie Aktien nicht lediglich, weil deren Wert in den nächsten paar Jahren steigen konnte. Kaufen Sie Aktien, bei denen die Aussicht besteht, dass sie in den nächsten zwei Jahren 50 Prozent – oder in fünf Jahren 100 Prozent, in 15 Jahren 1 000 Prozent – zulegen.

Haben Sie sich erst einmal solche Ziele gesetzt, sollten Sie nach Möglichkeit daran festhalten. Eine potenzielle Rendite lässt sich viel leichter berechnen, wenn Sie einen angemessenen Preis für Ihr Zielunternehmen ermittelt haben. Sollten Sie beispielsweise feststellen, dass die Aktien 50 Prozent überbewertet sind, können Sie die Hoffnung auf eine überdurchschnittliche Rendite in den nächsten Jahren vergessen. Im Gegenteil – Sie müssen mit einer negativen Rendite rechnen.

Die Ermittlung von Unternehmenswerten ist keineswegs ein narrensicheres Unterfangen und gelegentlich wird sich auch Ihre Einschätzung als unzutreffend herausstellen. Doch in den meisten Fällen können Sie auf diese Weise verhindern, dass Sie hinter überbewerteten Unternehmen mit vermindertem Renditepotenzial herjagen. Kapitalanleger sind gut beraten, wenn sie den folgenden Ausspruch von Robert Rubin, Finanzminister von Präsident Clinton, beherzigen:

In guten Zeiten neigen die Leute zu wenig striktem Vorgehen [bei der Einschätzung von Wertpapieren]. ... Strenge Kriterien sind bei Investitionen an der Börse stets anzuraten, wie immer die endgültigen Entscheidungen auch ausfallen mögen.[2]

Das dritte Prinzip:
Verluste mit einer „Sicherheitsmarge" vermeiden

Sie können periodisch auftretende Verluste nicht verhindern. Doch mit der Value-Strategie können Sie solche Verluste in Grenzen halten. Wie in Kapitel 2 gezeigt werden soll, führt die Minimierung von Verlusten über lange Perioden hinweg zur Erzielung marktübertreffender Renditen. Verschiedene Untersuchungen belegen, dass der Kauf von Aktien zu vergleichsweise günstigen Kursen auf Dauer überdurchschnittliche Renditen einbringt. Wann aber sind günstige Kurse preiswert? Darauf kann es keine schlüssige Antwort geben. Wenn Sie absolutes Vertrauen zu Ihren Bewertungsmethoden haben, können Sie Aktien kaufen, sobald der Kurs unter den Ihrer Ansicht nach marktgerechten Preis fällt. Doch sicherheitshalber sollten Sie sich noch ein Preispolster zugestehen – je dicker, desto besser. In seinem Buch *The Intelligent Investor* (1949) erwähnte Benjamin Graham in diesem Zusammenhang die „Sicherheitsmarge" des Anlegers:

In alten Zeiten pflegten die Weisen die Geschicke alles Irdischen in einem einzigen Satz zusammenzufassen: „Alles ist vergänglich." Mit einer ähnlichen Herausforderung konfrontiert, reduzieren wir das Geheimnis wertbeständigen Geldanlegens auf das eine Motto: SICHERHEITSMARGE. Dies ist der rote Faden, der sich durch all die vorangegangenen Ausführungen zur Investmentpolitik zieht – oft in ausdrücklicher, zuweilen auch in weniger direkter Form.[3]

---

[2] „Rubin Urges Rigor in Evaluating Market", *Wall Street Journal*, Section A2, 6. Mai 1998.
[3] Benjamin Graham, *The Intelligent Investor*, 4. Aufl., New York, Harper & Row, 1973, S. 277.

1 Was ist das – Value Investing?

Auch wenn Sie meinen, ein Unternehmen sei 25 Dollar pro Aktie wert, sollten Sie sich nicht spontan zu einem Kauf hinreißen lassen, sobald die Aktien auf 24 Dollar fallen. Solch aggressives Anlageverhalten zahlt sich nur dann aus, wenn Ihre Bewertung haargenau stimmt. Räumen Sie sich eine hinreichend große „Fehlertoleranz" ein, um auch dann auf der sicheren Seite zu sein, wenn sich Ihre Analyse als falsch erweisen sollte oder wenn Informationen im Nachhinein erkennen lassen, dass der Wert des Unternehmens doch niedriger war als ursprünglich angenommen. Möglicherweise ist die Aufteilung des Aktienkapitals am Markt noch nicht abgeschlossen. Vielleicht sinkt der Kurs noch weiter ab, nachdem Sie Ihre Aktien gekauft haben. Der Schlüssel zur Maximierung von Renditen ist die vollumfängliche Nutzung des allgemeinen Desinteresses an einem Unternehmen und – zur eigenen Absicherung – geduldiges Abwarten, bis eine Aktie weit unter ihren fairen Marktwert gesunken ist. Graham hat darauf hingewiesen: Anleger finden im Nachhinein leicht eine logische Begründung für ihre Entscheidung zu Gunsten eines Aktienkaufs, selbst wenn sie einen zu hohen Preis gezahlt haben. Doch solche Rechtfertigungen sind meist subjektiver Art und zeugen von mangelnder Bereitschaft, sich Fehler einzugestehen. Sie sollten daher reichlich Spielraum für die eigenen Fehler lassen.

Wahrscheinlich meinen die meisten Spekulanten, bei ihren Börsengeschäften sei das Glück auf ihrer Seite und deshalb könnten sie für sich eine gewisse Sicherheitsmarge bei ihren Transaktionen beanspruchen. Ein jeder hat das Gefühl, der Zeitpunkt für seinen Kauf sei günstig, seine Fähigkeiten überträfen die des breiten Anlegerpublikums oder auf seinen Berater beziehungsweise sein System sei unbedingt Verlass. Aber diese Erwartungen sind im Allgemeinen nicht überzeugend. Sie beruhen auf subjektiven Beurteilungen und entbehren jeglicher Beweisführung oder logischen Argumentation. Wir bezweifeln, dass jemand, der sich an der Börse engagiert, weil er meint, der Markt werde sich in Zukunft aufwärts beziehungsweise abwärts bewegen, in irgendeiner Form durch eine Sicherheitsmarge gedeckt ist.

Ganz im Gegenteil: Die Sicherheitsmarge als Anlagekonzept … beruht auf einfachen und genau kalkulierten Berechnungen anhand statistischer Daten.[4]

---

[4] Benjamin Graham, *The Intelligent Investor*, 4. Aufl., New York, Harper & Row, 1973, S. 283.

Das vierte Prinzip:
Eine „Angebotsperspektive" entwickeln

Intelligentes Investieren, sagte Graham, sei dann gegeben, wenn man sein Geld professionell anlege – ohne leidenschaftliches Engagement und unter strikter Einhaltung solider Prinzipien. Ich rate Anlegern und Klienten gern, das Geschäft an der Börse als eine Art Rollenspiel zu betrachten, bei dem sie den Part eines Geschäftsinhabers übernehmen, der entscheiden muss, ob ein Unternehmen den notierten Preis wirklich wert ist. Stellen Sie sich vor, Sie seien so reich, dass Sie *Coca-Cola, McDonald's* oder die *Chase Manhattan Bank* aufkaufen könnten. Welchen Preis würden Sie für das gesamte Unternehmen zahlen wollen? Welche Kriterien würden Sie zur Bewertung der Unternehmen heranziehen? Werden die Aktien dieser Unternehmen zu einem außergewöhnlichen Kurs beziehungsweise einem außergewöhnlichen Wert gehandelt? Wir sind meist derart auf den Preis einer einzelnen Aktie konzentriert, dass wir gar nicht mehr überlegen, ob der Markt das Gesamtunternehmen überhaupt noch angemessen bewertet. Im Juli 1998 wurde eine Aktie von *General Electric* zu rund 96 Dollar verkauft. Damals hatten nur wenige Investoren etwas am Verkaufspreis auszusetzen. So gut wie alle mit *GE*-Aktien befassten Makler und Analysten hielten eine Kaufempfehlung zum genannten Kurs bereit – auf Grund der von ihnen ermittelten Gewinnprojektionen. Nur hatten sie bei ihrer Analyse einen sehr wichtigen Aspekt vergessen. Eine einzelne *GE*-Aktie mochte mit 96 Dollar noch angemessen bewertet erscheinen. Aber der Marktpreis für das gesamte *GE*-Stammaktienkapital belief sich dann auf 310 Mrd. Dollar – diesen Preis würden Sie für die Akquisition des gesamten Unternehmens zahlen. War *GE* denn mehr wert als die volkswirtschaftliche Jahresleistung von 125 Nationen? Nur zum Vergleich: Für 310 Mrd. Dollar hätten Sie 1998 sämtliche Aktien der sechs größten US-Banken aufkaufen können. Insgesamt erwirtschafteten diese Banken das Zweifache der *GE*-Jahresgewinne. Wenn es nun aber absurd erschien, 310 Mrd. Dollar für das Gesamtunternehmen zu zahlen, dann hätte der Besitz von nur 100 *GE*-Aktien gleichermaßen absurd erscheinen müssen. Dazu Graham:

Es ist schier unglaublich, dass Wall Street nie die Frage stellt: „Wie hoch ist der Verkaufspreis für das Unternehmen?" Dabei sollte dies die erste Frage sein, wenn ein Aktienkauf in Betracht gezogen wird. Ein Geschäftsmann, dem eine 5-prozentige Firmenbeteiligung für 10000 Dollar angeboten wird, rechnet sich doch als Erstes den geforderten Preis von 20 Dollar und damit einen mutmaßlichen Wert von 200000 Dollar für die Gesamtfirma aus. Im Übrigen würde sich die Kalkulation um die Frage drehen, ob das 200000-Dollar-Angebot ein „gutes Geschäft" ist.[5]

Eine solche Sichtweise verhilft Ihnen zur richtigen Einschätzung der Unternehmensleistung. Wenn Sie Alleininhaber eines Unternehmens sind, können Sie die gesamten Nachsteuer-Gewinne und den erwirtschafteten Cashflow für sich beanspruchen. Aber zu mehr sind Sie nicht berechtigt. Da es für das Kapital eines Privatunternehmens keinen Markt gibt, müssen Sie den Unternehmenswert auf der Basis der Gewinne ermitteln, die der Betrieb im Lauf der Zeit in Ihrem Auftrag erwirtschaften kann. Ganz sicher würden Sie eine solche Bewertung nicht nach Maßgabe der eher zufälligen täglichen Kapitalbewegungen in Ihrem Betrieb vornehmen.

Das fünfte Prinzip:
Ausdauer beweisen

Seit mehr als einem Jahrhundert warnen Investmentbücher die Amerikaner vor Spekulationen mit spontanen Aktienkursbewegungen. Privatanlegern werden Langfriststrategien des Kaufens und Haltens angeraten. Man solle sich nicht um Quartalsgewinne und Schlagzeilen vom Tage scheren, sondern die Gesamtentwicklung im Auge behalten. Um die Jahrhundertwende legten die Autoren den Anlegern ans Herz, nicht hinter überbewerteten Bankaktien herzujagen. Keiner hörte zu. Ende der 20er Jahre schlugen die Investoren sämtliche Warnungen in den Wind und trieben die Aktienkurse in Erwartung der erhofften Unternehmensgewinne in die Höhe. Dasselbe wiederholte sich 1968, 1973 und 1987.

Immer wieder erlebe ich, wie selbst konservative Investoren ihr Geld für heiße Biotech-Werte verschwenden, nur weil sich ein paar Fondsmanager von diesen Aktien haben faszinieren lassen. Ich erlebe, wie Anleger wider alle Vernunft Aktien kaufen, nur weil das Unternehmen einen Aktiensplit angekündigt – 1997 und 1998 an der Tagesordnung – oder seine Gewinnziele erreicht hat. Ich erlebe, wie ältere Anleger von ihren Pensionsersparnissen 100000 Dollar und mehr abzwacken und dafür Aktien von Unternehmen kaufen, deren Namen sie nicht aussprechen können und von deren Produkten sie so gut wie nichts verstehen. Ich habe mit Fabrikarbeitern gesprochen, die sich bei ihren Aktiengeschäften am Tagesumsatz orientie-

---

[5] Benjamin Graham und David Dodd, *Security Analysis*, Nachdruck der Ausgabe von 1934, New York, McGraw-Hill, 1997, S. 493.

ren oder Kursanzeiger am Gürtel tragen, damit sie nur ja nicht auf die falsche Seite eines Blockhandels geraten.

Das einzige „System", das sich wirklich bewährt hat, ist die Anbindung des Aktienpreises an die Unternehmensleistung.

Sie alle lassen sich vom ewig lockenden Wall-Street-Zaubertrank berauschen. Ein kurzes Nippen nur – und schon ist es um den Verstand geschehen. Die Finanzbranche liebt es, neue Methoden, neue „Systeme" und neue Rechtfertigungen aufzutischen, um Sie in ihren Bann zu ziehen. Doch das einzige „System", das sich wirklich bewährt hat, ist die Anbindung des Aktienpreises an die Unternehmensleistung. Nur so können Sie als Anleger gewinnen. Kurzfristig mag jedes kleinste Ereignis dazu führen, dass eine Aktie im Wert steigt oder fällt. Doch langfristig steigen Aktien, weil sich der Wert des Unternehmens erhöht. Rechnen Sie sich aus, was ein Unternehmen wirklich wert ist, kaufen Sie unter Preis – auf lange Sicht werden Sie vom Markt profitieren. Dies haben Untersuchungen immer wieder bestätigt. Die Eleganz einer wertorientierten Anlagestrategie steht und fällt mit ihrer konsistenten Einhaltung. Der Kauf von Unternehmen unter ihrem wahren Wert hat sich zu allen Zeiten bewährt – bei hohen wie bei niedrigen Zinssätzen, bei wachsender wie bei schrumpfender Wirtschaftslage, bei starkem wie bei schwachem US-Dollar. Das Konzept als solches hat sich bewährt – ob Analysten, Baisse-Spekulanten und Arbitrage-Händler das betreffende Unternehmen mochten oder nicht. Wie Roger Babson einmal gesagt hat, entscheidet letztlich die Zeit darüber, ob eine Methode gut oder schlecht ist:

Viele Konzepte funktionieren eine Zeit lang, um dann kläglich zu versagen. Der einzige Plan, der zu Recht als ein solcher bezeichnet werden kann, ist ein Plan, auf den auf Dauer Verlass ist – gleich, ob es sich um ein gutes oder schlechtes Unternehmen handelt und ob, bei aller Selbstherrlichkeit, der Markt Recht oder Unrecht hat.[6]

Wenn sich der Ansatz des wertorientierten Anlegens als so erfolgreich bewährt hat, warum wird er dann nicht von jedermann angewendet? Vielleicht ist der Value-Ansatz schlicht zu einfach. Wenn Wall Street die Überlegenheit einer wertorientierten Aktienauswahl akzeptieren würde, stünden tausende hochbezahlter Wirtschaftswis-

---

[6] Roger W. Babson, *Business Barometers and Investment*, 5. Aufl., New York, Harper & Brothers, 1951, S. 123.

senschaftler, Analysten, Strategen, Fondsmanager und Broker ohne Arbeit da. Ihre Existenzberechtigung basiert auf der Folgsamkeit der Käufer. An dem Tag, an dem Sie aufwachen und beschließen, fortan nach eigenem Gutdünken zu investieren und damit Ihr Geld zu mehren, verliert ihr Zaubertrank seine berauschende Wirkung. Andererseits sollten wir natürlich dankbar sein, dass der Wertanlage-Ansatz keine universelle Anerkennung findet. Dann nämlich würde er vermutlich seine Brauchbarkeit als Erfolgsstrategie einbüßen: Sobald sich eine erfolgreiche Methode an der Wall Street durchsetzt und im breiten Anlegerpublikum Anwendung findet, hat sie keinen besonderen Nutzwert mehr. Im Lauf der Jahre haben schon viele „idiotensichere" Anlagestrategien nicht mehr funktioniert, weil sie schließlich von Hinz und Kunz praktiziert wurden. So verlor die *Dow*-Dividendenstrategie – der Erwerb der erfolgreichsten *Dow*-Industrieaktien – Mitte der 90er Jahre an Schlagkraft, nachdem die Medien dieser Strategie ungewöhnlich hohe Aufmerksamkeit gewidmet hatten. Zehntausende Investoren und eine erhebliche Anzahl von Investmentfonds orientierten ihre Depotdispositionen an der populär gewordenen Strategie. Infolgedessen trieben sie die hochrentierlichen *Dow*-Aktien immer höher und verwässerten damit letztlich ihre eigenen potenziellen Renditen. Der Urheber der Strategie, Michael O'Higgins, hat die Strategie später selbst verworfen – mit der Begründung, wegen ihrer Popularität habe sie keine neuen Vorteile mehr zu bieten.

Das sechste Prinzip: Gegen den Trend handeln

Das große Glück an der Wall Street haben weder die passiven, langfristig orientierten Anleger noch die mit technischen Analysen vertrauten Händler und Chart-Beobachter gemacht. Vielmehr haben sich Investment-Gurus wie Warren Buffett, Mario Gabelli, John Templeton, George Soros und andere in Vermögenswerten engagiert, die der Markt falsch eingeschätzt hatte, und sie so lange gehalten, bis das übrige Anlegerpublikum den eigenen Fehler erkannte. Sie profitierten von unbesonnenen, unvernünftigen Aktienverkäufen anderer und ergatterten hochwertige Papiere zu einem Bruchteil ihres wahren Wertes. Buffett ist in den 50er Jahren durch An- und Verkauf unpopulärer Aktienbestände, die er zum Drei- bis Vierfachen der Gewinne erworben hatte, zu einem kleinen Vermögen gekommen. Der legendäre Fondsmanager John Neff deckte sich kräftig mit *Chrysler*- und *Citicorp*-Werten ein, nachdem Wall Street diese Aktien bereits abgeschrieben hatte. George Soros verdiente sich

1992 über Nacht knapp 1 Mrd. Dollar, als er auf das schier Undenkbare – einen scharfen Einbruch beim britischen Pfund – setzte. Auch Peter Lynch verhalf dem *Magellan Fund* zu historischem Ruhm durch den Erwerb unscheinbarer Unternehmenswerte, die seine Kollegen übersehen hatten.

Als erfolgreicher Wertanleger müssen Sie Ihre Einstellung zu einem Unternehmen nachhaltig und unbeirrt vertreten können, ungeachtet dessen, was die übrige Welt davon hält. Ich habe mal in ein kleines Bauunternehmen (*Continental Homes Holding Co.*) zu einem Zeitpunkt investiert, zu dem buchstäblich kein Mensch die Aktien haben wollte. Eines Morgens kaufte ich bei Börseneröffnung 2000 *Continental*-Aktien und musste fast zwei Stunden warten, bevor der nächste Abschluss, ein Block zu 100 Aktien, über den Ticker kam. Ob da Angst in mir aufkam? Schließlich war ich von 6 Mrd. Menschen auf der Erde der Einzige, der bereit war, in dieses Unternehmen zu investieren! Ein nervöser Anleger hätte wohl die Aktien sofort wieder verkauft – ich aber freute mich über den Mangel an Interesse. Die Tatsache, dass die Welt keine Notiz von *Continental Homes* nahm, bedeutete doch, dass ich jederzeit weitere Aktien scheffeln konnte, wobei ich den Preis diktierte! Also setzte ich mich an den Schreibtisch und rechnete mir aus, dass *Continental* wirklich ein „Schnäppchen" war: Ich schätzte den Wert des Unternehmens auf über 30 Dollar pro Aktie und die wurde damals mit 16 Dollar gehandelt. Innerhalb von sechs Monaten kletterte der Kurs auf 36 Dollar. Es entbehrt nicht einer gewissen Komik und Ironie, dass Wall Street erst dann größeres Interesse zeigte, als der Kurs über 30 Dollar stieg und das Unternehmen nun wieder überbewertet war.

Sie brauchen nur nach solchen Gelegenheiten Ausschau zu halten – Sie werden bestimmt fündig, an jedem Tag der Woche. Über 2000 der 10000 börsennotierten Unternehmen in Amerika werden von Analysten ignoriert. Es gibt keine Gewinnschätzungen, der Tagesumsatz ist gering und die paar Fondsmanager, die sich überhaupt um die Sondierung eines bestimmten Unternehmens bemühen, sind an einer Hand abzuzählen. Die Wahrscheinlichkeit, dass diese 2000 Unternehmen gelegentlich falsch bewertet werden, ist hoch. Auch größere Unternehmen sind hin und wieder Gelegenheitskäufe, wenn sie vorübergehend in Ungnade fallen. Pharma-Aktien wie die von *Abbott Laboratories* und *Merck* wurden 1994 gerade mal zum 12fachen der Gewinne gehandelt – nach monatelangen Wahnsinnsverkäufen von Investoren, die sich zu sehr auf kurzfristige Nachrichtenmeldungen konzentriert und dabei übersehen hatten, dass diese Unternehmen gute Gewinne machten. *Callaway Golf* wurde 1994 zum 11fachen der Gewinne gehandelt: Die Investoren hatten schlichtweg Angst, der Golfmarkt könne seine Sättigungsgrenze erreichen.

Die unseligen Konsequenzen des Herdentriebs hinterlassen ihre Spuren in den börsentäglichen Veröffentlichungen. James Goldsmith hat einmal gesagt: „Wer einen Börsenzug fahren sieht, kommt schon zu spät." Hätten Sie sich an der Mikrobrauer-Fantasterei von 1996 beteiligt, wären Ihnen für die nächsten drei Jahre empfindliche Kapitalverluste sicher gewesen. Hätten Sie 1995 auf die Analysten gehört und große Einzelhandelswerte links liegen gelassen, wäre Ihnen 1996 und 1997 einer der größten Kursaufschwünge der Branche entgangen. 1995 folgten Millionen Anleger der breiten Masse und investierten in Internet- und Halbleiter-Aktien – um dann erleben zu müssen, wie die Träume von ihrer Altersversorgung binnen weniger Wochen platzten. Die besten Wall-Street-Analysten drängten den Investoren Mitte 1997 Beteiligungen an Ölgesellschaften auf, als die Aktien größtenteils zum 40fachen der Gewinne gehandelt wurden. Und drei Monate später, nachdem die Rohölpreise eingebrochen waren, wollte kein einziger Analyst solche Unternehmenswerte zum reduzierten Kurs – zum 15fachen der Gewinne – empfehlen.

Doch ein wertorientierter Anleger „auf Gegenkurs" schwimmt nicht automatisch gegen den Strom. Wer aus Prinzip Antagonist ist, begibt sich in Untiefen, die gefährlicher sein können als die Sogwirkung von Unterströmungen. Der Markt hat ebenso viele korrekte Einschätzungen wie Fehleinschätzungen zu verzeichnen. Deshalb sollten Sie nur dann gegen den Trend handeln, wenn (1) die Reaktionen an der Börse auf bestimmte Ereignisse psychologisch extrem anmuten und (2) die Fehleinschätzung an der Börse durch finanzielle und wirtschaftliche Daten abgesichert werden kann. Niemals sollten Sie sich gegen den Markt stellen, ohne stützendes Beweismaterial in der Hand zu haben.

Das siebte Prinzip:
Den Markt ignorieren

Es ist fast ein Wunder, dass Investoren nicht zehnmal börsentäglich aktiv werden – bei der Flut von Informationen, mit denen sie von der Finanzbranche und den Medien überschüttet werden. Allerdings können Sie die meisten dieser Informationen gar nicht brauchen, wenn Sie nicht gerade im Tagesgeschäft tätig sind. Erfolgreiche Anleger sind geduldig. Sie konzentrieren sich auf das längerfristige Potenzial eines Unternehmens, nicht darauf, was im nächsten Monat oder im nächsten Quartal passieren könnte. Der beste Rat, den Ihnen dieses Buch geben kann, ist wohl dieser: Hören Sie nicht auf Broker, Wirtschaftswissenschaftler, Analysten, Marktstrategen und Nachrichtensprecher, denn diese „Experten" vernebeln Ihnen nur den klaren Verstand, den Sie bei Ihren Entscheidungen brauchen. Sobald Sie ein unterbewertetes Objekt am Markt erkennen, müssen Sie zugreifen. Zögern Sie nicht mit dem Kauf, nur weil die derzeitige Marktlage ungünstig erscheint. Sie müssen lernen, die wirklich relevanten Informationen von den „Störsignalen" zu unterscheiden. Halten Sie sich nicht zu lange mit Währungsfragen, Zinssätzen, Inflationsraten, der „Breite" des Marktes, dem neuesten Bericht zur Arbeitslosigkeit oder dem gleitenden 200-Tage-Durchschnitt des *Dow-Jones*-Industrieaktienindexes auf. All diese Entwicklungen sagen nichts darüber aus, ob ein Unternehmen einen überzeugenden Wert zu bieten hat oder nicht. Die aufschlussreichsten Fakten zur Wertermittlung sind den öffentlich zugänglichen Finanz- und Vermögensaufstellungen zu entnehmen. Ein Nachweis der langjährigen Unternehmensentwicklung am Markt vermag bessere Anhaltspunkte zu liefern als jeder Wirtschaftswissenschaftler oder Analyst.

Auch die Marktlage spielt keine Rolle, wenn es um den wirklichen Wert eines Unternehmens geht. Der Wert eines Unternehmens wird ausschließlich durch seine Performance bestimmt – nicht durch den Preis, den der Markt dieser Performance zuerkennen möchte. Für Ihre Kauf- oder Verkaufsentscheidung ist es unerheblich, ob der *S&P-500*-Index gerade einen Aufschwung erkennen lässt oder soeben eine schmerzvolle Wertkorrektur erfährt. Zu viele Anleger verpassen den richtigen Zeitpunkt und zögern mit ihrer Beteiligung an guten Unternehmen, weil ihnen so genannte Börsenprofis vom Kauf der Aktien abraten. Schlimmer noch – sie machen ihre Börsenentscheidungen von Tageskonditionen abhängig. Sie kaufen Unternehmensaktien zu 20 Dollar und verkaufen sie wieder, wenn der Kurs auf 18 Dollar fällt. Sie meinen, sie hätten einen Fehler gemacht. Dabei bestand ihre einzige Sünde darin, zufällig vorzeitig gekauft zu haben – nicht mehr und nicht weniger. Solange der Wert des Unternehmens über Ihrem Kaufpreis liegt, sollten Sie die Dispositionen anderer Investoren schlichtweg ignorieren.

Im weiteren Verlauf des Buches sollen diese sieben Prinzipien eingehend erörtert werden.

2 Zur Historie des Value-Ansatzes

Wir gehen davon aus, dass der Aktienmarkt stets falsch entscheidet, so dass man zwangsläufig schlechte Ergebnisse erzielt, wenn man das nachmacht, was alle anderen an der Wall Street tun.

George Soros[1]

Schon so mancher Investor ist der betörenden Wall-Street-Glitzerwelt zum Opfer gefallen. Wären sich die Anleger auch nur annähernd bewusst, wie viele Fehlinformationen über Aktienauswahl und langfristige Renditen sie geliefert bekommen, würden sie auf die Straße gehen und gegen die bisher angewendeten Anlagemethoden protestieren. Ein eindeutiges Fehlkonzept, das den Investoren ihre Renditen vorenthält, ist die „10-Prozent-Regel" – die weithin akzeptierte Vorstellung, Aktien stiegen fortwährend um durchschnittlich 10 Prozent im Jahr. Statistisch gesehen könnte die Theorie sogar stimmen: Wenn Daten 70 Jahre lang eine konsistente Struktur erkennen lassen, sagt uns der Verstand, dass die nächsten 70 Jahre ähnliche Ergebnisse zeitigen müssten. Dies aber ist ein Trugschluss: Der Aktienmarkt entscheidet weder vernünftig noch logisch. Er folgt keinem vorgegebenen Strukturmuster oder Kalender und verhält sich selten wie prognostiziert. 1929 ließ sich die Öffentlichkeit von denselben einfältigen Ansichten in die Irre leiten. Zu einem Zeitpunkt, zu dem sich der Markt einem historischen Hoch näherte, brachte Wall Street eilfertig Informationen in Umlauf, die den Investoren langfristige Geldanlagen schmackhaft machen sollten. „Kümmern Sie sich nicht um irgendwelche Bewertungen", hieß es, „halten Sie Ihre Papiere, dann haben Sie in 20 bis 30 Jahren einen hübschen Batzen Geld zusammen." Übrigens brauchte der Markt dann etwa so lange, bis er sich erholt und sein Hoch von 1929 wieder erreicht hatte. Ende der 70er Jahre jedoch, als die meisten Anleger überhaupt nicht zum Investieren aufgelegt waren, wollten nur wenige ein Lobeslied auf langfristig orientierte Anla-

---

[1] Robert Slater, *Soros, The Life, Times and Trading Secrets*, Irwin, Burr Ridge, IL, 1996, S. 83.

gestrategien singen. Und noch weniger von ihnen waren bereit, ihr Geld auf Zeiträume von 20 bis 30 Jahren festzulegen.

So ist es nun mal: Was in diesem Jahr an den Finanzmärkten geschieht, hat auf das nächste Jahr kaum einen Einfluss. Was im vergangenen Jahrzehnt geschah, hat kaum einen Einfluss auf das Geschehen in den nächsten zehn Jahren. Man darf nicht erwarten, dass der Markt „im Gleichschritt" vorwärts marschiert und sich nach banalen Anlagerezepten richtet. Wenn Sie die Tatsache akzeptieren, dass künftige Aktienrenditen niemals genau vorauszusagen sind, befreien Sie sich von allenfalls mittelmäßigen Renditen: Investoren handeln sich selbst schlechte Renditen ein, indem sie an irreleitenden Statistiken festhalten, anstatt sich auf die Unternehmen selbst zu konzentrieren. Viele Anleger stellen sich ihre Portfolios bewusst und ausdrücklich so zusammen, dass sie eine Jahresrendite von 10 Prozent erzielen. Warum gerade 10 Prozent? Weil das der Prozentsatz ist, den man nach Ansicht der Marktexperten zu erwarten hat. Doch langfristig werden die Fehlannahmen, die dem 10-Prozent-Ziel zugrunde liegen, diesen Investoren Schaden zufügen, ohne dass sie es merken. Anleger, die hinter solchen Zielen herjagen, begehen drei Kardinalfehler: Sie diversifizieren zu stark; sie unterschätzen die Bedeutung einer sorgfältigen Analyse und Aktienauswahl; und sie versäumen es, ihre Depots angemessen zu überwachen.

Diese drei Fehler liefern die Erklärung dafür, dass die meisten Investoren so wenig Erfolg mit ihren Geldanlagen haben. Wenn Sie über das notwendige Maß hinaus diversifizieren, setzen Sie zugleich Ihre Kaufmaßstäbe niedriger an und erhöhen damit Ihr Risiko. Investoren mit großen Portfolios neigen zu unkritischen Aktienkäufen. Vielleicht beginnen sie zunächst mit fünf Qualitätsaktien und lassen ihr Depot schließlich mit 25 Aktien geringerer Qualität „verwildern". Nur um ihre Ziele zu erreichen, kaufen sie Aktien hinzu, ohne gebührend auf Sicherheit, Risiko, Preis oder potenzielle Renditen zu achten. Ein solch oberflächliches Kaufverhalten erzeugt natürlich Zeitzwänge. Wer 25 oder mehr Aktien besitzt, gerät in ein unseliges Dilemma: Entweder muss er hunderte von Stunden im Jahr aufbringen, um die Entwicklung all „seiner" Unternehmen zu beobachten; oder er muss – was schlimmer ist – von solchen Überprüfungen aus praktischen Gründen absehen und übersieht dabei Informationen, die sich negativ auf die betroffenen Unternehmen auswirken könnten.

Um den Boden für erfolgreiches Geldanlegen zu bestellen, müssen Sie zunächst mal die 10-Prozent-Regel begraben. Diese Regel ist nichts als ein Vermarktungstrick, ein mathematisches Konstrukt, ersonnen von der Wertpapierbranche, die ein ureigenes Interesse an kräftig fließenden Geldströmen hat. In guten Zeiten ist sie dazu angetan, das Kursdurchschnittsverfahren und ungerechtfertigte Kursfestlegungen auf ungerechtfertigten Kurshöhen zu rechtfertigen. Im Extremfall werden die Anleger durch die 10-Prozent-Regel veranlasst, Preise und Werte schlicht zu ignorieren. So hieß es in anerkannten Untersuchungen aus den 90er Jahren beispielsweise, Investoren kämen selbst dann in den Genuss überdurchschnittlicher Renditen, wenn sie einmal im Jahr zum Jahreshöchstkurs investierten. Natürlich ist eine solche Feststellung nur im Nachhinein zu treffen – nach mehrjährigem Marktaufschwung. Nur dann könnte diese Strategie einen Börseneinsteiger in Versuchung bringen. Wer zum Zeitpunkt der Höchststände 1929, 1968 oder 1972 Aktien an der Börse erworben hat, weiß ein ganz anderes Lied zu singen.

Es ist falsch (und häufig riskant), Renditeergebnisse früherer Zeiten auf die Zukunft zu übertragen. Die Tatsache, dass der *S&P-500*-Index um 10 Prozent jährlich gestiegen ist, bedeutet noch lange nicht, dass auch in den nächsten Jahrzehnten 10-prozentige Renditesteigerungen zu erwarten sind. Vielleicht sind es nur 5 Prozent; vielleicht auch 18 Prozent. Vielleicht werden sogar über mehrere Jahre hinweg negative Renditen eingefahren, bevor wieder eine Aufwärtsbewegung eintritt. Der einzige Beleg für die Behauptung, die Aktien könnten um 10 Prozent im Jahr steigen, ist das Beispiel der US-amerikanischen Märkte. Die wenigsten Aktienmärkte der Welt existieren lange genug, um eine aussagekräftige Analyse der Renditeentwicklung zuzulassen; unsere Schlussfolgerungen bezüglich der Börsengewinne basieren daher auf einem einzigen Datensatz – auf den Erfahrungen der USA im 20. Jahrhundert. Genauso gut könnten wir mit vielen glaubwürdigen und weniger glaubwürdigen Wissenschaftlern die Ansicht teilen, irgendwelche außerirdischen Wesen müssten Köpfe, Herzen, Arme und Beine haben, nur weil wir Menschen damit ausgestattet sind. Die Tatsache, dass wir lediglich auf einen einzigen Referenzfall zurückgreifen können, verzerrt unsere Sichtweise und Vorstellung von Unbekanntem. Außerdem wird bei der 10-Prozent-Jahresrendite vorausgesetzt, dass ein Anleger seine Aktienkäufe an den *S&P-500*-Index gebunden, jede dieser Aktien jahrzehntelang gehalten, sämtliche Dividenden in die jeweiligen Aktienbestände reinvestiert *und* laufend eine ausgleichende Aktiengewichtung im Portfolio nach Maßgabe des Index vorgenommen hat. Diese Voraussetzung ist derart praxisfern, dass diesbezüglichen Untersuchungen überhaupt keine Bedeutung zu-

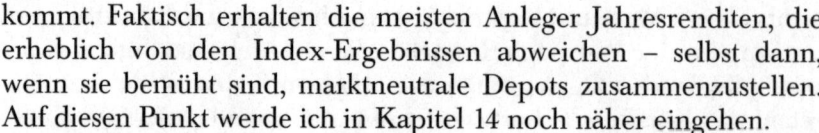

kommt. Faktisch erhalten die meisten Anleger Jahresrenditen, die erheblich von den Index-Ergebnissen abweichen – selbst dann, wenn sie bemüht sind, marktneutrale Depots zusammenzustellen. Auf diesen Punkt werde ich in Kapitel 14 noch näher eingehen.

Die gute Nachricht ist, dass sich die Investoren anlagestrategisch an keine Grenzen mehr halten müssen, wenn sie die 10-Prozent-Regel erst einmal verworfen haben. Ziel dieses Buches ist, Sie davon zu überzeugen, dass Sie Renditen erzielen können, die den Markt weit übertreffen – ob dieser nun um 10 Prozent, 2 Prozent oder 20 Prozent im Jahr wächst.

Schon wenn Ihre Rendite geringfügig höher ist als die Marktrendite, werden Sie langfristig infolge des Kumulationseffekts umwerfende Ergebnisse erzielen.

Wie wichtig es ist, den Markt zu übertreffen, kann gar nicht genug betont werden. Schon wenn Ihre Rendite geringfügig höher ist als die Marktrendite, werden Sie langfristig infolge des Kumulationseffekts umwerfende Ergebnisse erzielen (siehe Abbildung 2-1). Angenommen, der Markt steigt tatsächlich um 10 Prozent im Jahr. Dann kann ein Anleger, der mit 10 000 Dollar beginnt und eine Rendite von 12 Prozent jährlich erhält, nach 20 Jahren einen Gewinn verbuchen, der um 43 Prozent über dem Gewinn einer marktgebundenen Geldanlage liegt. Nach 30 Jahren hat der Anleger 72 Prozent mehr Geld verdient. Die Ergebnisse steigen explosionsartig, wenn ein Anleger Renditen über 12 Prozent erzielt. Bei einer Rendite von 14 Prozent hätten Sie nach 30 Jahren 192 Prozent mehr Gewinn. Und wenn ein Investor gar 16 Prozent Rendite erhält, bekommt er nach 30 Jahren 391 Prozent mehr Geld. Zwei Faktoren sind für diese rasanten Ergebnisse ausschlaggebend – der Zeitfaktor und die zunehmende Renditesteigerung. Renditen, die konsistent auch nur geringfügig über dem Marktdurchschnitt liegen, verbessern schon kurzfristig das Ergebnis. Über längere Zeit gesehen erhöhen sich die Beträge um ein Vielfaches. Dieser Zusammenhang erweist sich als wichtiges Schlüsselelement für den Anlageerfolg von Warren Buffett. So hatte sich Buffett vor 30 Jahren das Ziel gesetzt, den *Dow-Jones*-Industrieaktienindex um 10 Prozentpunkte im Jahr zu übertreffen. Das hat er geschafft – und zwar dergestalt, dass sich die von ihm erzielten Nachsteuer-Renditen himmelweit vom Markt abhoben.

2 Zur Historie des Value-Ansatzes

Jahr	Jährliche Rendite				
	8%	10%	12%	14%	16%
1	$10800	$11000	$11200	$11400	$11600
5	$14693	$16105	$17623	$19254	$21003
10	$21589	$25937	$31058	$37072	$44114
15	$31722	$41772	$54736	$71379	$92655
20	$46610	$67275	$96463	$137435	$194608
25	$68485	$108347	$170001	$264619	$408742
30	$100627	$174494	$299599	$509502	$858499
35	$147853	$281024	$527996	$981002	$1803141

↑ erwartete Marktrendite

Abbildung 2-1: Kumulative Vorteile durch Erzielung marktübertreffender Renditen (Ausgangsinvestition 10000 Dollar)

Abbildung 2-1 lässt auch erkennen, in welcher Form der Markt Anleger straft, die hinter dem Durchschnitt zurückbleiben. Die Bestrafung nach unten ist genauso drastisch wie die Belohnung nach oben. Nach 30 Jahren 8-prozentiger Jahresrenditen ist ein Depot um 73 Prozent hinter dem *S&P-500*-Index zurückgeblieben. Betroffen sind Investoren, die in den vergangenen 20 bis 30 Jahren beträchtliche Bestände an Anleihen oder gewinnbringenden Aktien gehalten haben. Ihre jährlichen Renditen haben durchaus gereicht, um die Inflation auszugleichen (ein wichtiger Aspekt, der in Kapitel 5 erörtert wird); trotzdem hängen sie hoffnungslos hinterher und haben nicht mehr genügend Zeit, das Versäumte aufzuholen.

Schon wenige Fehler reichen, um zu verhindern, dass Sie mit Ihrem Portfolio wirklich hervorragende Renditen erzielen. Sie brauchen nur ein paar schwache Unternehmenswerte zu lange zu hal-ten – schon sind Sie mit Ihren Renditen um Jahre im Rückstand. Denselben Effekt kann ein zu früher Verkauf von Aktien eines leistungsstarken Unternehmens haben. Ein zu umfangreiches Portfolio kann Ihnen die Aussicht auf Renditen oberhalb von 10 Prozent vereiteln. Hingegen erfordert ein zu kleines Depot mit fünf oder noch weniger Aktien eine nahezu perfekte Aktienauswahl. Unter diesen fünf Aktien braucht nur eine einzige unglückliche Beteiligung zu sein und Sie haben den Marktanschluss auf Jahre verpasst.

Bestätigung des Value-Ansatzes durch empirische Untersuchungen

Zum Glück gibt es eine (einzige) Methode, die nachweislich solche marktübertreffenden Renditen zu erzeugen vermag – den Ansatz des *Value Investing* beziehungsweise des wertorientierten Anlegens. Dazu wollen wir einige besonders einleuchtende Beispiele heranziehen. Für wertorientiertes Anlegen gibt es keine Standarddefinition. Das ist auch der Grund, warum sich die Vorteile des Value-Ansatzes so schwer quantifizieren lassen. Wertorientierte Fondsmanager zum Beispiel ziehen bei der Unternehmensbewertung Finanzdaten in recht unterschiedlichen Kombinationen heran. Die wissenschaftlichen Untersuchungen zu den Vorzügen des Value-Ansatzes gelten insbesondere den Standardkennzahlen, nach denen sich die meisten Manager richten: Kurs-Gewinn-Verhältnis (KGV), Kurs-Buchwert-Verhältnis (KBV), Kurs-Umsatz-Verhältnis (KUV) und Dividendenrendite (DR). Die Ergebnisse solcher Untersuchungen weisen auf signifikante und deutliche Vorteile bei Anwendung des Value-Ansatzes hin. (Kapitel 9 befasst sich mit Dividenden; die übrigen Richtgrößen werden ausführlich in Kapitel 12 erörtert.)

Benjamin Graham: Anlagestrategie nach Maßgabe des Nettoumlaufvermögens

Benjamin Graham war einer der Ersten, die zwecks Abschätzung von Aktienrenditen Unternehmen mit gemeinsamen Merkmalen analysierten. Anfang der 30er Jahre entwickelte er eine Investmentstrategie, die er als *Net Current Asset Approach* (Ansatz auf Basis des Nettoumlaufvermögens) bezeichnete. Diesem Ansatz zufolge sollten Aktien nur dann erworben werden, wenn sie zu einem Preis von weniger als 66 Prozent der liquiden Mittel (Betriebsmittel abzüglich Fremdmittel) angeboten wurden. Ein Unternehmen beispielsweise, bei dem das Umlaufvermögen 20 Dollar pro Aktie und die kurzfristigen Verbindlichkeiten und Fremdmittel 15 Dollar pro Aktie betragen, weist ein Nettoumlaufvermögen von 5 Dollar pro Aktie (20 Dollar minus 15 Dollar) aus. Graham würde die Aktien dieses Unternehmens nur dann kaufen, wenn sie weniger als 66 Prozent von 5 Dollar – 3,33 Dollar pro Aktie – kosten. Graham hat seine Methode die nächsten 20 Jahre über konsequent auf die private Vermögensverwaltung angewendet. Seinen Untersuchungen zufolge hat diese Strategie des Aktienerwerbs unter dem für das Nettoumlaufvermögen angesetzten Wert in einem Zeitraum von 30 Jahren eine rund 20-prozentige Kurssteigerung im Jahr eingebracht und damit den Markt weit übertroffen.

Mehr als fünf Jahrzehnte später unterzog Henry Oppenheimer, Professor für Finanzwissenschaft an der *State University of New York*, Binghamton, die Theorie von Graham einem neuerlichen Test und kam zu dem Ergebnis, dass sie in unserer modernen Zeit noch genauso gut funktioniert wie damals. Oppenheimer stellte fest, dass die Strategie des Aktienerwerbs zu 66 Prozent des Nettoumlaufvermögens in den Jahren zwischen 1971 und 1983 zur Erzielung 29,4-prozentiger Jahresrenditen geführt hatte. Demgegenüber hatte der *NYSE-AMEX*-Aktienindex (*New York Stock Exchange, American Stock Exchange*) über denselben Zeitraum lediglich eine Steigerung von 11,5 Prozent zu verzeichnen. Oppenheimer ging davon aus, dass ein Investor jedes Jahr sämtliche zu dieser Kennzahl erhältlichen Aktien kaufte und ein Jahr später wieder verkaufte. Wie aber erklärte sich dieses magische Verhältnis zwischen Aktienkurs und bilanztechnisch ausgewiesener Liquidität? In nachfolgenden Studien stellte die New Yorker Vermögensverwaltungsfirma *Tweedy, Browne Co.* fest, dass die zu solch niedrigen Liquiditätszahlen erhältlichen Aktien meist zu deutlich niedrigeren Kursen angeboten wurden, als es einer realistischen Abschätzung ihres Veräußerungs- oder Liquidationswertes entsprach. Mit anderen Worten: Der Markt hatte die Aktienkurse unter den Erlöswert gedrückt, den das Unternehmen bei einem Notverkauf erzielen konnte – eine unrealistische Bewertung für ein gesundes Unternehmen. Unter solchen Umständen konnten die Aktien nur steigen.

Die *Trinity*-Studien von 1995

Ein anderes führendes Vermögensverwaltungsunternehmen, das einen wertorientierten Ansatz verfolgt, ist die Firma *Trinity Investment Management*. Ihren Erkenntnissen zufolge werfen Aktien mit niedrigem KGV und KBV beziehungsweise hohen Dividendenrenditen konsistent weit über dem Marktdurchschnitt liegende Gewinne ab. In einer ihrer Studien stellte die Firma ein hypothetisches Portfolio aus Aktien der 30 Prozent *S&P-500*-Unternehmen mit dem niedrigsten KGV zusammen und verfolgte deren Kursentwicklung über einen Zeitraum von 14 Jahren bis Dezember 1994. In jedem Quartal wurde das Portfolio neu zusammengestellt: Aktien mit hohem KGV wurden abgestoßen und durch Neuzugänge mit niedrigem KGV ersetzt. Auf diese Weise wurde im Vergleichszeitraum eine jährliche Steigerung von 17,5 Prozent erzielt – gegenüber 13,3 Prozent beim *S&P-500*-Index. Eine Geldanlage im Wert von 10000 Dollar hätte beim *S&P-500*-Index eine Rendite von 57 441 Dollar erzielt. Dieselben 10 000-Dollar-Werte im Portfolio mit niedrigem KGV hätten 95 616 Dollar erbracht.

Die nächste Studie untersuchte die 30 Prozent der im *S&P-500*-Index erfassten Aktien mit dem niedrigsten KBV. Die Ergebnisse fielen mit einer über 14 Jahre gemittelten jährlichen Steigerung von 18,1 Prozent – im Vergleich zu 13,3 Prozent bei den Index-Aktien – noch besser aus.

Daraufhin stellte die Firma *Trinity* Portfolios mit 30 Prozent *S&P-500*-Aktien nach Maßgabe der Dividendenrenditen zusammen. In diesem Fall kaufte die Firma jedes Quartal die 30 Prozent mit der höchsten Rendite und verfolgte die Kursentwicklung über 14 Jahre. Hier waren die Ergebnisse noch überzeugender. Das Portfolio mit den renditestarken Werten legte 18,3 Prozent zu – fünf Prozentpunkte mehr als der Markt. Und als *Trinity* alle drei Faktoren – KGV, KBV und DR – in einem einzigen Portfolio erfasste und somit bei der Auswahl der *S&P-500*-Aktien eine Kombination der drei Kennzahlen zugrunde legte, waren die Ergebnisse wiederum besser: Die nach Maßgabe der drei Kennzahlen gewählten *S&P*-Aktien stiegen zwischen 1980 und 1994 um durchschnittlich 20,1 Prozent und übertrafen damit den Markt um 6,8 Prozentpunkte im Jahr (siehe Abbildung 2-2).

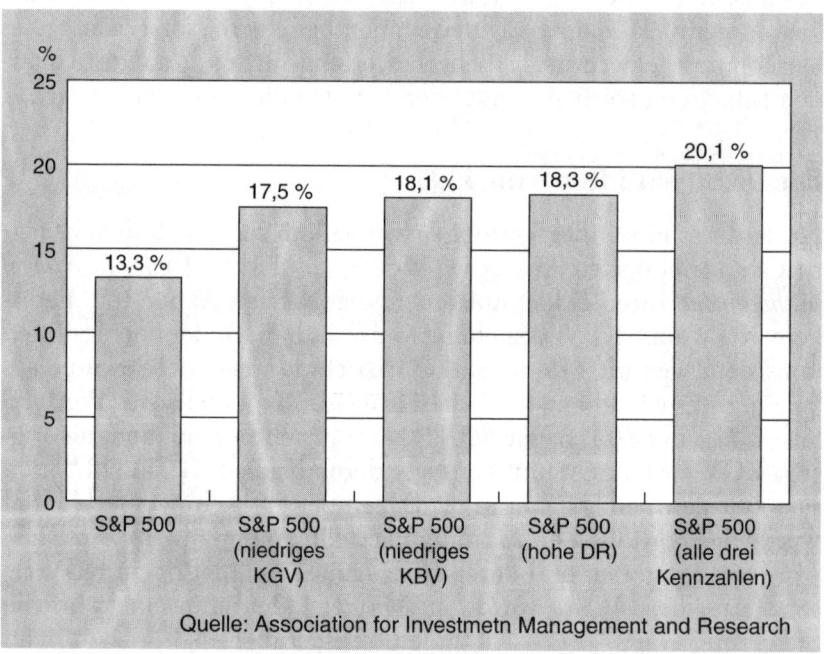

Abbildung 2-2: Entwicklung der Jahresrenditen von S&P-500-Aktien im Vergleich zu ausgewählten Index-Kontingenten (1980–1994)

Bestätigung des Value-Ansatzes durch empirische Untersuchungen

Wenn solche Resultate möglich sind, warum treffen dann nicht mehr Fondsmanager ihre Kaufentscheidungen nach Maßgabe dieser Kennzahlen? Vermutlich würden die meisten Fondsmanager nicht zugeben wollen, dass die Auswahl gewinnbringender Aktien auf solch simple Konzepte zurückzuführen ist. Denn dies käme dem Zugeständnis gleich, dass ihr vermeintlich „höherer Informationsstand" in Wirklichkeit ein Produkt ohne mehrwertsteigernde Qualität ist. Ein weiterer Grund könnte der sein, dass Fondsmanager unter dem Zwang stehen, Leistungen *jetzt* zu erbringen, und sich einmal mehr veranlasst sehen, Aktien auszuwählen, die *heute* Gewinne abwerfen. Im Gegensatz dazu verlangt eine wertorientierte Aktienauswahl Geduld. Value-Geldanlagen haben sich über längere Zeiträume hinweg als vorteilhaft erwiesen, erbringen aber möglicherweise inakzeptabel langsame Resultate zu Zeiten schäumender Bullenmärkte, wenn alle Aufmerksamkeit den Wachstumswerten gilt. Als dritter Grund kommt hinzu, dass Aktien, die den Kriterien der Firma *Trinity Investment Management* genügen, möglicherweise auf wenige Branchen konzentriert sind. Ein Anleger, der beispielsweise 1996 oder 1997 Aktiendepots mit niedrigem KGV, niedrigem KBV und hoher DR zusammenstellen wollte, hätte sich auf Versicherungs- und Bankaktien, Öl- und Gasgesellschaften, Immobilienfonds und Stromversorgungsbetriebe beschränken müssen. Nur wenige Fondsmanager konnten ihren Investoren gegenüber ein so eng diversifiziertes Portfolio rechtfertigen.

Die Firma *Trinity* wendete dieselben Untersuchungsmethoden auch auf andere Kontingente des Aktienmarktes an – so auf Dividendenwerte mit niedriger beziehungsweise mittlerer Börsenkapitalisierung und andere nicht im *S&P-500*-Index erfasste Unternehmenswerte – und verglich die Renditen über eine Haltedauer von 26 Jahren. Die Untersuchungsergebnisse sind in Abbildung 2-2 und Abbildung 2-3 zusammengefasst: Wertorientierte Aktienanlagen erbrachten konsistent höhere Renditen als der Markt.

Stanford Calderwood, CEO von *Trinity*, hält noch weitere Erklärungen für die unterschiedliche Entwicklung der Renditen bereit. In den vergangenen 70 Jahren haben Dividenden rund die Hälfte der jährlich erzielten Anlagenrenditen ausgemacht. Da viele Value-Strategien vorrangig auf Dividenden konzentriert sind, sehen sich wertorientierte Manager weniger veranlasst, hohe Renditen aus Kurssteigerungen anzustreben. Manager, die hohe Jahresrenditen ohne Dividenden erzielen wollen, sind in weitaus höherem Maß auf einen guten Markt und – zugegebenermaßen – auf eine umsichtige Aktienauswahl angewiesen. Wenn der Markt 9 Prozent im Jahr steigt, brau-

	S&P 500	Wert-aktien	Wachstums-aktien	Differenz
S&P 500	10,1%	11,4%	9,2%	2,2%
Index mit 1000 Aktien	10,1%	11,4%	8,7%	2,7%
Aktien mit hoher Börsenkapitalisierung	10,1%	10,4%	8,8%	1,6%
Aktien mit mittlerer Börsenkapitalisierung	10,1%	12,1%	8,4%	3,7%
Aktien mit geringer Börsenkapitalisierung	10,1%	13,3%	6,4%	6,9%

Quelle: AIMR, 1995 *Proceedings*

Abbildung 2-3: Wertaktien und Wachstumsaktien im Vergleich (Index-Berechnung 1969–1994)

chen wertorientierte Manager, die 4,5-prozentige Aktien erwerben, nur eine durchschnittliche Kurssteigerung von 4,5 Prozent, um ihr Ziel zu realisieren. Ein Fondsmanager, der auf dividendenbringende Aktien verzichtet, muss Kurssteigerungen erzielen, die im Durchschnitt doppelt so hoch sind wie die Renditen des wertorientierten Managers. Hinzu kommt, dass Kapitalanleger mit Wachstumsaktien, die sich an Schätzungen und Prognosen orientieren, ihre Gewinne vermutlich schmälern, was bei Wertanlegern nicht der Fall ist.

Value-Manager widmen dem, was die Zukunft bringen könnte, kaum Beachtung. Demgegenüber basieren Informationen, wie sie die Manager von Wachstumsaktien zugrunde legen, vorrangig auf Prognosen – und die Geschichte zeigt, dass auf solche Prognosen kaum Verlass ist. ... Der wertorientierte Investmentansatz konzentriert sich auf bewährte Grundsätze und ist nicht auf die Abschätzung künftiger Gewinne, sondern auf die Ermittlung derzeitiger Werte ausgerichtet: unter Marktwert gehandelte KBVs und KGVs und über dem Marktdurchschnitt liegende Dividendenrenditen. Die entscheidenden Determinanten für Wertaktien sind solide Daten, die sich in der Vergangenheit als einigermaßen genau bewährt haben. ... Wachstumsinvestoren konzentrieren sich auf zuträgliche Entwicklungen in der Erwartung eines hohen kurzfristigen und langfristigen Gewinnzuwachses pro Aktie und stützen sich dabei auf Marktprognosen und allgemeine Marktszenarien. ... Die einschlägige Literatur enthält eine Fülle von Studien, aus denen die Ungenauigkeit solcher Gewinnabschätzungen ersichtlich wird.[2]

---

[2] Stanford Calderwood, „The Positive Bias for Value Investors in U.S. Equities", *Association for Investment Management and Research Proceedings*, 1995, S. 4-13.

Andere Kommentare weisen darauf hin, dass Value-Investoren auf Grund psychologischer Faktoren bessere Erfolge als Wachstumsinvestoren erzielen – Value-Investoren erleben weniger Angstzustände. Zudem haben Aktien die Tendenz, sich „auf den Mittelwert" einzupendeln. Lewis Sanders, CEO von *Sanford Bernstein*, trug dieses Argument 1995 anlässlich einer Konferenz der *Association for Investment Management and Research* vor. Er nannte drei psychologische Faktoren, die wertorientierten Investoren zum Vorteil gereichen.[3]

- *Überbewertung von Sicherheit.* Investoren haben „einen überwältigenden Hang" zu allem, was sicher ist. Wenn sie auf ein Finanzpapier stoßen, das ihnen voraussagbare Erträge verspricht, tendieren sie dazu, konsistent übermäßig viel und zu überhöhten Preisen zu kaufen. Häufig genug sind diese Erträge aber gar nicht sicher – sie werden nur als sicher eingeschätzt.
- *Überreaktion auf große, aber unwahrscheinliche Ereignisse.* So wie viele Leute in staatlichen Lotterien spielen, wo es riesige Summen, wenngleich mit äußerst geringer Wahrscheinlichkeit, zu gewinnen gibt, so stürzen sich die Investoren auf Vermögenswerte, die viel versprechende, über die üblichen Vorstellungen hinausgehende Gewinne erwarten lassen. Abschreckende Beispiele waren die frenetischen Börsengeschäfte mit biotechnologischen Werten 1991 und 1997, Internet-Anlagen 1996 und 1998 sowie Mikrobrauer-Aktien 1996. Wertorientierte Investoren waren an diesen Wahnsinnskäufen – und den nachfolgenden Zusammenbrüchen – nicht beteiligt.
- *Verlustaversion.* Weil der Schmerz über mögliche Verluste vielfach mehr zählt als die Lust am Gewinn, scheut so mancher Privatanleger vor Geldanlagen zurück, sobald er einen Verlust wittert. Dies erklärt auch, warum viele Investoren Aktien nur bei steigenden Kursen kaufen, denn durch steigende Kurse sehen sie sich in ihrer Entscheidung bestätigt und fühlen sich zur Masse der Börsianer zugehörig. Wiederum aus psychologischen Gründen meidet das Anlegerpublikum solche Unternehmen, deren Aktien den Investoren in letzter Zeit Verluste gebracht haben. Allerdings ist es so, dass gerade dieser Mangel an Verlustbereitschaft auf Seiten der breiten Masse höchst einträglichen Geldanlagen Vorschub leistet.

Sanders argumentiert, diese Verhaltensschleife finde ihren Abschluss im Prozess des so genannten „Einpendelns auf den Mittelwert".

---

[3] Lewis Sanders, „The Advantage to Value Investing", *Association for Investment Management and Research Proceedings*, 1995, S. 28-34.

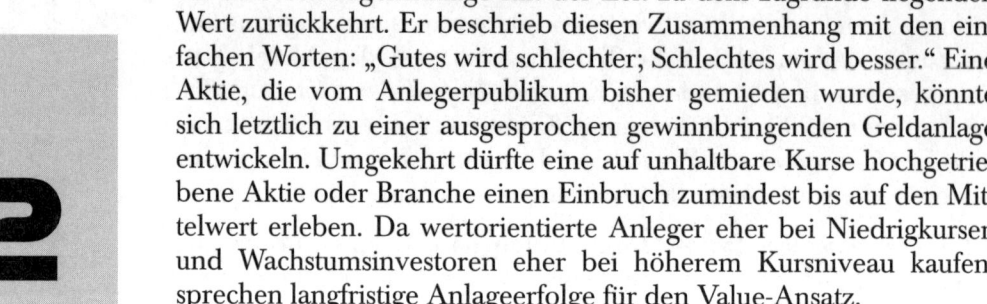

Finanztechnisch ist darunter die Tendenz zu verstehen, dass der Preis für eine Vermögensanlage mit der Zeit zu dem zugrunde liegenden Wert zurückkehrt. Er beschrieb diesen Zusammenhang mit den einfachen Worten: „Gutes wird schlechter; Schlechtes wird besser." Eine Aktie, die vom Anlegerpublikum bisher gemieden wurde, könnte sich letztlich zu einer ausgesprochen gewinnbringenden Geldanlage entwickeln. Umgekehrt dürfte eine auf unhaltbare Kurse hochgetriebene Aktie oder Branche einen Einbruch zumindest bis auf den Mittelwert erleben. Da wertorientierte Anleger eher bei Niedrigkursen und Wachstumsinvestoren eher bei höherem Kursniveau kaufen, sprechen langfristige Anlageerfolge für den Value-Ansatz.

David Dreman: Brancheninterne Billigkäufe

Im Jahr 1996 setzte sich David Dreman, Chairman des Unternehmens *Dreman Value Management* und seit 20 Jahren anerkannter Marktstratege, für einen anderen Ansatz ein. Er hat untersucht, inwieweit Investoren mit dem Erwerb der am stärksten unterbewerteten Aktien in verschiedenen Branchen marktübertreffende Renditen erzielen können. Frühere Studien hatten die Wertentwicklung quer über den gesamten Markt verfolgt und waren zu dem Ergebnis gelangt, man könne überdurchschnittliche Anlageerfolge haben, wenn man Aktien mit den niedrigsten Finanzkennzahlen kauft. Dreman stellte fest, dass dieser Effekt auch für einzelne Marktsektoren gilt. Wenn man beispielsweise Einzelhandelswerte mit den niedrigsten KGVs kaufte, erzielte man weitaus höhere Renditen als beim Kauf der höchstnotierten Werte. Dreman wertete die Performance von 1 500 Unternehmen aus 44 Branchen über einen Zeitraum von 25 Jahren aus (siehe Abbildung 2-4). Die 20 Prozent Aktien mit dem niedrigsten KGV innerhalb einer Branche tendierten dazu, Unternehmenswerte mit den höchsten KGVs weit hinter sich zu lassen und marktübertreffende Renditen zu erzielen: Die 20 Prozent der Unternehmen mit den niedrigsten KGVs brachten für den Untersuchungszeitraum von 27 Jahren bis zum 31. Dezember 1996 eine durchschnittliche jährliche Rendite von 17,7 Prozent ein – gegenüber einem Marktdurchschnitt von 15,3 Prozent. Hätten Sie stattdessen die Aktien der mit den höchsten KGVs bewerteten Unternehmen gekauft, wären im Schnitt jährlich nur 12,2 Prozent Rendite erreicht worden. Insgesamt ergibt sich ein beeindruckender Unterschied zwischen der 17,7-prozentigen und der 12,2-prozentigen Rendite: Mit einem Ausgangskapital von 10000 Dollar hätte ein Anleger nach 27 Jahren durch den Kauf von Aktien mit niedri-

Bestätigung des Value-Ansatzes durch empirische Untersuchungen

gem KGV rund 572 000 Dollar angesammelt; durch Investition in Aktien mit hohem KGV hätten die 10 000 Dollar bei 12,4-prozentiger Rendite lediglich 289 000 Dollar eingebracht.

	Branchen-intern	Gesamtmarkt	Vierteljährliche Baisse-Rendite
20% Aktien mit niedrigstem KGV	18,0%	18,8%	−6,3%
20% Aktien mit höchstem KGV	12,4%	12,5%	−8,6%
Marktdurchschnitt	15,1%	15,1%	−7,2%

Quelle: *Forbes*, 23. Sept. 1996

Abbildung 2-4: Die Dreman-Untersuchung von Aktien mit niedrigem KGV (durchschnittliche Jahresrenditen 1970–1995)

Wie Dreman feststellte, war es ebenso vorteilhaft, Aktien mit niedrigem KGV unter schlechten Marktbedingungen zu halten. Dieselben 20 Prozent Aktien mit niedrigem KGV fielen in rückläufigen Quartalen durchschnittlich um 6,3 Prozent. Demgegenüber fielen Aktien mit hohem KGV im Durchschnitt um 8,6 Prozent – also 37 Prozent mehr. Dreman zieht daraus folgenden Schluss:

Wir können eine Niedrig-KGV-Strategie branchenintern genauso zuverlässig anwenden wie für den gesamten Markt. ... Man erzielt eine bessere Diversifikation, wenn man anstatt eines Erwerbs des billigsten Fünftels auf dem Gesamtmarkt die Aktien mit niedrigem KGV innerhalb bestimmter Branchen kauft. In beiden Fällen haben Sie dieselben Vorteile: Unvorhergesehene Ereignisse arbeiten für und nicht gegen Sie.[4]

Dreman wies noch auf einen weiteren indirekten Vorteil von Geldanlagen mit niedrigem KGV hin: Man kann gegebenenfalls branchenabhängig diversifizieren und dennoch darauf vertrauen, dass man marktübertreffende Erfolge erzielt.

Investoren haben einen überwältigenden Hang zu allem, was sicher ist. Wenn sie auf ein Finanzpapier stoßen, das ihnen voraussagbare Erträge verspricht, tendieren sie dazu, konsistent übermäßig viel und zu überhöhten Preisen zu kaufen.

---

[4] David Dreman, „A New Approach to Low-P/E Investing", *Forbes*, 23. September 1996, S. 241.

O'Shaugnessy: „Alles, was funktioniert"

Wenn all die positiven Kommentare in der Value-Literatur Wall Street über Jahrzehnte hinweg nicht zu überzeugen vermochten, hätte dies eigentlich dem Fondsmanager James O'Shaughnessy mit seiner Studie aus dem Jahr 1997 gelingen müssen. O'Shaughnessy untersuchte mit äußerster Akribie die Performance hunderter Unternehmen von 1950 bis 1994, um herauszufinden, auf welche Finanzfaktoren konsistent marktübertreffende Renditen nun wirklich zurückzuführen waren. Das über 44 Jahre hinweg gesammelte Datenmaterial versetzte O'Shaughnessy in die Lage, potenzielle Unausgewogenheiten in der Untersuchung durch Überbrückung von Phasen, in denen Wachstumsaktien und Value-Aktien überdurchschnittliche Erfolge erzielten, zu vermeiden. Wachstumsaktien erbrachten beispielsweise außergewöhnlich gute Gewinne in den 60er Jahren und Ende der 80er Jahre, Value-Aktien in den 70er und frühen 80er Jahren. O'Shaughnessy ging es nicht darum, die Überlegenheit eines bestimmten Ansatzes zu beweisen, aber seine Erkenntnisse waren von einer ungeheuren Tragweite. Wie andere vor ihm stellte O'Shaughnessy fest, dass der Erwerb von Aktien, die bei niedrigem Kurs-Gewinn-Verhältnis (KGV), niedrigem Kurs-Buchwert-Verhältnis (KBV) und niedrigem Kurs-Umsatz-Verhältnis (KUV) gehandelt werden, marktübertreffende Renditen erbringen. (KGV, KBV und KUV sind die drei Finanzkennzahlen, die von Value-Fondsmanagern am häufigsten herangezogen werden.) Aber ihm gelang es als Erstem, diesen Vorteil über längere Zeiträume hinweg zu quantifizieren.

Der andere potenziell aufrüttelnde Effekt der Untersuchungen von O'Shaugnessy ist der, dass die Vorstellung von den *effizienten Märkten* (siehe Kapitel 3), derzufolge kein Privatanleger und keine Investmentstrategie über längere Zeit marktübertreffende Erfolge erzielen kann, so gut wie widerlegt wurde. Ganz im Gegenteil, wie O'Shaughnessy kommentierte:

> Es handelt sich keineswegs um ein zufälliges Geschehen – die Daten lassen eine gezielte Entwicklung erkennen. ... Der Markt belohnt eindeutig und konsistent ganz bestimmte Attribute (z.B. Aktien mit niedrigem KUV) und bestraft eindeutig und konsistent andere (z.B. Aktien mit hohem KUV).[5]

---

[5] James P. O'Shaughnessy, *What Works on Wall Street*, New York, McGraw-Hill, 1997, S. 5.

Bestätigung des Value-Ansatzes durch empirische Untersuchungen

O'Shaughnessy untersuchte als Erstes die Höhe der erwarteten Renditen auf der Basis des Kurs-Gewinn-Verhältnisses zum Kaufzeitpunkt. Dabei legte er die Annahme zugrunde, dass die Investoren jedes Jahr die 50 Aktien mit dem höchsten und dem niedrigsten KGV erwarben und ihre Depots jeweils bei Wertänderungen neu ordneten. Er stellte so gut wie keinen Unterschied zwischen der langfristigen Kursentwicklung der Aktien mit niedrigem KGV und dem Gesamtvolumen der Aktien fest. Allerdings hatte ein niedriges KGV signifikante Auswirkungen, wenn es sich um Aktien von Unternehmen mit hoher Börsenkapitalisierung handelte. In den Jahren 1952 bis 1994 erbrachten hoch kapitalisierte Aktien Jahresrenditen von 12,6 Prozent. Vergleichbare Aktien mit niedrigem KGV erzielten 15,5 Prozent. Über den Zeitraum von 43 Jahren gerechnet führte die Differenz von 2,9 Prozentpunkten knapp zur Verdreifachung des Depots. Demgegenüber lagen die Jahresrenditen der 50 Aktien mit hoher Börsenkapitalisierung und hohem KGV nur bei 11,4 Prozent.

Wenn Aktien nach Maßgabe von Kurs-Buchwert-Verhältnis, Kurs-Cashflow-Verhältnis oder Kurs-Umsatz-Verhältnis erworben wurden, legten die Renditen nochmals zu. In allen drei Fällen konnte ein Anleger mit dem Kauf von Aktien mit den niedrigsten Kennzahlen Gewinne erzielen, die den Markt signifikant übertrafen – in aller Regel um mindestens zwei Prozentpunkte (siehe Abbildung 2-5). Wie O'Shaugnessy feststellte, ergaben sich die größten Abweichungen immer dann, wenn Aktien mit niedrigem KUV erworben wurden. Ein Depot aus 50 Unternehmensaktien mit den niedrigsten KUVs erzielte über einen Zeitraum von 43 Jahren eine Jahresrendite von 18,9 Prozent – gegenüber 14,6 Prozent aller Aktien ohne Berücksichtigung der KUV-Kennzahl. Wie vorteilhaft der Kauf von Aktien mit niedrigem KUV ist, zeigt sich in aller Deutlichkeit, wenn wir die kumulative Entwicklung einer Ausgangsinvestition von 10000 Dollar berechnen. O'Shaughnessy stellte solche signifikanten Unterschiede auf breiter Front fest – gleich, ob er KUVs, KBVs, KGVs oder Kurs-Cashflow-Verhältnisse untersuchte. Ganz generell führten niedrigere Kennzahlen zu höheren Gewinnen (siehe Abbildung 2-6). Wurden hingegen Aktien mit hohen Kennzahlen gekauft, lagen die Renditen unter dem Durchschnitt.

2 Zur Historie des Value-Ansatzes

Jahr	Alle Aktien bei 14,6%	Aktien mit niedrigem KUV bei 18,9%
1	$11460	$11890
2	$19766	$34763
10	$39070	$56470
15	$77227	$134192
20	$152648	$318887
25	$301728	$757786
30	$596401	$1800759
35	$1178858	$4279223
40	$2330154	$10168905
41	$2670357	$12090828
42	$3060229	$14375994
43	$3507023	$17093057

Abbildung 2-5: Kumulative Entwicklung einer Ausgangsinvestition von 10000 Dollar in Aktien mit niedrigem KUV

	Jahresrendite 1952–1994
Alle Aktien	14,6%
50 Aktien mit niedrigstem Kurs-Buchwert-Verhältnis	**17,5%**
50 Aktien mit höchstem KBV	11,9%
50 hoch kapitalisierte Aktien mit niedrigstem KBV	**16,3%**
50 hoch kapitalisierte Aktien mit höchstem KBV	12,3%
50 Aktien mit niedrigstem Kurs-Cashflow-Verhältnis	**17,1%**
50 Aktien mit höchstem KCV	10,8%
50 hoch kapitalisierte Aktien mit niedrigstem KCV	**16,5%**
50 hoch kapitalisierte Aktien mit höchstem KCV	12,0%
50 Aktien mit niedrigstem Kurs-Umsatz-Verhältnis	**18,9%**
50 Aktien mit höchstem KUV	8,2%
50 hoch kapitalisierte Aktien mit niedrigstem KUV	**15,7%**
50 hoch kapitalisierte Aktien mit höchstem KUV	11,0%

Quelle: O'Shaughnessy: *What Works on Wall Street*

Abbildung 2-6: Zusammenhang zwischen Kennzahlen und Renditen

Börsenrally 1994–1997: Wachstumswerte oder Wertanlagen?

Natürlich müssen wir uns fragen, ob die von *Trinity Capital*, Dreman, O'Shaughnessy und anderen Experten ermittelten Renditen eine ungewöhnliche Entwicklung darstellen oder vielleicht ein Nebeneffekt leichterer Zeiten am Markt waren. Obwohl eine überwältigende Fülle an Beweismaterial dagegen spricht, meinen viele Forscher und Analysten immer noch, der Markt sei langfristig nicht zu schlagen. Vielmehr seien eventuelle Ineffizienzen aus früheren Zeiten längst ausgeglichen. Wenn Millionen von Anlegern den Markt beobachten und jeder von ihnen innerhalb von Sekunden einschlägige Informationen über ein Unternehmen per Computer abfragen kann, sei es ein Ding der Unmöglichkeit, überhaupt noch überdurchschnittlich gute Renditen zu erzielen. Und doch kann ich belegen, dass die von Dreman und O'Shaughnessy festgestellten Zusammenhänge nach wie vor Bestand haben. Um zu beweisen, dass der Value-Ansatz immer noch relevant ist, habe ich die Aktienperformance in einer der heftigsten Marktrallys der Geschichte – von November 1994 bis Mitte 1997 – untersucht: Ich bin zu Ergebnissen gelangt, die mit den Resultaten von O'Shaughnessy bezüglich der Entwicklungen seit Anfang der 50er Jahre in eindrucksvoller Weise übereinstimmen.

In zahlreichen Zeitungsartikeln wurde Mitte der 90er Jahre das Ende des Value-Ansatzes vorhergesagt – alle Aufmerksamkeit galt den an Wachstum und Dynamik orientierten Investmentstrategien. Aber die Aktien, die vom Jahresende 1994 bis Mitte 1997 die besten Ergebnisse erzielten, waren solche, die zu den niedrigsten KGVs, KBVs und KUVs gehandelt wurden (siehe Abbildung 2-7). Ich begann mit der Auswahl von *S&P-500*-Aktien am 1. Dezember 1994 – drei Wochen, nachdem die Republikaner die Mehrheit im Kongress in Washington gewonnen hatten und am Aktienmarkt eine drei Jahre anhaltende Rally begann. Ich verfolgte die Performance der betroffenen Unternehmen 31 Monate lang bis zum 1. Juni 1997; in dieser Zeit legte der Index um erstaunliche 85,3 Prozent zu. Dabei belohnte der Aktienmarkt solche Wachstumsunternehmen am stärksten, die auf Wertbasis und nicht zu einem hohen Vielfachen der Gewinne erworben worden waren. Die *S&P-500*-Aktien, die im November 1994 die niedrigsten KGVs aufgewiesen hatten, hängten die übrigen Aktien mit ihren Renditen weit ab. Aktien, die zu einem KGV von unter 7,0 gekauft worden waren, legten im Beobachtungszeitraum durchschnittlich 228,3 Prozent zu – ge-

genüber 85,3 Prozent beim gesamten Index. Aktien mit einem ursprünglichen KGV zwischen 7 und 10 legten im Schnitt 100,4 Prozent zu. Wurden jedoch Aktien zu höheren KGVs erworben, fielen die Renditen stark ab. Die Aktien der im *S&P 500* erfassten Unternehmen, die am 1. Dezember 1994 zu einem KGV von über 30 gehandelt worden waren, erbrachten in den folgenden 31 Monaten durchschnittlich nur 57,9 Prozent. An normalen Märkten wäre dies ein außergewöhnlich gutes Ergebnis gewesen, doch für den Beobachtungszeitraum 1994 bis 1997 war eine solche Rendite allenfalls mittelmäßig – was sich die Anleger infolge überhöhter Kaufpreise selbst zuzuschreiben hatten.

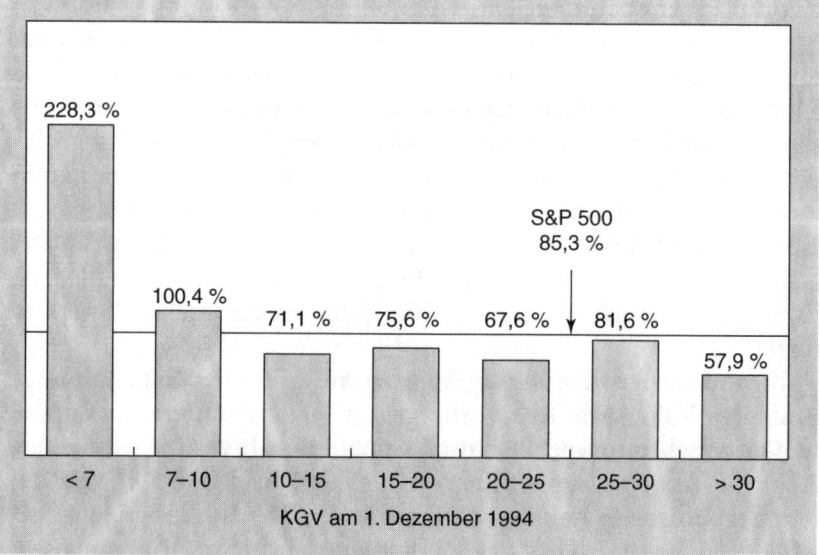

Abbildung 2-7: Wertentwicklung von S&P-500-Aktien von Dezember 1994 bis Juni 1997 (Rendite auf KGV-Basis)

Derselbe Zusammenhang war zu erkennen, wenn für dieselben hoch kapitalisierten Unternehmen und für denselben Beobachtungszeitraum das Kurs-Buchwert-Verhältnis (KBV) zugrunde gelegt wurde. *S&P-500*-Unternehmen, die am 1. Dezember 1994 unter ihrem Nettowert (zu einem KBV unter 1,00) gehandelt worden waren, erbrachten bis zum 1. Juni 1997 im Durchschnitt 152,1 Prozent Rendite – fast doppelt so viel wie der Index. Bei steigendem KBV fielen die Renditen stark ab, mit Ausnahme von Aktien zu KBVs zwischen 2,00 und 2,49. Zu dieser Teilgruppe zählten Technologieunternehmen wie *Intel* und *Cisco Systems*, die sich inmitten eines explosiven Gewinnwachstums befanden, sowie eine Menge führender Industrieunternehmen, die ihre Buchwerte durch Realisierung von Sanierungsmaßnahmen künstlich gedrückt – und damit ihr KBV erhöht – hatten. (In Kapitel 11 werden Buchwert-Kennzahlen ausführlicher erörtert.)

Der Zusammenhang zwischen Kurs-Umsatz-Kennzahlen (KUV) und Renditen wies im Beobachtungszeitraum von 1994 bis 1997 keine so starke Korrelation auf. Aktien, die bei einem hohen KUV gehandelt wurden, tendierten sogar zu besseren Renditen, als sie im Gesamtindex erzielt wurden – ein Faktum, das sich nur mit der kräftigen Rally bei den Hightech-Unternehmen erklären lässt, die so gut wie immer mit hohem KUV gehandelt werden. Dennoch: Aktien, die Ende 1994 die niedrigsten KUVs aufwiesen, erbrachten im Schnitt Renditen von fast 100 Prozent und übertrafen damit den Index um 14 Prozentpunkte.

Eine Schlussfolgerung können wir mit Sicherheit aus diesem Experiment ableiten: Es lohnt sich, Wachstumswerte „unter Wert" zu erwerben. Die beste Garantie für eine marktübertreffende Performance im Beobachtungszeitraum 1994 bis 1997 war der Kauf von Unternehmensaktien zu möglichst niedrigen KGVs, KUVs und KBVs. Gegner der wachstumsorientierten Anlagestrategie mögen nun eine Reihe von Gründen anführen, warum wertorientierte Aktienanlagen bessere Ergebnisse gebracht haben könnten. Erinnern wir uns, dass die Finanzwerte 1994 in den Keller sausten und dann mit fallenden Zinsen einen unglaublichen Aufwärtstrend erlebten. Viele der betroffenen Unternehmen, darunter die *Chase Manhattan Bank, J.P. Morgan, Merrill Lynch, Wells Fargo Bank, CIGNA, First Chicago* und dutzende von regionalen Banken, wurden 1994 zu KGVs unter 10 gehandelt. Bis Mitte 1997 hatten sich ihre KGVs mehr als verdoppelt; beispielsweise wurden die durchschnittlichen regionalen Bankwerte zum 20fachen der Gewinne gehandelt. Die Zinsen fielen, die Bankgewinne explodierten, und die Investoren belohnten diese Unternehmen mit immer höheren Bewertungen. Auch viele konjunkturabhängige Unternehmen notierten 1994 zu KGVs unter 10 – aus Rezessionsängsten heraus, die sich in einigen Fällen bis Anfang 1997 hielten. Diese Aktien hatten eindeutig unter Prognoseverzerrungen zu leiden.

Im Rückblick auf die Aktientypen mit dem deutlichsten Kursaufschwung können wir ohne Frage festhalten, dass der Markt eines der Kernthemen des Value-Ansatzes bestätigt hat: Man muss Prognosen ignorieren und dann kaufen, wenn sich das Anlegerpublikum von guten Unternehmen abgewendet hat. Banken und zyklische

Unternehmen wie *DuPont*, *Caterpillar* und *Ford* hätten zwischen 1995 und 1997 keinen so großen Aufschwung erleben können, wenn die breite Masse der Anleger ihre einschlägigen Aktien 1994 nicht so gründlich verscherbelt hätte. Die Aktien von *Ford* und anderen Industrieunternehmen wurden im Verlauf des Jahres 1994 auf Grund von Rezessionsängsten verkauft, die nie Wirklichkeit geworden sind. Als die Wirtschaft weiterhin expandierte, kam das Anlegerpublikum zu der Erkenntnis, dass man sich zu Unrecht von Automobilaktien getrennt hatte: Die Kurse kletterten auf neue Höhen. Bankaktien erfuhren Anfang 1994 einen Kurseinbruch – ausgelöst durch verschiedene Zinsanhebungen seitens des US-Zentralbank-Direktoriums sowie durch ein weit verbreitetes Unbehagen in Anbetracht eines erheblichen Defizits im US-Bundeshaushalt (das letztlich doch kleiner ausfiel), einer steigenden Inflation (die sich dann wieder gab) und einer Konjunkturabschwächung (zu der es nicht gekommen ist).

Erfolgsstorys als Beweismaterial

Letztlich sind natürlich die Anlageerfolge wertorientierter Investoren der deutlichste Beweis für die Überlegenheit des Value-Ansatzes. Es ist kein Zufall, dass viele erfolgreiche Kapitalverwalter des 20. Jahrhunderts und viele hochkarätige Fondsmanager aus heutiger Zeit vom Value-Lager grüßen. Fast alle Kapitalverwalter, die konsistent marktübertreffende Erfolge erzielt haben, bringen die eine oder andere Version der von Benjamin Graham vor 65 Jahren entwickelten Methode zur Anwendung.

1984 wurde Warren Buffett gebeten, anlässlich des 50. Jahrestages der Veröffentlichung des Buches *Security Analysis* von Benjamin Graham und David Dodd einen Vortrag an der *Columbia University* zu halten. Er sollte zu der Frage Stellung nehmen, ob die Finanzmärkte tatsächlich so effizient seien, wie führende Wissenschaftler behaupteten. Jahrelang hatte man in Akademikerkreisen Buffett und andere Value-Anleger der Kategorie „*Six-Sigma Events*" zugeordnet und damit als Leute abgestempelt, die ihr Glück und Vermögen Zufallstreffern und nicht etwa intellektueller Könnerschaft zu verdanken haben. Für die Wissenschaftler war Buffett nichts anderes als der eine Glückspilz unter 10 Millionen, der beim Münzenwerfen 15 Mal hintereinander nicht Wappen, sondern Zahl zu Wege brachte. Buffett wusste solche Attacken abzuwehren. Wenn sein Erfolg dem Zufall zu verdanken sei, so fragte er, wie sei es denn dann die Tatsache zu erklären, dass die meisten erfolgreichen Anleger Grahams Value-Methoden studiert hätten? Dies sei doch mit Sicherheit keine statistische Zufallserscheinung:

> Der Gruppe dieser erfolgreichen Investoren, auf die ich verweisen möchte, geht ein geistiger Ziehvater voran – Ben Graham. Doch die Kinder aus dem Hause dieses geistigen Ziehvaters haben ihren Geldgeschäften sehr unterschiedliche Namen gegeben. Sie sind an ganz unterschiedliche Orte gegangen und haben Aktien und Unternehmenswerte gekauft und verkauft und dennoch ist ihnen allen ein Anlageerfolg gemeinsam, der sich nicht mit Zufallstreffern erklären lässt. ... Das gemeinsame intellektuelle Anliegen der *„Graham-and-Doddsville"*-Investoren ist die Ergründung der Diskrepanz zwischen dem Wert eines Unternehmens und dem Preis gestückelter Unternehmensanteile am Markt. ... Wie nicht anders zu erwarten ist, diskutieren unsere *„Graham-and-Dodd"*-Investoren weder über Beta-Faktoren noch über das Kapitalmarktmodell oder über Kovarianz bei Wertpapierrenditen. An Themen wie diesen sind sie einfach nicht interessiert. Die meisten hätten ohnehin Schwierigkeiten, solche Begriffe überhaupt zu definieren. Vielmehr konzentrieren sich die Investoren auf zwei Variablen: Preis und Wert.[6]

In der Tat: Was die erfolgreichen Anleger von der breiten Masse abhebt, ist ihre Bereitschaft, einen Großteil der weithin anerkannten Dogmen und Theorien, die Wall Street dem Anlegerpublikum vorgaukelt, einfach nicht zu beachten. Interessanterweise haben viele erfolgreiche Value-Anleger ihren Sitz nicht in New York City. Auch fühlen sie sich nicht unbedingt zur Wall Street oder zu einem anderen großen Finanzplatz hingezogen. Sie kommen aus allen möglichen Städten Amerikas mittlerer Größe und haben Wall Street erobert; die für sie charakteristische Geduld und Ausdauer haben sie an Orten hunderte und tausende von Kilometern entfernt gelernt.

Michael Price: Verfolgung eines aggressiven Value-Ansatzes

Nach Abschluss seines Studiums an der *University of Oklahoma* übernahm Michael Price 1974 eine mäßig bezahlte Beschäftigung für Max Heine (*Heine's Mutual Shares Fund*). Die beiden entwickelten ein Gespür für die Ermittlung unterbewerteter Unternehmen und erzielten rasche Gewinne mit Unternehmen, die sich in der Auflösung befanden. Im Lauf der Zeit tendierte Price bei der Aktienauswahl immer mehr zu soliden Gesellschaften mit hoher Marktkapita-

---

[6] Benjamin Graham, *The Intelligent Investor*, 4. Aufl., New York, Harper Business, 1972, S. 293–294.

lisierung, konzentrierte sich aber nach wie vor auf stark unterbewertete Unternehmen. Der Anlagestil von Price hat etwas Raubfischartiges an sich. Er verwaltet mehrere Fonds, engagiert sich mit großen Anteilen an einzelnen Unternehmen und zwingt dann die Geschäftsführung zur Durchführung von Änderungen, die er für notwendig hält, um den Aktienkurs hochzutreiben. Seine Machenschaften hinter den Kulissen im Jahr 1995 zwangen die *Chase Manhatten Bank* und die *Chemical Bank* zur Fusion. Später verschaffte er sich ähnlich feindliche, aber letztlich profitable Positionen gegenüber der Geschäftsführung von *Sunbeam* (wo die Aktienkurse nach Auswechslung des Topmanagements hochschnellten) und *Dow Jones*.

Als seine Fonds noch kleiner waren, hatte sich Price mehr auf kleine, unterbewertete Unternehmen und *Junk Bonds* (Schrott-Anleihen) konzentriert. Doch als Mitte der 90er Jahre die Geldströme in seinen Investmentfonds zunehmend kräftiger flossen, zweigte er verstärkt Ressourcen ab für Sanierungsgeschäfte bei hoch kapitalisierten Großunternehmen – etwa bei *General Motors, Sunbeam, Philip Morris, Dow Jones* und *McDonnell Douglas*. Seine acht Jahre währende Erfolgsbilanz mit seinem Flaggschiff-Fonds (*Mutual Shares Z*) in den Jahren 1990 bis 1997 übertraf die Performance so gut wie aller anderen Manager von Beteiligungsfonds (siehe Abbildung 2-8).

	1990	1991	1992	1993	1994	1995	1996	1997
Michael Price	−9,8%	21,0%	21,3%	21,0%	4,6%	29,1%	20,8%	26,4%
Mario Gabelli	−5,8%	18,1%	14,9%	21,8%	−0,2%	24,9%	13,4%	38,1%
David Schafer	−10,1%	40,9%	18,7%	24,0%	−4,3%	34,2%	23,2%	29,3%
Ruane and Duniff	−3,8%	40,0%	9,4%	10,8%	3,3%	41,4%	21,7%	42,3%
John Neff	−15,5%	28,6%	16,5%	19,4%	−0,1%	30,2%		
S&P 500	−3,1%	30,5%	7,6%	10,1%	1,3%	37,5%	23,0%	33,4%

Quelle: *Morningstar* Inc.

Abbildung 2-8: Erfolgsbilanz führender Value-Fondsmanager

John Neff: Der „Aschenputtel"-Ansatz

Bis zu seiner Pensionierung im Dezember 1995 hatte Neff den inzwischen zur Vanguard-Familie gehörenden *Windsor Fund* 31 Jahre lang geführt und zu einer der leistungsstärksten Vermögensverwaltungen gemacht. In diesen 31 Jahren schlug der *Windsor Fund* den

S&P 500 21 Mal und erzielte eine durchschnittliche Jahresrendite von 13,7 Prozent – gegenüber nur 10,6 Prozent beim Index. Neffs behäbiger Stil ist ein Abbild seiner Herkunft aus Ohio und zeugt von seiner Verachtung für alles halsabschneiderische, unausgewogene Verkaufsgebaren an der Wall Street. Er investierte Geld in Unternehmen, die er als „unscheinbare Aschenputtel" ansah – Unternehmen, von denen Makler nichts wissen wollten und die in den Medien verrissen wurden, sofern man sie überhaupt zur Kenntnis nahm. Schon als Student an der *University of Toledo* hatte Neff Grahams Methoden kennen gelernt und sich zu Eigen gemacht und sich seither nie weit von den Auffassungen des Lehrmeisters entfernt. Wie Graham strebte auch Neff sichere Renditen an und kaufte in erster Linie Anteile an Unternehmen, deren Dividendenrenditen weit über dem Marktdurchschnitt lagen. Die Strategie entsprach der konservativen Haltung von Neff, der auf diese Weise gute Renditen erzielen konnte, ohne sich unbedingt auf Hausse-Märkte und Kurssteigerungen stützen zu müssen. Unter Neffs Leitung machten Dividenden rund 40 Prozent der Gesamtrendite im Fonds aus. Neff hob auch die Bedeutung der Unternehmensbilanz hervor (Verschuldungsgrad, Liquidität und Eigenkapitalrentabilität) – ebenfalls ein Überbleibsel aus Grahams Erbe; er scheute vor dem Erwerb von Aktien mit hohem KGV zurück, ganz unabhängig von den Marktgegebenheiten oder der Wachstumsrate des betroffenen Unternehmens. Vielmehr zog er es vor, in trüberen Gewässern zu fischen – und angelte sich in den 80er Jahren heruntergekommene Automobilunternehmen, Fluggesellschaften und Banken. Neff bewies große Geduld und Ausdauer; häufig hielt er die Aktien eines Unternehmens über Jahre hinweg, wenn es denn so lange dauerte, bis der Markt den verborgenen Wert des Unternehmens schließlich entdeckt hatte. Sobald das Unternehmen zum fairen Marktwert gehandelt wurde, verkaufte Neff.

Mario Gabelli: Ansatz zur „Wertentflechtung"

Der stets freimütig argumentierende Gabelli, Begründer der Firma *Gabelli Asset Management* in Rye, New York, zählt zu den scharfsinnigsten Wirtschaftsgutachtern der Branche – ein Attribut, das ihm schon früh in seiner Karriere als Autoteile- und Rundfunk-Analyst zuerkannt wurde. Rundfunk und Fernsehen sind nach wie vor seine Spezialität; Gabelli ist nicht abgeneigt, seine Investmentfonds-Familie reichlich mit Unternehmen aus der Medien-, Rundfunk- und Nischentelefondienst-Branche zu versorgen. Als gebürtiger Bronxer ist Gabelli durch und durch ein *Bottom-up*-Analyst: Er bewertet Unternehmen nach Maßgabe ihres erwarteten Cashflow-Wertes und prüft dann, ob die Aktie in den nächsten Jahren deutlich zulegen und mindestens ihren Cashflow-Wert erreichen kann. Sein Anlagestil berücksichtigt verschiedene Value-Ansätze, wobei er besonderen Wert auf die Qualität des Managements und anderer immaterieller Faktoren legt. Gabelli hat auch eine besondere Analysetechnik zur Wertentflechtung entwickelt. Er bewertet das Unternehmen nach Maßgabe des jeweiligen Veräußerungswertes seiner wichtigsten Sparten. Gabelli hält Ausschau nach Unternehmen, die innerhalb von zwei Jahren 50 Prozent Rendite einbringen, und ist bereit, eine Aktie mindestens so lange zu halten, bis der Markt Gelegenheit zur Kurskorrektur bekommen hat. Doch im Gegensatz zu Graham und Value-Investoren aus der Anfangszeit, die sich vornehmlich auf Geschäftsberichte stützten und die Gerüchteküche mieden, ist Gabelli für seine sorgfältige Prüfung der wirtschaftlichen und finanziellen Situation bekannt: Er trägt alles an Informationen zusammen, was er über ein Unternehmen und seine Branche in Erfahrung bringen kann, bevor er eine Investmententscheidung trifft.

David Schafer: „Relativwert"-Ansatz

Der Firmengründer von *Schafer Capital Management* und Manager des *Strong Schafer Value Fund* kommt aus Indiana. In den 90er Jahren hat er mit seiner strikten, disziplinierten Strategie beneidenswerte Anlageerfolge erzielt. Schafer konzentriert sich vor allem auf Unternehmen mit hoher Börsenkapitalisierung und hält sein Portfolio bewusst klein. So hat er in seinem Fonds normalerweise nicht mehr als 30 bis 35 hoch kapitalisierte Aktien, jeweils gleichmäßig gewichtet. Sein Erfolgsgeheimnis ist sein disziplinierter Anlagestil, seine Konzentration auf die erfolgreichsten Unternehmen und seine Fähigkeit, sich die Unternehmen mit den besten Wachstumsperspektiven herauszupicken. Schafers Grundstrategie ist auf die Ermittlung von Unternehmen ausgerichtet, deren Gewinne gegenüber *S&P-500*-Unternehmen schnelleres Wachstum versprechen, deren Kurs-Gewinn-Verhältnisse aber unter dem Index liegen. Wenn der Index beispielsweise zu einem KGV von 20 handelt und die Gewinne der im Index erfassten Aktien 10-prozentige Zuwachsraten aufweisen, sucht Schafer nach Index-Aktien mit Kurs-Gewinn-Verhältnissen unter 20 und Gewinnzuwächsen von mindestens 10 Prozent. Wenn er mit dieser Strategie Erfolg hat, erzielt er Renditen, die deutlich über dem Index liegen.

William Ruane: Der *Sequoia Fund*

Ruane, der seit 1970 gemeinsam mit Richard Cuniff den *Sequoia Fund* verwaltet, praktiziert eine Form des Value-Ansatzes, die durchaus dem Vorgehen von Warren Buffett und anderen Vertretern der Branche entspricht. Die beiden Manager haben den *Sequoia Fund* auf Veranlassung von Buffett gegründet, der seinen Klienten nach Schließung seiner eigenen Investment-Partnerschaft eine Fondsempfehlung geben wollte. So haben Ruane und Cuniff tatsächlich viele der Unternehmen in ihrem Fonds, die Buffett für *Berkshire Hathaway* gekauft hatte. Die Ergebnisse, die der Fonds erzielen konnte, sind der Lohn für ihre Treue: Über einen Zeitraum von 15 Jahren hatte der *Sequoia Fund* im Dezember 1997 eine kumulative Jahresrendite von 19,5 Prozent zu verbuchen und lag damit fast zwei Prozentpunkte vor dem *S&P-500*-Index. In aller Regel halten Ruane und Cuniff eine durchschnittliche Aktie vier bis fünf Jahre, um die Steuereffekte auf ein Minimum zu beschränken und ihren Aktien Zeit zur Kurssteigerung zu geben. Normalerweise umfasst der Fonds höchstens 20 Wertpapiere, die dann meist über mehrere Jahre gehalten werden. Zu den größten Fondsbeständen zählten 1997: *Berkshire Hathaway, Federal Home Loan Mortgage, Wells Fargo Bank, Walt Disney, Johnson & Johnson, Harley-Davidson, Fifth Third Bancorp* und *Region's Financial Corp*. Diese Zusammensetzung gibt auf den ersten Blick zu erkennen, dass Ruane und Cuniff bemüht sind, privilegierte Unternehmen mit hoher Börsenkapitalisierung in den Fonds zu holen. Die marktübertreffende Performance verhalf dem Fonds zu so viel Aufmerksamkeit und Geld, dass Ruane und Cuniff den *Sequoia Fund* 1982 für neue Investoren schlossen, nachdem das Fondsvermögen auf insgesamt 350 Mio. Dollar angewachsen war.

Walter Schloss: Ein puritanisch-spartanischer Ansatz

Der Geldmanager Walter Schloss aus New York hat Grahams puritanischen Analysestil mit Buffetts spartanischem Ansatz verbunden und damit Anlageerfolge erzielt, wie sie in den vergangenen vier Jahrzehnten nur wenigen Investoren gelungen sind. Von einem kleinen Büro in Manhattan aus haben der 81-jährige Schloss und sein Sohn Edwin seit Mitte der 50er Jahre den Markt geschlagen und dazu nur das grundlegendste Instrument des Börsenhandels benutzt: die Jahresberichte von Unternehmen. Vater und Sohn sind der lebendige Beweis dafür, dass auch der schlichte Privatanleger marktübertreffende Ergebnisse erzielen kann, wenn er Risiken meidet und sich in seinen Entscheidungen nicht durch irreführende Informationen verunsichern lässt. Schloss hält sich strikt an Grahams Prinzipien: Er kauft Unternehmen unter Buchwert und hält sie so lange, bis der Markt seine Fehleinschätzung erkennt. Der Schlüssel für erfolgreiche Geldanlagen, so Schloss, ist die richtige Bewertung der Vermögensbestände eines Unternehmens, zumal Unternehmen ihre Gewinne leicht durch bilanztechnische Anpassungen manipulieren können. Wie Graham setzt Schloss wenig Vertrauen in Gewinnabschätzungen oder Äußerungen seitens der Geschäftsführung und vermeidet die Kontaktaufnahme zu Unternehmen, solange er seine Investmententscheidung noch nicht getroffen hat. Seine Erfolgsbilanz in den 70er Jahren, einer der schwierigsten Phasen seit Bestehen der Börse, hat ihm den Rang „einer der führenden Geldmanager dieses Jahrhunderts" gesichert. 1997 erzielte Schloss eine Gesamtjahresrendite von 20 Prozent – gegenüber 11 Prozent Marktdurchschnitt. Schloss führt sein Geschäft als Kommanditgesellschaft und erhebt eine Verwaltungsgebühr von 25 Prozent der Gewinne, doch in Verlustjahren verzichtet das Vater-Sohn-Team auf Gebühren. Bei den in Abbildung 2-9 aufgeführten Jahresergebnissen sind die Gebühreneinnahmen nicht berücksichtigt.

Tweedy, Browne: **Graham-Hörigkeit**

Die Partner bei *Tweedy, Browne* praktizieren Grahams Methoden buchstabengetreu seit 1958, als Tom Knapp, einer von Grahams Schützlingen, seinen Mentor verließ und in die Investment-Partnerschaft der Familie Browne eintrat. *Tweedy, Browne* hält sich auch weiterhin mit strikter Disziplin an Grahams Prinzip, sich nur an solchen Unternehmen zu beteiligen, die unter dem Wert ihres Nettoumlaufvermögens oder unter ihrem Buchwert gehandelt werden. Die Firma konzentriert sich auf kleine, unterbewertete Unternehmen und kauft vorzugsweise dann, wenn auch Insider Aktien kaufen. Wie Graham verzichten auch die Partner bei *Tweedy, Browne* auf den Erwerb von Unternehmensanteilen, die zu einem Vielfachen ihrer Gewinne gehandelt werden; sie halten Ausschau nach Aktien, deren Gewinnrendite (Reingewinn pro Aktie in Prozent des Aktienkurses als Umkehrwert des KGV) mit den Renditen von Unternehmensanleihen konkurrieren kann. Mit diesem „Sicherheitsmargen"-Ansatz konnte die Firma *Tweedy, Browne* seit Mitte der 70er Jahre eine starke Erfolgsbilanz verbuchen. Eine Ausgangsinvestition von 10000 Dollar in ihr Aktienportfolio im Jahr 1975 wäre bis zum Jahr 1995 auf 360000 Dollar angewachsen – gegenüber 158000 Dollar

Erfolgsstorys als Beweismaterial

	Renditen	S&P 500	Differenz		Renditen	S&P 500	Differenz
1956	5,1%	6,6%	−1,5%	1977	25,8%	−7,2%	33,0%
1957	−4,7%	−10,8%	6,1%	1978	36,6%	6,6%	30,0%
1958	42,1%	43,4%	−1,3%	1979	29,8%	18,4%	11,4%
1959	17,5%	12,0%	5,5%	1980	23,3%	32,4%	−9,1%
1960	7,0%	0,5%	6,5%	1981	18,4%	−4,9%	23,3%
1961	21,6%	26,9%	−5,3%	1982	24,1%	21,4%	2,7%
1962	8,3%	−8,7%	17,0%	1983	38,4%	22,5%	15,9%
1963	15,1%	22,8%	−7,7%	1984	6,3%	6,3%	0,0%
1964	17,1%	16,5%	0,6%	1985	19,5%	32,2%	−12,7%
1965	26,8%	12,5%	14,4%	1986	11,9%	18,5%	−6,6%
1966	0,5%	−10,1%	10,6%	1987	20,2%	5,2%	15,0%
1967	25,8%	24,0%	1,8%	1988	29,8%	16,8%	13,0%
1968	26,6%	11,1%	15,5%	1989	2,2%	31,5%	−29,3%
1969	−9,0%	−8,5%	−0,5%	1990	−12,8%	−3,2%	−9,6%
1970	−8,2%	4,0%	−12,2%	1991	31,1%	30,4%	0,7%
1971	25,5%	14,3%	11,2%	1992	9,2%	7,7%	1,5%
1972	11,6%	19,0%	−7,4%	1993	20,2%	9,9%	10,3%
1973	−8,0%	−14,7%	6,7%	1994	11,4%	1,3%	10,1%
1974	−6,2%	−26,5%	20,3%	1995	21,2%	37,5%	−16,3%
1975	42,7%	37,2%	5,5%	1996	16,6%	23,0%	−6,4%
1976	29,4%	23,8%	5,6%	1997	22,6%	33,4%	−10,8%

Quelle: *Walter & Edwin Schloss Associates, L.P.*

Abbildung 2-9: *Walter & Edwin Schloss Ltd.*

bei Investitionen in *S&P-500*-Aktien. Im Dezember 1993 gründeten die Partner einen öffentlich gehandelten offenen Investmentfonds: *Tweedy, Browne American Value*. Schon nach fünf Jahren etablierte sich der Fonds als einer der wenigen Vermögensverwaltungen, die mit einem rasenden Markt Schritt halten konnten.

Charles Brandes: Eine „Graham-Neuauflage"

Der Kapitalmanager Charles Brandes aus San Diego weist eine eindrucksvolle Performance-Entwicklung seit 1974 auf – auch er befolgt unbeirrt die Bewertungsprinzipien von Graham und Dodd. Brandes, auch als Buchautor bekannt, macht Jagd auf Unternehmen, die am Markt weit unter ihrem inneren Wert gehandelt werden. Wie Graham achtet Brandes bei der Auswahl geeigneter Unternehmen auf eine große Sicherheitsmarge und ist bereit, eine Ak-

2 Zur Historie des Value-Ansatzes

tie für drei Jahre oder länger zu halten, um ihr Wertsteigerungspotenzial zu optimieren. Er ist besonders interessiert an Aktien mit niedrigen KBV-, KUV- und KGV-Kennzahlen und achtet auf Dividendenrenditen, die mit den Renditen von Unternehmensanleihen konkurrieren können. Im Gegensatz zu anderen wertorientierten Managern legt Brandes bereits beim Kauf seiner Aktien Wiederverkaufsziele fest und stößt seine Unternehmensanteile ab, sobald der Aktienkurs gestiegen ist und den inneren Wert des Unternehmens erreicht hat. Wie viele andere wertorientierte Manager hatte auch Brandes Mitte der 90er Jahre Schwierigkeiten, mit dem wachstumsorientierten Markt Schritt zu halten. Trotzdem hätte eine Einzahlung in Höhe von 10000 Dollar auf sein *Global-Equity*-Konto im Jahr 1980 bis Ende 1997 nahezu 241000 Dollar erbracht – gegenüber 173000 Dollar bei einer vergleichbaren Investition in den *S&P-500*-Index (siehe Abbildung 2-10).

	Renditen	S&P 500	Differenz
1980	34,3%	32,5%	1,8%
1981	13,6%	−4,9%	18,5%
1982	29,9%	21,5%	8,4%
1983	39,9%	22,7%	17,2%
1984	7,1%	6,3%	0,8%
1985	35,6%	31,8%	3,8%
1986	20,9%	18,7%	2,2%
1987	−2,5%	5,3%	−7,8%
1988	26,0%	16,6%	9,4%
1989	13,1%	31,7%	−18,7%
1990	−11,8%	−3,1%	−8,7%
1991	37,1%	30,5%	6,6%
1992	12,2%	7,6%	4,6%
1993	39,7%	10,1%	29,6%
1994	−0,2%	1,3%	−1,5%
1995	20,8%	37,5%	−16,7%
1996	22,4%	23,0%	−0,6%
1997	27,6%	33,4%	−5,8%

Quelle: Brandes Investment Partners L.P.

Abbildung 2-10: Charles Brandes und sein *Global-Equity*-Konto

Warren Buffett: „Wertorientiertes Wachstum"

Über allen anderen wertorientierten Investoren thront der aus Nebraska stammende Warren Buffett, der in den 50er Jahren für Graham gearbeitet hatte. Seither vertritt und verteidigt er Grahams Wertprinzipien und hat damit die eindrucksvollste Erfolgsbilanz im Anlagegeschäft aller Zeiten erzielt. Buffett ist ein Naturtalent in der Einschätzung von Vermögenswerten und bei der Ermittlung und Nutzung fehlbewerteter Aktien. 1957 gründete Buffett eine private Investment-Partnerschaft mit 100 Dollar aus der eigenen Tasche zuzüglich 150 000 Dollar, die er befreundeten Kapitalgebern abgeschwatzt hatte: Mit sicherem Gespür erzielte er weit über dem Marktdurchschnitt liegende Erfolge. 1969 gab er die Partnerschaft auf mit der Begründung, er könne keine weiteren unterbewerteten Aktien mehr entdecken; er hinterließ ein 13-jähriges Stock-Picking-Vermächtnis, das wohl nie seinesgleichen finden wird. Buffett hat in all den 13 Jahren stets die Marktindizes mit unglaublichen Spannbreiten übertroffen. Seine Methoden zur Aktienauswahl, wie sie in Kapitel 15 noch ausführlich erörtert werden sollen, verbinden den wertorientierten Ansatz mit dem Wachstumsansatz. Er sammelte ein Vermögen in Höhe von 35 Mrd. Dollar an – durch den Erwerb stark unterbewerteter Wachstumsunternehmen, die das Potenzial zur langfristigen Erzeugung inflationsübertreffender Ergebnisse erkennen ließen. Zu Beginn seiner Karriere verleibte er sich Industrieaktien ein, die zum Drei- und Vierfachen ihrer Gewinne gehandelt wurden. Später erwarb er Mehrheitsanteile an zahlreichen Unternehmen und brachte sie in seine Dachgesellschaft *Berkshire Hathaway* mit Sitz in Omaha ein. Diese Akquisitionen versorgten Buffett mit dem nötigen Cashflow für zusätzliche Investitionen. Mit zunehmender Wertsteigerung der *Berkshire*-Vermögensbestände machte sich Buffett einen langfristig orientierten Ansatz zu Eigen: Er kaufte und hielt Aktienanteile an großen Unternehmen wie *American Express, Wells Fargo, Walt Disney, Gillette* und *Coca-Cola*. Eine Investition von 10 000 Dollar in Buffetts ursprüngliche Partnerschaft im Jahr 1957 hatte sich bis 1969 auf rund 289 000 Dollar erhöht. Eine vergleichbare Investition in *Dow-Jones*-Industrieaktien hätte demgegenüber gerade mal 25 000 Dollar gebracht (siehe Abbildung 2-11).

2 Zur Historie des Value-Ansatzes

	Renditen	Dow-Jones-Index	Differenz
1957	10,4%	−8,4%	18,8%
1958	40,9%	38,5%	2,4%
1959	25,9%	20,0%	5,9%
1960	22,8%	−6,2%	29,0%
1961	45,9%	22,4%	23,5%
1962	13,9%	−7,6%	21,5%
1963	38,7%	20,6%	18,1%
1964	27,8%	18,7%	9,1%
1965	47,2%	14,2%	33,0%
1966	20,4%	−15,6%	36,0%
1967	35,9%	19,3%	16,6%
1968	58,8%	7,7%	51,1%
1969	6,8%	−11,6%	18,4%

Quelle: Warren E. Buffett

Abbildung 2-11: *Buffett Partnership, Ltd.*

3 Einen irrationalen Markt schlagen

Ich wäre ein Tippelbruder auf der Landstraße mit einem Blechnapf in der Hand, wenn der Markt stets effizient wäre.

Warren Buffett[1]

Im Geldanlagegeschäft tun sich günstige Gelegenheiten auf, sobald es gelingt, sich herkömmlichen strategischen Weisheiten zu widersetzen, so tief sie auch etabliert sein mögen. *Value Investing* als Anlagephilosophie verlangt von Ihnen zuweilen die Bereitschaft, zu verkaufen, wenn alle Welt kaufen will, zu kaufen, wenn die anderen verkaufen, oder Skepsis walten zu lassen, wenn eine Entwicklung oder ein Ereignis in zu rosigem Licht erscheint. Nichts ist schwerer als das – selbst für einen mit allen Wassern gewaschenen Investor. Es wäre gerade so, als ob man Ihnen raten würde, sich nur nicht an einen Spielautomaten zu wagen, der in der letzten Stunde zehnmal Geld ausgespuckt hat, oder die Finger von einer Aktie zu lassen, die innerhalb von zwei Monaten um rasante 100 Prozent gestiegen ist.

Value Investing ist im Grunde genommen sowohl Charakterzug als auch Methode – eine wertorientierte Mentalität, geformt durch Erfahrung, Wissen und das Bestreben, außergewöhnliche Anlageerfolge zu erzielen. Ein überzeugter Value-Anleger ist ein überzeugter Wertsucher, ein Mensch, der einfach nicht bereit ist, mehr als unbedingt nötig für etwas auszugeben, sei es nun für eine Mahlzeit, ein Stück Seife, ein neues Auto, ein Haus oder eine neue Bluse.

Worin unterscheidet sich ein wertorientierter Mensch von einem nicht wertorientierten Menschen? Die Unterschiede sind schon an ganz alltäglichen Beispielen zu erkennen:

- Ein wertorientierter Konsument leiht sich einen Film für 3 Dollar aus, anstatt ins Kino zu laufen und dort 7,50 Dollar pro Person zu zahlen.
- Ein wertorientierter Konsument wartet ab, bis *Honda* oder *Ford* ein neues Modell zum Sonderpreis anbietet, anstatt 2000 Dollar mehr hinzublättern, wenn alle anderen auch dahinterher sind.

---

[1] Warren Buffett, *Fortune*, 3. April 1995,. S. 69.

- Ein wertorientierter Konsument kauft ein Allerwelts-Müsli für 3,50 Dollar pro Packung, anstatt für ein Markenprodukt mit identischen Zutaten 4,99 Dollar zu bezahlen.
- Ein wertorientierter Konsument kauft Winterkleidung im Winterschlussverkauf mit 50 Prozent Ermäßigung, anstatt einen hohen Preis zu zahlen, wenn die Masse der Normalverbraucher ihre Einkäufe tätigt.
- Ein wertorientierter Konsument lässt eine Beenie-Baby-Puppe zum Preis von 30 Dollar stehen und kauft eine Puppe, die nicht markengeschützt ist, einem Kind aber um nichts weniger gut gefallen wird.

Was haben diese Beispiele für Konsumverhalten mit dem Anlageverhalten zu tun? Eine ganze Menge. In allen Fällen hat nämlich der wertbewusste Konsument eine Möglichkeit ermittelt, ein Wertobjekt zu einem reduzierten Preis oder einen äquivalenten Ersatz zu einem geringeren Preis zu erwerben. Ein solches Verhalten sollte nicht mit der Suche nach Billigware verwechselt werden. Es lässt vielmehr das Bestreben erkennen, für ein Wertobjekt nicht mehr als einen „fairen Preis" zu zahlen. Natürlich ist das Konzept vom fairen oder angemessenen Preis schwer definierbar und in hohem Maß subjektiv. Um eine Vorstellung von einem fairen Preis zu bekommen, muss man zunächst einmal den Wert eines Objekts beurteilen, bevor man eine Kaufentscheidung trifft. Wenn ein Konsument beschließt, einen Film auszuleihen, anstatt sich eine Kinokarte zu kaufen, muss er für sich die Entscheidung getroffen haben, dass 7,50 Dollar zu viel sind, 3 Dollar aber nicht. Genauso geht es dem Autokäufer, der das *Taurus*-Modell zum Preis von 22 000 Dollar stehen lässt und zwei Monate später einen Ladenpreis von 20 000 Dollar durchaus akzeptabel findet.

Alle diese Beispiele lassen dieselbe Grundhaltung erkennen: Wenn man ein Objekt – oder einen äquivalenten Ersatz – zu einem niedrigeren Preis kaufen kann, so ist dies vorteilhafter, als für das fragliche Objekt einen höheren Preis zu zahlen.

Vorliebe für höhere Preise am Aktienmarkt

Der Aktienmarkt ist eine merkwürdige Institution – der einzige Ort der Welt, an dem sich die Teilnehmer sicherer fühlen, wenn sie anstelle eines angemessen bewerteten Objekts ein hoch dotiertes Objekt erstehen. Sie suchen Bestätigung im Vorgehen anderer Anleger und setzen größeres Vertrauen in den Erwerb einer Aktie, um die man sich reißt. Man hat ihnen beigebracht, Wertpapiere zu kaufen, die technische Stärke beweisen, mit einem neuen Hoch schließen, einen hohen Umsatz haben oder einen gleitenden Durchschnitt durchbrechen. Zudem lässt sich das Anlegerpublikum durch die Finanzbranche dazu verleiten, den Wert eines Unternehmens ausschließlich nach Maßgabe des Aktienkurses zu beurteilen. Für die meisten Investoren ist ein steigender Kurs ein Indikator für die Erhöhung des inneren Unternehmenswertes, während ein fallender Kurs das Gegenteil bedeutet.

Für derart fehlgeleitete Vorstellungen ist die Börse als solche verantwortlich. In erster Linie besteht ihre Funktion doch darin, einen zentralen Marktplatz zu bieten, wo Leute aus aller Welt ihre Finanzgeschäfte tätigen können. Wall Street hält tagtäglich tausende von Finanzangeboten zu ständig wechselnden Preisen bereit. Die Börse ist so etwas wie ein riesiger Flohmarkt, auf dem die Nachfrage nach Aktien derart vehement ist, dass Preise nur für ganz kurze Zeit Bestand haben. Ist beispielsweise ein *Hewlett-Packard*-Angebot gerade für 60 Dollar je Aktie zu haben, kann es in der nächsten Minute schon 61 Dollar kosten. Und zwei Tage später kommt vielleicht einer und bietet Ihnen die *Hewlett-Packard* zu 65 Dollar oder 64 Dollar oder auch 54 Dollar an. Die Preise an der Börse sind in ständiger Bewegung und jeder Marktteilnehmer, Käufer wie Verkäufer, kann selbst den Preis bestimmen, zu dem er ein Geschäft abschließen will. Es gibt keine Marktaufseher, keine Ladentheken, keine saisonbedingten Preisnachlässe, die auch am nächsten Montag noch gültig wären. Die Objekte werden zu dem Preis gehandelt, den der letzte Käufer beziehungsweise Verkäufer für wertangemessen hielt.

Der Aktienmarkt ist eine merkwürdige Institution – der einzige Ort der Welt, an dem sich die Teilnehmer sicherer fühlen, wenn sie anstelle eines angemessen bewerteten Objekts ein hoch dotiertes Objekt erstehen.

In früheren Zeiten waren solche Märkte, auf denen die Geschäfte durch Zuruf und Handzeichen abgeschlossen wurden, gang und gäbe – man handelte mit Fisch, Gewürzen, Seidenballen und Tieren auf großen Marktplätzen unter freiem Himmel. Diese Märkte waren in dem Maß *effizient*, wie sie Käufer und Verkäufer an einem Ort zwecks Austausch von Informationen und Vergleich von Waren und Preisen zusammenbrachten. Doch diese Märkte waren niemals rational und hätten es auch nie sein können. Die Preise waren willkürlich festgelegt – sie richteten sich nach Angebot und Nachfrage

3 Einen irrationalen Markt schlagen

und danach, wie die Handelstreibenden Qualität und Risiko *einschätzten*. Zudem litten diese Märkte unter einem Phänomen, das in der Wirtschaftssprache als *Informationsasymmetrie* bezeichnet wird: die Tatsache, dass Käufer und Verkäufer nicht über dieselben Informationen verfügen. Ein Händler, der Perserteppiche verkaufen will, weiß vielleicht, dass solche Teppiche 80 Kilometer weiter in Unmengen am Lager gestapelt liegen. Ein unwissender Käufer aber zahlt womöglich mehr, als der Teppich wert ist. Umgekehrt könnte jemand, der gar nicht weiß, welche Rarität eine Mickey-Mantle-Baseball-Karte aus dem Jahr 1955 darstellt, selbige Karte zu nur 100 Dollar anbieten, für die ein gewiefter Käufer gut und gern 5000 Dollar bezahlt hätte. Oder Getreidekäufer sind vielleicht zur Zahlung eines Aufpreises bereit, weil sie mit wolkenbruchartigen Regenfällen rechnen, die einen Teil der Getreideernte in der Region vernichten könnten.

Viele Leute glauben nun, im Gegensatz zu den Gewürzmärkten von gestern verhalte sich der Aktienmarkt rational, die Preise oder Kurse seien effizient und Geschäftemacherei sei schlicht unmöglich. Bei den Millionen umsichtiger Börsianer aus aller Welt, so die Theorie, könne der Kurs, zu dem eine Aktie verkauft wird, niemals stärker von ihrem wahren Wert abweichen, denn wenn das so wäre, würden andere Teilnehmer sehr schnell den Preisunterschied erkennen und die Aktie auf ihren rechtmäßigen Kurs zurückbringen. Dieses Argument wurde erstmals vor über 50 Jahren vorgebracht und ist seither viele Male wiederholt worden, wenngleich niemals so eloquent wie mit den Worten des Ökonomen und Nobelpreisträgers Paul Samuelson:

Wenn intelligente Leute ständig nach guten Wertobjekten Ausschau halten und solche Aktien verkaufen, die sich ihrer Meinung nach als überbewertet erweisen könnten, und stattdessen Aktien kaufen, die sie derzeit für unterbewertet halten, dann führt dieses Verhalten der intelligenten Investoren dazu, dass in den bestehenden Aktienkursen ihr künftiges Entwicklungspotenzial bereits berücksichtigt ist. Für den passiven Anleger, der nicht selbst nach unter- und überbewerteten Objekten Ausschau hält, ergibt sich somit eine Kursstruktur, der zufolge der Kauf der einen Aktie genauso günstig oder ungünstig ist wie der einer anderen. Ein solcher passiver Anleger könnte genauso gut eine Zufallsauswahl treffen.[2]

---

[2] Burton G. Malkiel, *A Random Walk Down Wall Street*, 5. Aufl., New York, W. W. Norton & Co., 1990, S. 182.

Samuelson behauptet also, kurz zusammengefasst, dass Investoren nicht konsistent vom Timing ihrer Aktienkäufe und Aktienverkäufe profitieren können, weil es unmöglich ist, dass eine Aktie für längere Zeit, wenn überhaupt, falsch bewertet wird. Deshalb seien sämtliche technischen Analysen – unter Hinzuziehung von Kurs- und Umsatzdaten zwecks Bestimmung des besten Zeitpunkts für Ankauf und Verkauf von Aktien – und all die fundamentalanalytischen Methoden nutzlos und in keiner Weise hilfreich für den Anleger. Später sind die Marktstrategen noch einen Schritt weiter gegangen: Sie behaupten, der Aktienmarkt sei vollkommen rational und effizient, alle Aktienkurse seien faire Preise und selbige brächten eine übereinstimmende Meinung zu den Entwicklungschancen eines Unternehmens zum Ausdruck. Da in dieser Konsensauffassung alle einschlägigen Informationen über ein Unternehmen erfasst seien, könnten die daraus abgeleiteten Schlussfolgerungen gar nicht falsch sein. Mit anderen Worten: Die aktuellen Aktienkurse entsprächen zu jedem Zeitpunkt dem inneren Wert des Unternehmens. Dieser *Theorie der effizienten Märkte* zufolge spielt es überhaupt keine Rolle, ob beispielsweise *IBM*-Aktien zum 20fachen oder zum 12fachen der Gewinne gehandelt werden. In beiden Fällen liegt ein fairer Kurs vor, der sich aus der Interaktion von Käufern und Verkäufern herleitet, denen unterstellt wird, sie verfügten über hinreichende Informationen, um *IBM* angemessen zu beurteilen.

Natürlich stellt sich sofort die Frage: Wie kann es sein, dass ein Unternehmen zum einen Zeitpunkt mit dem 20fachen der Gewinne notiert wird, ein andermal hingegen mit dem 12fachen? Vertreter der Theorie von der Markteffizienz erklären solche anscheinend zufälligen Kursnotierungen schlicht mit Entwicklungen, die den inneren Wert von *IBM* verringert beziehungsweise erhöht hätten. So können die Zinsen angehoben oder gesenkt worden sein, die Wirtschaft ist vielleicht in eine Flaute geraten, in der Computerbranche könnten Ungleichgewichte in der Lagerhaltung entstanden sein, vielleicht ist plötzlich die Nachfrage nach PCs gestiegen oder *IBM* hat möglicherweise seinen CEO gefeuert und einen anderen Mann an die Spitze gestellt usw. Jede neue Information und ihre Auswirkung auf *IBM* werde sofort von den Marktteilnehmern aufgesogen und bewirke eine unmittelbare Kursanpassung. Insgesamt könnten all solche Entwicklungen zur Folge haben, dass der innere Wert von *IBM* binnen weniger Monate drastisch abfalle. Deshalb sei es nur logisch, wenn der *IBM*-Kurs sinke, um der Schwächung des inneren Wertes Ausdruck zu verleihen.

3 Einen irrationalen Markt schlagen

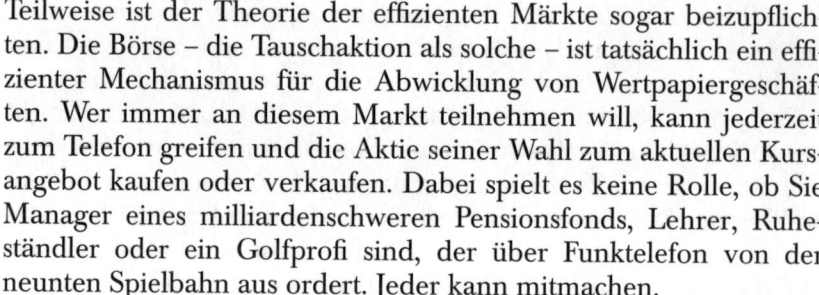

Teilweise ist der Theorie der effizienten Märkte sogar beizupflichten. Die Börse – die Tauschaktion als solche – ist tatsächlich ein effizienter Mechanismus für die Abwicklung von Wertpapiergeschäften. Wer immer an diesem Markt teilnehmen will, kann jederzeit zum Telefon greifen und die Aktie seiner Wahl zum aktuellen Kursangebot kaufen oder verkaufen. Dabei spielt es keine Rolle, ob Sie Manager eines milliardenschweren Pensionsfonds, Lehrer, Ruheständler oder ein Golfprofi sind, der über Funktelefon von der neunten Spielbahn aus ordert. Jeder kann mitmachen.

Aber da hört die Effizienz auch schon auf. Wer die Auffassung akzeptiert, der Markt sei rational, vertraut die Geschicke einer unsichtbaren Hand an, wirft das Handtuch und gesteht ein: Das System ist unschlagbar. Genauso könnten Sie aber auch argumentieren: „Du brauchst dich nicht anzustrengen – eine Eins in Biologie kriegst du doch nicht, weil der Meier-Schulz dafür bekannt ist, dass er nie Einser gibt." Da ist Mittelmäßigkeit vorprogrammiert. Sie haben sich damit abzufinden: Der Aktienmarkt wird von Emotionen genauso beherrscht wie von anderen Faktoren. Meistenteils ist das Geschehen am Markt weder normal noch rational, noch fair. Vielmehr resultiert es aus den zufälligen Aktionen tausender von Marktakteuren, die mit ihren Kauf- und Verkaufsentscheidungen ihre ganz persönlichen Ziele verfolgen. Jede Achtel-Punkt-Veränderung im Kurs einer Aktie bringt das zum Ausdruck, was John Burr Williams in seinem Buch 1938 als „Marginal Opinion" (wörtlich: als Meinung am Rande) bezeichnete – nicht mehr und nicht weniger als die Vereinbarung zwischen irgendeinem Käufer und irgendeinem Verkäufer zu irgendeinem Zeitpunkt. Williams argumentierte, der Markt bestehe in Wirklichkeit aus Millionen wankelmütiger Teilnehmer und könne nicht als Einheit verstanden werden, deren Ergebnisleistung ein kollektives rationales Konsensurteil erkennen lässt:

Nehmen wir einmal an, am Markt gäbe es nur ein einziges Aktienangebot und Investoren kauften und verkauften nur Aktien dieser Emission. Bezüglich des wahren Aktienwertes bildet sich jeder seine eigene Meinung; welcher Kurs wirklich der richtige ist, wird die Zeit zeigen. Die Zeit gibt ihre Antwort aber nicht sofort, sondern erst nach und nach, Wort für Wort, im Lauf der Jahre. ... Der Markt kann nur Ausdruck von Meinungen sein, er vermittelt keine Fakten. Die Meinung von heute bestimmt den Kurs von heute; die Meinung von morgen bestimmt den Kurs von morgen; und nur selten, wenn überhaupt, entspricht ein Kurs der tatsächlichen Tragweite eines Ereignisses.

Am Markt handeln kluge und dumme Leute, wobei keine der beiden Gruppen als solche den Preis bestimmt. Es spielt auch keine Rolle, was die noch so überwältigende Mehrheit meinen könnte; den Kurs bestimmt einzig und allein der letzte Besitzer.[3]

Schon vier Jahre zuvor hatte Benjamin Graham auf diesen Zusammenhang hingewiesen, als er erstmals die Auffassung bekundete, Marktpreise richteten sich nach der Psychologie von Angebot und Nachfrage:

> Offensichtlich sind die Prozesse, mittels deren der Wertpapiermarkt zu seinen Beurteilungen gelangt, häufig unlogisch und voller Irrtümer. Diese Prozesse ... sind nicht automatischer oder mechanischer, sondern psychologischer Art, denn sie laufen in den Köpfen derjenigen ab, die kaufen oder verkaufen wollen. Die Fehler des Marktes sind somit Fehler, die von Gruppen und Massen von Individuen begangen werden. Die meisten von ihnen lassen sich auf mindestens eine der drei folgenden Ursachen zurückführen: Übertreibung, übermäßige Vereinfachung oder Nachlässigkeit.[4]

Es lässt sich nicht abstreiten, dass Aktien auf Grund von Faktoren über- oder unterbewertet werden, die sich nicht mit Lehrbüchern erklären lassen. Sehen wir uns einmal die Kursentwicklung einer typischen Aktie – *Exxon* – an. Ein Anleger kauft 100 *Exxon*-Aktien, weil er der Meinung ist, der Aktienkurs sei hinreichend gesunken und habe nun einen fairen Preis. Er verhandelt mit einem Geschäftspartner, den ein Broker soeben zum Verkauf von 100 Aktien überredet hat. Der nächste *Exxon*-Käufer hat noch ein paar Extragroschen auf seinem Konto und will mehr Dividenden. Er sieht sich einem Geschäftspartner gegenüber, der als gewiefter Techniker soeben seinem Computer entnommen hat, dass *Exxon* überkauft ist. Das nächste Geschäft wird von einem Vater eingeleitet, der 500 *Exxon*-Aktien verkaufen muss, um die Hochzeit seiner Tochter finanzieren zu können. Sein Geschäftspartner ist eine Witwe, die gerade einen Zeitungsartikel über *Exxon* gelesen hat und so beeindruckt ist, dass sie 500 Aktien ordert. Der nächste Handel, ein Kaufauftrag über 5000 Aktien, geht von der Eigentümerin eines kleinen Betriebes aus, die damit eine Diversifizierung für die betriebliche Altersversorgung ihrer Angestellten bezweckt. Ihr gegenüber sitzt ein Investmentfonds-Manager, der einen Teil seiner 60000 *Exxon*-Aktien abstoßen will, um sein Risikoengagement in Energieaktien zu verringern.

---

[3] John Burr Williams, *The Theory of Investment Value*, Nachdruck der Ausgabe von 1938, Burlington, VT, Fraser Publishing Co., 1997, S. 11-12.

[4] Benjamin Graham und David Dodd, *Security Analysis*, Nachdruck der Ausgabe von 1934, New York, McGraw-Hill, 1997, S. 585.

3 Einen irrationalen Markt schlagen

Die Nachfrage richtet sich nach psychologischen Triebkräften, die bei jedem Marktteilnehmer anders aussehen. Informationen dienen lediglich zur Rechtfertigung für die Erteilung einer Order.

Und das geht immer so weiter – sechseinhalb Stunden Tauschhandel, eingeleitet von Anlegern, bei denen Interessenlage, Ziele, Einschränkungen, Zugang zu neuen Informationen und Mitteilungen sowie die Einschätzung irgendwelcher Ereignisse so einmalig sind wie ihre Fingerabdrücke. Realistisch gesehen haben nur 5 Prozent der Leute, die an diesem einen Börsentag *Exxon*-Aktien gekauft und verkauft haben, die Entwicklungsaussichten des Unternehmens analysiert und seinen Aktien einen bestimmten Wert zugemessen. Die restlichen 95 Prozent haben sich irgendeine Rosine aus all den Informationen herausgepickt, um damit ihr durch emotionale Beweggründe oder finanziellen Bedarf bedingtes Anlageverhalten zu rechtfertigen. Von Effizienz kann keine Rede sein – das System fesselt die Aktienkurse an die Gezeiten von Emotionen. In der Tat: Aktienkurse werden börsentäglich durch Angebot und Nachfrage bestimmt. Die Nachfrage richtet sich nach psychologischen Triebkräften, die bei jedem Marktteilnehmer anders aussehen. Informationen dienen lediglich zur Rechtfertigung für die Erteilung einer Order.

Schlimmstenfalls artet dieses auf Zuruf und Handzeichen funktionierende System in organisiertes Chaos, Panik und echte Preisineffizienz aus. Schauen wir uns einmal an, welche Erfahrungen der auf Ölbohrungen spezialisierte Röhrenhersteller *Maverick Tube* aus St. Louis im Jahr 1997 machen musste. Getragen von einer zunehmenden Begeisterungswelle für Erdölkonzerne stieg die *Maverick*-Aktie in neun Monaten von 6 Dollar auf 50 Dollar, um dann bis Mitte 1998 wieder auf 10 Dollar zu fallen (siehe Abbildung 3-1). Doch die Gewinne und der Nettowert des Unternehmens erhöhten sich keineswegs um das Neunfache. Und der nachfolgende Kurseinbruch war auch nicht mit konkreten Ereignissen zu begründen. Ist denn eine solche Schwankungsbreite logisch oder rational nachzuvollziehen? Kann ein und dasselbe Unternehmen im Januar 6 Dollar je Aktie, im September darauf 50 Dollar je Aktie und gerade mal sieben Monate später 10 Dollar je Aktie wert sein? Ganz sicher nicht. Rückblickend können wir nur sagen, dass der faire Wert der *Maverick*-Aktie irgendwo zwischen diesen Extremen lag und dass eine solche Schwankungsbreite sicher unangemessen war. Hätte das Anlegerpublikum *Maverick* rational bewertet, wäre der Kurs vermutlich

allmählich von 5 Dollar auf 25 Dollar gestiegen und hätte sich das
nächste Jahr über auf diesem Niveau gehalten. In Wirklichkeit aber
passierte Folgendes: Die Aktie wurde hochgespielt und heruntergezerrt – aus Beweggründen wie Habgier, Angstgefühlen, irrationalen
Auffassungen und veränderten Einschätzungen hinsichtlich der Unternehmensaussichten.

Abbildung 3-1: *Maverick Tube*

Verhielt sich der Markt 1996 effizient, als *Coca-Cola* zum 40fachen
seiner Gewinne gehandelt wurde, obgleich bei den Unternehmensgewinnen lediglich 17-prozentige Zuwachsraten erwartet wurden?
Wenn die Anleger die Bewertung der *Coke*-Aktie akzeptierten, hätten sie doch auch die Frage stellen müssen, ob *Microsoft* mit *nur* dem
40fachen der Unternehmensgewinne effizient notiert war, als die
Gewinne mit 35-prozentigen Zuwachsraten stiegen. War die Kursnotierung bei der *Chase Manhattan* effizient, als die Aktie 1991 auf
Grund von Panikverkäufen auf 12 Dollar – das Fünffache der Gewinne – zurückfiel, um 1997 wieder auf über 100 Dollar zu klettern?
Und was war 1993 effizient an der ganzen Börsenhektik um den
Pleite gegangenen Konzern *LTV Steel*, als die Anleger in Massen
herbeiströmten und den Kurs eines nahezu wertlosen Unterneh-

mens auf 3 Dollar je Aktie hochtrieben? Die Aktienkurse lagen so weit über dem inneren Wert des Unternehmens, dass *LTV*-Funktionäre öffentliche Erklärungen abgeben mussten, um die Leute zu warnen: Die Aktien seien nichts wert.

Hat sich der innere Wert von *General Electric* in den Jahren 1995 und 1996 um 150 Prozent erhöht? Dem Aktienkurs nach zu urteilen muss dies der Fall gewesen sein. Aber war der *GE*-Kurs rational? Nur aus der Sicht eines Vertreters der Markteffizienztheorie. In dem Jahr stiegen die Gewinne bei *General Electric* lediglich um 32 Prozent und das Aktienkapital erhöhte sich nur um 38 Prozent. Demgegenüber betrug die Kurssteigerung das Vierfache der Zuwachsrate beim Unternehmenswert. Die einzig plausible Erklärung für die *GE*-Rally lautet: Die Aktien waren vor dem Kursaufschwung hochgradig unterbewertet und passten sich lediglich der Gewinnentwicklung des Unternehmens an. Dies wiederum würde nichts anderes bedeuten als das Eingeständnis, dass die *GE*-Aktien vor 1995 ineffizient notiert waren.

Ein klassisches Beispiel aber begab sich 1987. Wies der Aktienmarkt vor oder nach dem Börsencrash vom 19. Oktober eine effiziente Notierung auf? Verringerte sich der innere Wert von US-amerikanischen Unternehmen tatsächlich binnen sechs Stunden um 22 Prozent, wie die Börse uns glauben machen wollte? Nichts dergleichen. Nichts in der Welt der amerikanischen Unternehmen war an jenem verhängnisvollen Tag anders als sonst. Das Wirtschaftsleben verlief in den üblichen Bahnen, der Normalverbraucher drehte seine üblichen Einkaufsrunden und die Belegschaft am Montageband hielt sich an ihr übliches Produktionstempo. Was an jenem Tag anders war als sonst, das waren Wahrnehmungen – Mutmaßungen, die Aktien könnten unangemessen notiert gewesen sein.

Der Irrationalitätszyklus

Aus Abbildung 3-2 können wir ein allgemeines Ineffizienzmodell ableiten. Dargestellt ist das typische Muster eines Unternehmens, bei dem die Aktie, bezogen auf den inneren Wert des Unternehmens, entweder über- oder unterbewertet ist. Dabei liegt die Annahme zugrunde, dass sich der innere Unternehmenswert allmählich und stetig über Jahre hinweg erhöht. Wie aus dem Diagramm ersichtlich wird, entspricht der Aktienkurs nur selten dem inneren Wert des Unternehmens. Meist ist er stark über- oder unterbewertet – je nach Einschätzung der Situation seitens der Marktteilnehmer. Derartige Zusammenhänge, so möchte ich behaupten, gelten für nahezu jede Aktie, die an der Börse gehandelt wird. Die verschiedenen Kurszyklen lassen sich in sieben Phasen einteilen (siehe Zifferneintragung im Diagramm):

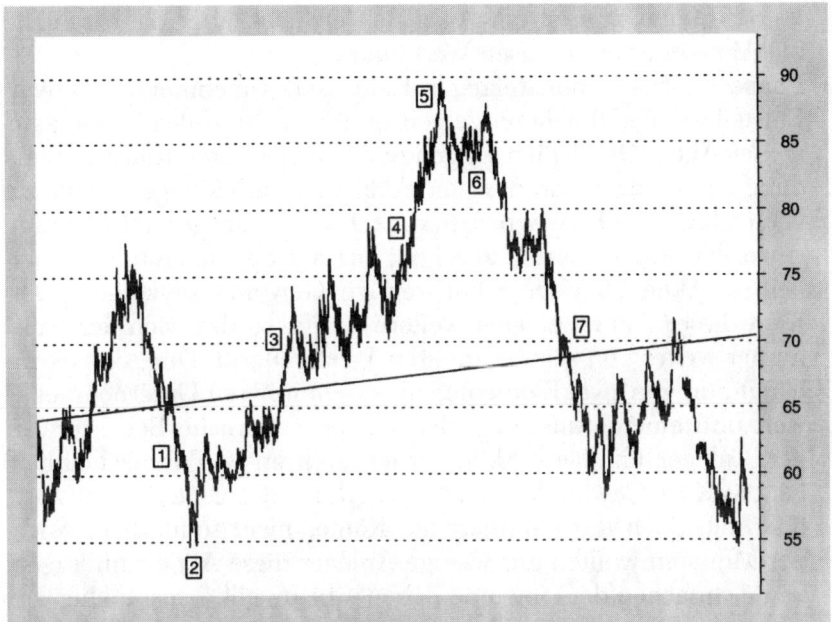

Abbildung 3-2: Der Irrationalitätszyklus

- **Phase 1:** Die Aktie wird unter dem inneren Unternehmenswert gehandelt. Als Grund kommen eine Reihe von Faktoren in Frage, von denen einige, aber nicht alle, einen Bezug zum Unternehmen haben. So könnten die Anleger in dieser Phase befürchten, dass sich frühere Gewinnenttäuschungen wiederholen oder dass ein genereller Kurseinbruch die Kaufbereitschaft an der Börse dämpft. Der Aktienkurs entspricht nicht der Realität. Vermutlich ist es so, dass der Kurswert von 60 Dollar den inneren Wert des Unternehmens (ungefähr 65 Dollar) abzüglich eines Abschlags (5 Dollar) infolge einer pessimistischen Grundhaltung der Investoren ausweist.
- **Phase 2:** Der Pessimismus ist besonders stark ausgeprägt, ausgelöst durch Faktoren, die mit dem Unternehmen größtenteils nichts zu tun haben. Während der innere Unternehmenswert steigt, fällt der Aktienkurs drastisch ab. An dieser Stelle ist die negative Abweichung vom inneren Wert am größten – der Pessimismus der Anleger hat seinen Höchststand erreicht.

- **Phase 3:** Mit dem Wandel in der Wahrnehmung der Anleger setzt ein allgemeiner Kursaufschwung ein. Zu beachten ist, dass auch der innere Wert des Unternehmens weiterhin steigt. Doch nun klettert der Aktienkurs schneller in die Höhe als der innere Wert. Irgendwann ist ein Ausgleich erreicht, aber dann schießt die Aktie über ihren fairen Wert hinaus.
- **Phase 4:** Nach monatelanger Rally und zunehmend positiver Einstellung der Börsianer zeigen immer mehr Anleger Interesse an der Aktie. Der täglich steigende Kurs scheint die Kaufentscheidung zu bestätigen, so dass vermutlich ein hoher Tagesumsatz zu verzeichnen ist. Inzwischen sind auch Geldmanager aufmerksam geworden, die es darauf absehen, aus der Spekulation mit einer heißen Aktie 20- oder 30-prozentige Gewinne zu ziehen. Der Kauf dieser Aktien erzeugt weitere Käufe, so dass sich der Kurs immer weiter von seinem inneren Wert entfernt. Der Aktienkurs hängt nun von zwei Elementen ab – dem inneren Unternehmenswert und einem Aufschlag, der auf die neuerliche Begeisterung der Anleger für diese Aktie zurückzuführen ist. Wahrscheinlich hat das Kurs-Gewinn-Verhältnis der Aktie die eigene Zuwachsrate überholt, doch das kümmert die Käufer nicht sonderlich. Noch vor Monaten wollten nur wenige Anleger diese Aktie zum, sagen wir, Achtfachen der Gewinne haben – heute gilt es als unklug, sie nicht zum 20fachen der Gewinne zu besitzen!
- **Phase 5:** Die Rally erreicht ihre Endphase. Die täglichen Kursbewegungen werden immer exzessiver: Die Aktie wird so weit über dem inneren Wert gehandelt, dass sich Käufer und Verkäufer um eine exogene Rechtfertigung ihres Verhaltens bemühen müssen. Einige glauben nun, die Aktie sei ihren Preis auf Grund niedrigerer Zinsen wert; andere begründen ihre Entscheidung mit einem Aufschlag infolge von Übernahmegerüchten. Die Broker-Häuser und Analysten an der Wall Street heizen die Rally noch mit Kaufempfehlungen auf Basis übertrieben optimistischer Gewinnerwartungen an. In Phase 5 ist die Vergangenheit bedeutungslos geworden. Die Händler treiben die Aktienkurse in die Höhe – *in der Hoffnung* auf künftige Gewinne.
- **Phase 6:** Wenn die Aktienkurse so hoch über dem inneren Unternehmenswert liegen, kommt es unweigerlich zu einem Kurseinbruch. Tatsächlich setzt ein genereller Kursrückgang ein, meist ausgelöst von irgendeinem Nachrichtenereignis; aber diese rückläufige Entwicklung ist nur von kurzer Dauer, denn anfänglich halten viele Anleger den Abwärtstrend für eine reine Kurskorrektur und nutzen die „Delle", um ihre Positionen zu verstärken. Die

Analysten halten sich zunächst bedeckt. Sie beobachten, wie die Aktien stürzen, wiederholen dann aber ihre Kaufempfehlungen. Eine kurzlebige Rally schließt sich an.
- **Phase 7:** Immer mehr Aktien werden abgestoßen – der Verkauf nimmt heftige Ausmaße an. Der Kursverfall beschleunigt sich, und ein Investor nach dem anderen neigt erneut zu Pessimismus. Nach wie vor zeigen die Anleger kaum Interesse am inneren Wert und scheinen auch nicht zu erkennen, wie nun der Aktienkurs attraktiver wird. Sie sehen nur, dass ihre Gewinne schwinden, und wollen dem psychologischen Trauma entgehen, Aktien mit Verlust verkauft zu haben. Zuletzt wird die Aktie wieder unter ihrem inneren Wert gehandelt.

Ich habe in all den Jahren hunderte Male erlebt, wie dieses bemerkenswerte Entwicklungsmuster immer wieder zu Tage trat. Manchmal bilden sich solche Zyklen über Jahre hinweg aus; in anderen Fällen reichen wenige Monate. Und in allen Zyklusphasen sind die Anleger, die ihre Aktien kaufen beziehungsweise halten, von der Rationalität und Erklärbarkeit ihres Verhaltens überzeugt – dumm verhalten sich nur die anderen. Offensichtlich werden die Akteure am Markt niemals aus ihrem Schaden klug. Bei der nächsten Aktie lassen sie dasselbe Verhaltensmuster erkennen. Man hat ihnen beigebracht, Kurse seien effizient; also neigen sie dazu, mehr Aktien zu erwerben, wenn der Kurs steigt, hingegen vom Kauf abzusehen, wenn die Kurse auf einen angemessenen Wert zurückgehen. Im Gegensatz dazu kauft ein kluger Anleger Aktien nur in den Phasen 1, 2 oder 3 und zieht einen Aktienverkauf erst dann in Betracht, wenn der Kurs der Aktien deutlich über ihren angemessenen Wert gestiegen ist.

Die augenfälligsten Beispiele für Über- oder Unterbewertungen an der Börse sind bei zyklischen Aktienwerten zu beobachten – so bei *Citicorp, Caterpillar, Dow Chemical* und *General Motors*. Die Aktien dieser Unternehmen tendieren in wirtschaftlich schwachen Zeiten zu jähen Kursabstürzen und fallen fast immer unter ihren inneren Wert. Warum? Meistenteils sind Befürchtungen seitens der Investoren der Auslöser. Die Anleger spüren die Verschlechterung und haben Sorge, auf einer Aktie sitzen zu bleiben, die ins Bodenlose sinken könnte. Doch ein Investor, der aus den Entwicklungen in der Vergangenheit gelernt hat, weiß, dass konjunkturabhängige Unternehmen je nach Wirtschaftslage erratische Gewinne verbuchen. So können die Gewinne bei *Dow Chemical* zu Hochkonjunkturzeiten 8 Dollar je Aktie und zu Rezessionszeiten gerade mal 0,5 Dollar betragen. Das ist ein Tatbestand. Wie kommt es dann, dass die Anleger alle Jahre wieder vor solchen Aktien weglaufen, wenn sie doch genau wissen, dass die Gewinne erneut steigen werden? Wäre der Markt wirklich so effizient, würden die Anleger doch vorübergehende Umsatzeinbußen ignorieren und *Dow* oder *Ford*-Aktien zu Preisen notieren lassen, die ihren geglätteten, langfristigen Wachstumsraten entsprechen. Aber das tun sie eben nicht. Dieselben Anleger, die sich um *Dow*-Aktien zu Zeiten eines Konjunkturaufschwungs zum 20fachen der Gewinne reißen, wollen nicht mal das sechsfache der Gewinne investieren, wenn die Wirtschaft erste Schwächen zeigt. Sobald eine Rezession einsetzt, kann man davon ausgehen, dass dieselben Leute mit *Caterpillar*-Aktien nichts mehr zu tun haben wollen. Doch wie die Entwicklungen der Vergangenheit wiederholt gezeigt haben, ist gerade dann der günstigste Zeitpunkt für den Erwerb zyklischer Aktien gekommen.

Nach gründlichen Untersuchungen können wir mit absoluter Überzeugung behaupten, dass Aktienkurse nicht effizient sind. Wenn es an dem wäre, gäbe es beispielsweise keine Erklärung für den *Small-Cap*-Effekt – die Tatsache, dass Aktien mit geringer Marktkapitalisierung langfristig höhere Gewinne abwerfen als Aktien mit hoher Marktkapitalisierung. Und wie wäre zu erklären, dass Aktien mit niedrigem Kurs-Gewinn-Verhältnis konsistent bessere Renditen erbringen als Aktien mit einem höherem KGV (siehe Kapitel 2)? Gäbe es so etwas wie Kurseffizienz, hätten Kurs-Gewinn-Verhältnisse keinen Einfluss auf die künftige Kursentwicklung. Sie haben aber sehr wohl einen Einfluss.

Wenn die Finanzmärkte wirklich so effizient wären, wie einige Theoretiker meinen, dürften wir wohl erwarten, dass Fondsmanager, Vermögensverwalter und institutionelle Anleger zu gleichen Teilen den Markt übertreffen beziehungsweise hinter ihm zurückbleiben. Da der Markt als Orientierungsgröße für die Leistungsbewertung dienen würde, hätte keiner dieser Akteure irgendeinen Vorteil – 50 Prozent würden über dem Durchschnitt liegen, die anderen 50 Prozent darunter. Tatsache aber ist, dass die meisten Profis im Lauf der Zeit schwächer tendieren als der *S&P-500*-Index. Über 90 Prozent der Investmentfonds-Manager hinken über mehrjährige Perioden hinweg hinter dem *S&P-500*-Index her. Offensichtlich steckt hinter diesen Zahlen weit mehr als reiner Zufall. Bereits Ende der 70er Jahre kam David Dreman, Vorsitzender von *Dreman Value Management*, auf die höchstwahrscheinlich zutreffende Antwort. Dreman hatte das Anlageverhalten der Profis von 1929 an untersucht und dabei festgestellt, dass die meisten institutionellen Anleger auf Grund einer gewissen „Herdenmentalität" hinter dem Markt herliefen. Sie tendierten dazu, dem Markt zu folgen, anstatt ihn zu führen, und kauften bekannte Aktien, die auch ihre Kollegen kauften – ungeachtet ihres Preises. Sie ignorierten Aktien, die andere Fondsmanager ignorierten, und stürzten sich auf die Aktien, um die sich auch alle anderen rissen. Wie Dreman feststellte, war ihr Herdentrieb besonders ausgeprägt zu Hausse-Zeiten, was ihnen letztlich größere Verluste einbrachte als dem Durchschnittsanleger.

Wenn diese Investoren somit ihr Zurückbleiben hinter dem Markt selbst verschulden, wie Dreman meint, dann ist das Argument von der Markteffizienz doch sehr in Frage gestellt. Des Weiteren ist abzuleiten, dass einige Investoren sehr wohl konsistent marktübertreffende Anlageerfolge erzielen können.

Ein Wort zur Informationsasymmetrie

Informationen sind das Herzblut eines jeden Investors. Sie können Ihre analytischen Fähigkeiten noch so poliert und verfeinert haben – wenn Sie Erfolg am Markt haben wollen, müssen Sie rechtzeitig über objektive und brauchbare Informationen verfügen. Die Hypothese vom effizienten Markt beruht auf der Annahme, dass jeder Marktteilnehmer gleichermaßen Zugang zu den erforderlichen Informationen hat und in der Lage ist, die für ihn wichtigen Informationen auszuwählen und zutreffend zu interpretieren. Sollten die Informationschancen jedoch ungleich verteilt sein (einige Investoren verfügen über mehr oder bessere Informationen als andere oder Informationen stellen sich im Nachhinein als inkorrekt heraus), dann bricht das Konzept vom effizienten Markt zusammen.

Im vorliegenden Zusammenhang wollen wir unsere Argumentation gegen die Markteffizienztheorie abschließen mit der Feststellung, dass die meisten Informationen, die uns erreichen, hochgradig gefärbt sind und starken Einfluss auf die Richtung nehmen, in die sich die Aktienkurse entwickeln. Und da die Informationen, die wir unseren Börsenentscheidungen zugrunde legen, größtenteils in der einen oder anderen Form „tendenziös" sind, ist auch immer die Möglichkeit gegeben, dass sich unsere Reaktion auf diese Informationen als irrtümlich erweist. Ich möchte in diesem Zusammenhang auf die folgenden drei Argumente hinweisen:

- **Informationen sind nicht universell zugänglich.** Die Kosten für die Nutzung adäquater Informationsquellen bedeuten für die meisten Investoren ein Handicap. Selbst heute, da Millionen Anleger über das Internet Zugang zu Informationen haben, die einst als geschützt galten, verfügen sie immer noch nicht über die Art von Informationen, die Einfluss auf die kurzfristige Entwicklung einer Aktie nehmen können. Anleger können „ihre" Unternehmen nicht regelmäßig besuchen, mit Wirtschaftsverbänden, Lieferanten und Händlern reden oder an Sitzungen der Geschäftsführung teilnehmen.

- **Keine zwei Leute interpretieren ein und dieselbe Information in gleicher Weise.** Wir deuten Informationen aus der uns eigenen Sichtweise. Wie weiter oben am Beispiel von *Exxon* gezeigt wurde, handeln Investoren auf Grund von finanziellen Notwendigkeiten, Zielen, Einschränkungen, Nachrichten und Einschätzungen bestimmter Ereignisse. Wir neigen zu einem relativen und kontextabhängigen Informationsverständnis – und das nicht nur beim Wetter. Ein Frühlingstag mit 16 °C weckt nach wochenlangen Temperaturen um 0 °C geradezu linde Gefühle, während solche Temperaturen mitten im Hochsommer eher frösteln lassen. Genauso stellt sich eine Aktie, die auf 60 Dollar hochklettert, vielfach als ein günstigeres Kaufobjekt dar als eine Aktie, die auf 60 Dollar zurückfällt – obgleich derartige Begleitumstände einem Anleger gleichgültig sein sollten.
- **Gewöhnlich geben Institutionen, die das Informationsverständnis der Anleger beeinflussen wollen, maßgebliche Informationen nur häppchenweise heraus.** Wir dürfen nicht unterschätzen, welche Rolle Wall Street, die Medien und die Journalisten spielen, wenn wir uns unsere Meinung bilden und unsere Anlageentscheidungen treffen. Jede Information, die solchermaßen gefiltert zu uns gelangt, ist ein potenzieller Auslöser für Kursineffizienz. Wall Street verzerrt Informationen in unzähligen Variationen: So werden Ziele für Aktienkurse ausgegeben, Gewinne im Voraus abgeschätzt, Übernahmegerüchte verbreitet oder Unternehmen aus den nichtigsten Anlässen auf- oder abgewertet.

Das Bestreben der Medien, Abonnenten zu gewinnen, veranlasst Journalisten, Nachrichten zu verbreiten, wo es vielleicht nichts zu berichten gibt, von heißen Aktien zu tönen, die bereits den Gipfel ihres Aufschwungs überschritten haben, oder Anleger mit einschlägigen Artikeln zu überschütten („Die 10 besten Fonds, in die Sie jetzt investieren müssen"). Die Mehrzahl der Anleger erfährt ihre Marktinformationen aus zweiter Hand – gewöhnlich über die Medien. Und damit sind sie den Verzerrungen und Vorurteilen ausgesetzt, die solche Nachrichten bereits enthalten. Schon der Stil, in dem ein Bericht verfasst ist, kann eine Information in schwerwiegendem Umfang entstellen. Eine irreführende Schlagzeile oder die Absicht eines Journalisten, eine triviale Nachricht zur Sensation hochzuspielen, kann Angebot und Nachfrage bei einer Aktie empfindlich beeinträchtigen. Denken wir nur an den Medienwirbel 1995, als *Intel* einen unwesentlichen Fehler in seinen Pentium-Chips entdeckte. Die Geschichte wurde zunächst über das Internet verbreitet: Unter Benutzern von Tabellenkalkulationsprogrammen sprach sich herum, dass ein Teil ihrer Computerberechnungen falsch wäre. Nachdem ein Journalist darauf aufmerksam geworden war, steigerte sich die Pentium-Story rasch zur Medienkrise der Woche. Die *Intel*-Aktie stürzte deutlich ab und das Unternehmen musste erheblichen Zeitaufwand treiben, um sich gegen die öffentliche Kritik zu wehren. So schnell, wie die Geschichte entstanden war, so schnell verschwand sie auch wieder von den Titelseiten – aber tausende Anleger hatten ihre Aktien bereits verkauft und der Marktwert der *Intel*-Aktie war um mehr als 6 Mrd. Dollar gesunken. In diesem Fall hatte sich der Optimismus der Anleger in Bezug auf die Wachstumsaussichten von *Intel* plötzlich in Pessimismus verkehrt, und das auf Grund von aufgeputschten Geschichten, die für die langfristige und grundlegende Entwicklung von *Intel* kaum von Belang waren. *Intel* rief die Chips sofort zurück, verrechnete die Kosten mit den Quartalsgewinnen und ließ die Sache auf sich beruhen. In den folgenden zwei Jahren verdreifachte die Aktie ihren Kurswert.

Anleger, die ihre Investmententscheidungen informationsabhängig zu treffen pflegen, sind der Gefahr asymmetrischer Interpretationen in besonderer Weise ausgesetzt. Ein aufschlussreiches Beispiel ist meiner Ansicht nach ein Fall, der sich am 22. Januar 1997 zutrug: Maßgebliche Medienvertreter versuchten sich in der Auslegung von Äußerungen, die Notenbank-Chef Alan Greenspan vor dem Haushaltsausschuss des Senats gemacht hatte. Je nachdem, welchen Bericht man am nächsten Tag zu lesen bekam, stieg die Inflation oder blieb konstant; entweder erfuhr die Volkswirtschaft einen willkommenen Aufschwung oder es bestand die Gefahr einer Konjunkturüberhitzung; und die Reporter waren entweder bemüht, Einfluss auf die Meinung ihrer Leser zu nehmen, oder sie wussten nicht, was sie sagen sollten.

Die folgenden fünf Schlagzeilen sind typisch für die verkürzte Wiedergabe der Greenspan-Äußerung:

- *„Fed Chairman Sees a Pickup in Wages"* [Notenbank-Chef sieht Anstieg bei den Löhnen], berichtete *The Wall Street Journal*. Im Artikel stand dann, Greenspan habe eine Zinsanhebung angedeutet.
- *„Greenspan Upbeat on Economy, Issues Wage Warning"* [Greenspan beurteilt die Wirtschaft optimistisch und spricht Lohnwarnung aus], lautete eine Schlagzeile der *Reuters*-Agentur. Dem Informationsbericht zufolge hatte sich Greenspan zufrieden über den Fortschritt des Wirtschaftswachstums geäußert und „durchblicken lassen", die Notenbank bereite eine Anhebung der Zinssätze vor.
- *„Greenspan Upbeat on Economy"* [Greenspan beurteilt die Wirtschaft optimistisch], schrieb die *New York Times*. „Aber er warnt vor Lohn- und Gehaltssteigerungen", hieß es in dem Artikel. „Die Greenspan-Äußerung rüttelt den Markt auf."
- *„Greenspan Warns of Inflation"* [Greenspan warnt vor Inflation], hieß die Überschrift zu einem Bericht, den die Nachrichtenagentur *Associated Press* an ihre Zeitungen telegrafierte.
- *„Fed Pleased but Puzzled"* [Notenbank-Chef zufrieden, aber in Zweifel], verkündete der Sender *CNN* in seinen Finanznachrichten.

Wer die Äußerungen von Greenspan nicht ungefiltert im Kabelfernsehen miterlebt hatte, konnte sich seine Meinung nur auf Grund von Berichten bilden, die er an jenem Tag zufällig zu sehen oder zu hören bekam. Wenn Sie eines Morgens die Zeitung aufschlagen und Ihnen die Überschrift „Notenbank-Chef deutet Zinsanhebung an" entgegenspringt, würden Sie doch vermutlich versuchen, Ihre zinsreagiblen Kapitalanlagen zu schützen und Aktien zu verkaufen. Sollte die Zeitung unter Bezugnahme auf dieselbe Äußerung stattdessen die Überschrift „Notenbank-Chef mit derzeitigen Zinssätzen zufrieden" verkünden, wären Sie vermutlich erleichtert und sähen sich veranlasst, nichts zu tun.

Das sollten Sie sich immer bewusst machen: Bevor die Nachrichten vom 22. Januar 1997 auf Sie herabrieselten, hatten sie nicht weniger als viermal einen Filter durchlaufen. Als Erstes musste der Journalist Greenspans Äußerungen interpretieren und zu ein paar Hauptpunkten zusammenfassen, um eine lesbare Version zu erstellen. Darauf musste der Journalist seine objektive Voreingenommenheit in Bezug auf den Wortwechsel zwischen Greenspan und den Senatoren im Anschluss an die fragliche Äußerung wiedergeben. Stellte keiner der Senatoren dem Notenbank-Präsidenten eine Frage zu den Zinssätzen, konnte der Journalist daraus ableiten, dass die Thematik wohl keinen besonderen Nachrichtenwert besaß; entsprechend spielte er die Geschichte dann herunter. Als nächstes musste der Journalist die Reaktion von Experten einholen. Unter Umständen fehlte ihm auf Grund von Termindruck die Zeit, Experten zu befragen, die von einer rückläufigen Entwicklung der Zinssätze überzeugt waren. Und schließlich wurde der Bericht dann noch in der Redaktion gefiltert, wo ein Nachrichtenredakteur und ein für die Nachtschicht zuständiger Lektor den Artikel überarbeiteten und jeweils das hervorhoben, was sie für besonders wichtig hielten. Einer von ihnen krönte den Bericht schließlich mit einer Überschrift, die – in vielleicht sechs Wörtern oder weniger – zusammenfassen sollte, was Greenspan gesagt hatte.

Nutzung von Ineffizienz zum eigenen Vorteil

Die „Informationsproduktion am laufenden Band" kann unsere Einschätzungen ganz erheblich beeinflussen und uns zu einem Vorgehen veranlassen, das Preisineffizienz zur Folge hat. Aber eigentlich kann es Ihnen nur zum Vorteil gereichen, dass so viele Anleger – einschließlich vieler Profis – an einen effizienten Markt glauben und der Meinung sind, eine mit dem 50fachen ihres Gewinns notierte Aktie sei angemessen bewertet und der Markt sei nicht zu schlagen. Solange Value-Anleger noch in der Minderheit sind, haben Sie reichlich Gelegenheit, von dieser irrigen Logik zu profitieren. Ihre besten Gewinne erzielen Sie, wenn Sie sich herkömmlichen Weisheiten widersetzen, Ihre Informationen sorgfältig prüfen und darauf warten, dass andere Investoren ein Unternehmen falsch bewerten. Zitieren wir noch einmal Benjamin Graham: „Der Markt liegt mit seinen Einschätzungen oft daneben, und zuweilen kann ein aufmerksamer und wagemutiger Anleger die offenkundigen Marktirrtümer zum eigenen Vorteil nutzen."

4 Zur Sinnlosigkeit von Prognosen

*Vorhersagen sind schwer zu treffen –
besonders solche über die Zukunft.*

Samuel Goldwyn zugeschrieben

Jahr für Jahr verlassen tausende diplomierter Finanzwirtschaftler führende Hochschulen und Universitäten: Ihnen allen wurden dieselben Zauberformeln, dieselben Handelsstrategien, dieselben Bewertungsprinzipien und dieselben Prognosemodelle beigebracht. Kein Wunder, dass so wenige Profis ihr Vorgehen in einem größeren Kontext sehen. Kein Wunder auch, dass so wenige Investoren über längere Zeit hinweg marktübertreffende Anlageerfolge erzielen. Sie vertun ihre Tage damit, sich gegenseitig zu übertreffen. Diesen Jungakademikern, unseren heutigen Marktstrategen, Analysten und Fondsmanagern, geht es nicht anders als den Fischen des Marshall McLuhan: Sie wissen nicht, dass sie im Wasser leben. Sie schwimmen in einem von der übrigen voll funktionierenden Welt abgetrennten Bassin und glauben obendrein noch, dass die Leute vor der Glasscheibe Hilfe brauchen. Dabei sind sie es, die in ihrem Medium gefangen sind.

Aristoteles meinte, der Mensch habe ein angeborenes Verlangen danach, seine Zukunft zu erkennen. Wohl keine Sehnsucht werde stärker ausgenutzt als diese. Seine Beschreibung hätte auf Wall Street gemünzt sein können. Offiziell dient die Finanzbranche dem Zweck, Kapital zur Förderung der amerikanischen Wirtschaft zu beschaffen. *De facto* aber besteht ihr Auftrag darin, Prognosen zu erstellen – unser Verlangen auszunutzen, vorab zu wissen, was morgen passieren könnte. Wenn Sie diese grundlegende Funktion von Brokern, Fondsmanagern, Analysten, Investmentbankern, Finanzmedien und Wirtschaftswissenschaftlern durchschauen, werden Sie nie mehr auf die Spielchen dieser Leute hereinfallen.

Legionen hoch bezahlter Strategen, Ökonomen und Analysten verbringen ihre Zeit damit, die rentabelsten Aktien von morgen zu ermitteln; vorauszusagen, in welche Richtung sich die Zinssätze, die Wirtschaft oder die Ertragskraft der Unternehmen entwickeln werden; oder Mutmaßungen über die nächsten Zinsbewegungen der

4 Zur Sinnlosigkeit von Prognosen

Notenbank anzustellen. Hinzu kommen tausende von Charttechnikern, die Computerdiagramme zur künftigen Entwicklung von Aktienkursen entwerfen. Wieder andere arbeiten mit komplizierten Prognosemodellen, mit deren Hilfe sie voraussagen wollen, welche Branchen oder Wirtschaftssektoren in den nächsten sechs bis 12 Monaten die besten Leistungen erzielen werden. Und schließlich präsentieren zehntausende von Brokern all diese pedantisch genauen Voraussagen in Form von Verkaufsangeboten, die Sie zum Kaufen verführen sollen. Nicht minder zahlreich ist die Mannschaft, die futuristische Marktperspektiven verbreitet und die Unternehmen und ihre Mitarbeiter zwingt, börsenfreundliche Pläne zur Altersversorgung aufzustellen, Annuitäten zu berechnen und College-Fonds einzurichten oder ihre gesamte Barschaft in Investmentfonds zu stecken.

Kurzum: Wall Street ist dazu da, Ihnen etwas zu verkaufen. Sämtliche dort herausgegebenen Finanzinformationen – Broker-Empfehlungen, Zielkurse, Marktprognosen, Gewinnabschätzungen oder Performance-Kennzahlen – lassen sich so manipulieren, dass sie den Zwecken des Herausgebers dienen. Wall Street schäumt über mit all seinen Statistiken, die Sie als Anleger zu verdauen haben und die nur zu einem geringen Teil für Ihre spezifische Situation von Belang sind. Ganz generell sollten Anleger die meisten Daten, die ihnen vorgelegt werden, skeptisch begutachten und niemals eine Aktie auf Grund von Abschätzungen zukünftiger Entwicklungen kaufen, die sie nicht selbst vorgenommen haben. Philip Fisher schrieb 1958:

Man muss wohl davon ausgehen, dass eine Wirtschaftswissenschaft, die sich mit der Prognose von Wirtschaftstrends befasst, in noch ebensolcher Ferne liegt wie die Wissenschaft von der Chemie zu den Alchemie-Zeiten des Mittelalters. In der Chemie von damals – wie bei den Wirtschaftsprognosen von heute – fingen die Grundprinzipien gerade mal an, sich von all dem mysteriösen Hexeneinmaleins abzuheben. ... In Anbetracht des intellektuellen Aufwands, den die Finanzgemeinschaft in ihrem ständigen Bemühen treibt, die wirtschaftliche Zukunft auf Grund einer zufälligen und vermutlich unvollständigen Faktenbasis vorauszusagen, kann man sich nur fragen, was alles hätte erreicht werden können, wenn auch nur ein Bruchteil dieser geistigen Anstrengungen für ein Unterfangen aufgewendet worden wäre, das besseren Nutzen verspricht.[1]

---

[1] Philip A. Fisher, *Common Stocks and Uncommon Profits*, Nachdruck der Ausgabe von 1958, New York, John Wiley & Sons, Inc., 1996, S. 62-63.

Gewinnprognosen oder Voraussagen zur Entwicklung von Wirtschaft und Börse sind genauso witzlos wie Wettervorhersagen. Solche Zusammenhänge lassen sich nicht einmal annäherungsweise voraussagen. Die Abschätzung der Temperatur am morgigen Tag ist noch relativ einfach – man braucht lediglich die Temperatur von heute zugrunde zu legen: Liegt die Temperatur heute beispielsweise bei 25 °C, ist nicht damit zu rechnen, dass sie morgen auf 10 °C sinkt oder dass eine Hitzewelle mit Temperaturen weit über 30 °C folgt. Mit großer Wahrscheinlichkeit wird die Temperatur von morgen nur um wenige Grade nach oben oder unten vom heutigen Temperaturwert abweichen. Dasselbe trifft auf Unternehmensgewinne zu. Die Umsätze und Gewinne werden im nächsten Quartal ganz ähnlich wie im jetzigen Quartal ausfallen, von saisonbedingten Faktoren einmal abgesehen. Bei der Vorhersage künftiger Ereignisse dürfen Sie nur solche Variablen auswählen und beobachten, die aller Voraussicht nach einen Einfluss auf die Ergebnisse haben werden. Wenn Sie Ihre Prognose darüber hinausgehend erweitern, lassen Sie zu, dass sich immer mehr Variablen auf das Ergebnis auswirken können. Sie können das Wetter von morgen mit einem hohen Maß an Gewissheit voraussagen, aber schon die Vorhersage von Temperatur oder Niederschlag in der nächsten Woche ist nicht mit derselben Gewissheit möglich. Und das Wetter im nächsten *Monat* können Sie überhaupt nicht vorhersagen. Systeme wie Wetter und Aktienmarkt reagieren auf Millionen von Variablen, die ständigen Veränderungen und Wechselwirkungen unterliegen.

In Abbildung 4-1 soll veranschaulicht werden, wie groß die Spannbreite der Ergebnisse ist, mit denen bei Zukunftsprognosen zu rechnen ist. Die Fehlergrenze steigt schnell und parabelförmig an, je weiter man sich mit seinen Vorhersagen von der Gegenwart entfernt. Dieser Zusammenhang ist, von seltenen Ausnahmen abgesehen, allgemein gültig – gleich, ob Sie einen künftigen Aktienkurs, Gewinne, Umsätze oder den Entwicklungstrend der Wirtschaft voraussagen wollen.

Die Erstellung von Vorhersagen könnte ein entwicklungsträchtiges Unterfangen sein, wenn es nicht das offene Ende gäbe. Die Zeit geht weiter und die Einflussgrößen werden sich unaufhörlich verändern, so dass die meisten Voraussagen eigentlich keine Schlussfolgerungen zulassen. Sobald ein Quartal zu Ende gegangen ist, überarbeiten die Analysten ihre Modelle und versuchen, die Gewinne des nächsten Quartals vorherzusagen. Ihr Bemühen, die „Gewinne der nächsten Rechnungsperiode" oder „Fünfjahres-Gewinnzuwachsraten" festzulegen, gerät zum vergeblichen Unterfangen, bewegliche

4 Zur Sinnlosigkeit von Prognosen

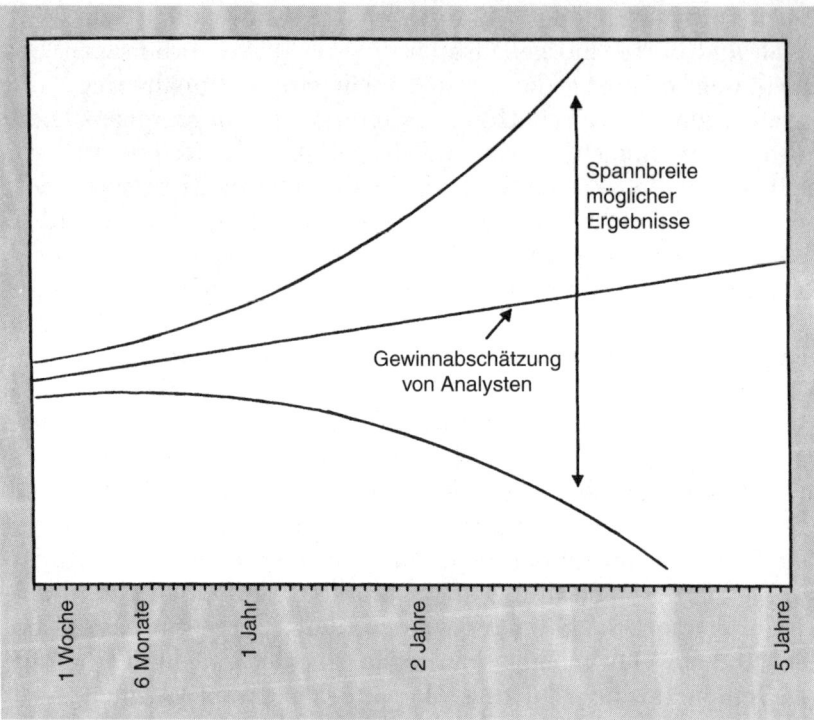

Abbildung 4-1: Gewinnprognosen im Zeitverlauf

Ziele zu treffen. Die paar Analysten, denen eine korrekte Vorhersage der künftigen Gewinne eines Unternehmens gelungen ist, hatten in vielerlei Hinsicht einfach nur Glück: Glück, dass keine Rezession eintrat; Glück, dass die Zinssätze nicht stiegen oder fielen; Glück, dass der Geschäftsführer nicht bei einem Flugzeugabsturz ums Leben kam; Glück, dass das Unternehmen keinen wichtigen Vertrag abgeschlossen – oder verpasst – hat; Glück, dass die staatlichen Behörden keine Importzölle erhoben haben; Glück, dass sich der Wert des US-Dollars nicht veränderte; Glück, dass das Unternehmen keine weiteren Aktien ausgab, seine langfristige Verschuldung aufstockte oder Aktien zurückkaufte; Glück, dass das Unternehmen kein neues Produkt auf den Markt brachte, das den Umsatz verdoppelte – oder sich als Flop herausstellte; Glück, dass das Unternehmen keine der an die hundert bilanztechnischen Gepflogenheiten zur Aufpolsterung seiner Gewinne nutzte; und so weiter und so fort.

Die Bilanz der Marktprognosen so genannter Experten fällt höchst erstaunlich aus. 90 Prozent der Ökonomen vermochten nicht, die Rezession 1990 vorauszusagen. 1929 gelang es führenden Marktstrategen nicht, den schlimmsten Börsenzusammenbruch dieses Jahrhunderts beziehungsweise die dadurch ausgelöste Weltwirtschaftskrise vorauszusagen. Die größten Investmenthäuser sagten einen Bullenmarkt für mexikanische Aktien voraus – kurz bevor die Regierung den Peso abwertete und die Aktienkurse ins Trudeln gerieten. Buchstäblich niemand erkannte 1991 die sieben Jahre anhaltende rückläufige Zinssatzentwicklung. Erfahrene Marktanalysten irrten in den Jahren 1994 bis 1998, als sie mehrfach die Entwicklung eines Bärenmarktes prognostizierten. Nur wenige sahen die Hyperinflation Ende der 70er Jahre voraus. Als Wall Street schließlich den inflationären Trend erkannte, wurde die Entwicklung überschätzt: Den Anlegern wurde „versprochen", der Goldpreis würde auf 2000 Dollar pro Unze und der Ölpreis auf 100 Dollar je Barrel steigen. Gleichzeitig gaben die meisten Wirtschaftwissenschaftler jede Hoffnung für die angeschlagene US-Stahlindustrie auf, die dann in den 90er Jahren neuen Aufschwung erfuhr und sich erneut zum weltweit effizientesten und rentabelsten Stahlmarkt entwickelte.

Größtes Misstrauen ist gegenüber den Ansichten der Analysten geboten. Makleragenturen geben hunderte Millionen Dollar im Jahr für die Erforschung von Unternehmen und die Erstellung von Gewinnprognosen aus. Dennoch haben zahlreiche Studien erwiesen, dass ihre Prognosen – schlimmstenfalls – parteiisch und fehlerhaft sind. Aber bestenfalls haben ihre Voraussagen den Endverbrauchern auch keinen zusätzlichen Vorteil zu bieten. In einer gewissenhaften Studie aus dem Jahr 1996 hat David Dreman, Vorsitzender des Unternehmens *Dreman Value Management*, 94251 Gewinnprognosen überprüft, die in den Jahren zwischen 1973 und 1996 erstellt worden waren. Wie Dreman herausfand, hatten die Analysten eine Chance von 1 zu 130, die Quartalsgewinne eines Unternehmens vier Quartale lang in Folge im Rahmen einer Fehlertoleranz von 5 Prozent richtig zu prognostizieren. Für eine korrekte Voraussage der Gewinnentwicklung in zehn aufeinander folgenden Quartalen betrug die Wahrscheinlichkeit nur noch 1 zu 200000. In anderen Studien wurde festgestellt, dass die Empfehlungen von Analysten zu übermäßigem Optimismus tendieren. Analysten sind geneigt, schlechte Leistungen zu übersehen oder zu verzeihen, um nur nicht die vertrauliche Beziehung zu den Unternehmen zu gefährden. In besonderem Maß gilt dies für Analysten, deren Agenturen die Unternehmen bei der Erstellung öffentlicher Zeichnungsangebote unterstützen. Ihre Gewinnprognosen schießen leicht über das Ziel hinaus, so dass die von ihnen ausgewählten Aktien in den nachfolgenden Quartalen vielfach hinter dem Markt zurückbleiben.

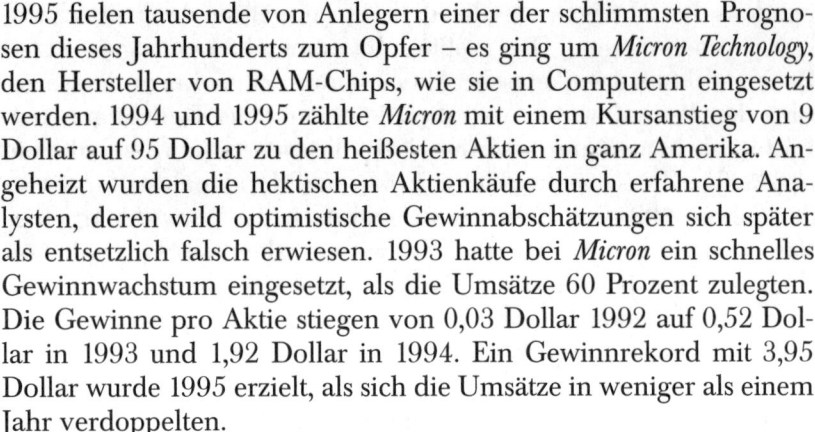

1995 fielen tausende von Anlegern einer der schlimmsten Prognosen dieses Jahrhunderts zum Opfer – es ging um *Micron Technology*, den Hersteller von RAM-Chips, wie sie in Computern eingesetzt werden. 1994 und 1995 zählte *Micron* mit einem Kursanstieg von 9 Dollar auf 95 Dollar zu den heißesten Aktien in ganz Amerika. Angeheizt wurden die hektischen Aktienkäufe durch erfahrene Analysten, deren wild optimistische Gewinnabschätzungen sich später als entsetzlich falsch erwiesen. 1993 hatte bei *Micron* ein schnelles Gewinnwachstum eingesetzt, als die Umsätze 60 Prozent zulegten. Die Gewinne pro Aktie stiegen von 0,03 Dollar 1992 auf 0,52 Dollar in 1993 und 1,92 Dollar in 1994. Ein Gewinnrekord mit 3,95 Dollar wurde 1995 erzielt, als sich die Umsätze in weniger als einem Jahr verdoppelten.

Dann verfielen die Analysten in einen typischen fatalen Fehler: Sie extrapolierten die Zuwachsraten der jüngsten Vergangenheit in die Zukunft. Die Analysten steigerten weiterhin ihre Gewinnprognosen und blieben selbst dann noch bei ihren Kaufempfehlungen, als die *Micron*-Aktie zu 90 Dollar das Stück gehandelt wurde. Einige Analysten sagten gar voraus, die *Micron*-Aktie würde innerhalb von ein bis zwei Jahren 17 Dollar Gewinn abwerfen! Was aber geschah? Die Aktien sausten binnen Monaten in den Keller. Chip-Hersteller aus Korea und Taiwan wollten *Micron* und anderen Konkurrenten ihre unglaublichen Gewinnspannen nicht gönnen; sie stockten ihre Kapazitäten auf und überschwemmten den Chip-Markt mit eigenen Produkten. Die Preise für RAM-Chips fielen 1996 um 75 Prozent und 1997 um weitere 40 Prozent. Die Umsätze bei *Micron* stiegen zwar weiterhin, doch der Nettoertrag brach jäh ein. Anfang 1997 reduzierten dieselben Analysten, die den Anlegern *Micron*-Aktien auf Grund galaktischer Prognosen empfohlen hatten, ihre Gewinnprognosen auf 2 Dollar pro Aktie oder weniger. Die Aktie erreichte später ihren Tiefstand bei 17 Dollar.

Manche Beispiele für übertrieben optimistische Prognosen muten, im richtigen Kontext betrachtet, geradezu kurios an. So empfahlen Analysten Mitte der 60er Jahre voller Begeisterung *IBM*-Aktien mit dem Hinweis, die Gewinne könnten gute 16 Prozent im Jahr zulegen – und das auf Dauer. Auf Grund solcher übertriebenen Annahmen drängte das Anlegerpublikum zu *Big Blue* und trieb die Aktie damit mächtig in die Höhe. Offensichtlich machte sich niemand die Mühe, die Rechenkünste der Analysten nachzuprüfen. *IBM* verbuchte 1967 einen Umsatzrekord von 5,345 Mrd. Dollar und einen Nettoertrag in Höhe von 651 Mio. Dollar. Hätte *IBM* die von den Analysten prognostizierte Zuwachsrate erfahren, wäre

1997 ein Umsatz von 458,9 Mrd. Dollar (6 Prozent des gesamten Wirtschaftsprodukts der USA) und ein Gewinn von 55,9 Milliarden Dollar (das 16fache der *Microsoft*-Gewinne 1997) zu verzeichnen gewesen. Irgendwann in den 30 Jahren mussten die *IBM*-Gewinne vom vorgesehenen Kurs abgekommen sein! Die Umsätze und Gewinne des Unternehmens beliefen sich auf gerade 17 Prozent beziehungsweise 10 Prozent der 30 Jahre zuvor prognostizierten Entwicklung.

Ein weiteres Beispiel miserabler Beratung betraf *Oracle*, den 6 Mrd. Dollar schweren Datenbanksoftware-Hersteller, der mit seinem 30-prozentigen Jahresgewinnzuwachs in den 90er Jahren zum Favoriten der charttechnologisch orientierten Analysten aufstieg. Das Unternehmen galt als „unfehlbar" sicheres Langfristobjekt und der Kurs stieg von splitangepassten 5 Dollar in 1992 auf 42 Dollar im August 1997. Auf seinem Höchststand notierte der Kurs bei fast dem 45fachen der Gewinne – man wiegte sich in der Überzeugung, das Gewinnwachstum bliebe zeitlich unbegrenzt stabil. Doch am 8. Dezember 1997 ging ein Ruck durch Wall Street: *Oracle* gab bekannt, der Gewinnzuwachs für das Quartal würde sich auf magere 4 Prozent verlangsamen. Die Aktie fiel an dem Tag um 29 Prozent. Drei Tage vor Ankündigung der dürftigen Gewinnlage bei *Oracle* hatten die Analysten ihre gute Meinung von dem Unternehmen noch nachhaltig bekräftigt. Einer von ihnen hatte gar die Ansicht vertreten, die Gewinne bei *Oracle* würden noch mindestens weitere fünf Jahre lang 30 Prozent jährlich zulegen.

Ein Teil der *Oracle*-Misere ist eindeutig den Analysten zuzuschreiben. Schuld traf natürlich auch die Legionen von Geldmanagern und Investoren, die sich auf den Rat der Analysten verließen. Wenige Wochen vor dem *Oracle*-Einbruch gab *Merrill Lynch* eine viel beachtete Studie heraus, in der institutionelle Anleger – Investment- und Pensionsfondsmanager – nach den wichtigsten Kriterien befragt worden waren, die sie beim Kauf beziehungsweise Verkauf einer Aktie zugrunde legten. Über die Hälfte der Befragten gab an, ihre Börsenentscheidungen auf Grund von Gewinnergebnissen zu treffen: Verfehlte ein Unternehmen das von den Analysten prognostizierte Gewinnziel, verkauften sie; übertraf das Unternehmen das prognostizierte Gewinnziel, kauften sie. So war es auch nicht weiter verwunderlich, dass sich 48 Prozent der institutionellen Anleger nach eigenen Angaben bei ihren Börsenentscheidungen auf die Einschätzungen der Analysten verließen.

Die *Merrill-Lynch*-Studie enthielt im Wesentlichen eine historische Darstellung zum „Lebenslauf" zahlreicher Aktien. Analysten stehen unter dem Druck, günstige Empfehlungen in Bezug auf „ihre" Unternehmen abzugeben, so dass ihnen Anzeichen für problematische Entwicklungen häufig entgehen; entsprechend raten sie dann den Investoren zu Aktienkäufen selbst bei fundamental unsoliden Kurswerten. Nur wenige Investoren erkennen, dass Analysten in hohem Maß überarbeitet sind, dass sie mehr Unternehmen verfolgen, als es ihnen bei angemessener Überprüfung eigentlich möglich wäre, und dass sie in erster Linie für die Anwerbung von Unternehmen und die Erzielung von Emissionsgeschäften vergütet werden. Die Erstellung exakter Voraussagen zählt nicht zu ihrem Aufgabenbereich.

Vor Ort richten sich dann hunderte von Fondsmanagern – ihrerseits unter dem Druck, die besten Quartalsergebnisse vorlegen zu können – nach den nicht eben unparteiischen Gewinnabschätzungen der Analysten und geben sich hektischen Käufen und Verkäufen hin, um schnelle Gewinne zu erzielen beziehungsweise Verluste zu vermeiden. Auch sie sind täglichen Zwängen ausgesetzt, von denen Anleger kaum etwas wissen. Der durchschnittliche Fondsmanager betreut zu viele Aktien, als dass er deren Entwicklung angemessen verfolgen könnte; zudem sieht er sich gezwungen, Aktienfavoriten zu immer höheren Kurswerten zu kaufen, weil die Investoren weiterhin allmonatlich Leistungsansprüche geltend machen. Der Druck, kontinuierlich gute Quartalsergebnisse vorlegen zu können, zwingt sie, zuerst das Börsengeschäft zu tätigen und danach eine Auswertung vorzunehmen. Was häufig als vernünftige Langfriststrategie für hunderte von Fondsmanagern beginnt, artet schließlich aus in Ticker-Beobachtung, Spekulation auf kurzfristige Gewinne und Jagd auf Basispunkte. Die Alternative wäre, dass man hinter den Kollegen oder einem Marktindex zurückbleibt. Was folgt, ist die Entwicklung von Herdenmentalität und ein hektischer, irrationaler Aktientausch auf der Basis aktueller und gerüchteweise verbreiteter Quartalsgewinne. Letzten Endes werden die Entscheidungen an der Börse somit auf Grund reiner Analysten-Mutmaßungen getroffen, die sich ihrerseits in hohem Maß von den Unternehmen leiten lassen. Die Unternehmen wiederum, die dieses Ritual durchschaut haben und Wall Street auf keinen Fall gegen sich aufbringen wollen, nehmen nun zu allen möglichen Rechnungslegungstricks Zuflucht, um den Schein der Vorhersagbarkeit von Gewinnen aufrechtzuerhalten. Die an diesem Prozess beteiligten Unternehmen verzichten bereitwillig auf langfristige strategische Erfolge, um nur nicht ihre guten Beziehungen zu Broker-Häusern und Fonds-Familien aufs Spiel zu setzen. Dieser kritische Informationspfad gerät zum *Circulus vitiosus*, zur Aneinanderreihung einer Torheit an die andere, und das auf allen Ebenen. Geschäftsführer gehen dazu über, ihre Gewinne für Monate im Voraus abzuschätzen, um hungrige Analysten mit Nachrichten zu versorgen, die ihrerseits den Multimilliarden-Spekulationen von Fondsmanagern Nahrung geben. Eine Falschmeldung erzeugt die nächste, die wiederum die nächste ...

Wenn das Geschäft mit Geldanlagen von kurzfristigen Gewinnen getragen wird, die ihrerseits auf dem Strom von Vorhersagen schwimmen, geht es nicht mehr um Geldanlagen, sondern um Glücksspiele.

Dass die Abschätzungen der Analysten zu mehr als 80 Prozent falsch sind, ist für die beteiligten Spieler unerheblich. Keiner will dabei ertappt werden, noch eine Aktie zu halten, die von den Kollegen bereits abgestoßen wird. Keiner will eine Rally verpassen, wenn von einem Unternehmen Gewinne erwartet werden, die über den Gewinnprognosen liegen. Das Ganze ist ein großes auf Selbstbestätigung und Verkaufsförderung ausgerichtetes Netzwerk – vorausgesetzt, dass Details wie grundlegende Eckdaten den Ablauf nicht stören. Der Börsencrash von 1929 entstand aus einer ganz ähnlichen Betriebsamkeit. Mit steigenden Aktienkursen verhielten sich die Börsianer immer kurzsichtiger: Sie kauften, wenn die Gewinnerwartungen zunahmen, und verkauften, wenn die Unternehmen ihre Quartalsziele nicht erreichten. Die Kurse wurden dermaßen in die Höhe getrieben, dass Fundamentaldaten zur ehrlichen Rechtfertigung von Aktienkäufen nicht mehr taugten.

Anleger müssen darauf achten, dass sie nicht von solchen Strömungen mitgerissen werden, denn dann geraten sie unweigerlich ins Trudeln. Wenn das Geschäft mit Geldanlagen von kurzfristigen Gewinnen getragen wird, die ihrerseits auf dem Strom von Vorhersagen schwimmen, geht es nicht mehr um Geldanlagen, sondern um Glücksspiele. Wenn Gewinnziele zum Selbstzweck werden, verlieren die Anleger Preis und Wert aus den Augen und sind bereit, Unsummen in ein Unternehmen zu investieren.

Die Abschätzung von Gewinnen ist das eine; Wall Street ist kontinuierlich damit befasst. Etwas ganz anderes aber ist es, abschätzen zu wollen, was ein Unternehmen wirklich wert ist beziehungsweise wie stark sich eine veränderte Informationsbasis auf den Wert eines Unternehmens auswirkt. Damit ist Wall Street so gut wie nie befasst. Wenn ein Unternehmen beispielsweise eine Fusion ankündigt, stürzen sich Investoren häufig auf die Aktien, ohne zuvor geprüft zu haben, ob der Zusammenschluss den Wert des Unternehmens erhöht oder nicht. Vielmehr verlassen sie sich auf die für sie nicht nachzuvollziehende Fusionseinschätzung der Analysten oder auf die optimistischen Aussichten, die sich das Management vom gemeinsamen Schulterschluss verspricht. In Ermanglung sinnvoller Orientierungshilfen seitens der Analysten nehmen Spekulanten und Interessenkäufer die Angelegenheit selbst in die Hand. Sie legen die vorhandenen Informationen nach eigenem Gutdünken aus und verkaufen oder kaufen binnen weniger Stunden hunderttausende von Aktien. Das arglose Anlegerpublikum sieht die scharfen Kurseinbrüche und schwimmt mit dem Strom – in der Annahme, der Markt habe die Daten und Fakten korrekt interpretiert. Roger Babson hat die Sinnlosigkeit dieses Vorgehens in seinem Buch 1951 höchst treffend zum Ausdruck gebracht:

Erfolg beruht weniger auf richtigen Prognosen als vielmehr darauf, das Richtige zum richtigen Zeitpunkt zu tun und immer bereit zu sein, das eigene Vorgehen umsichtig abzusichern. Wenn man die eigenen Geschäftsentscheidungen und Investitionen unveränderlich in dem Bestreben trifft, von guten Zeiten zu profitieren und Panikverluste zu vermeiden, kann man viel mehr Geld erwirtschaften, als wenn man lediglich bemüht ist, Kursaufschwünge oder Kursstürze zu prognostizieren, und dann eine Anlagepolitik verfolgt, die voll und ganz darauf vertraut, dass sich die einmal erstellten Prognosen auch tatsächlich bewahrheiten.[2]

Kein Verlass auf Unternehmensvoraussagen

Die Unternehmen selbst sind keineswegs unschuldige Zuschauer am Rande. Sie haben die Spielregeln genauso erlernt wie alle anderen auch. Sie nutzen Rechnungslegungsvorschriften zum eigenen Vorteil und manipulieren ihre Erlös- und Kostendaten, um sicherzustellen, dass die Quartalsergebnisse mit den Erwartungen an der Wall Street übereinstimmen. Oder sie machen Sanierungsmaßnahmen geltend, um ihre Kostendaten zu reduzieren und ihre Gewinnspannen aufzubessern. Unternehmen, die mit schwachen Quartalsergebnissen rechnen müssen, verbuchen zuweilen Umstrukturierungsmaßnahmen, um ihre dürftige Unternehmensleistung zu verschleiern und Wall Street den Eindruck zu vermitteln, man wolle gründlich aufräumen. Manche Unternehmen überreden die Ana-

---

[2] Roger W. Babson, *Business Barometers and Investment*, 5. Aufl., New York, Harper & Brothers, 1951, S. ix-x.

lysten gezielt zur Erstellung niedrigerer Gewinneinschätzungen, damit diese später unter den Ergebnisberichten liegen. Dann können sie nämlich Wall Street mit starken Gewinnen überraschen, die den Aktienkurs gleich um mehrere Dollar hochtreiben. Schliche und Tricks dieser Art sind an der Tagesordnung – einer der Gründe dafür, dass sich Anleger nicht an kurzfristigen Ergebnissen orientieren sollten.

Gelegentlich schießen die Unternehmen auch ein Eigentor, wenn sie falsche Nachfrageprognosen erstellen. *NIKE*, Hersteller von Sportschuhen und Sportbekleidung mit 9 Mrd. Dollar Jahresumsatz, hatte einen Überschuss an Sportschuhen im Wert von 500 Mio. Dollar am Lager, als die Volkswirtschaften in Asien Ende 1997 in eine Rezession gerieten. Kurz vor dem Zusammenbruch hatte die Nachfrage nach *NIKE*-Produkten auf den asiatischen Märkten geboomt; allein in Japan stiegen die Umsätze mit jährlichen Zuwachsraten von 75 bis 90 Prozent. Als die asiatischen Währungen im Herbst 1997 abgewertet wurden, schossen die Preise für Importprodukte in die Höhe, und zugleich mussten die Verbraucher in Asien erleben, wie es mit der Kaufkraft ihres Geldes bergab ging. Über Nacht wurden *NIKE*-Schuhe 25 bis 30 Prozent teurer für Leute, deren Realeinkommen gesunken war. *NIKE* hatte nicht nur die Währungssituation verkannt, sondern obendrein die Produktion verstärkt, um Japan mit noch mehr Schuhen zu überschwemmen, als die Kurse bereits einbrachen. Dazu erklärte *NIKE*-Chef Philip Knight in einem Konferenzgespräch: „In einer perfekten Welt hätten wir uns vielleicht weniger in Japan engagiert. Rückblickend müssen wir sagen, dass es gewisse Warnsignale gab, als die Umsätze [in Japan] um 80 Prozent stiegen. Doch wir veranschlagten 5 bis 10 Prozent [zusätzliches] Wachstum in der Verbrauchernachfrage und orderten 60 Prozent mehr [Schuhe] gegenüber dem Vorjahr. Es gab massive Stornierungen [von Aufträgen]."

Genau dies ist die Quadratur des Kreises: Wenn schon ein Unternehmen nicht in der Lage ist, seine Erlöse und Gewinne mit einiger Genauigkeit vorauszusagen, und das, obgleich es hunderte von Mitarbeitern in Verkauf, Marketing und Vertrieb zur Ermittlung einschlägiger Daten und Fakten beschäftigt – wie soll dann der Analyst, der einsam an seinem Schreibtisch in New York, Boston oder Chicago sitzt, bessere Prognosen erstellen können? Sicher trifft *NIKE* nicht die ganze Schuld an einem Umsatzrückgang infolge eines unerwarteten Wirtschaftsproblems. Dennoch hat *NIKE* seinen Reinfall insoweit selbst inszeniert, als sich das Unternehmen auf optimistische Umsatzprognosen verließ. Es waren gute Zeiten in

Asien und die Marketingleute wie auch die Wirtschaftsexperten von *NIKE* rechneten damit, dass es so weitergehen würde.

Fluor, eine Baugesellschaft mit 8 Mrd. Dollar Umsatz im Jahr, ereilte 1997 ein ähnliches Schicksal, als die ehrgeizige weltweite Expansion des Unternehmens durch stagnierende Überseemärkte zum Erliegen kam. 1997 betrieb *Fluor* Baustellen in fast 50 Ländern. Das Unternehmen hatte alle möglichen Bauprojekte unter Vertrag, von petrochemischen Anlagen über Kupferminen bis zu neuen Sportstadien und Unternehmenszentralen. Wie *Fluor* selbst zugab, hatte sich das Unternehmen zum falschen Zeitpunkt zu stark in asiatischen Ländern engagiert. Als erstes wurden bei zwei seiner Kraftanlagen-Projekte die Kosten um ein Vielfaches überzogen, so dass sich das Unternehmen zu Verlustabschreibungen gezwungen sah, und dies wiederum hatte einen Kurssturz zur Folge. Dann sackten die Währungen in Asien ab und Länder mit zuvor hoher Barschaft hatten plötzlich kein Geld mehr, um ihre Infrastrukturprojekte bis zum Schluss zu finanzieren. Die Quartalsgewinne von *Fluor* schrumpften: Das Unternehmen sah sich gezwungen, Auslandsvertretungen zu schließen, Mitarbeiter zu entlassen und Sanierungsaufwendungen gegen Gewinne aufzurechnen. *IBM* hatte 1995 das umgekehrte Problem, als der Konzern die Verbrauchernachfrage nach Personalcomputern grob unterschätzte und nicht in der Lage war, PCs für die Weihnachtsferien bedarfsdeckend zu liefern. Dem Unternehmen sollen infolge falscher Prognosen Aufträge im Wert von mehr als 1 Mrd. Dollar entgangen sein.

Die einschlägige Finanzliteratur ist voller Beispiele für Prognosen, die sich letztlich als Bumerang für normalerweise umsichtig taktierende Unternehmen erwiesen haben. So können Baufirmen derart viel Ehrgeiz und Vertrauen in die Wirtschaft entwickeln, dass sie riesige Grenzlandparzellen erwerben und selbst dann noch Häuser „ins Blaue" bauen, wenn sich die Konjunktur bereits abschwächt. Oder Weinberg-Besitzer in Napa Valley beackern ihre Hanglagen und erweitern ihre Anbauflächen, um gerade dann eine rückläufige Nachfrage nach Wein zu erleben. Halbleiterunternehmen investieren zwei Jahre und 1,5 Mrd. Dollar in den Bau neuer Fertigungsanlagen, die genau zu dem Zeitpunkt betriebsbereit sind, zu dem die Branche ihren Höhepunkt erreicht. Ölkonzerne verstärken ihre Bohraktivitäten und verlegen zusätzliche Rohrleitungen, wenn es mit den Rohölpreisen bergab geht. Einzelhändler und Restaurantketten beeilen sich, weitere Geschäfte und Filialen zu errichten, und setzen gerade dann ihre kostbaren Barmittel ein, wenn die Verbraucher der angebotenen Produkte oder Konzepte allmählich überdrüssig werden. Wie zweitklassige Politiker, die sich allen Meinungsumfragen zum Trotz großartige Gewinnchancen bis zum bösen Erwachen am Wahltag ausrechnen, bringen es auch viele Unternehmen nicht fertig, die Realität des Marktes zu akzeptieren. Hinzu kommt, dass sie nicht sonderlich gut gerüstet sind, um flexibel auf die ständigem Wandel unterliegenden Nachfragestrukturen und Bedürfnisse des Marktes zu reagieren. Ihre Fehler sind allzu menschlich – sie projizieren derzeitiges Geschehen auf die Zukunft; nur können solche Irrtümer für Anleger recht kostspielig werden.

Mit diesen Ausführungen ist keineswegs beabsichtigt, dem Management der Unternehmen Fehler nachzureden; vielmehr soll die Prämisse erhärtet werden, dass genaue Unternehmensprognosen so gut wie unmöglich sind – selbst für diejenigen, die über entsprechendes Insiderwissen verfügen. Mithin sollten solche Prognosen nicht als Bewertungsgrundlage verwendet werden. Fondsmanager Mario Gabelli hat einmal kurz und bündig gesagt: „Man muss das kaufen, was ist, nicht das, was sein wird."[3] Auf Märkte ist kein Verlass, weder kurzfristig noch langfristig, da sie nach dem Zufallsprinzip agieren. Für alle Märkte, für Sportschuhe, Computer, Autos, Barbie-Puppen, Gepäck, medizinische Versorgung ebenso wie für Aktien oder Anleihen, gilt die Voraussagbarkeit der Nichtvoraussagbarkeit. Die täglichen Fluktuationen auf diesen Märkten sind das kollektive Ergebnis invaduellen Verhaltens seitens der Marktakteure (Käufer wie Verkäufer), die sich bei ihren Entscheidungen durch aktuelle persönliche Bedürfnisse und Wünsche leiten lassen. Wenn im einen Quartal aus irgendwelchen Gründen genügend Leute unbedingt einen Jordache-Koffer oder einen Jeep Cherokee erwerben wollen, werden hohe Umsätze erzielt. Im nächsten Quartal kann die Situation wieder gänzlich anders aussehen.

Wer sich auf die Zukunft oder auf unvorhersehbare Entwicklungen verlässt, pokert mit Ereignissen, die außerhalb des eigenen Kontrollbereichs liegen. Nichts aber wäre riskanter als das – auch bei sonst umsichtigem Anlageverhalten.

---

[3] Charles Whitfield, „Wisdom from the Mount: Gabelli Speaks to a Packed House", *The Bottom Line*, aus der Web-Site von *Gabelli Asset Management*, 17. April 1997.

5 Anlageerfolg zwischen Anleihe und Aktie

Das Schlimmste, was man in einer Inflation machen kann, besteht darin, „Hedge-Käufe" zu inflationären Kursen zu tätigen.

Gerald Loeb[1]

Einer von Peter Hart durchgeführten Meinungsumfrage zufolge waren im Jahr 1997 mehr als 43 Prozent der amerikanischen Haushalte direkt oder indirekt mit Investitionen am Aktienmarkt beteiligt. Die meisten dieser Haushalte waren indirekte Marktteilnehmer – sie legten ihr Geld in Investmentfonds, in Programme zur betrieblichen Altersvorsorge oder auf individuellen Pensionskonten an und ließen damit arbeiten. Eine Minderheit erwarb direkt Aktienanteile, um ihr Schicksal selbst steuern zu können. Vermutlich haben die Amerikaner in den 90er Jahren eine besondere Bedarfssituation erkannt, denn fünf Jahre zuvor waren es noch weniger als 20 Prozent der Haushalte, die ihr Geld in Aktien anlegten. Es gibt keinen besonderen Grund, warum die Amerikaner seither Wall Street in Scharen bevölkern. Für viele ist und bleibt die Aktienanlage ein raffiniertes Spiel wie Baccarat oder Keno – eine geistige Herausforderung, die zugleich Spaß macht. Andere betrachten Investieren an der Börse als eine Art Rotwildjagd, bei der das Ziel darin besteht, am Ende mit der größten Trophäe aufwarten zu können – in diesem Fall mit einem dicken Anlagevermögen. Weitere Millionen sehen in der Börse einen Retter aus finanzieller Not; oder sie meinen, der Finanzmarkt werde ihnen auf schnellstem Weg zu so viel Reichtum verhelfen, dass sie sich aus dem Berufsleben zurückziehen können.

Soziologen mögen argumentieren, Geldanlagen dienten nur einem einzigen Zweck: Man will unter Beweis stellen, dass man im Konkurrenzkampf einer Sozialstruktur mithalten kann, bei der nur die überleben, die sich ihrer Umwelt am besten anpassen. Sicher – unbestritten ist, dass viele Leute Aktien kaufen und verkaufen, weil sie Gefallen daran finden, sich ein Imperium aufzubauen, so wie sich manche Leute eine ganze Flotte von Oldtimern zulegen, die sie

---

[1] Gerald M. Loeb, *The Battle for Stock Market Profits*, New York, Simon & Schuster, 1971, S. 138.

nie wieder fahren oder verkaufen werden. Wie im Fall von Scrooge McDuck, Walt Disneys knickerigem Aristokraten, kann das Horten von Reichtümern ohne Sinn und Zweck auch ein Ziel in sich sein.

Für Ökonomen stellen Geldanlagen eine wesentliche Komponente einer jeden blühenden Volkswirtschaft dar. Die Gesellschaften investieren, um den Wohlstand zu mehren – um Forschungs- und Entwicklungsprojekte zu finanzieren, die letztlich die Produktivität steigern und eine größtmögliche Anzahl von Mitgliedern dieser Gesellschaft am Wohlstand teilhaben lassen. Geldanlagen machen sich im wahrsten Sinne des Wortes bezahlt – theoretisch zumindest. Wenn wir 1000 Dollar in der hiesigen Bank einzahlen, könnte die Bank einen Kredit von 1000 Dollar an einen Unternehmer vergeben, der eine Fertigungsanlage erweitern will. Mit dem Kredit von 1000 Dollar kann sich der Unternehmer ein Zusatzgerät leisten, das ihn in die Lage versetzt, die Preise zu senken und den Umsatz um 50 Prozent zu steigern. Die Umsatzsteigerung ermöglicht dem Unternehmen die Einrichtung eines zweiten Verkaufsbüros und die Einstellung von sechs weiteren Mitarbeitern. Diese Mitarbeiter beziehen nun ihrerseits ein Gehalt, das auf ihr Konto bei der hiesigen Bank eingezahlt wird, und so weiter und so fort. Je mehr Geld in eine Volkswirtschaft investiert wird, je mehr in dieser Wirtschaft produziert wird, desto effizienter funktioniert sie und desto mehr Geld fließt zwecks künftiger Expansion zurück. Bei Geldanlagen gibt es kein Nullsummenspiel; alle Beteiligten gewinnen, wenn Geld ungehindert zirkulieren kann und zu produktiven Zwecken eingesetzt wird.

Als Privatanleger brauchen Sie sich natürlich über Ihre Rolle in diesem umfassenden Wirtschaftskreislauf nicht groß Gedanken zu machen. Vielmehr sollten Sie sich von Ihrem Selbsterhaltungstrieb leiten lassen. *Sie müssen Ihren Besitz erhalten und dafür sorgen, dass Ihr Vermögen so viel Zuwachs erfährt, dass die natürliche Abschreibung Ihrer Vermögenswerte ausgeglichen wird.* Welche Rendite Sie mit Ihren Vermögenswerten auch erzielen – sie muss immer über der Jahresquote liegen, zu der Ihr Vermögen an Wert verliert. Wenn Sie Ihre Gewinne über der Abschreibungsquote halten, können Sie Ihren Lebensstandard über die Zeit gesehen halten oder erhöhen. Wenn Sie mit Ihren Vermögenswerten eine Jahresrendite von 5 Prozent erwirtschaften und Ihre Vermögenswerte einen natürlichen Wertverlust von 4 Prozent im Jahr haben, verbessern Sie Ihren Nettowert beziehungsweise Ihren Lebensstandard um jährlich 1 Prozent. Selbstverständlich müssen Sie die richtige Mischung von Wertanlagen auswählen, um sich über der Abschreibungsquote zu halten.

Würden Sie beispielsweise sämtliche anlagefähigen Werte in Autos investieren, müssten Sie mit einem Rückgang Ihres Nettowerts rechnen, weil ein Auto Jahr für Jahr 10 bis 20 Prozent an Wert einbüßt und kein Wertsteigerungspotenzial besitzt. Legen Sie Ihr Geld in Immobilien an, dürften Sie erheblich besser fahren. Die Preise für Eigenheime steigen zwischen 1 und 5 Prozent im Jahr – was im Allgemeinen ausreicht, um mit der Inflation Schritt zu halten.

Vermögenswerte wie Autos, Häuser, Aktien und Anleihen erfahren eine Wertminderung infolge von *Inflation*, die den Wert Ihres Besitzes Jahr für Jahr verringert. Wenn die Jahresrendite Ihrer Geldanlagen die Inflationsrate nicht übertrifft, verlieren Sie an Nettowert, und zwar auf Dauer. Selbst wenn Ihre Vermögenswerte eine Wertsteigerung erfahren, kann sich Ihr Lebensstandard dennoch verschlechtern – dann nämlich, wenn diese Wertsteigerung nicht so groß ist, dass die allgemeinen Preissteigerungen dadurch aufgefangen werden. Der erste Grundsatz zur Erzielung von Anlageerfolgen zwischen Anleihen und Aktien lautet daher: *Vorrangiger Grund für Geldanlagen ist das Bestreben, inflationären Effekten entgegenzuwirken und den Wert des eigenen Vermögens zu erhalten.*

Die Inflation ist tatsächlich die gewaltigste Geißel, die Ihnen als Anleger zu schaffen machen kann. Sie ist gewissermaßen eine versteckte Steuer, die Ihrem Reichtum auferlegt wird, ohne dass Sie darauf einen Einfluss hätten. So haben Sie keine Kontrolle darüber, inwieweit die Zentralbank zusätzlich Geld in Umlauf bringt oder in welcher Höhe sie Kredite aufnimmt. Sie haben kein Mitspracherecht, wenn es um Ausgaben und geldpolitische Richtlinien ausländischer Regierungen geht. Wohl aber bekommen Sie die Auswirkungen zu spüren, wenn Nationen ihre Währungen abwerten, Löhne und Gehälter künstlich niedrig halten oder Auslandsinvestitionen innerhalb ihrer Grenzen fördern.

Die Inflation ist tatsächlich die gewaltigste Geißel, die Ihnen als Anleger zu schaffen machen kann. Sie ist gewissermaßen eine versteckte Steuer, die Ihrem Reichtum auferlegt wird, ohne dass Sie darauf einen Einfluss hätten.

Die Auswirkung inflationärer Effekte auf Ihre Geldanlage ist nicht auf die leichte Schulter zu nehmen. Steigende Preise können verheerende Konsequenzen für Ihr Portfolio haben, wenn Ihre Rendite nicht Schritt hält. Wenn sich die Preise beispielsweise um 4 Prozent erhöhen und Ihr Geld auf einem Sparkonto einer Bank liegt, wo Sie nur 3,5 Prozent bekommen, verlieren Sie an Kaufkraft. Das ist gerade so, als ob die Regierung Ihre Gewinne mit 163 Prozent besteuern würde. Machen Sie sich das mal klar! Es ist überhaupt kein Unterschied – ob Sie nun 3,5 Prozent ohne Inflation gewinnen und 163 Prozent an Steuern verlieren oder ob Sie 3,5 Prozent bei 4 Prozent Inflation gewinnen und 28 Prozent ans Finanzamt abführen müssen. Ihr Erlös nach Abzug der Steuern ist derselbe. Zu Inflationszeiten ist es so, als ob die Regierung ganz einfach Ihren Steuersatz erhöht hätte: Je höher die Inflationsrate, desto mehr versteckte Steuern müssen Sie zahlen.

Einst gingen die Marktstrategen von der Annahme aus, inflationäre Entwicklungen seien Investoren insofern willkommen, als sie den Unternehmen Preissteigerungen nach Gutdünken ermöglichen und damit zu besseren Umsätzen und Gewinnen verhelfen. Doch diese Auffassung hat man inzwischen aufgegeben. Heute erkennen Geldanleger die Inflation zunehmend als das, was sie in Wirklichkeit ist – eine Wettbewerbskraft, die kluge Anleger aus dem Aktiengeschäft heraus und hin zu Wertpapieren treiben kann, die ihnen einen Ausgleich zu den steigenden Preisen bieten: Anleihen. Wenn Sie bei der Auswahl Ihrer Aktien nicht umsichtig vorgehen und den Zusammenhang zwischen Aktien und Anleihen nicht durchschauen, müssen Sie unter Umständen mit ungewöhnlich hohen Kaufkraftverlusten rechnen. Viele Anleger, die Mitte der 60er Jahre mit Aktienkäufen begannen, erzielten Jahresrenditen, die mit der Inflation nicht Schritt hielten (siehe Abbildung 5-1). Wer 1965 in *S&P-500*-Aktien investierte, wurde erst 1983 – 18 Jahre später – mit inflationsbereinigten Gewinnen belohnt. In all den Jahren hätten sie weitaus bessere Anlageerfolge gehabt, wenn sie Schatzwechsel mit einer Laufzeit von 90 Tagen erworben und immer wieder verlängert hätten. Grund hierfür war zum einen die steigende Inflation in den 70er Jahren und zum anderen die Tatsache, dass die Aktien nicht Schritt halten konnten.

Infolge des ständigen Inflationsrisikos stehen Anleihen unweigerlich in Konkurrenz zu Aktien. Das zeigt sich besonders deutlich, wenn man Entwicklungen am Aktienmarkt über viele Jahre hinweg untersucht. Wenn die Inflation über geraume Zeit hinweg steigt und auch die Anleiherenditen steigen, sinken in aller Regel die Kurs-Gewinn-Verhältnisse. Wenn die Inflation sinkt, sinken die Anleiherenditen, während die Aktien steigen. Doch über lange Zeiträume hinweg erweisen sich Aktien als die beste Absicherung gegen Inflation. Aktien können die jährlichen Inflationsraten um ein Vielfaches übertreffen: Sie erbringen weitaus bessere inflationsbereinigte Renditen als Anleihen, Immobilien, Sparkonten und Automobile.

5 Anlageerfolg zwischen Anleihe und Aktie

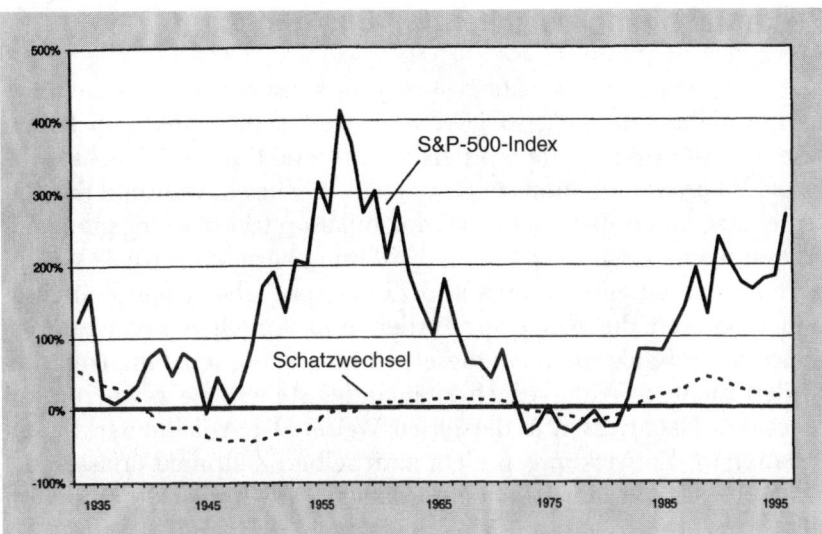

Abbildung 5-1: Inflationsbereinigte S&P-500-Renditen (über 10 Jahre)

Jeremy Siegel, Professor für Finanzwesen an der *Wharton School* (*University of Pennsylvania*), hat ein überzeugendes Argument zu Gunsten von Aktienanlagen geliefert. Siegel hat Inflationstrends und die Renditeentwicklung bei Aktien und Anleihen für den Zeitraum von 1802 bis 1992 gewissenhaft aufgezeichnet und einen überraschenden Zusammenhang festgestellt: Auf lange Sicht gesehen übertreffen Aktien die Inflation konsistent um 6,7 Prozentpunkte im Jahr. Diese bemerkenswerte Korrelation blieb unverändert – trotz größerer Schwerpunktverlagerungen in der US-amerikanischen Wirtschaft und trotz eines grundlegenden Wandels im Einsatz von Kapital und Arbeit. Deshalb gilt: Wenn Anleger sicherstellen wollen, dass der Realwert ihrer Investitionen erhalten bleibt, müssen sie ihr Geld in Aktien anlegen. Keine andere Art von Vermögenswerten, so Siegel, biete eine Langfristrendite, die an den überzeugenden und inflationsübertreffenden Erfolg von Stammaktien heranreiche:

Die Tatsache, dass Aktienrenditen einen Inflationsausgleich bieten, sollte nicht weiter überraschen. Da Aktien Anrechte auf die Gewinne realer Vermögensobjekte darstellen, deren Wert substanziell an Arbeit und Kapital gebunden ist, muss vernünftigerweise erwartet werden, dass ihre Renditen durch die Inflation nicht beeinflusst werden. Dies gilt insbesondere deshalb, weil ... die Inflationsrate langfristig gesehen durch eine Erweiterung der Geldmenge ausgelöst wird, was sich auf Input und Output gleichermaßen auswirkt.[2]

---

[2] Jeremy Siegel, *Stocks for the Long Run*, New York, McGraw-Hill, 1994, S. 157.

Zusammenhang zwischen Anleihe und Aktie

Die von Siegel untersuchte Korrelation zwischen Aktien, Inflation und Anleihen ist nicht so weit weg, wie es den Anschein haben könnte. Alle drei Kräfte tendieren zu Interaktion und Wechselwirkung. Wenn die Inflation steigt, steigen die Zinsen, während die Anleihekurse fallen. Bei nachlassender Inflation tritt das Gegenteil ein. Aktien reagieren ähnlich auf die Erhöhung beziehungsweise Verringerung von Anleiherenditen und Zinssätzen. Über lange Zeit gesehen tendieren die Kurse für Aktien und Anleihen sogar zu vergleichbaren Reaktionen auf dieselben Informationen. Finanzmärkte dürfen nicht in Widerspruch zueinander stehen; sie reagieren auf dieselben Nachrichten in derselben Weise. Der Anleihemarkt kann inflationäre Entwicklungen nicht zum selben Zeitpunkt erfassen, zu dem sich für Aktienanleger eine deflationäre Entwicklung ankündigt.

Der wahre Zusammenhang zwischen Aktien und Anleihen zeigt sich in den jeweiligen *Kupons* als Summe der jährlichen Renditen, die sich der Anleger von der einzelnen Geldanlage verspricht. Bei einer Anleihe steht die Verzinsung fest: Ausgezahlt wird der Betrag, zu dessen jährlicher Auszahlung (in Prozent vom Nennwert der Anleihe) sich das Unternehmen verpflichtet hat. Wenn ein Unternehmen eine Anleihe mit einem Nennwert von 1 000 Dollar und einer nominellen Rendite von 6,5 Prozent herausgibt, verpflichtet sich das Unternehmen, den Anleihebesitzern bis zum Fälligkeitstermin der Anleihe 65 Dollar im Jahr auszuzahlen (6,5 Prozent von 1 000 Dollar). Dabei spielt es keine Rolle, wie oft oder zu welchem Kurs die Anleihe in den Folgejahren den Besitzer wechselt: Der Jahreskupon in Höhe von 65 Dollar bleibt davon unberührt. Wenn *General Electric* eine 6,5-prozentige Anleihe mit einer Laufzeit von 10 Jahren (Fälligkeitstermin 2008) emittiert, bekommt jeder Käufer, der die Anleihe ein Jahr hält, 65 Dollar von *GE* ausbezahlt.

Da die jährliche Kuponzahlung in ihrer Höhe unverändert bleibt, sind für den Preis, den ein Anleger für die *GE*-Anleihe zu zahlen bereit ist, drei Faktoren ausschlaggebend: (1) die erwartete Inflationsrate für die restliche Laufzeit der Anleihe; (2) die aktuelle Rendite bei Staatsanleihen, die zu demselben Termin fällig werden; und (3) der *Risikozuschlag*, den die Anleihebesitzer – nach eigener Einschätzung der finanziellen Stabilität von *GE* – erwarten. Die ersten beiden Faktoren ergänzen einander. Die erwartete Inflationsrate müsste sich bereits in den Kursen für Staatsanleihen niederschlagen. Wenn Anleihenhändler in den nächsten zehn Jahren mit einer steigenden Inflation von beispielsweise 4 Prozent jährlich rechnen, müsste eine Staatsanleihe mit einer Laufzeit von zehn Jahren eine Mindestrendite von 4 Prozent abwerfen. Aller Wahrscheinlichkeit nach ist der Kurs aber so festgesetzt, dass an die 6 Prozent Rendite erzielt werden, um unvorhergesehene Risiken abzudecken. Die Rendite bei einer *General-Electric*-Anleihe mit einer Laufzeit von zehn Jahren berücksichtigt dann sowohl die Rendite einer risikolosen 10-jährigen Staatsanleihe (hier 6 Prozent) als auch einen Risikozuschlag für den Fall, dass *GE* seine finanziellen Verpflichtungen nicht erfüllen kann. Damit würde eine *GE*-Anleihe eine Rendite in Höhe der oben angenommenen 6,5 Prozent erbringen.

Ein Anleger, der die Anleihe erwirbt, investiert also 1000 Dollar, um eine jährliche Kuponverzinsung von 65 Dollar ausgezahlt zu bekommen. Ende des zehnten Laufjahres will derselbe Anleger die Anleihe zum vollen Nennwert von 1000 Dollar an *GE* zurückverkaufen. Der Gewinnzuwachs des Anlegers sieht nun folgendermaßen aus (Abbildung 5-2):

Jahr	Jahreskupon	Kumulative Rendite
1999	$65	6,5%
2000	$65	13,0%
2001	$65	18,5%
2002	$65	26,0%
2003	$65	32,5%
2004	$65	39,0%
2005	$65	45,5%
2006	$65	52,0%
2007	$65	58,5%
2008	$65	65,0%

Abbildung 5-2: Rendite einer hypothetischen *GE*-Anleihe mit einer Laufzeit von zehn Jahren

Bei gleichbleibenden Zinsen würde der Kurs der *GE*-Anleihe nicht schwanken. Warum? Weil die jährliche Rendite von 65 Dollar konstant bleibt und kein zusätzliches oder vermindertes Risiko einer renditevernichtenden Inflation zu berücksichtigen ist. Die Anleihe bietet somit vollen Inflationsschutz – *solange die Zinsen während der 10-jährigen Laufzeit der Anleihe nicht steigen*. Wenn aber die Zinsen steigen, müssen neue Anleger für den erlittenen Kaufkraftverlust entschädigt werden. Sie verlangen, dass die Anleihe unter ihrem

Nennwert von 1000 Dollar verkauft wird. Wenn nun der Kurs der Anleihe auf 975 Dollar fällt, bekommt ein neuer Anleger nicht nur den jährlichen Kuponbetrag von 65 Dollar ausgezahlt, sondern hat die Chance, die Anleihe im Jahr 2008 mit einem Gewinn von 25 Dollar wieder an *GE* zu verkaufen. Auf die verbliebene Laufzeit umgerechnet liegt die Jahresrendite der Anleihe nun über 6,5 Prozent. Umgekehrt führt eine Zinssenkung zu einem Anleihekurs, der über den Nennwert von 1000 Dollar hinausgeht. Die Anleger werden die Situation nutzen: Sie werden den Kurs für eine Anleihe, die eine inflationsübertreffende Rendite abwirft, so lange in die Höhe treiben, bis die Jahresrendite der Anleihe, auf die verbliebene Laufzeit umgerechnet, unter 6,5 Prozent fällt.

Stammaktien bieten dem Anleger eine besondere Form von Kuponrendite: die vom Unternehmen erwirtschafteten Jahresgewinne. Was immer das Unternehmen an Gewinnen im Jahr erzielt, muss Ihnen irgendwann ausgezahlt werden. In diesem Sinne fungieren die Jahresgewinne als Kupon. Der Hauptunterschied besteht darin, dass die Gewinne nicht sofort, sondern zu einem späteren Zeitpunkt ausgezahlt werden. So wie es bei Anleihen eine Fälligkeitsrendite gibt, so besitzt eine Aktie eine *Gewinnrendite*, die einen Vergleich mit Anleihen, Zinssätzen und Inflationsraten zulässt. Damit gilt derselbe Zusammenhang, der zur Beurteilung der Attraktivität von Anleihen herangezogen wird, auch für die Bewertung von Aktien. Ihr vorrangiges Ziel ist die Ermittlung von Unternehmen, deren Jahresgewinnkupons die Inflation schlagen können. Ihr sekundäres Ziel besteht darin, dass Sie sich einem Gewinnstrom anschließen, der Ihnen mehr bietet als die aktuelle Rendite bei Staatsanleihen. Wenn Sie keine Unternehmen finden, die anleiheübertreffende Renditen abwerfen, tun Sie gut daran, Ihr Geld so lange in Anleihen zu investieren, bis der Zeitpunkt gekommen ist, zu dem wieder Aktien mit attraktiven Renditen gehandelt werden.

So wie es bei Anleihen eine Fälligkeitsrendite gibt, so besitzt eine Aktie eine Gewinnrendite, die einen Vergleich mit Anleihen, Zinssätzen und Inflationsraten zulässt.

Wir können diesen Zusammenhang in der realen Welt beobachten, wenn wir Unternehmen untersuchen, die nur einen geringen oder auch gar keinen Gewinnzuwachs zu verzeichnen haben. Wenn die Unternehmensgewinne jahrein, jahraus unverändert blieben und der Markt für die Zukunft ein Nullwachstum erwarten würde, brauchten zur Bewertung des Unternehmens lediglich zwei Faktoren herangezogen werden: (1) die aktuelle Rendite bei Staatsanleihen und (2) der Risikozuschlag, der dem mit einem Unternehmen möglicherweise verbundenen Risiko Rechnung trägt. Wenn beispielsweise ein Unternehmen für unbegrenzte Zeit 1 Dollar Jahresgewinn je Aktie erzielt, fungiert die Aktie wie eine Anleihe. Bei der Kursbewertung dieser Aktie braucht der Investor zunächst nur zu wissen, was eine langfristige Staatsanleihe derzeit einbringt. Darüber hinaus muss der Anleger die Wahrscheinlichkeit – das *Risiko* – kalkulieren, dass dem Unternehmen die Erwirtschaftung eines Jahresgewinns von 1 Dollar je Aktie *nicht* gelingt. Je höher das Risiko ist, desto mehr Rendite muss die Aktie abwerfen – desto niedriger werden die Aktien notiert. Wenn ein Schatzwechsel mit 30-jähriger Laufzeit eine Rendite von 7 Prozent erzielt, muss die Aktie zum Kurs von 14,28 Dollar gehandelt werden, um ebenfalls 7 Prozent Rendite zu erzielen. Sollte nun das Unternehmen mit einem gewissen Risiko behaftet sein, könnte der Markt das Unternehmen mit weniger als 14,28 Dollar pro Aktie bewerten. Bei einem Kurs von 13 Dollar würde der Jahresgewinn von 1 Dollar je Aktie eine Rendite von 7,69 Prozent bedeuten. Bei 14 Dollar beläuft sich die Gewinnrendite auf 7,14 Prozent. Würden die Zinssätze niemals schwanken und würde das Unternehmen auf Dauer 1 Dollar Gewinn pro Aktie erzielen, könnten wir davon ausgehen, dass der Aktienkurs unverändert bliebe.

Dieser direkte Zusammenhang zwischen Gewinnen, Renditen von Staatsanleihen und Aktienkursen gilt *unbegrenzt*, solange das Unternehmen Jahr für Jahr 1 Dollar Gewinn je Aktie für seine Aktionäre erwirtschaftet. Was aber passiert, wenn die Renditen bei Staatsanleihen steigen oder fallen? Die Aktie müsste sich wie eine Staatsanleihe verhalten: Der Kurs müsste sinken, wenn die Zinsen steigen, und umgekehrt müsste der Kurs steigen, wenn die Zinsen fallen. Wenn die Zinsen bei Staatsanleihen mit 30 Jahren Laufzeit auf 8 Prozent steigen, müsste unser hypothetischer Aktienkurs auf 12,50 Dollar pro Aktie fallen, wenn die jährlich abgeworfenen Gewinne eine Rendite von 8 Prozent ergeben sollen (1 Dollar geteilt durch 12,50 Dollar ergibt 0,08). Wenn die Zinsen auf 6 Prozent fallen, müsste der Kurs der Aktie auf 16,67 Dollar steigen (1 Dollar geteilt durch 16,67 Dollar ergibt 0,06).

Wie ist dieser Zusammenhang zu erklären? Wir haben für unser Beispiel ein Unternehmen gewählt, bei dem die Gewinne so voraussagbar waren, dass sie im Grunde genommen einer Kuponauszahlung gleichkamen, auf die sich die Aktionäre verlassen konnten. Wenn das Unternehmen den Gesamtgewinn von 1 Dollar pro Aktie alljährlich als Dividende ausschüttet, sind die Aktien nichts anderes als eine Anleihe, die man in den Mantel einer Aktie gesteckt hat. Betrachten wir nun aber ein Beispiel aus dem wirklichen Leben – die Stammaktien von *Pittsburgh & West Virginia Railroad*. Dieses Unternehmen ist als Immobilienfonds tätig und besitzt 112 Meilen (rund 180 Kilometer) Bahngleise in Ohio, West Virginia und Pennsylvania, die es an *Norfolk & Western* verpachtet hat. Die Pacht ist auf 99 Jahre festgelegt und bringt jährlich einen bestimmten Betrag ein. Da *Pittsburgh & West Virginia Railroad* jahrein, jahraus dieselben Vermögenswerte hält und für die Benutzung derselben einen Pauschalbetrag verlangt, nimmt das Unternehmen all die Jahre über dieselbe Summe von knapp 1 Mio. Dollar jährlich ein. Der Nettoertrag beläuft sich auf rund 800 000 Dollar im Jahr, bei unverändert 0,55 Dollar Gewinn je Aktie. Im Wesentlichen schüttet das Unternehmen die gesamten Jahresgewinne als Dividenden aus. Infolgedessen hat sich der Nettowert des Unternehmens – 6 Dollar pro Aktie Ende 1997 – kaum erhöht. Ein Anleger, der die Aktie zu 7 Dollar erwirbt und seine Anteile nach 10 Jahren wieder verkauft, kann nun mit folgenden Renditen rechnen (Abbildung 5-3):

Jahr	Kurs	Gewinn je Aktie	Buchwert	Dividenden	Kumulativer Ertrag	Rendite bei Kaufkurs von 7 Dollar
1998	$7	$0,55	$6	$0,55	$0,55	7,9%
1999		$0,55	$6	$0,55	$1,10	15,7%
2000		$0,55	$6	$0,55	$1,65	23,6%
2001		$0,55	$6	$0,55	$2,20	31,4%
2002		$0,55	$6	$0,55	$2,75	39,3%
2003		$0,55	$6	$0,55	$3,30	47,1%
2004		$0,55	$6	$0,55	$3,85	55,0%
2005		$0,55	$6	$0,55	$4,40	62,9%
2006		$0,55	$6	$0,55	$4,95	70,7%
2007		$0,55	$6	$0,55	$5,50	78,6%
2007	$7 Verkauf				$12,50	178,6%

Abbildung 5-3: Wertentwicklung bei *Pittsburgh & West Virginia Railroad* über einen Zeitraum von zehn Jahren

Wenn Sie eine 10-jährige Anleihe mit 7,9 Prozent Jahreskupon zu einem Kurs von 7 Dollar kaufen würden, dürften Sie nahezu identische Renditen erwarten. Die Aktien von *Pittsburgh & West Virginia* weisen seit mehreren Jahren kaum Kursschwankungen nach oben oder unten auf – was nicht weiter erstaunlich ist, denn zum einen stehen die Gewinne fest und zum anderen hat sich der Nettowert des Unternehmens nicht erhöht. Da das Unternehmen die gesamten Gewinne als Dividenden ausgezahlt hat, wurde auch kein Geld in den Betrieb reinvestiert, um einen Wertzuwachs für die Aktionäre zu schaffen. Der Kurs hat sich nur entsprechend den Aufwärts- und Abwärtsbewegungen der Zinsen verändert. Zwischen 1991 und Ende 1993 gingen die Zinsen kontinuierlich zurück, und in dieser Zeit stieg die Aktie um fast 48 Prozent. 1994, mit steigenden Zinsen, sank der Kurs wieder. In den darauf folgenden drei Jahren erfuhr die Aktie stärkere Schwankungen, als sich die Renditen von Schatzanleihen zwischen 6 Prozent und 8 Prozent bewegten. Ende 1997 setzte ein Kursaufschwung für die Aktie von *Pittsburgh & West Virginia* ein, als die Zinsen unter 6 Prozent fielen.

Die Kursschwankungen der Aktie von *Pittsburgh & West Virginia* verdeutlichen noch einmal einen zentralen Aspekt bei Geldanlagen: *Aktien sind lediglich Anleihen mit weniger voraussagbaren Kupons.*

Stromversorgungsunternehmen als Anleihetreuhänder

Die Stromversorgungsbranche bietet eine wunderbare Fallstudie zum Zusammenhang zwischen Aktien und Anleihen. Traditionsgemäß schütten Versorgungsunternehmen den größten Teil ihrer Gewinne als Dividenden aus und ihre Wachstumsraten verlaufen mehr oder weniger flach. Deshalb weisen die Aktien von Versorgungsunternehmen viele Charakteristika von Anleihen auf: Sie bringen einen Strom an voraussagbaren Gewinnen ein, die ausgeschüttet und nicht vom Management zurückbehalten werden. In den letzten Jahren haben die Kurse für die Aktien solcher Versorgungsunternehmen eine gegenläufige Entwicklung zu Zinssatzveränderungen erkennen lassen, und das wird vermutlich auch so bleiben. Wenn die Zinsen steigen, fallen die Aktienkurse bei Versorgungsunternehmen. Dieser Zusammenhang besteht sowohl für längere Zeiträume von einem Jahr oder mehr als auch für Tage und Wochen. Analysten, die sich mit den täglichen Kursschwankungen der Aktien von Stromversorgungsunternehmen befassen, haben festgestellt, dass Zinsveränderungen in aller Regel die Hauptursache für Kursschwankungen darstellen. Abbildung 5-4 veranschaulicht den Zusammenhang für die Jahre 1990 bis 1998. Die starke Korrelation zwischen den Aktienkursen für Versorgungsunternehmen einerseits und Zinsen andererseits ergibt sich aus dem Zusammenhang zwischen Anleihe und Aktie. Wäre die Versorgungsbranche genauso strukturiert wie andere Wirtschaftssektoren, in denen die Gewinne weniger gut vorauszusagen sind, würden die Kurse für die Aktien der Versorgungsunternehmen weitaus heftiger schwanken, weil der Jahreskupon weniger kalkulierbar wäre.

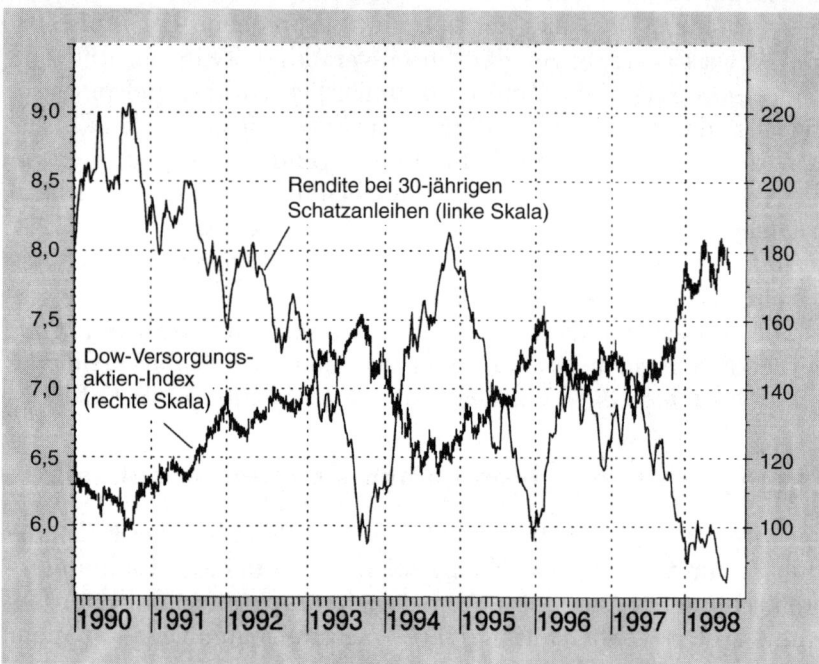

Abbildung 5-4: Wertentwicklung bei Aktien von Stromversorgungsunternehmen im Vergleich zu Schatzanleihen mit 30-jähriger Laufzeit

Zur Gewinnrendite

Wie weiter oben angedeutet wurde, sind Aktien in gewisser Weise eine Sonderform von Anleihen. Wir wollen dieses Argument im Zusammenhang mit Gewinnen und Renditen weiter ausführen. Ein wichtiger Grundsatz zur Erzielung von Anlageerfolgen ist die Verbesserung der Rendite für Ihre Ausgangsinvestition. Das können Sie erreichen, indem Sie die Aktien eines Unternehmens erwerben, dessen *Gewinnrendite* langfristig zu steigen verspricht. Die Gewinnrendite eines Unternehmens ist nichts anderes als der Quotient aus den Gewinnen des Unternehmens und dem aktuellen Aktienkurs. Wenn also ein Unternehmen 2 Dollar Gewinn je Aktie erwirtschaftet und diese zu einem Kurs von 40 Dollar gehandelt wird, beträgt die Gewinnrendite 5 Prozent. Mit anderen Worten: Die jährlich mit Ihrer Geldanlage erwirtschafteten Gewinne stellen 5 Prozent Ihrer Ausgangsinvestition dar. Erfahrene Anleger erkennen auf den ersten Blick, dass eine Gewinnrendite nichts anderes ist als der Umkehrwert des vertrauten Kurs-Gewinn-Verhältnisses (KGV). Und diese Kennzahl ist genauso wichtig. Bei Ihren Geldanlagen sollten Sie immer bemüht sein, Aktien zu erwerben, die bei einer möglichst hohen Gewinnrendite beziehungsweise bei einem möglichst geringen KGV gehandelt werden. Auf diese Weise sind Sie besser abgesichert, dass Ihre künftigen Renditen inflationären Entwicklungen standhalten.

Wenn die Gewinne eines Unternehmens steigen, steigt auch die Gewinnrendite Ihrer Ausgangsinvestition. Mit der Zeit wird der Aktienkurs nachziehen und diesen Gewinnzuwachs irgendwann einholen. Ein voraussagbarer zunehmender Gewinnstrom führt zu Aktienkurssteigerungen, die stark mit dem Gewinnzuwachs korrelieren. Betrachten wir beispielsweise ein Unternehmen, das einen Gewinn von 1 Dollar je Aktie für den Anleger erwirtschaftet, zu einem Kurs von 20 Dollar gehandelt wird und einen 25-prozentigen Gewinnzuwachs im Jahr zu verzeichnen hat. Wenn wir nun die Jahresgewinne als „Kupon" auffassen, können wir diese Aktie genauso bewerten wie die weiter oben diskutierte *General-Electric*-Anleihe (vgl. Abbildung 5-2; Abbildung 5-5):

Jahr	Jahresgewinn je Aktie	Kupon-Rendite bei Kaufkurs von 20 Dollar
1998	$1,00	5,0%
1999	$1,25	6,3%
2000	$1,56	7,8%
2001	$1,95	9,8%
2002	$2,44	12,2%
2003	$3,05	15,3%
2004	$3,81	19,1%
2005	$4,77	23,9%
2006	$5,96	29,8%
2007	$7,45	37,3%
2008	$9,31	46,6%

Abbildung 5-5: Gewinnrendite bei einer hypothetischen Unternehmensaktie

5 Anlageerfolg zwischen Anleihe und Aktie

Im Jahr 2008 stellen die Jahresgewinne eine Gewinnrendite von 46,6 Prozent der ursprünglichen Geldanlage dar. Diese Kupon-Rendite liegt weitaus höher als jede normalerweise zu erwartende Inflationsrate und ist besonders verlockend im Vergleich zu Anleiherenditen. Wenn Sie 1998 eine Anleihe mit einem 5-Prozent-Kupon gekauft hätten, beliefe sich die Rendite im Jahr 2008 immer noch auf 5 Prozent. Wenn aber die Aktie weiterhin zu durchschnittlich dem 20fachen der Gewinne gehandelt würde, wie es 1998 der Fall war und durchaus für die Zukunft anzunehmen ist, würden die Aktien im Jahr 2008 zu einem Kurs von 186,20 Dollar gehandelt werden: 831 Prozent Gewinnrendite für Ihre ursprüngliche Geldanlage zum Kurs von 20 Dollar. Auch die Jahresgewinne würden im Betrachtungszeitraum um 831 Prozent wachsen.

Wir wollen noch einen weiteren Fall aus dem wirklichen Leben betrachten. Mitte 1998 fiel die Aktie des Stahlherstellers *Nucor* unter 40 Dollar und versprach eine attraktive Gewinnrendite. *Nucor* hat die unbestritten beste Rentabilitätsbilanz der gesamten Stahlbranche aufzuweisen. Umsätze und Gewinne haben seit Mitte der 60er Jahre eine kumulative Zuwachsrate von 17 Prozent erfahren. Da *Nucor* seine Unternehmensaktivitäten 1966 auf Stahlträger konzentrierte, hat das Unternehmen nie Geld verloren – eine erstaunliche Bilanz in einer so kapitalintensiven, konjunkturabhängigen Branche. Diese 30 Jahre kontinuierlichen Wachstums sind für die Beurteilung von *Nucor* von unschätzbarem Wert, denn auf dieser Basis sind solide Annahmen über künftige Gewinne zu treffen. So können wir mit einiger Gewissheit annehmen, dass *Nucor* auch weiterhin eine Gewinnzuwachsrate von 17 Prozent erzielen kann. Mit noch größerer Gewissheit können wir davon ausgehen, dass *Nucor* seine Gewinne um mindestens 10 Prozent im Jahr steigern kann. Und mit fast 100-prozentiger Wahrscheinlichkeit wird *Nucor* mindestens 5 Prozent Gewinnzuwachs erwirtschaften.

Nehmen wir einmal an, *Nucor* würde in den nächsten Jahren eine Zuwachsrate von 12 Prozent realisieren. Abb. 5-6 zeigt die Gewinndaten des Unternehmens, bezogen auf eine Ausgangsinvestition zum Kurs von 40 Dollar.

Es dürfte klar sein, warum *Nucor* so attraktiv war. Als die *Nucor*-Aktie auf 40 Dollar fiel, brachten langfristige Schatzanleihen lediglich 5,7 Prozent. Damit boten die *Nucor*-Gewinne gegenüber einer Schatzanleihe einen direkten Vorteil von 2,7 Prozentpunkten. Dieses Aufgeld mag für Anleger, die auf hohe, sofortige Renditen erpicht sind, kein besonderer Anreiz gewesen sein, doch wie Abbildung 5-6 zeigt, würde die Kupon-Rendite weiterhin steigen, wäh-

Jahr	Jahresgewinn je Aktie	Rendite bei Kaufkurs von 40 Dollar
1997	$3,35	8,4%
1998	$3,75	9,4%
1999	$4,20	10,5%
2000	$4,71	11,8%
2001	$5,27	13,2%
2002	$5,90	14,8%
2003	$6,61	16,5%
2004	$7,41	18,5%
2005	$8,29	20,7%
2006	$9,29	23,2%
2007	$10,40	26,0%

Abbildung 5-6: Hypothetische Gewinnrendite bei *Nucor*-Aktien (I)

rend der Kupon bei einer Staatsanleihe unverändert blieb. Der eigentliche Vorteil beim Besitz von *Nucor*-Aktien war auch nicht in der seinerzeit mittelmäßigen Rendite, sondern in den kontinuierlich steigenden Kupon-Renditen zu sehen, die *Nucor* mit wachsenden Gewinnen zu bieten hatte. Im ersten Jahr erzielte *Nucor* einen Gewinn von 3,35 Dollar pro Aktie und damit eine Gewinnrendite von 8,4 Prozent der Ausgangsinvestition. Im darauf folgenden Jahr müssten die voraussichtlichen *Nucor*-Gewinne von 3,75 Dollar je Aktie bereits eine Gewinnrendite von 9,4 Prozent bringen. Sofern die Zinsen ihr Niveau von 5,7 Prozent halten, würde die *Nucor*-Rendite die Rendite der Schatzanleihen bereits um 3,7 Prozentpunkte schlagen. Im Jahr 2007 müssten die Gewinne von *Nucor* dann eine Gewinnrendite von 26 Prozent Ihrer ursprünglichen Geldanlage zum Kurs von 40 Dollar abwerfen.

So eindrucksvoll diese Gewinndaten sein mögen – als Anleger könnten Sie Ihre Renditen noch verbessern, wenn eine der beiden folgenden Entwicklungen eintreten würde:

1. *Die Wachstumsrate von* Nucor *steigt über 12 Prozent.* Würden die Gewinne beispielsweise jährlich 15 Prozent zulegen, könnte *Nucor* 1998 einen Gewinn von 3,85 Dollar pro Aktie – eine Gewinnrendite von 9,6 Prozent bei einer Ausgangsinvestition von 40 Dollar – bieten. Schon jetzt würden die *Nucor*-Gewinne eine Schatzanleihe um 390 Basispunkte übertreffen und dieser Abstand würde sich noch vergrößern. Im Jahr 2007 würde *Nucor* 13,56 Dollar Gewinn pro Aktie erzielen – eine Gewinnrendite von 33,9 Prozent bei

einer Ausgangsinvestition zum Kurs von 40 Dollar. Wie hoch ist demgegenüber die Wahrscheinlichkeit, dass Anleihen nach 10 Jahren eine Rendite von annähernd 33 Prozent erbringen?

2. *Die* Nucor-*Aktie wird den Anlegern zu einem Kurs unter 40 Dollar angeboten.* Wenn die *Nucor*-Aktie in der Folgezeit auf einen Kurswert von beispielsweise 35 Dollar heruntergehandelt würde, wäre die Gewinnrendite des Unternehmens gegenüber Anleihen dermaßen attraktiv, dass langfristig orientierte Anleger gut daran täten, Anteile zu erwerben. Selbst bei einem Gewinnzuwachs von 12 Prozent würde sich die Gewinnrendite stark erhöhen. Auf lange Sicht gesehen würden die *Nucor*-Renditen die Inflation im ersten Jahr wie auch in allen Folgejahren weit übertreffen, sofern die US-amerikanische Wirtschaft nicht für längere Zeit in finanzielle Bedrängnis geriete. Auf Grund dieses Zusammenhangs wurde die *Nucor*-Aktie 1998 als eine der besten „Anleihe-Aktien" zum Kauf empfohlen.

Natürlich ist der Gewinnzuwachs allein noch keine Garantie für anleiheschlagende Renditen. Was die *Nucor*-Aktien so attraktiv machte, war ihr relativ günstiger Kurs von 40 Dollar – das 11fache der Gewinne 1997. Hätte ein Anleger das 20fache der Gewinne für eine *Nucor*-Aktie – einen Kurswert von 67 Dollar – zahlen müssen, wären die im Jahr anfallenden Gewinnrenditen bei einem 12-prozentigen Wachstum weitaus weniger attraktiv gewesen (Abbildung 5-7):

Jahr	Jahresgewinn je Aktie	Rendite bei Kaufkurs von 67 Dollar
1997	$3,35	5,0%
1998	$3,75	5,6%
1999	$4,20	6,3%
2000	$4,71	7,0%
2001	$5,27	7,9%
2002	$5,90	8,8%
2003	$6,61	9,9%
2004	$7,41	11,1%
2005	$8,29	12,4%
2006	$9,29	13,9%
2007	$10,40	15,5%

Abbildung 5-7: Hypothetische Gewinnrendite bei *Nucor*-Aktien (II)

Wer würde es wagen, das 20fache der Gewinne für *Nucor* zu bezahlen? Viele Investoren waren Ende 1997 dazu bereit, als der Kurs der Aktie kurzfristig über 60 Dollar kletterte. Doch innerhalb weniger Monate hatten diese Momentum-Jäger 33 Prozent ihrer Geldanlage verloren. Wie sich im Rückblick zeigte, war das, was sie zu 60 Dollar erworben hatten, eine eher riskante Kupon-Rendite – die Strafe dafür, dass sie für die aktuellen Gewinne von *Nucor* ein so hohes Aufgeld bezahlt hatten. Der Abbildung ist zu entnehmen, dass die Gewinne von *Nucor* im Jahr 2007 die Inflation vermutlich schlagen würden, aber das sollte Ihnen als einem auf Sicherheit bedachten Anleger nicht genügen. Denken Sie daran: Sie haben einen 12-prozentigen Gewinnzuwachs angenommen und auf die Fähigkeit von *Nucor* vertraut, eine entsprechende Rendite zu liefern. Es besteht durchaus die Möglichkeit, dass *Nucor* nie wieder eine Wachstumsrate von 12 Prozent erreicht, wenngleich dies in Anbetracht der stabilen Erfolgsbilanz des Unternehmens in den vergangenen 30 Jahren eher unwahrscheinlich ist. Sie haben sich auf eine Annahme verlassen, die sich im Nachhinein als falsch erweisen könnte, und deshalb kann es sein, dass Sie teuer für die *Nucor*-Gewinne bezahlen müssen – was bei den Aktienkäufen zum Kurs von 60 Dollar der Fall war. Außerdem könnten die Zinsen in den nächsten Jahren steigen, und diese Entwicklung würde nicht nur den Kurs der *Nucor*-Aktien unterbieten, sondern den Abstand zwischen der Gewinnrendite von *Nucor* und der Rendite bei Staatsanleihen verringern. Sollten beide Ereignisse – eine Verlangsamung der Zuwachsrate *und* eine Zinsanhebung – eintreten, könnte die *Nucor*-Rendite sogar schlechter ausfallen als die Rendite von Staatsanleihen. Unter solchen Umständen wäre ein Anleger besser beraten, wenn er Anleihen erwirbt, denn bei Anleihen ist die Inflation im Kurs bereits berücksichtigt.

Sechs Regeln für den Vergleich von Aktien und Anleihen

Wir wollen die wichtigsten Punkte noch einmal zusammenfassen.

1. *Ihr vorrangiges Ziel als Aktienanleger ist die Ermittlung von Unternehmen, deren Renditen die Inflation zu schlagen vermögen.* 200 Jahre Markthistorie haben gezeigt, dass Aktien nahezu eine Garantie zur Erzielung inflationsübertreffender Anlageerfolge bieten.
2. *Ihr sekundäres Ziel ist, die risikofreien Renditen von Staatsanleihen zu übertreffen, bei deren Kurs die Inflation bereits einkalkuliert ist.* Wenn die Aktien Ihrer Wahl nicht einen höheren Gewinn abwerfen als

eine Staatsanleihe, sollten Sie Ihr Geld besser in Anleihen investieren.

3. *Beim Vergleich der potenziellen Renditen von Aktien und Anleihen sollten die jeweiligen Kupon-Ansprüche gegenübergestellt werden – das Geld, das Jahr für Jahr mit Ihrer Investition erwirtschaftet wird.* Bei der Bewertung einer Anleihe ist die entsprechende Rendite im Jahreskupon ausgewiesen. Bei der Bewertung einer Aktie sind als Rendite die Gewinne heranzuziehen, die das Unternehmen Ihrer Einschätzung nach in künftigen Jahren zu erwirtschaften vermag.

4. *Nach Möglichkeit sollten Sie eine Aktie erwerben, deren aktuelle Gewinnrendite (aktuelle Gewinne dividiert durch Kurs) der Rendite einer langfristigen Anleihe entspricht oder überlegen ist.* Bei einem Zinssatz von 6 Prozent müssen Sie eine Gewinnrendite von rund 6 Prozent ansetzen. Anders formuliert: Das Kurs-Gewinn-Verhältnis müsste um oder unter 17 liegen. Bei 8-prozentigem Zinssatz müssen Sie nach Unternehmen Ausschau halten, deren Aktien höchstens zum 12,5fachen der Gewinne gehandelt werden.

5. *Sie dürfen nur dann hinter Anleiherenditen zurückbleibende Gewinnrenditen akzeptieren, wenn es sich um ein Wachstumsunternehmen handelt, bei dem davon auszugehen ist, dass es Gewinnrenditen erwirtschaftet, die schon in Kürze die Anleiherenditen überholt haben.* Eine hohe Wachstumsrate ist ein Ausgleich für eine niedrige Gewinnrendite. Dennoch sollte die Kupon-Rendite des Unternehmens innerhalb weniger Jahre Vorteile gegenüber einer Anleihe bieten. Wenn Sie fünf Jahre oder mehr warten müssen, bis die Gewinnrenditen gegenüber Anleiherenditen aufgeholt haben, kaufen Sie vermutlich zu einem überhöhten Kurswert.

6. *Der Kauf von Aktien eines Wachstumsunternehmens zu möglichst niedrigem Kurs bietet Ihnen die beste Gewähr, dass Sie mit Abstand bessere Renditen erzielen als mit Anleihen.* Sie sollten versuchen, den kumulativen Effekt des Gewinnzuwachses zu nutzen, der Ihnen zu einer stetig steigenden Gewinnrendite Ihrer ursprünglichen Geldanlage verhilft.

Der Kauf von Aktien eines Wachstumsunternehmens zu möglichst niedrigem Kurs bietet Ihnen die beste Gewähr, dass Sie mit Abstand bessere Renditen erzielen als mit Anleihen.

Diesem Kumulationseffekt ist es zu verdanken, dass sich der Besitz von Wachstumsaktien so eindeutig auszahlt. Ein stetiger Gewinnzuwachs führt zu stetigem Anstieg der auf Ihre Geldanlage entfallenden Rendite – was die Aktienkurse mit der Zeit in die Höhe treibt.

Schauen Sie sich einmal an, wie es einem Anleger im Lauf von zehn Jahren ergangen ist, der 1988 *Philip-Morris*-Aktien (zu einem splitangepassten Kurs von 7 Dollar) gekauft hatte (Abbildung 5-8):

Jahr	Jahresgewinn je Aktie	Rendite bei Kaufkurs von 7 Dollar
1988	$0,74	10,6%
1989	$1,01	14,4%
1990	$1,28	18,3%
1991	$1,51	21,6%
1992	$1,82	26,0%
1993	$1,35	19,3%
1994	$1,82	26,0%
1995	$2,17	31,0%
1996	$2,56	36,6%
1997	$3,00	42,9%

Abbildung 5-8: Gewinnrendite bei *Philip-Morris*-Aktien

Dass *Philip Morris* eine so hohe Jahreskupon-Rendite hatte, lag natürlich an seinem relativ niedrigen Kurswert von 7 Dollar – dem 9fachen seiner Gewinne. Wenn ein Anleger den Fehler begangen hätte, *Philip-Morris*-Aktien zum Kurs von 14 Dollar zu kaufen, wären die Kupon-Renditen nur halb so hoch ausgefallen.

Es ist kein Zufall, dass das *Berkshire-Hathaway*-Portfolio von Warren Buffett so viele Wachstumsunternehmen aus der Konsumgüterbranche umfasst. Viele Autoren und Analysten meinen, Buffett führe detaillierte Analysen von Geschäftsberichten durch, um seine Gewinner ausfindig zu machen. Doch allem Anschein nach betreut Buffett in erster Linie solide Wachstumsunternehmen mit steigenden Gewinnen und Renditen, die den Anleiherenditen überlegen sind. Als Beispiel wollen wir die Gewinndaten des Zeitungsverlegers *Gannett Co.* heranziehen. Buffett hatte 1994 eine Minderheitsbeteiligung an dem Unternehmen erworben: Für 4,9 Prozent Anteile am *Gannett*-Verlag hatte Buffett einen Kurswert von rund 24 Dollar (splitangepasst) – das 16fache der Gewinne – bezahlt. Zum damaligen Zeitpunkt erbrachten Anleihen mit 30-jähriger Laufzeit 7,8 Prozent. Im Vergleich zu einer 30-jährigen Staatsanleihe erzielte Buffett ungewöhnlich hohe Renditen (siehe Abbildung 5-9). Buffett war bereit gewesen, einen hohen Preis für *Gannett* zu zahlen, weil er überzeugt war, dass die mit *Gannett*-Aktien zu erreichenden

Gewinnrenditen die Anleiherenditen schnell überholen würden. Analysten erstellten gar die Prognose, die Gewinne von *Gannett* würden jährlich an die 13 Prozent zulegen. *Gannett* hatte Buffett somit eine überzeugende Gewinnbilanz zu bieten – insbesondere nachdem die Anleiherenditen Ende 1997 auf rund 6 Prozent abgesunken waren.

Deshalb dürfte auch nicht überraschen, dass die *Gannett*-Aktie in den drei Jahren nach Buffetts Aktieneinstieg um mehr als 150 Prozent stieg. Anfang 1998 waren die Aktienkurse bei Presseunternehmen wie dem *Gannett*-Verlag bis zum 20- bis 25fachen der Gewinne hochgetrieben worden. Buffett profitierte nicht nur vom Gewinnzuwachs bei *Gannett*, den man in Anbetracht der bisherigen Gewinnbilanz des Unternehmens hätte voraussagen können, sondern auch von der Bereitschaft des Marktes, immer höhere Preise für diese Gewinne zu zahlen.

Jahr	Jahresgewinn je Aktie	Rendite bei Kaufkurs von 24 Dollar	Rendite bei Anleihe mit 30 Jahren Laufzeit	Differenz
1994	$1,62	6,8%	7,8%	–1,0%
1195	$1,71	7,1%	6,9%	0,2%
1996	$1,96	8,2%	6,5%	1,7%
1997	$2,48	10,3%	6,5%	3,8%
1998	$2,78	11,6%	6,0%	5,6%
1999	$3,14	13,1%	6,0%	7,1%
2000	$3,54	14,8%	6,0%	8,8%
2001	$3,99	16,6%	6,0%	10,6%
2002	$4,50	18,8%	6,0%	12,8%

Abbildung 5-9: Aktuelle und erwartete Gewinnrenditen für *Gannett*-Aktien (1994-2002)

Anleihen als Alternative zu Aktien

Mit den oben dargestellten Methoden kann ein Anleger bestimmen, ob eine Aktie ein besseres oder ein schlechteres Renditepotenzial aufweist als eine Anleihe. *Im Allgemeinen gilt: Aktien sind attraktiver, wenn sie Gewinnrenditen bieten, die Anleiherenditen vergleichbar oder überlegen sind.* Demgegenüber sind Anleihen besonders dann attraktiv, wenn ihre Renditen weit höher liegen als die durchschnittlichen Gewinnrenditen der Aktien. Mitte 1998 brachte eine Staatsanleihe mit einer Laufzeit von 30 Jahren rund 5,7 Prozent Rendite. Doch das *S&P-500*-Durchschnittsunternehmen, zum 30fachen der Gewinne gehandelt, hatte nur eine Rendite von 3,3 Prozent zu bieten. In Anbetracht der Tatsache, dass sich die Wachstumsrate bei den Unternehmensgewinnen Anfang 1998 verlangsamte, erschienen Anleihen bei weitem attraktiver als Aktien. Bei der damaligen Gewinnzuwachsrate der Unternehmen würde es Jahre dauern, bis die Gewinnrenditen die Anleiherenditen eingeholt hätten und übertreffen würden. Deshalb waren Anleger gut beraten, die meisten Stammaktien links liegen zu lassen und nur Aktien mit außergewöhnlich hohen Renditen zu kaufen.

Eine weitere Möglichkeit zur Beurteilung der Frage, wann Anleihen eine bessere Geldanlage darstellen als Aktien, besteht darin, die für die nächsten Jahre erwarteten Gewinne eines Unternehmens mit der Performance zu vergleichen, die ein Schatzwechsel mit dreimonatiger Laufzeit – das risikoärmste Investmentobjekt – über denselben Zeitraum hinweg erbringen würde. Auf diese Weise können Sie bestimmen, ob die veranschlagte Größenordnung von Bewertung und mutmaßlicher Wachstumsrate für ein Unternehmen realistisch ist oder ob lediglich optimistische Annahmen zugrunde liegen.

Zur Veranschaulichung wollen wir die Aktienentwicklung von *Microsoft* und dem Einzelhandelsunternehmen *Walgreen* heranziehen. Beide Unternehmen wurden 1997 bis ins Jahr 1998 hinein zu stark überhöhten Kurswerten gehandelt. So waren *Microsoft*-Aktien im Juli 1998 zum 71fachen der Unternehmensgewinne notiert, obwohl sich die Gewinnerwartungen lediglich auf einen 22-prozentigen Jahreszuwachs stützten. Auch *Walgreen*-Aktien wurden überhöht gehandelt – zum 46fachen der Gewinne und damit zu einem Kurs, der dreieinhalbmal so hoch war wie die Gewinnzuwachsrate von 13 Prozent. Ein Anleger, der so großzügig notierte Unternehmensaktien erwirbt, muss sich unbedingt absichern, dass die Unternehmen Renditen garantieren können, die über der Rendite von Schatzanleihen liegen. Dies wiederum war 1998 weder bei *Microsoft* noch bei *Walgreen* der Fall, jedenfalls nicht ohne das Zutun eines wetterwendischen Marktes. Beide Aktien wurden zu solchen Extremkursen hochgetrieben, dass die Anleger einfach nur *hoffen* konnten, nach ihnen würden sich noch genügend weitere Investoren auf die Aktien stürzen, um den Kurs weiter in die Höhe zu treiben. Andernfalls waren die Gewinndaten dieser Unternehmen nicht dazu angetan, dem einzelnen Anleger die eigene Geldanlage in angemessen kurzer Zeit zu vergüten.

5 Anlageerfolg zwischen Anleihe und Aktie

Nehmen wir einmal an, Sie hätten im Juli 1998 vor der Wahl gestanden, entweder eine *Microsoft*-Aktie zum (splitangepassten) Kurswert von 117 Dollar oder einen Schatzwechsel zum Kurs von 117 Dollar zu erwerben, der Jahr für Jahr eine Rendite von 5,25 Prozent erbringen würde. Nehmen wir weiter an, Sie hätten die eine wie die andere Geldanlage fünf Jahre halten wollen. Ende des fünften Jahres hätten Sie 34,11 Dollar Zinsen für den Schatzwechsel bekommen, insgesamt also 151,11 Dollar für Ihre Geldanlage. Um die Schatzwechselrenditen schlagen zu können, hätte die *Microsoft*-Aktie Ende des fünften Jahres höher als mit 151,11 Dollar gehandelt werden müssen. Dieses Ziel mag zunächst recht simpel erscheinen, aber schauen Sie sich die *Microsoft*-Gewinndaten an. Wenn die Gewinne des Unternehmens mit der von den Analysten erwarteten Zuwachsrate stiegen, würden die Gewinnrenditen weit hinter den Anleiherenditen zurückbleiben, selbst nach fünfjähriger Haltedauer (Abbildung 5-10).

Jahr	Jahresgewinn je Aktie	Rendite bei Kaufkurs von 117 Dollar
1998	$1,61	1,4%
1999	$1,96	1,7%
2000	$2,39	2,0%
2001	$2,92	2,5%
2002	$3,56	3,0%

Abbildung 5-10: Gewinnrenditen bei *Microsoft*-Aktien

Der Zusammenhang lässt sich auch anders darstellen: Man bestimmt das Kurs-Gewinn-Verhältnis, zu dem *Microsoft* gehandelt werden muss, wenn die Aktie einen Schatzwechsel schlagen will. Dazu sind die Erträge des Schatzwechsels – in diesem Fall 151,11 Dollar – mit dem zum Ende des fünften Jahres erwarteten Jahresgewinn pro Aktie – hier 3,56 Dollar – zu vergleichen. Die Rendite der *Microsoft*-Aktie kann eine Schatzwechselrendite nur dann übertreffen, wenn die Aktie Ende des fünften Jahres zu mehr als 151,11 Dollar gehandelt wird. In Anbetracht der Tatsache, dass für das fünfte Jahr ein Jahresgewinn von 3,56 Dollar prognostiziert wurde, muss *Microsoft* im Jahr 2002 zum 42fachen seiner Gewinne notieren, um die Rendite der Anleihe zu übertreffen. Schärfer formuliert: Microsoft *muss fünf Jahre lang mit gegenüber seinen Gewinnen erheblich aufgeblähten Kurswerten gehandelt werden, um eine anleiheübertreffende Rendite zu garantieren.* Wie hoch ist die Wahrscheinlichkeit, dass dies der Fall sein wird? Soll sich ein Anleger darauf verlassen, dass der Handel den Aktienkurs für fünf weitere Jahre derart aufpumpt? Keinesfalls. Genau diese Logik liegt der Tatsache zugrunde, dass Anleger so teuer für die Gewinne von *Microsoft* zahlen mussten. Nie und nimmer sollten sich Anleger in ihren Hoffnungen und Renditeerwartungen darauf verlassen, dass andere Investoren die Aktien auf ein substanziell gefährliches Niveau hochtreiben.

Was diesen Fall betrifft, so hätten *Microsoft*-Aktien nicht zu einem Kurswert von 117 Dollar gekauft werden sollen, da die Gewinne des Unternehmens die Anleiherenditen von 1998 nicht über mehrere Jahre hinweg übertreffen konnten. Wenn eine solche Aktie einen Schatzwechsel ausstechen soll, müssen sich die Gewinnprojektionen der Analysten realisieren – eine Prognosefalle, die Sie nach Möglichkeit meiden sollten. Zur Verteidigung von *Microsoft* sei gesagt, dass das Unternehmen eine lange Historie hohen Wachstums aufzuweisen hat, was seine Aktien von Zeit zu Zeit zu attraktiven Kaufzielen macht. Da aber die Aktien im Vergleich zur Zuwachsrate des Unternehmens derart hoch notiert waren, musste sich der Anleger des Risikos bewusst sein, dass die künftigen Gewinne durch externe Faktoren ruiniert werden konnten.

Im Rückblick zeigt sich, dass die *Walgreen*-Bewertung genauso extrem war. Von Mitte 1994 bis Juli 1998 erhöhte sich das Aktienkapital um mehr als das Vierfache, während die Jahresgewinne durchschnittlich nur um 13 Prozent stiegen. *Walgreen* hat eine der stabilsten Wachstumsbilanzen in der Einzelhandelsbranche aufzuweisen. Die Gewinne haben sich seit mehreren Jahren um Zuwachsraten zwischen 11 Prozent und 14 Prozent erhöht. Der Markt belohnte weiterhin Unternehmen mit stetigem Wachstum und trieb deren Aktien höher und höher. Anfang 1994 wollten die Anleger von *Walgreen* nichts wissen, als die Aktie zum 12fachen der Unternehmensgewinne gehandelt wurden. Vier Jahre später stürzten sie sich auf *Walgreen*-Aktien – zu Kurswerten, die das 46fache der Gewinne darstellten. Anleger, die *Walgreen*-Aktien zum Höchstkurs von 48 Dollar erwarben, erzielten Kupon-Renditen, wie sie in Abb. 5-11 wiedergegeben sind.

Angenommen, die Gewinne von *Walgreen* stiegen um 13 Prozent jährlich. Dann müsste ein Anleger neun Jahre – bis zum Jahr 2006 – warten, bevor die *vorausgesagten* Unternehmensgewinne die Anleiherenditen von 1998 eingeholt hätten. Erst dann wäre *Walgreen* in der Lage, eine die Anleiherenditen künftig übertreffende Rendite zu erwirtschaften. Natürlich können noch alle möglichen Ereignisse

5 Anlageerfolg zwischen Anleihe und Aktie

Jahr	Jahresgewinn je Aktie	Rendite bei Kaufkurs von 48 Dollar
1998	$1,00	2,1%
1999	$1,13	2,4%
2000	$1,28	2,7%
2001	$1,44	3,0%
2002	$1,63	3,4%
2003	$1,84	3,8%

Abbildung 5-11: Gewinnrenditen bei *Walgreen*-Aktien

und Entwicklungen, darunter auch ein Baisse-Markt, unsere Annahmen für diese fünf Jahre beeinträchtigen. So könnte ein Bärenmarkt die *Walgreen*-Aktien auf das 13fache der Gewinne, ihren historischen Durchschnitt, sinken lassen, was die Gewinndaten gefährden und die Chancen auf eine anleiheschlagende Performance schmälern würde.

Wenn für *Walgreen* dieselbe Analyse durchgeführt würde, wie wir sie im Zusammenhang mit dem *Microsoft*-Beispiel erläutert haben, ergäbe sich als Schlussfolgerung, dass *Walgreen* über mehrere Jahre überbewertet bleiben müsste, um den Anlegern eine gewisse Erfolgschance für eine anleiheübertreffende Rendite bieten zu können. Nehmen wir einmal an, Sie könnten entweder eine *Walgreen*-Aktie zu 48 Dollar oder aber einen Schatzwechsel zu 48 Dollar mit 5,25 Prozent Rendite im Jahr erwerben. Nach fünf Jahren wäre der Wert des Schatzwechsels auf 62 Dollar gestiegen. Wenn die *Walgreen*-Aktie den Schatzwechsel schlagen soll, muss sie Ende des fünften Jahres, im Jahr 2003 also, einen Wert von mindestens 62 Dollar erreicht haben. Wie Abbildung 5-11 ausweist, hätte die *Walgreen*-Aktie bis dahin einen Jahresgewinn von 1,63 Dollar pro Aktie erzielt. Mit anderen Worten: Die *Walgreen*-Aktien müssten im fünften Jahr mindestens zum 38fachen der Unternehmensgewinne gehandelt werden, um einen Schatzwechsel zu schlagen. Die Überbewertung des Unternehmens müsste also noch die nächsten fünf Jahre anhalten. Doch die Wahrscheinlichkeit einer solchen Entwicklung ist recht gering und hängt zudem von Umständen – einem anhaltenden Bullenmarkt – ab, auf die man sich besser nicht verlassen sollte.

Zum Zusammenhang zwischen Anleiherenditen und Aktienkursen

Bisher ist immer wieder betont worden, dass Gewinnrenditen mit aktuellen Anleiherenditen verglichen werden müssen. Im Allgemeinen sind Aktien attraktiv, wenn ihre Gewinnrenditen nahe bei den Renditen von Anleihen liegen oder diese noch übertreffen. Besonders attraktiv sind Aktien, wenn ihre Gewinnrenditen über den Anleiherenditen liegen und die Zuwachsrate des Unternehmens auch für die Zukunft anleiheschlagende Renditen sicherstellt. Dies führt zu der letztlich entscheidenden Frage: Wie viel sollte ein Anleger unter Berücksichtigung aktueller Anleiherenditen für eine Stammaktie zahlen? Die Antwort hängt weitgehend von der Wachstumsrate des Unternehmens ab. Denn wie weiter oben ausgeführt wurde, kann eine Unternehmensaktie bei hervorragender Wachstumsrate zu einer sehr niedrigen Gewinnrendite erworben werden, wenn die Gewinnrenditen die Anleiherenditen in kurzer Zeit überholen. Sicherheitshalber sollte ein Anleger auf eine Gewinndatenreihe achten, bei der die Gewinnrendite die Anleiherendite innerhalb von zwei bis drei Jahren überholt hat. In Abbildung 5-12 sind all diese Prinzipien zusammengefasst: Abzulesen ist das maximale Kurs-Gewinn-Verhältnis (der Umkehrwert der Gewinnrendite), das der Anleger unter Berücksichtigung der jeweiligen Anleiherenditen und Wachstumsraten als Entscheidungskriterium zugrunde legen sollte. Nach Möglichkeit sollte eine Aktie erworben werden, bei der das Kurs-Gewinn-Verhältnis *unter* den angegebenen KGV-Schätzwerten liegt.

5 Anlageerfolg zwischen Anleihe und Aktie

Anleihe-renditen	KGV-Schätzwert	Langfristig zu erwartende Wachstumsrate des Unternehmens		
		10%	20%	30%
4,50%	22,2	26,9	32,0	45,4
4,75%	21,1	25,5	30,3	43,1
5,00%	20,0	24,2	28,8	40,9
5,25%	19,0	23,0	27,4	39,0
5,50%	18,2	22,0	26,2	37,2
5,75%	17,4	21,0	25,0	35,6
6,00%	16,7	20,2	24,0	34,1
6,25%	16,0	19,4	23,0	32,7
6,50%	15,4	18,6	22,2	31,5
6,75%	14,8	17,9	21,3	30,3
7,00%	14,3	17,3	20,6	29,2
7,25%	13,8	16,7	19,9	28,2
7,50%	13,3	16,1	19,2	27,3
7,75%	12,9	15,6	18,6	26,4
8,00%	12,5	15,1	18,0	25,6
8,25%	12,1	14,7	17,5	24,8
8,50%	11,8	14,2	16,9	24,1
8,75%	11,4	13,8	16,5	23,4
9,00%	11,1	13,4	16,0	22,7
9,25%	10,8	13,1	15,6	22,1
9,50%	10,5	12,7	15,2	21,5
9,75%	10,3	12,4	14,8	21,0
10,00%	10,0	12,1	14,4	20,5
10,25%	9,8	11,8	14,0	20,0
10,50%	9,5	11,5	13,7	19,5
10,75%	9,3	11,3	13,4	19,0
11,00%	9,1	11,0	13,1	18,6
11,25%	8,9	10,8	12,8	18,2
11,50%	8,7	10,5	12,5	17,8
11,75%	8,5	10,3	12,3	17,4
12,00%	8,3	10,1	12,0	17,0
12,25%	8,2	9,9	11,8	16,7
12,50%	8,0	9,7	11,5	16,4
12,75%	7,8	9,5	11,3	16,0
13,00%	7,7	9,3	11,1	15,7
13,25%	7,5	9,1	10,9	15,4
13,50%	7,4	9,0	10,7	15,1
13,75%	7,3	8,8	10,5	14,9
14,00%	7,1	8,6	10,3	14,6
14,25%	7,0	8,5	10,1	14,4
14,50%	6,9	8,3	9,9	14,1

Abbildung 5-12: Maximales Kurs-Gewinn-Verhältnis als Entscheidungskriterium beim Aktienkauf

6 Verbesserung der Renditen auf lange Sicht mit „Kaufen und Halten"

Wenn die Kapitalentwicklung eines Landes zum Nebenprodukt eines Spielkasinos verkommt, dürfte es schlecht darum bestellt sein.

John Maynard Keynes

Erfolgreiches Investieren an der Börse setzt voraus, dass Sie sich bei Ihren Entscheidungen niemals von exogenen Faktoren beeinflussen lassen. Generell sind zwei Regeln zum Kaufen und Halten von Aktien zu beachten: (1) *Kaufen und verkaufen Sie Ihre Aktien nicht zu häufig.* Und (2) *Halten Sie Ihre Aktien für einen hinreichend langen Zeitraum, damit sie ihren wahren Wert erreichen können.*

Wie lang ist lang genug? Darauf gibt es keine allgemein gültige Antwort. Erfolgreiche Value-Investoren sind in dieser Frage geteilter Meinung und haben sich ihre eigenen Maßstäbe für das Halten von Aktien gebildet. Abbildung 6-1 zeigt die durchschnittliche Haltedauer, für die sich verschiedene wertorientierte Fondsmanager in den 90er Jahren entschieden haben. Mario Gabelli beispielsweise strebt eine 50-prozentige Rendite innerhalb von zwei Jahren an, bevor er den Verkauf von Aktien in Betracht zieht. Die Vermögensumschlagskennzahl bei dem von ihm geleiteten *Gabelli Asset Fund* lag in den letzten Jahren bei durchschnittlich 18 Prozent; er hält also eine durchschnittliche Aktie rund fünfeinhalb Jahre lang. Michael Price vom Vermögensfonds *Mutual Shares Z* zeigt ein aggressiveres Anlageverhalten als Gabelli. In den letzten zehn Jahren hat er seine Aktien im Schnitt 21 Monate lang gehalten. Wie Gabelli zieht er es vor, Aktien unabhängig von ihrer Rendite mindestens zwei Jahre zu halten, um ihr Wertsteigerungspotenzial zu optimieren.

Dagegen hätte Warren Buffet für solche Ungeduld nur Spott übrig. Als ungekrönter König über „Kaufen und Halten" pflegt er Aktien „für immer" zu halten. Buffett beabsichtigt, seine eigenen Kernbestände – er bezeichnet sie als die „Unvermeidlichen" (*Coca-Cola, Gillette* usw.) – bis zu seinem Tod in eigenem Besitz zu behalten; danach sollen die Aktien einer Vermögensverwaltung übergeben werden. Doch Buffetts Ansatz ist ziemlich einmalig; die wenigsten Anleger verhalten sich wie er. Buffet ist in der glücklichen

6 Verbesserung der Renditen auf lange Sicht mit „Kaufen und Halten"

Fonds	Manager	1991	1992	1993	1994	1995	1996	1997	Durchschnittliche Haltedauer (Jahre)
Babson Value	Nick Whitridge	31%	17%	26%	14%	6%	11%	17%	5,7
Gabelli Asset	Mario Gabelli	20%	14%	16%	19%	26%	15%	22%	5,3
Heartland Value	William Nasgovitz	79%	76%	51%	35%	31%	31%	55%	2,0
Legg Mason Value Trust	William Miller III	39%	39%	22%	26%	20%	20%	11%	4,0
Mutual Shares Z	Michael Price	48%	41%	49%	67%	79%	58%	50%	1,8
Oakmark	Robert Sanborn		34%	18%	29%	18%	24%	–	4,1
Sequoia	William Ruane	36%	28%	24%	32%	15%	23%	8%	4,2
Strong Schafer Value	David Schafer	55%	53%	33%	28%	33%	18%	23%	2,9
Yacktman	Donald Yacktman			61%	49%	55%	59%	69%	1,7

Quelle: *Morningstar, Inc.*

Abbildung 6-1: Umschlagskennzahlen für ausgewählte Vermögensfonds

6 Verbesserung der Renditen auf lange Sicht mit „Kaufen und Halten"

Lage, dass er Unternehmen zu 100 Prozent besitzt und somit deren Aktivitäten und Finanzpolitik maßgeblich bestimmen kann. Er kann Gewinne und Dividenden aus diesen Unternehmen einziehen und braucht sich nicht um die Launen des Aktienmarktes zu kümmern.

Allerdings ist Buffett nicht immer ein derart langfristig orientierter Anleger gewesen. In Kapitel 15 wird noch einmal die Rede davon sein. Buffetts Anlageverhalten hat sich im Lauf der Zeit entwickelt, wobei seine persönlichen Umstände eine maßgebliche Rolle spielen. Mit mehr als 30 Mrd. Dollar Nettowert kann Buffett nicht mehr im Handumdrehen kleine, unterbewertete Unternehmen um des Profits willen kaufen und verkaufen, wie er es noch in den 50er und 60er Jahren getan hat. Solche Unternehmen könnten heute zur *Berkshire-Hathaway*-Bilanz nur unwesentlich beitragen, so dass Buffett viele geeignete Unternehmen mit geringer Marktkapitalisierung links liegen lassen muss. Er gleicht diesen Nachteil aus, indem er hoch kapitalisierte Aktien mit starken Franchise-Werten kauft und hält. Durch seine Fokussierung auf hoch kapitalisierte Unternehmen, die zu groß sind, als dass sie ganz aufgekauft werden könnten, setzt Buffett sein Portfolio dem Markt auf Gedeih und Verderb aus und muss die Kursentwicklungen mit ihren endlosen Aufwärts- und Abwärtsbewegungen einfach hinnehmen. Allerdings sind die Aktien, die sich derzeit in seinem Besitz befinden, mehr als andere Unternehmensaktien dazu angetan, auch noch im 21. Jahrhundert stabile Renditen zu erbringen. Über die Zeit gesehen hat er glänzende Aussichten, seine finanziellen Ziele zu erreichen.

Ob mit Aktien kleiner oder großer Unternehmen im Portfolio – Buffett, Gabelli, Price und andere haben sich klare Spielregeln zurechtgelegt: Sie halten Unternehmensaktien so lange, bis diese keine zufriedenstellenden Gewinnrenditen auf das eingesetzte Kapital mehr abwerfen. Es gibt viele intuitive wie auch rationale Gründe, warum die beste Anlagestrategie darauf ausgerichtet ist, Aktien über längere Zeit zu halten. Am meisten überzeugt wohl das Argument, dass Anleger ihre Renditen sabotieren, wenn sie ihr Portfolio zu häufig umstrukturieren. Viele Anleger verkennen nämlich, dass sie über unfehlbare Fähigkeiten zur gezielten Auswahl der richtigen Aktien zum richtigen Zeitpunkt verfügen müssen, wenn sie beabsichtigen, mit Aktien zu *handeln*, anstatt ihr Geld langfristig anzulegen. Wenn sie nicht in der Lage sind, Höhen und Tiefen rechtzeitig zu erkennen oder zumindest bei einem hohen Prozentsatz ihrer Börsengeschäfte Gewinne zu erzielen, werden sie den Markt nicht schlagen *können*. Mehr noch: Ihre Renditen werden

hinter den Renditen eines langfristig orientierten Anlegers, der seine Aktien hält, zurückbleiben.

Die meisten Anleger, die mit Anleihen, Optionen oder Finanz- und Warenterminkontrakten handeln, *verlieren* Geld im Lauf der Zeit, weil sie eine so hohe Umschlagshäufigkeit haben. Sie sind so sehr darauf erpicht, aus ihren Nullsummenspielen als Sieger hervorzugehen, dass sie, ohne es zu merken, die Voraussetzungen für einen natürlichen Geldschwund schaffen. Über längere Zeit hinweg betrachtet, werden sie „unter dem Strich" genauso viele Gewinngeschäfte wie Verlustgeschäfte machen, aber sie werden laufend einen Bruchteil ihres Geldes in Form von Provisionskosten und Händlerspannen verlieren. So wie der Mond seine Atmosphäre Molekül für Molekül eingebüßt hat, so würden sich auch ihre Portfolios letztlich in Nichts auflösen, wenn sie ihr Spiel endlos weitertreiben würden. Es ist wie beim Roulette: Ein Spieler könnte auf Dauer einen Ausgleich erzielen, wenn es da nicht die „0" und die „00" auf der Scheibe gäbe. Aber so, wie die Dinge nun einmal sind, wird Ihnen das Kasino im Lauf der Zeit Ihre Barschaft aus der Tasche ziehen, immer nur ein paar Prozentpunkte auf einmal.

Wie Roulette ist auch Geldanlegen ein Spiel – ein „Verlierer-Spiel", um einen Ausdruck zu benutzen, den der Analyst Charles Ellis geprägt hat. In einem 1975 im *Financial Analysts Journal* veröffentlichten Artikel hat Ellis das Geldanlage-Spiel gleichgesetzt mit einem mörderischen Turnier, bei dem sich zehntausende wie die Geier auf den Platz stürzen, um die paar „unentdeckten" Aktien an sich zu reißen, die marktschlagende Renditen versprechen. Jedes Spiel, bei dem so hart gekämpft wird, sagt Ellis, führe dazu, dass die Spieler irgendwann Fehler machen wie beim Golf oder Tennis. Erfolgreiche Anleger, so seine Schlussfolgerung, seien größtenteils nicht die klügsten Köpfe oder die Marktteilnehmer mit den besten Ressourcen oder diejenigen, die als Sieger aus der Schlacht um eine bestimmte Aktie hervorgehen. Es handele sich vielmehr um diejenigen Anleger, denen in ihrer Karriere die wenigsten Fehler unterlaufen.

Die meisten institutionellen Vermögensverwalter glauben auch weiterhin (oder behaupten das zumindest), dass sie schon in Kürze „den Markt schlagen" können und werden. Sie werden es nicht und sie können es nicht. ... Der Glaube, aktiv engagierte Manager könnten den Markt schlagen, beruht auf zwei Annahmen: (1) Die am Börsenmarkt gebotene Liquidität ist ein Vorteil, und (2) institutionelles Geldanlegen ist ein Gewinner-Spiel. [Meine] unselige Behauptung lässt sich schnell auf den Punkt bringen: Infolge wichtiger Veränderungen in den vergangenen zehn Jahren treffen diese grundlegenden Annahmen einfach nicht mehr zu. Im Gegenteil: Marktliquidität ist eher auf der Passivseite denn auf der Aktivseite zu verbuchen, und institutionelle Investoren werden langfristig gesehen schlechter abschneiden als der Marktdurchschnitt, weil Geldmanagement zu einem Verlierer-Spiel geworden ist.[1]

Bei einem Verlierer-Spiel wie beim Golf entscheidet das Spielverhalten der Verlierer über das Endergebnis. Wenn Nick Faldo bei den *British Open* gewinnt, verdankt er seinen Erfolg größtenteils der Tatsache, dass seine Konkurrenten während des viertägigen Turniers mehr Fehler gemacht haben als er. Damit soll Faldos Spielqualität in keiner Weise in Abrede gestellt werden, aber wenn er ein Turnier gewinnt, bei dem er zehn Schläge unter Par gespielt hat, kann er nur von Glück sagen, dass kein anderer Golfer in der Woche *zufällig* 11 Schläge unter Par gespielt hat. Genauso geht es in der Börsenwelt zu: Inzwischen hätte es schon viele Warren Buffetts geben können. Doch Buffett thront über allen, weil ihm in seiner 40-jährigen Karriere die wenigsten Fehler unterlaufen sind. Die Fehler, die er gemacht hat, waren „Unterlassungssünden" – etwa der Art, dass ihm der Kauf einer hochkarätigen Aktie entging oder er eine solche zu früh verkaufte. Das Szenario vom Verlierer-Spiel entspricht dem, was Donald Trump einmal im Zusammenhang mit Immobilienanlagen geäußert hat: „Nach unten absichern, dann läuft es nach oben von selbst."[2]

Ellis kann den von Trump festgestellten Zusammenhang nur bestätigen. Wie er gezeigt hat, bringt häufiges Kaufen und Verkaufen von Aktien (hohe Umschlagshäufigkeit) einem gewinnsüchtigen Geldmanager auf die Dauer unweigerlich unterdurchschnittliche Renditen ein. Ellis hat dazu eine wundervoll einfache Formel aufgestellt:

$$\text{Erforderliche Rendite} = \frac{(\text{Umschlagsquote} \cdot 2x) + y + (z \cdot \text{Marktrendite})}{\text{Marktrendite}}$$

x = Durchschnittswert der Provisionskosten einschließlich Händlerspannen
y = Gebühren für Fondsmanagement und Verwahrung
z = angestrebtes Renditeziel des Fondsmanagers

---

[1] Charles Ellis, „The Loser's Game", *Financial Analysts Journal*, Juli/August 1975, S. 95.
[2] Donald Trump, *The Art of the Deal*, New York, Warner Books, 1987, S. 48.

6 Verbesserung der Renditen auf lange Sicht mit „Kaufen und Halten"

An einem einfachen Beispiel soll veranschaulicht werden, welch potente Formel Ellis entdeckt hat. Nehmen wir einmal an, es sei das Ziel eines Managers, den *S&P-500*-Index um fünf Prozentpunkte im Jahr zu schlagen, und der Markt würde um schätzungsweise 10 Prozent zulegen. Um dieses Ziel erreichen zu können, nimmt der Fondsmanager durchschnittlich alle sechs Monate eine Umstrukturierung seines Aktienportfolios vor (Umschlagsquote: 200 Prozent). Wenn nun ein durchschnittlicher Provisionssatz von 3 Prozent sowie Verwaltungsgebühren in Höhe von 0,20 Prozent angesetzt werden, ergibt sich folgende Renditeberechnung:

$$\text{Erforderliche Rendite} = \frac{[2,0 \cdot (2 \cdot 0,03)] + 0,002 + (1,05 \cdot 0,10)}{0,10}$$

$$= \frac{0,12 + 0,002 + 0,105}{0,10}$$

$$\text{Erforderliche Rendite} = 2,27$$

Wenn also der Fondsmanager den Markt um fünf Prozentpunkte schlagen will, muss er Bruttorenditen (vor Abzug der Transaktionskosten) bieten können, die um das 2,27fache – also um 127 Prozent – besser ausfallen als der Marktdurchschnitt. Bei einer so hohen Umschlagsquote würden dem Manager immer höhere Transaktionskosten entstehen, so dass auch die erwartete Mindestrendite immer höher anzusetzen ist. Und die hat es in sich: Für jeden Prozentpunkt, den der Markt zulegt, muss der Fondsmanager für seine Aktien 2,27 Prozent mehr Rendite erzielen, wenn er den Markt übertreffen will (abzüglich Transaktionsgebühren).

Und wie sähe die Rechnung aus, wenn der Fondsmanager lediglich dieselben Renditen wie die im *S&P-500*-Index erfassten Aktien erzielen wollte? Wir rechnen im Zähler ganz einfach mit 1,00 anstelle von 1,05. Nach der Formel von Ellis wäre nun die folgende Mindestrendite anzusetzen:

$$\text{Erforderliche Rendite} = \frac{[2,0 \cdot (2 \cdot 0,03)] + 0,002 + (1,0 \cdot 0,10)}{0,10}$$

$$= \frac{0,12 + 0,002 + 0,10}{0,10}$$

$$\text{Erforderliche Rendite} = 2,22$$

Sie sehen also: Auch wenn der Fondsmanager seine Erwartungen zurückschrauben würde, wäre die erwartete Mindestrendite nicht viel niedriger – er müsste immer noch eine um das 2,22fache höhere Bruttorendite erzielen beziehungsweise um 122 Prozent besser sein als der Markt. Der wichtigste Faktor in der Ellis-Formel ist somit die Umschlagsquote. Je niedriger die Umschlagsquote ist, desto niedriger ist auch die erforderliche Rendite pro Transaktion. Nehmen wir einmal an, der Fondsmanager würde sein Portfolio nur einmal im Jahr umstrukturieren (Umschlagsquote: 100 Prozent). In diesem Fall müssten die Renditen des Fondsmanagers um durchschnittlich 62 Prozent höher ausfallen als die am Markt erzielten Renditen:

$$\text{Erforderliche Rendite} = \frac{[1,0 \cdot (2 \cdot 0,03)] + 0,002 + (1,0 \cdot 0,1)}{0,1}$$

$$= \frac{0,06 + 0,002 + 0,1}{0,1}$$

$$\text{Erforderliche Rendite} = 1,62$$

Als ich den Artikel von Ellis zum ersten Mal las und mir seiner Tragweite bewusst wurde, war ich plötzlich hellwach – so, als ob man mir einen Eimer kaltes Wasser über den Kopf gegossen hätte. Martin Luther muss es 1508 ähnlich ergangen sein, als er bei der Lektüre des Paulus-Briefes an die Römer entdeckte, dass seine Erkenntnis im Widerspruch zur bisherigen Lehre stand. Die Formel von Ellis ließ an jedem Artikel, an jeder Behauptung und an jedem Kommentar bezüglich der Vorteilhaftigkeit häufiger Börsentransaktionen Zweifel aufkommen und warf dunkle Schatten auf Disziplinen, die sich mit Markt-Timing und technischen Analysen befassen. Bis auf den heutigen Tag stellt sich die schwierige Frage, die Ellis mit seinen Berechnungen aufgedeckt hat: Wenn das Kaufen und Verkaufen von Aktien ein potenziell so nachteiliges Verlustgeschäft ist, warum sind dann so viele Börsianer darauf bedacht, den besten Zeitpunkt für kurzfristige Aktienbewegungen abzupassen? Eine ausführliche Erläuterung dieser Frage würde den Rahmen dieses Buches sprengen, doch so viel sei gesagt: Die Gründe haben mehr mit Massenpsychologie, Geldgier und Emotionen zu tun als mit dem Verstand.

Der angemessene Unternehmenswert offenbart sich in offiziellen Unternehmensbilanzen; aus stark schwankenden Aktienkursen ist er nicht abzuleiten.

6 Verbesserung der Renditen auf lange Sicht mit „Kaufen und Halten"

In diesem Zusammenhang muss eindeutig darauf verwiesen werden, dass wir uns von der Vorstellung zu lösen haben, charttechnische Analysen – die Interpretation von Kursbewegungen und Chartkonstellationen – könnten irgendeine Rolle bei wertorientierten Geldanlagen spielen. Solche Analysen sind für das *Value Investing* völlig unbrauchbar. Als Value-Anleger und Teilhaber an einem Unternehmen sollten Sie sich in Ihren Börsenentscheidungen niemals durch Chartsysteme, kurzfristige Marktbewegungen oder Kurs- und Umsatzstrukturen leiten lassen. Ihre Aufgabe besteht vielmehr darin, öffentlich zugängliche Finanzinformationen zu studieren, um auf dieser Basis einen „angemessenen Wert" (fair value) für das fragliche Unternehmen zu bestimmen. Der angemessene Unternehmenswert offenbart sich in offiziellen Unternehmensbilanzen; aus stark schwankenden Aktienkursen ist er nicht abzuleiten. Sollten Sie sich auf die rigiden mathematischen Spielchen der charttechnischen Analyse einlassen, setzen Sie Ihr Vertrauen in die Existenz effizienter Märkte, die wir in Kapitel 3 in Abrede gestellt haben.

Folgeuntersuchungen haben bestätigt, was Ellis vor 24 Jahren entdeckt hat. In einer umfassend angelegten Studie aus dem Jahr 1998 sind die Finanzprofessoren Terrance Odean und Brad Barber von der *University of California*, Davis, ebenfalls zu dem Ergebnis gelangt, dass häufige spekulative Aktienkäufe und -verkäufe zu schlechteren Renditen führen. Odean und Barber haben die Börsenaktivitäten von 78000 Haushalten über einen Zeitraum von sechs Jahren bis Ende Dezember 1996 untersucht. Überraschenderweise stellten sie fest, dass der Durchschnittsanleger mit dem Markt durchaus Schritt halten konnte: Im sechsjährigen Untersuchungszeitraum verdiente der durchschnittliche Haushalt eine Rendite von 17,7 Prozent – geringfügig mehr als die im sechsten Jahr erzielte Marktrendite von 17,1 Prozent. Doch die *Nettorendite* – nach Abzug von Provisionskosten und Händlerspannen – betrug nur 15,6 Prozent im Jahr. Die Jahresrenditen gingen umso deutlicher zurück, je häufiger die Haushalte ihre Aktienbestände veränderten. Die 20 Prozent der Haushalte, die – nach Maßgabe ihres Portfolio-Umschlags – am meisten kauften und verkauften, verdienten im Durchschnitt nur eine Jahresnettorendite von 10 Prozent. Demgegenüber erzielten die Haushalte mit der geringsten Umschlagshäufigkeit eine durchschnittliche Nettorendite von 17,5 Prozent. Mit anderen Worten: Der Durchschnittsanleger war gut beraten, wenn er nicht auf ständiger Suche nach besseren Gewinnen Aktien voreilig kaufte beziehungsweise verkaufte. Doch der Erfolg steigt Anlegern zu Kopf und dann machen sie Fehler, die sie letztlich teuer zu stehen kommen. Die Differenz zwischen einer 10-prozentigen und einer 17-prozentigen Jahresrendite ist erstaunlich hoch, wenn man die kumulativen Ergebnisse über ein bis zwei Jahrzehnte verfolgt. Hier die Schlussfolgerung der beiden Finanzprofessoren:

> Unsere überzeugendsten empirischen Belege sprechen dafür, dass übermäßiges Selbstvertrauen zu exzessiven Börsentransaktionen führt. ... Es sind die Transaktionskosten und die Transaktionshäufigkeit, nicht die Zusammenstellung des Aktienportfolios, die den geringen Anlageerfolg der Haushalte in unserem Untersuchungszeitraum erklären.³

Ende der 90er Jahre zeigten sich die Folgen einer solchen Selbstüberschätzung in aller Deutlichkeit. Angaben der New Yorker Börse zufolge wurde die Durchschnittsaktie 1997 rund 17 Monate in den Portfolios gehalten. Sechs Jahre zuvor hatten die Anleger ihre Aktien durchschnittlich 26 Monate gehalten – also 50 Prozent länger. In solchem Kontext dürften die von Odean und Barber erzielten Ergebnisse kaum überraschen. 1998 waren die Investoren derart von ihrer Börsenkompetenz überzeugt, dass sie ihren Anlageerfolg größtenteils ihrer Geschicklichkeit bei der Aktienauswahl und nicht etwa dem Bullenmarkt zuschrieben. Sie gelangten zunehmend zu der Überzeugung, sie seien in der Lage, kurzfristig mit Aktien zu spekulieren, Höchst- und Tiefststände zeitlich zutreffend zu bestimmen, ihre Lieblingsaktien zu einem späteren Zeitpunkt wieder zurückzukaufen und bei all dem noch Gewinne zu erzielen. In Wirklichkeit aber handelten sie sich auf diese Weise nur mittelmäßige Renditen ein.

Drei Grundregeln für Aktienanlagen

Im Zusammenhang mit der Erörterung von Haltezeiten wollen wir drei Grundregeln aufstellen:

1. *Ihre Haltedauer sollte hinreichend lang sein, damit der Markt Gelegenheit zur Neubewertung der Aktie hat.* Sie sollten deshalb niemals unrealistische Zeitpläne für das Halten Ihrer Aktienbestände entwickeln. Die Erwartung, dass eine Aktie innerhalb kurzer Zeit deutlich steigt, ist absurd. Je höher die Erwartungen sind, die Sie

---

³ Terrance Odean und Brad Barber, „The Common Stock Investment Performance of Individual Investors", Arbeitspapier, *Graduate School of Management, University of California*, Davis, 1998, S. 2.

an den Wertanstieg einer Aktie stellen, desto stärker muss die Aktie gegenüber dem inneren Unternehmenswert unterbewertet sein. Außerdem können Sie sich niemals darauf verlassen, dass andere Anleger die Unterbewertung am Markt genauso einschätzen wie Sie. Wäre dies der Fall, käme der Aktie kein Wert mehr zu – und damit würde sich wertorientiertes Geldanlegen als Methode erübrigen. Die Tatsache, dass Sie vielleicht das Potenzial einer Aktie erkannt haben, verlangt von Ihnen zunächst einmal geduldiges Abwarten.

Erfolgreiches Stock-Picking ist, der Erforschung wissenschaftlicher Zusammenhänge vergleichbar, eine Art Entdeckungsreise. Es kann eine ganze Weile dauern, bis sich die breite Masse des Anlegerpublikums Ihrer Sichtweise anschließt. Wie lange Sie warten müssen, hängt von den Umständen ab und die sind bei jedem Unternehmen anders. So rutschte die *Harley-Davidson* seit Mitte 1996 um fast 33 Prozent – von 49 Dollar auf 33 Dollar – ab, blieb aber nicht lange auf diesem preisgünstigen Niveau. Die Tatsache, dass die Aktie damit unterbewertet war, wurde fast umgehend erkannt. Die *Harley-Davidson* machte im April 1997 eine Kehrtwende und kletterte innerhalb von drei Monaten auf ein neues Hoch. Beim ersten Gipfel wurde die Aktie zum 25fachen der Gewinne gehandelt. Auf dem darauf folgenden Tiefstand war der Kurswert immer noch 17-mal höher als die Gewinne. Demgegenüber dümpelte die Aktie von *Superior Industries* fast zwei Jahre lang bei Niedrigkursen um 20 Dollar (dem 13fachen der Gewinne), bevor die Anleger den inneren Wert des Unternehmens schließlich erkannten und die Aktie allmählich in die Höhe trieben.

Die Tatsache, dass Sie vielleicht das Potenzial einer Aktie erkannt haben, verlangt von Ihnen zunächst einmal geduldiges Abwarten. Erfolgreiches Stock-Picking ist, der Erforschung wissenschaftlicher Zusammenhänge vergleichbar, eine Art Entdeckungsreise.

Gleichgültig, wie lange Sie warten müssen: Achten Sie immer darauf, dass Ihnen das Unternehmen kontinuierlich Gewinne für Ihre Geldanlage abwirft. Denn wie ich in den nachfolgenden Kapiteln noch zeigen werde, sind Sie am Unternehmenserfolg beteiligt und haben Anspruch auf einen entsprechenden Gewinnanteil. Theoretisch sollten die Gewinnanteile mindestens um den Betrag steigen, den das Unternehmen für die Dauer Ihrer Halte-

zeit pro Aktie erwirtschaftet und einbehält. Deshalb sollten Anleger gewinnbringenden Unternehmen den Vorzug geben.
2. *Sie sollten eine Aktie so lange halten, wie sie die von Ihnen erwartete Rendite erbringt oder übertrifft.* Wertorientiertes Anlegen kann ein Prozess mit derzeit offenem Ausgang sein. Solange die Unterbewertung eines Unternehmens andauert, sollte man die Aktien halten – es sei denn, man entdeckt ein noch geeigneteres unterbewertetes Objekt. Doch sobald der Kurswert einer Aktie steigt, sehen sich Value-Investoren vielfach mit der schwierigen Frage konfrontiert: Soll man bereits dann verkaufen, wenn ein angemessener Kurswert erreicht ist, oder soll man eine noch höhere Gewinnentwicklung abwarten? Und wenn ja, wie lange? In diesem Kontext erweisen sich wertorientierte Anleger den größten Dienst, wenn sie sich keine hundertprozentig sicheren Kursgrenzen setzen. Natürlich und klug verhält sich ein Anleger, der die Gewinne zunächst steigen lässt. Ein Verkauf sollte erst dann in Betracht gezogen werden, wenn (a) die Aktie auf einen extrem überhöhten Kurswert gestiegen ist, (b) attraktivere Investmentobjekte im Angebot sind oder (c) das Unternehmen die erwarteten Gewinne in vollem Umfang erbracht hat und sein derzeitiges Wachstumstempo nicht länger beibehalten kann.
3. *Sie sollten von einer Mindesthaltezeit von zwei Jahren ausgehen.* Dieser Zeitraum ist häufig erforderlich, bis die Aktie auf ihren angemessenen Wert gestiegen ist.

Gründe für längere Haltezeiten

Wenn der Aktienmarkt konsistente Auf- und Abwärtsbewegungen erkennen ließe oder zumindest parallel zum Umsatz- oder Gewinnwachstum tendieren würde, bestünde keine Notwendigkeit, günstige Zeitpunkte für Börsengeschäfte zu bestimmen. Wir brauchten keine technischen Analysen durchzuführen und damit wären auch tausende Analysten, Marktstrategen und Fondsmanager überflüssig, die speziell dafür ausgebildet sind, Finanzinformationen zu sichten und Entwicklungstrends vorauszusagen. Wir könnten uns einfach die Aktien heraussuchen, die in den nächsten Jahren die besten Gewinndaten versprechen, und dann in aller Ruhe abwarten.

Doch der Börsenmarkt verhält sich nicht wie erwartet – und wird es niemals tun. Die Börse dürfte die am stärksten vom Zufall abhängige Institution auf Erden sein. Der Markt webt und schneidet in erratischen Schwüngen, die eher an die Küste Alaskas erinnern, als dass sie einen effizienten Kursmechanismus erkennen ließen. Diese

Kursschwankungen – die kurzfristigen Trendwenden – sind es, die zur Entwicklung einer an günstigen Zeitpunkten orientierten Anlagestrategie geführt haben. Die Tatsache, dass diese Schwankungen zu großen Gewinnen verhelfen können, ist denn auch der Grund dafür, dass so viele Leute versuchen, das Marktgeschehen oder eine bestimmte Aktie zeitlich richtig einzuschätzen. Schauen Sie sich Abbildung 6-2 an – dann wissen Sie, warum das so ist. Ich habe zwei hypothetische Aktien ausgewählt, deren Kurswerte von 10 Dollar auf 25 Dollar steigen. Die eine Aktie steigt erratisch, die andere legt konsistent erst 4 Dollar zu und fällt dann um 2 Dollar wieder zurück. Auf dem Papier verdient ein Anleger, der eine der beiden Aktien zum Kurs von 10 Dollar kauft und so lange hält, bis sie bei 25 Dollar notiert ist, einen Gewinn in Höhe von 15 Dollar – eine Rendite von 150 Prozent.

Die „Gewinnpunkte"-Methode

Da beide Aktien jedoch Kursschwankungen aufweisen, hatten sie ein weit über 15 Dollar hinausgehendes Gewinnpotenzial zu bieten. Denn je stärker eine Aktie schwankt, desto mehr Gelegenheiten gibt es, die letztlich erzielte Rendite zu übertreffen. Ich möchte solche Gelegenheiten als „Gewinnpunkte" bezeichnen und als „maximal möglicher Gewinn einer Aktie auf Basis ihrer Kursschwankungsbreite" definieren. In meinem Beispiel steigen beide Aktien von Anfang bis Ende um insgesamt 15 Punkte, doch die im oberen Diagramm dargestellte Aktie bringt einem Anleger, der seine Kauf- und Verkaufsentscheidungen genau auf die Extrempunkte terminiert, potenziell 300 Gewinnpunkte. Gewinnpunkte sind nichts anderes als die Summe aller Aufschwünge. Die im unteren Teil von Abbildung 6-2 dargestellte Aktie bietet nur 23 Gewinnpunkte (fünf Aufschwünge um je 4 Punkte und ein letzter Aufschwung um 3 Punkte). Mit einer Ausgangsinvestition von 10 Dollar lassen sich somit 23 Dollar Gewinn machen, wenn man die Aktie bis zum Kurswert von 25 Dollar hält. Hätten die beiden Aktien stärkere Kursschwankungen aufgewiesen, wäre die Zahl der Gewinnpunkte vermutlich noch höher ausgefallen. In der Praxis sind unbegrenzt viele Renditen auf das eingesetzte Kapital zu erzielen, wenn der Aktienkurs über längere Zeit hinweg hinreichend schwankt. Nehmen wir *General Motors* als Beispiel, dessen Aktien von 1988 bis Mitte 1997 zwischen 30 Dollar und 65 Dollar schwankten. Ein langfristig orientierter Anleger hätte von Anfang bis Ende 35 Dollar Gewinn verdient – bei einer durchschnittlichen Jahresrendite von 9 Prozent.

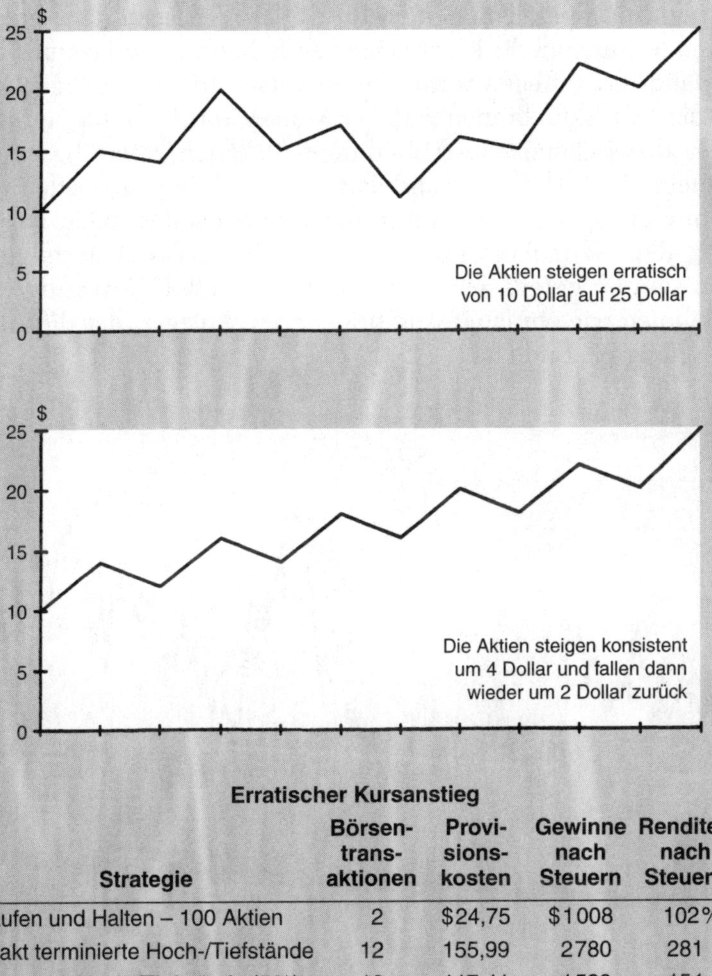

Die „Gewinnpunkte"-Methode

Die Aktien steigen erratisch von 10 Dollar auf 25 Dollar

Die Aktien steigen konsistent um 4 Dollar und fallen dann wieder um 2 Dollar zurück

Erratischer Kursanstieg

Strategie	Börsen- trans- aktionen	Provi- sions- kosten	Gewinne nach Steuern	Renditen nach Steuern
Kaufen und Halten – 100 Aktien	2	$24,75	$1008	102%
Exakt terminierte Hoch-/Tiefstände	12	155,99	2780	281
Verpasste Hoch-/Tiefstände (5%)	12	117,41	1529	154
Verpasste Hoch-/Tiefstände (7,5%)	12	102,52	1075	109

Konsistenter Kursanstieg

Strategie	Börsen- trans- aktionen	Provi- sions- kosten	Gewinne nach Steuern	Renditen nach Steuern
Exakt terminierte Hoch-/Tiefstände	2	$125,41	$1782	180%
Verpasste Hoch-/Tiefstände (2,5%)	12	109,42	1282	130
Verpasste Hoch-/Tiefstände (5%)	12	95,88	877	89

Abbildung 6-2: Veranschaulichung der Problematik bei kurzfristigem Timing

6 Verbesserung der Renditen auf lange Sicht mit „Kaufen und Halten"

Doch die *GM*-Aktie schwankte in diesem Zeitraum dermaßen stark, dass man mit Spekulationen mehr als das Vierfache hätte erzielen können, wenn man die kurzfristigen Aufschwünge voll genutzt hätte und dann ausgestiegen wäre. Bei 10 verschiedenen Gelegenheiten stieg die *GM*-Aktie binnen weniger Monate um 10 Dollar, um dann wieder abzusacken (siehe Abbildung 6-3). In einer der Phasen legte *GM* mehr als 30 Dollar zu, und dann ging der Gewinn wieder in fast vollem Umfang verloren. Wären Börsenspekulanten in der Lage gewesen, den Aktienkurs mit Erfolg auf Tagesbasis zu terminieren, hätten sie mindestens achtmal so viel Geld mit *GM*-Aktien verdienen können wie ein langfristig orientierter Anleger, der die Aktien von Anfang bis Ende hält.

Abbildung 6-3: *General Motors*

Zum Timing von Höhen und Tiefen

Und warum gelingt es nicht mehr Leuten, die Entwicklungen am Markt mit Erfolg zeitlich abzupassen? Weil das unmöglich ist. Wer das Timing-Geschäft professionell betreibt, ist bemüht, kurzfristige Gelegenheiten dieser Art zu nutzen. Aber auch Profis unterlaufen grobe Fehler, wenn sie keine Volltreffer landen. Die Tabellen in Abbildung 6-2 veranschaulichen, was passiert, wenn ein Anleger versucht, die hypothetischen Aktien an ihren Höchst- und Tiefstständen zu handeln, die jeweiligen Zeitpunkte aber nicht genau trifft. Wie Sie leicht überblicken können, braucht sich der Anleger gar nicht sonderlich stark zu irren, um seine Renditen empfindlich zu schmälern und sämtliche Vorteile einer präzisen Terminierung einzubüßen: Wenn der Anleger 100 Aktien zu 10 Dollar kauft und die Höhen und Tiefen in der Kursentwicklung genau terminiert, erzielt er einen Nettogewinn von 2 780 Dollar beziehungsweise eine Rendite von 281 Prozent (unter Berücksichtigung 1-prozentiger Provisionskosten für Kauf- und Verkaufstransaktionen). Damit ist er dem langfristig orientierten Anleger natürlich weit überlegen.

Doch schauen Sie sich nun an, was passiert, wenn der Anleger seine Transaktionen nicht präzise zu terminieren vermag. Die Gewinne werden um fast die Hälfte reduziert, wenn die Höchst- und Tiefststände um 5 Prozent verpasst werden. Beträgt die Fehlerspanne 7,5 Prozent, fallen die Nettogewinne bereits niedriger aus als die eines langfristig orientierten Anlegers. Und um 7,5 Prozent kann man sich leicht verschätzen. Bei einer 15-Dollar-Aktie macht das nur 1,13 Dollar aus. Aber wenn die Aktie bei 15 Dollar ihren Höchststand hat und der Anleger erst bei 14,25 Dollar verkauft, würde ein langfristig orientierter Anleger, der die Aktie bis zum Ende hält, bessere Renditen verdienen als der Spekulant (unter Einrechnung von Provisionskosten und Händlerspannen). Bei niedrig bewerteten Aktien kleinerer Unternehmen mit geringer Marktkapitalisierung können solche Höchststände bereits durch Realisierung der Spanne zwischen An- und Verkaufskurs um diesen Prozentsatz verpasst sein.

Zu beachten ist auch, dass kurzfristige Börsenspekulanten nur dann die 2 780 Dollar Gewinn erzielen, *wenn sie alle Erlöse aus dem vorherigen Verkauf wieder anlegen.* Somit steigen sie bei ständig höheren Kursen ein, und das hat zur Folge, dass auch ihre Gewinnschwelle immer höher zu liegen kommt, ihr Risiko nach unten hin immer größer wird und sie letztlich vielleicht sogar weniger Anteile besitzen. Das sollte man sich immer vor Augen halten. Wenn Sie nur teilweise Erfolg mit Ihren Anlagen haben oder Ihre bisherigen Erlöse nicht in vollem Umfang wieder anlegen, kann es passieren, dass Ihre Gewinne schrumpfen – und damit schwinden Ihre Chancen, die Renditen eines langfristig orientierten Anlegers zu übertreffen.

Ein Beispiel aus dem wirklichen Leben: *Dow-Industrials-*Unternehmen (1988–1996)

Nehmen wir abschließend noch an, Sie hätten am 1. Januar 1988 Unternehmensaktien aus dem *Dow Industrials Index* gekauft und bis August 1996 gehalten. Sie hätten den Index bei 1 938,83 gekauft und bis 4 640,84 gehalten und damit eine Vor-Steuer-Rendite von 139,4 Prozent erzielt. Die Rendite nach Abzug der Steuern hätte 94,5 Prozent betragen. Hätten Sie diese Renditen durch präzise Terminierung übertreffen können? Theoretisch ja, weil die *Dow-Industrials-*Aktien im Kurs hinreichend schwankten und damit genügend Gewinnpunkte boten. Schon wenn man sich die mittelfristigen Markttrends – im Gegensatz zu täglichen Fluktuationen – anschaut, zeigt sich, dass der *Dow Jones Industrial Average (DJIA)* in diesen sieben Jahren 4830 Gewinnpunkte umfasste und somit auf Durchschnittsbasis den absoluten Anstieg am Markt um mehr als 78 Prozent übertraf. Umgekehrt entstanden 2128 Verlustpunkte. Wenn man die Höchst- und Tiefststände zeitlich präzise erkannt hätte, wären Nach-Steuer-Gewinne (unter Berücksichtigung der Provisionskosten) von 186 Prozent angefallen – gegenüber 94,5 Prozent, die ein langfristig orientierter Anleger bekommen hätte (Abbildung 6-4).

Doch wie das Diagramm ausweist, war es nicht ganz so einfach. Wenn man mit seinen Kauf- und Verkaufsentscheidungen nur um 5 Prozent falsch lag, das heißt, um 5 Prozent früher oder später als zum Tiefststand kaufte beziehungsweise um 5 Prozent früher oder später als zum Höchststand verkaufte, hätten die Gewinne nur noch 92 Prozent betragen und dann wären die Renditen eines langfristig orientierten Anlegers höher gewesen als die des Spekulanten. Ich kenne keinen einzigen Anleger, der in der Lage wäre, Höchst- und Tiefststände mit 5-prozentiger Genauigkeit zu bestimmen. Vielmehr zeigt die Erfahrung, dass Höchst- und Tiefststände sehr schnell um 5 Prozent verfehlt werden. In den meisten Fällen braucht ein Marktgipfel oder ein Markttal nur um rund eine Woche zeitlich falsch eingeschätzt zu werden. Die Anleger hätten sofort auf die Bewegungen am Markt reagieren – und dann den Atem anhalten – müssen.

Wie kommt es, dass zeitliche Ungenauigkeiten die Gewinne derart schrumpfen lassen? Ausschlaggebend sind psychologische Faktoren und die Eigendynamik der Veränderungsrate. Aktien weisen in der Umgebung ihrer Extrempunkte tendenziell die prozentual stärksten Auf- und Abschwünge auf. Ein aufschlussreiches Beispiel war der 96-Punkte-Verkauf am 4. Februar 1994, als die Notenbank

Ein Beispiel aus dem wirklichen Leben: *Dow-Industrials*-Unternehmen (1988–1996)

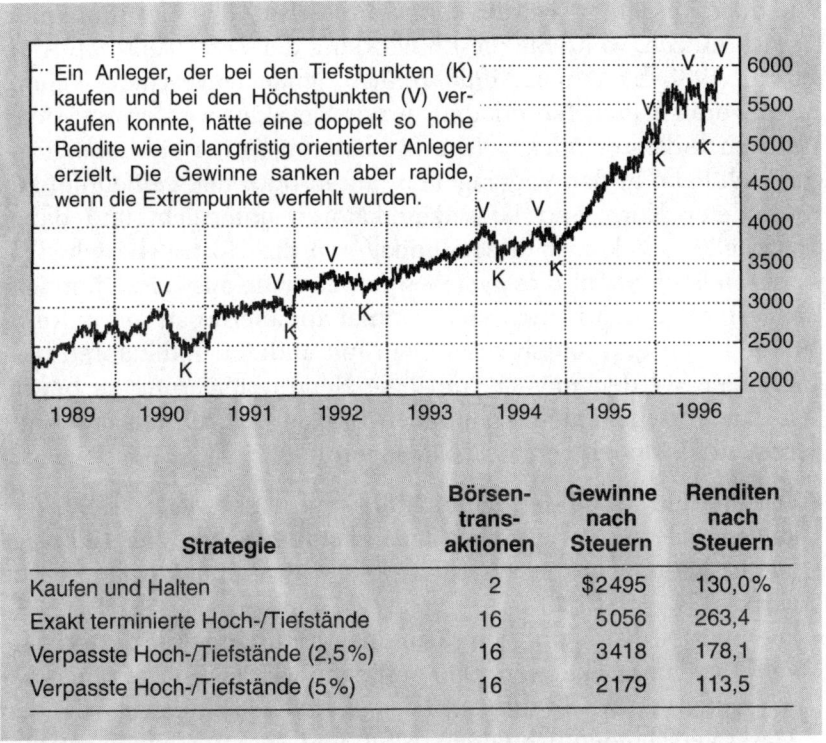

Strategie	Börsen-transaktionen	Gewinne nach Steuern	Renditen nach Steuern
Kaufen und Halten	2	$2495	130,0%
Exakt terminierte Hoch-/Tiefstände	16	5056	263,4
Verpasste Hoch-/Tiefstände (2,5%)	16	3418	178,1
Verpasste Hoch-/Tiefstände (5%)	16	2179	113,5

Abbildung 6-4: Zum Timing von *Dow-Industrials*-Aktien (Januar 1988 – August 1996) [*Annahmen:* DJIA-Investition von 1000 Dollar, unter Berücksichtigung von 1% Provisionskosten und Steuersatz von 31%]

der USA die erste Zinsanhebung verkündete; weitere sollten folgen. Der Markt hatte vier Tage zuvor einen Höhepunkt erreicht, aber keine deutlichen Anzeichen für die bevorstehenden Liquidierungen erkennen lassen. Der Kursrückgang um 2,5 Prozent täuschte die um gutes Timing bemühten Anleger – sie kamen nicht schnell genug heraus. Ein weiteres Beispiel war der rapide Marktumschwung im April 1997, als die *Dow-Industrials*-Aktien um fast 10 Prozent absackten, plötzlich wieder die Richtung wechselten und binnen zweier Monate um 20 Prozent in die Höhe kletterten. Solche Umschwünge sind typisch. Aufschwünge werden durch ruckartiges Anziehen der Kurse angeheizt und laufen aus, wenn sich die Veränderungsrate zu rasch entwickelt. Anleger, die gezielt um die Wahl des richtigen Zeitpunkts für ihre Transaktionen bemüht sind, verpassen solche Entwicklungen meist deshalb, weil es ihnen nicht konsistent gelingt, genau zu den Extrempunkten zu kaufen beziehungsweise zu verkaufen.

6 Verbesserung der Renditen auf lange Sicht mit „Kaufen und Halten"

Wie oben ausgeführt wurde, konnten Sie also 4830 Gewinnpunkte für sich nutzen, wenn Sie die Entwicklung der *Dow-Industrials*-Aktien von 1988 bis August 1996 zeitlich genau eingeschätzt hätten. Aber woran hätten Sie erkannt, wann Sie aktiv werden mussten? Welchen Indikator oder welche Indikatoren hätten Sie herangezogen? Ich habe in den vergangenen Jahren dutzende gemeinhin angewendeter Kurs- und Umsatzindikatoren untersucht und dabei festgestellt, dass keiner dieser Indikatoren die Höchst- beziehungsweise Tiefststände in diesen sieben Jahren hätte ausweisen können. Einige Indikatoren kamen nicht einmal annähernd an die Extrempunkte heran und hätten zusammen mit anderen Indikatoren herangezogen werden müssen, um eine Renditesteigerung zu bewirken. Die verschiedenen technischen Indikatoren führten unter anderem zu folgenden Fehleinschätzungen:

- Die meisten Methoden hätten 1995 und dann wieder 1996 Verkaufssignale ausgewiesen, als der Indexdurchschnitt bei 4350 lag. Damit hätten Sie die nächsten 4000 Gewinnpunkte am Markt verpasst.
- Die meisten Kurs- und Umsatzindikatoren hätten Sie zu exzessiven Börsentransaktionen 1990 und dann wieder 1992 veranlasst – zu Zeiten schwach ausgeprägter Kursschwankungen, als der Markt verschiedentlich falsche Kauf- und Verkaufssignale gab.
- Wer bei seinen Transaktionen die Dividendenrenditen zugrunde legte (und verkaufte, als die *S&P-500*-Aktien weniger als 3 Prozent Rendite brachten), verpasste mindestens drei Jahre nachfolgender Kursaufschwünge und Gewinne in Höhe von über 100 Prozent.
- Selbst wertorientierte Anleger, denen die Ermittlung des richtigen Zeitpunkts am Markt anhand strikter Kriterien (niedrige Kurs-Buchwert-, Kurs-Gewinn- und Dividenden-Kurs-Verhältnisse) gelungen wäre, hätten sich vermutlich aus dem Markt herausgehalten und die starken Kursaufschwünge Mitte der 90er Jahre verfehlt.

Wenn man sich die Ergebnisse der Geldmanager anschaut, zeigt sich in aller Deutlichkeit, was gemeint ist: Mehr als 80 Prozent aller Aktienfondsmanager, von denen viele ihr Vertrauen in verschiedene Timing-Modelle setzen, sind nicht in der Lage, den *S&P-500*-Index zu übertreffen – trotz ihrer umfänglichen Analyse-Budgets von mehreren Millionen Dollar und ihres Zugangs zu Informationen bis buchstäblich zur letzten Minute. Und einige hoch angesehene Fundamentalanalysten und technische Analysten der Branche empfehlen seit 1991 hohe Cash-Positionen. Ihre Klienten haben eine der größten Rallys des 20. Jahrhunderts verpasst.

Die beste Methode zur Widerlegung solcher Markt-Timing-Philosophien ist wohl die, sie *ad absurdum* zu führen. Ich habe deshalb sieben „Gebote" zusammengestellt, die den Anleger durch den Timing-Prozess geleiten sollen. Hoffentlich leiten Sie aus der Anwendung dieser Prinzipien auf Ihre Aktienbestände die Schlussfolgerung ab, dass es besser ist, die Aktivitäten des Unternehmens und nicht die Aktivitäten des Marktes als Wertindikator heranzuziehen!

Die sieben Gebote beim Markt-Timing

1. *Treffen Sie als Erstes die Entscheidung, wie lange Sie Ihr Geld am Markt anlegen wollen.* Ihre Zeitplanung entscheidet darüber, was sinnvoller ist – Halten oder spekulatives Kaufen beziehungsweise Verkaufen. Je länger Sie am Markt bleiben wollen, desto sinnvoller ist die Verfolgung einer langfristig orientierten Strategie des Kaufens und Haltens.
2. *Die erwartete Volatilität des Marktes während dieses Zeitraums muss deutlich genug ausgeprägt sein, damit Sie die Chance haben, eine langfristige Strategie des Kaufens und Haltens zu übertreffen.* Andernfalls ist es besser, wenn Sie Ihre Aktien halten.
3. *Je stärker die Kurse am Markt schwanken, desto mehr „Gewinnpunkte" entstehen.* Desto größer sind auch die Chancen, dass Sie Gewinne machen und die Renditen eines langfristig orientierten Anlegers übertreffen. Ist die Volatilität hingegen nur gering ausgeprägt, bieten sich kaum noch Gelegenheiten für erfolgreiches Markt-Timing. Unter solchen Umständen ist es am besten, wenn Sie Ihr Geld investiert lassen.
4. *Je weniger Schwankungen am Markt oder beim Kurswert einer Aktie auftreten, desto mehr Verlustgeschäfte werden Sie machen.* Ihr Timing-Modell wird zu viele Kauf- und Verkaufssignale ausweisen, die dicht beieinander liegen. Und für jede Transaktion müssen Sie Provisionskosten zahlen.
5. *Eine Aktie kann nur dann erfolgreich gehandelt werden, wenn sie in der Lage ist, mehr Gewinnpunkte als Verlustpunkte zu schaffen.* Vorzugsweise sollte das Verhältnis 2:1 sein. Der allgemeine Trend muss nach oben weisen und voraussichtlich von Dauer sein.
6. *Ihre Chancen, eine Position des Haltens und Kaufens zu übertreffen, hängt vorrangig davon ab, wie dicht Sie mit Ihren Transaktionen an die Höchst- und Tiefstände herankommen.* Schätzen Sie Marktextreme

auch nur um wenige Prozentpunkte falsch ein, verlieren Sie den größten Teil Ihres Vorsprungs, den Ihnen ein präzises Timing hätte verschaffen können.

7. *Noch ist kein einziger technischer Indikator erfunden worden, der die Höchst- und Tiefststände bei Aktienkurs- oder Marktbewegungen voraussagen könnte.* Einen solchen wird es auch nie geben. Die für Marktschwankungen verantwortlichen Faktoren unterliegen ständigem Wandel und sind zu zahlreich, als dass sie mit Erfolg quantifiziert werden könnten. Selbst wenn eine solche Quantifizierung möglich wäre – den meisten Privatanlegern stünden nicht die erforderlichen Ressourcen und hinreichend aussagekräftige Informationen zur Verfügung, um entsprechende Modelle aufstellen zu können.

7 Investitionen mit schnellem Kapitalrückfluss

Es ist eine echte Tragödie, wenn man eine überbewertete Aktie erwirbt, das Unternehmen ein großer Erfolg ist und man trotzdem kein Geld damit verdient.

Peter Lynch[1]

Bei fast jedem Unterfangen, bei dem Geld eine Rolle spielt, soll man, so haben wir es gelernt, daran denken, wie sich das Ganze rentiert. Wenn Sie ein Sparkonto bei Ihrer Bank oder Sparkasse vor Ort eröffnen, stellen Sie vermutlich als Erstes die Frage, welche Zinsen das Konto bringt. Die *Rendite* wird zum maßgeblichen Parameter, zumal sich alle übrigen Faktoren kaum unterscheiden: Sparkonten sind gesichert, die angefallenen Zinsen werden mit derselben Häufigkeit ausbezahlt und die Banken erheben nahezu identische Kontoführungsgebühren. Wenn Sie die Wahl zwischen mehreren Sparkonten haben, werden Sie sich vermutlich für das Konto entscheiden, das Ihnen den höchsten Zinssatz bringt. Warum? Weil Sie wissen, dass höhere Renditen einen schnelleren Kapitalrückfluss bedeuten.

Bei Wetteinsätzen, sei es im Pferderennsport, beim Roulette oder in der Staatslotterie, gehen Ihre Gedanken vermutlich in ähnliche Richtungen. Sie versuchen abzuschätzen, welches Spiel, welches Pferd oder welche Kombination von Zahlen, Münzen oder Kreuzen Ihren Wetteinsatz schnellstmöglich wieder „zurückzahlt".

Das Konzept des Kapitalrückflusses ist universal bekannt und wird von allen möglichen Unternehmungen – kleinen wie großen – praktiziert: Es stellt die Grundlage einer jeden Investitionsentscheidung dar, die Geschäftsführungen zu treffen haben. Wenn Immobilienunternehmen Grundstücke erwerben und die Verkaufspreise für künftige Bauherren festlegen, kalkulieren sie, wie rasch sich ihre Investitionen in neue Straßen, Kanalisation und Versorgungssysteme bezahlt machen. Je früher das eingesetzte Anfangskapital wieder hereinkommt, desto früher können sie die Erlöse in ein anderes

---

[1] Peter Lynch, *One Up on Wall Street*, New York, Penguin Books, 1989, S. 244.

Erschließungsprojekt investieren. Und wenn ein Ölunternehmen die Erweiterung einer Raffinerie in Erwägung zieht, kalkuliert es seine Umsätze und Gewinne auf Jahre im Voraus, um die jährliche Rendite und die Amortisationsdauer zu bestimmen.

Nicht anders verhalten sich die Führungskräfte von *Cracker Barrel*, wenn sie gemeinsam entscheiden, ob neue Restaurants gebaut werden sollen oder nicht: Als Erstes fragen sie nach der *Investitionsrentabilität* beziehungsweise nach der Kapitalrückflussdauer. Der Bau eines neuen *Cracker-Barrel*-Restaurants kostet an die 3,5 Mio. Dollar aufwärts – die Kette muss ein Grundstück erwerben, ein Gebäude errichten, Kücheneinrichtungen einbauen und Tische und Stühle aufstellen, Lebensmittel und Vorräte für die Küche und Verkaufsartikel für das Geschäft anschaffen sowie Werbezeit und Raum für Annoncen in den lokalen Medien finanzieren. Entsprechend ist die Geschäftsführung daran interessiert, dass dieses Restaurant so schnell wie möglich 3,5 Mio. Dollar unter dem Strich einbringt. Je länger es dauert, bis diese 3,5 Mio. Dollar verdient sind, desto länger ist das Geld von *Cracker Barrel* gebunden und steht somit für die Eröffnung weiterer Restaurants nicht zur Verfügung. Glücklicherweise kann *Cracker Barrel* mit einer der kürzesten Kapitalrückflusszeiten im Gaststättengewerbe rechnen, was auch der Grund für die hohe Rentabilität der Kette ist. In den *Cracker-Barrel*-Geschäften werden jährlich Gewinne von 1 Mio. Dollar und mehr erzielt – eine Rendite von 25 bis 30 Prozent auf das ursprünglich investierte Kapital. Auf diese Weise realisiert das Unternehmen seinen Kapitalrückfluss schon in rund drei Jahren.

Kriterien für einen angemessenen Kapitalrückfluss

Wie lange soll ein Anleger warten, bis er sein Geld zurückbekommt? Als Faustregel gilt: Wenn Sie einen *privaten* Betrieb erwerben, sollte das Geschäft so viel Gewinne – oder Cashflow – erwirtschaften, dass Sie Ihre Ausgangsinvestition *innerhalb von fünf bis sieben Jahren* wieder hereingeholt haben. Wenn Sie beispielsweise 200 000 Dollar in den Bau einer Autowaschanlage investiert haben, müssen Sie schon eine Jahresrendite von durchschnittlich 28 000 Dollar bis 40 000 Dollar veranschlagen. Wenn Sie Ihr Geld nach sieben Jahren noch nicht wieder zurückbekommen haben, sollten Sie ernsthaft überlegen, das Geschäft aufzugeben. Mit jedem weiteren Jahr wächst die Wahrscheinlichkeit, dass unkontrollierbare Faktoren wie Konjunkturabschwächung, Inflation, neu hinzugekommene Konkurrenz oder der Verlust wichtiger Verträge oder Mitarbeiter einen unerwarteten Umsatzrückgang verursachen und die Kapitalrückflusszeit noch verlängern. Wenn die Kapitalrückflussdauer über zehn Jahre hinausgeht, werfen Investoren ihr Geld buchstäblich zum Fenster heraus. Nicht nur, dass sie den oben erwähnten unerwarteten Faktoren ausgesetzt sind – ihre Jahresrenditen werden auch zu stark von der Inflation aufgezehrt.

Nehmen wir einmal an, die Baumarktkette *Home Depot* will eine neue Filiale in Dallas mit einem Kostenaufwand von 15 Mio. Dollar bauen. Bei seiner Entscheidung geht das Unternehmen davon aus, das neue Geschäft könne durchschnittlich 20 Mio. Dollar Jahresumsatz machen und 3 Mio. Nach-Steuer-Gewinn im Jahr erwirtschaften. Wenn alles planmäßig verläuft, wären die ursprünglich investierten 15 Mio. Dollar Ende des fünften Jahres wieder zurückgeflossen – bei einer annehmbaren Jahresrendite von 20 Prozent. Was aber geschieht, wenn all die *Menards*, *Lowes* und *Hechingers* in drei Kilometern Umkreis von der *Home-Depot*-Filiale ebenfalls Geschäfte in Dallas aufmachen? Es ist wohl zu bezweifeln, dass die Dallas-Einwohner in allen vier Geschäften häufig genug einkaufen würden, um deren Rentabilität zu gewährleisten. Wahrscheinlicher ist, dass *Home Depot* sein jährliches Umsatzziel von durchschnittlich 20 Mio. Dollar nicht erreicht. Das Unternehmen könnte nun seinen Werbeaufwand erhöhen oder Preissenkungen vornehmen, aber damit wäre das Risiko verbunden, dass die Gewinnspannen und die Gewinne unter dem Strich niedriger ausfallen. Wenn die Jahresgewinne letztlich auf 2 Mio. Dollar sinken, verlängert sich die Kapitalrückflussdauer für *Home Depot* auf siebeneinhalb Jahre. Und werden nur 1,5 Mio. Dollar Gewinne erzielt, ist bereits die Schallgrenze von zehn Jahren erreicht.

Natürlich kann auch die Inflation den Wert der Gewinne schmälern, die mit dem Geschäft in Dallas erzielt werden. Bei einer jährlichen Inflationsrate von 3 Prozent würde der inflationsbereinigte Rückfluss aus den 1,5 Mio. Dollar Gewinn im zehnten Jahr nur 1,12 Mio. Dollar betragen. *Home Depot* würde seine 15 Mio. Dollar Investitionskapital erst zu Beginn des 13. Jahres zurückbekommen. Bei einer durchschnittlichen Inflationsrate von 5 Prozent wäre ein voller Kapitalrückfluss erst im ersten Quartal des 15. Jahres erreicht.

Inzwischen sollte deutlich geworden sein, warum ein Unternehmen an einem schnellen Kapitalrückfluss interessiert ist. In späteren Jahren können alle möglichen Ereignisse die von *Home Depot* kalkulierte Rentabilität gefährden. So könnte in Dallas eine Rezession auf dem Wohnungsmarkt eintreten und den Absatz an Baumaterialien reduzieren. Die für das Geschäft zu entrichtenden Umsatz- und Vermögensteuern könnten sich verdoppeln. Der Stadtrat könnte einen Baumarkt billigen, der – keine zwei Kilometer entfernt – der *Home-Depot*-Filiale das Geschäft kaputtmacht. Oder die Stadtväter richten ein Gewerbegebiet ein, so dass die Konkurrenten von *Home Depot* zeitweilig von Steuerzahlungen befreit sind und deshalb zu niedrigeren Preise anbieten können.

Optionen bei der Kapitalrückflussanalyse

Die Erwartung, innerhalb von sieben Jahren einen vollständigen Kapitalrückfluss erzielen zu wollen, mag ehrgeizig anmuten. Aber stellen Sie sich einmal vor, Ihnen stünden zehntausende öffentlicher und privater Investmentprojekte weltweit zur Verfügung. Diejenigen Projekte, die bei annehmbarem Risikopotenzial den schnellsten Kapitalrückfluss versprechen, würden sicher an erster Stelle gewählt. Warum sollte man sich auch auf eine Autowaschanlage mit 10-jähriger Kapitalrückflussdauer einlassen, wenn die Waschanlage ein paar Häuser weiter einen Kapitalrückfluss in der Hälfte der Zeit bietet? Ist das Risikopotenzial bei beiden Projekten vergleichbar, sollten Sie Ihre gesamten Ressourcen auf das letztgenannte Projekt konzentrieren.

Bei der Kapitalrückflussanalyse kommt zwei Konzepten eine entscheidende Bedeutung zu: (1) der Rechnung mit den *Opportunitätskosten* und (2) dem Grundsatz, dass *Renditen konkret messbar sein müssen*.

Bemessung von Opportunitätskosten

In der traditionellen Finanzwissenschaft gilt der Kapitalrückfluss als wettbewerbsorientiertes Konzept. Da mit jedem Finanzprojekt beabsichtigt wird, die Gesamtrentabilität des investierten Kapitals zu maximieren, muss jeder Dollar, der für ein Kapitalprojekt eingesetzt wird, eine möglichst hohe Rendite einbringen. Deshalb muss bei jedem Projekt nachgewiesen werden, dass es eine optimale Nutzung der eingesetzten finanziellen Mittel ermöglicht, denn andernfalls kann und sollte ein Investitionsprojekt mit höherem Rentabilitätspotenzial gewählt werden.

Selbstverständlich sind die Renditen vom Einzelprojekt abhängig und werden von zahlreichen Faktoren bestimmt – nicht zuletzt kommt der Preisbildung und der branchenspezifischen Wettbewerbssituation maßgebliche Bedeutung zu. So mag eine neue Golfanlage in einer Stadt, in der es keine weiteren Anlagen dieser Art gibt, eine Jahresrendite von 30 Prozent erwirtschaften, aber wenn in der Nähe vier andere Golfanlagen vorhanden sind, können mit der neuen Golfanlage vielleicht nur noch 10 Prozent Rendite erzielt werden. Eine Zeitung, die in ihrer Stadt eine Monopolstellung genießt, darf mit einer weitaus höheren Rendite rechnen als irgendein Boulevardblatt, das sich in New York City ansiedeln will. Auch branchenspezifisch fallen die Renditen unterschiedlich aus. Eine neue Montagestraße für 500 Mio. Dollar bringt *Chrysler* oder *Ford* vielleicht nur eine 7-prozentige Rendite, während eine entsprechende Mikroprozessor-Anlage Unternehmen wie *Advanced Micro Devices* oder *Intel* durchaus eine Rendite von 25 Prozent bescheren kann. Und eine neue *McDonald's*-Filiale oder ein *Wendy's*-Restaurant in Kanada könnten Jahresrenditen von 18 Prozent auf das eingesetzte Unternehmenskapital bieten.

Theoretisch sollte eine Institution, die sowohl willens als auch fähig ist, eine Montagestraße oder eine Golfanlage zu bauen, dies auch tun. Doch in der Praxis sieht es zuweilen anders aus. *General Motors* ist in der Branche der Automobilherstellung tätig; dort hat das Unternehmen seine Kernkompetenzen, nicht im Trimmen von Rasenflächen. Vor die Wahl gestellt, eine Golfanlage oder eine Fertigungsanlage zu bauen, muss sich *GM* immer für die Fertigungsanlage entscheiden, auch wenn damit nur geringere Jahresrenditen zu erzielen sind. Und umgekehrt sollte sich der Golfkurs-Designer Peter Dye niemals zu der Vorstellung versteigen, er könne eine *Buick*-Montagestraße überblicken.

Aber *GM* stehen noch andere Optionen offen. So könnte das Unternehmen anstelle der Errichtung einer neuen Fertigungsanlage eine vorhandene Anlage, die nur schlechte Leistungen erbringt, modernisieren und die Renditen auf über 7 Prozent hochtreiben. Oder es entscheidet sich für den Kauf eines Lieferantenbetriebs, der ihm mehr als 7 Prozent auf das investierte Kapital einbringt. *GM* könnte auch eine verlustbringende Anlage schließen und damit die unternehmensweiten Renditen erhöhen. Oder es verkauft eine Anlage und nutzt das Geld, um 8-prozentige Darlehen abzuzahlen. Oder *GM* investiert ganz einfach die 500 Mio. Dollar in Staatsanleihen und versucht, mehr als 7 Prozent Rendite zu bekommen. Wenn mit einer dieser Alternativen eine Rendite erzielt werden kann, die höher ist als die für die neue Fertigungsanlage *erwartete* Rendite, dann sollte sich *GM* vorrangig für das alternative Projekt entscheiden.

Als Investor muss *GM* sämtliche Investitionsentscheidungen als realisierte oder entgangene Chancen betrachten. Jeder Dollar, der in ein bestimmtes Projekt investiert wird, steht für andere Projekte nicht mehr zur Verfügung. Dabei ist es unerheblich, dass *GM* mit diesem einen Dollar möglicherweise die Produktionsleistung des Unternehmens erhöht oder zusätzliche Arbeitskräfte beschäftigen kann. Es reicht eben nicht, dass *GM* sein Geld erneut investiert. Dieser Dollar muss eine angemessene Rendite erbringen – gemessen an dem, was *GM* mit diesem Dollar bei einem anderen Projekt hätte verdienen können.

Wir betrachten unsere Investitionen an der Börse in ganz ähnlicher Weise. Da uns der Markt täglich mit tausenden potenzieller Investitionsalternativen in Versuchung führt, haben wir gelernt, aus all den Investmentangeboten ein paar Projekte herauszusuchen, die unseren Risiko-/Rendite-Kriterien genügen. Desgleichen haben wir gelernt, Renditen an einem Performance-Standard zu messen – gewöhnlich an einem Aktienindex. Wenn Ihr Broker Ihnen mitgeteilt hat, Ihr Portfolio sei im letzten Jahr um 12 Prozent im Wert gestiegen, sind Sie vermutlich hocherfreut, aber nur so lange, wie er Ihnen noch vorenthält, dass der Aktienmarkt 18 Prozent zugelegt hat. Wenn Sie erst einmal begriffen haben, dass konkurrierende Investmentalternativen bessere Erträge bringen können als Ihre eigenen Anlageprojekte, müssen Sie umdenken und sich die Opportunitätskosten anschauen. In diesem Fall sind Ihnen bei Ihrer Geldanlage erhebliche Opportunitätskosten entstanden. Sie haben die Chance verpasst, zusätzlich sechs Prozentpunkte zu verdienen, weil Sie bezüglich Ihrer Anlageprojekte eine schlechte Wahl getroffen haben.

Konkretisierung von Renditen

Das zweite entscheidende Konzept im Zusammenhang mit dem Kapitalrückfluss ist die Forderung nach konkreter Messbarkeit der Renditen. Es muss eine Performance-Referenzeinheit geben, mit der Sie messen können, ob Projekt A einem Projekt B vorzuziehen ist, ob besser eine Golfanlage oder eine Autofertigungsanlage gebaut werden soll oder ob eine *Home-Depot*-Filiale in Dallas besser ist als keine Filiale. Diese Performance-Einheit heißt *Cashflow* – oder *Nettoertrag*.

Die meisten Investoren messen den Kapitalrückfluss fälschlicherweise an der Performance ihrer Aktien, aber das ist eine Selbsttäuschung. Aktien stellen lediglich die Wahrnehmung eines Wertes – nicht den Wert als solchen – dar. Diese leidvolle Erfahrung machen Investoren, wenn sie zusehen müssen, wie ihre Aktien in den Keller sausen, obgleich ein Unternehmen in seinem Geschäftsbericht gute Gewinne ausweist; oder wenn sie abrupte Auf- und Abwärtsbewegungen einer Aktie erleben, ohne dass sich an der Rentabilität des Unternehmens konkret etwas geändert hätte. Der Aktienmarkt ist keine Instanz, die über genaue Werte entscheidet, sondern ein Forum, auf dem Einzelanleger ihre Wertbeurteilungen austauschen.

Der Aktienmarkt ist keine Instanz, die über genaue Werte entscheidet, sondern ein Forum, auf dem Einzelanleger ihre Wertbeurteilungen austauschen.

Der geeignete Maßstab zur Beurteilung von Aktienrenditen ist der Nettoertrag, denn der ist konkret definierbar. Anders als der Kurswert unterliegt er keinen kurzfristigen Schwankungen. Er kann sich nicht verflüchtigen wie ein Bullenmarkt. Wenn ein Unternehmen 1 Mio. Dollar Gewinn im Jahr erwirtschaftet, muss sich auch der Nettowert des Unternehmens um 1 Mio. Dollar erhöhen. Die Gewinne werden der Bilanz als *einbehaltene Gewinne* zugeführt, was das Eigenkapital der Aktionäre und damit den Wert des Unternehmens erhöht. Natürlich kann das Unternehmen die 1 Mio. Dollar auch in vollem Umfang als Dividenden auszahlen – sie stehen den Aktionären zu. Oder das Unternehmen „thesauriert" den Gesamtgewinn von 1 Mio. und behält das Geld ein, um damit, so ist zu hoffen, künftig weitere Gewinne zu erzielen. Die Alternative wäre, einen Teil des Gewinns an die Aktionäre auszuzahlen und den Rest einzubehalten. Das ist die übliche Vorgehensweise.

In jedem Fall haben Sie als Aktionär einen bestimmten Anspruch auf diese 1 Mio. Dollar. Sollten Sie 1 Prozent des Aktienkapitals besitzen, stehen Ihnen 10 000 Dollar zu. Sollten Sie mit einem Millionstel am Unternehmen beteiligt sein, können Sie 1 Dollar einfordern. Das Unternehmen hat die Möglichkeit, den Ihnen zustehenden Betrag vollumfänglich zu begleichen, einen Teil zu bezahlen und den Rest einzubehalten oder zunächst den Gesamtbetrag zu thesaurieren.

Mit dem Kauf einer Aktie erwerben Sie einen Anspruch auf sämtliche Gewinne, die das Unternehmen in Zukunft erwirtschaftet. Das ist der Grund, warum Sie sich überhaupt Aktien zugelegt haben – Sie wollen am Erfolg des Unternehmens beteiligt sein, gleich, ob für die Dauer eines Quartals, eines Jahres oder eines Jahrzehnts. Das ist die einzige reale Rendite, die Ihnen zugesichert wird. In keiner Weise wird garantiert, dass die Aktien im Wert steigen. Vielmehr könnte es sein, dass sich der Aktienkurs für die Dauer

Ihrer gesamten Haltezeit überhaupt nicht ändert. Das liegt daran, dass nichts und niemand anders als die öffentliche Nachfrage die Aktien in die Höhe treibt – und die ist voller Tücken und Launen. Es könnte ein Krieg ausbrechen, die Volkswirtschaft könnte in eine Rezession stürzen, es könnte ein Bärenmarkt einsetzen oder Investmentfonds-Manager könnten Ihre Aktien abstoßen wollen. All diese Faktoren dürften einen länger anhaltenden Kurseinbruch verursachen. So zeigte der Kurs der Aktien von *Procter & Gamble* von 1973 bis 1979 sieben Jahre in Folge eine rückläufige Entwicklung, obgleich sich in dieser Zeit der Unternehmensumsatz verdreifachte und der Nettoertrag verdoppelte. Ähnlich war es bei *Wal-Mart*: Der Aktienkurs erreichte 1993 einen Höchststand, der fast vier Jahre lang nicht übertroffen wurde; gleichzeitig aber stiegen die Gewinne weiter und die Umsätze verdoppelten sich auf über 100 Mrd. Dollar.

Die Frage ist nun, wie man den Kapitalrückfluss auf der Basis von Gewinnen bemisst. Ganz einfach: Sie ermitteln den Gesamtgewinn eines Unternehmens und vergleichen ihn mit Ihrer Ausgangsinvestition. Wenn Sie beispielsweise 50 Dollar in das Aktienkapital von *DuPont* investiert haben, ist Ihr Kapitalrückfluss vollumfänglich erreicht, sobald *DuPont* 50 Dollar Nettoertrag pro Aktie erwirtschaftet hat, gerechnet von dem Zeitpunkt Ihres Aktienkaufs. Wenn *DuPont* konsistent 2 Dollar pro Aktie im Jahr zulegt, bedeutet dies eine Kapitalrückflusszeit von 25 Jahren. Hat *DuPont* im ersten Jahr 2 Dollar pro Aktie erwirtschaftet, haben Sie erst eine Rendite von 4 Prozent auf das von Ihnen investierte Geld erhalten. *Die Performance der* DuPont-*Aktien in diesem ersten Jahr spielt überhaupt keine Rolle!* Der Kurs mag um rasante 30 Prozent gestiegen sein; vielleicht ist er auch 20-prozentig abgestürzt. Das hat aber keinen Einfluss auf die Bemessung der Performance. Sie mögen befriedigt feststellen, dass die *DuPont*-Aktie 30 Prozent gestiegen ist, aber Ihnen sollte klar sein, dass diese Kursaufwertung nicht verdient war. In Anbetracht der mageren 4 Prozent Rendite auf Ihre Ausgangsinvestition von 50 Dollar war sie ganz sicher ungerechtfertigt. Im nächsten Jahr könnte eine Umkehr erfolgen und der Kurs jäh abstürzen. Wiederum: Ein 20-prozentiger Kurseinbruch bei den *DuPont*-Aktien wäre genauso irrational, zumal sich der innere Wert des Unternehmens erhöht hat.

Aktienkursbewegungen können nicht als Maßstab für den Kapitalrückfluss dienen. Aktien schwanken in zufallsbedingten, logisch nicht nachvollziehbaren Mustern; zuweilen wird der wahre Unternehmenswert reflektiert, oft aber auch nicht. Es ist wie bei einer kaputten Uhr, die zweimal am Tag nachgestellt wird und trotzdem die meiste Zeit falsch geht. Im Gegensatz dazu ist der Nettoertrag konkret messbar und zeitlich festgelegt. Dahinter stehen harte Dollars, die das Management mit Ihrem Geld erwirtschaftet hat und die nun den Nettowert des Unternehmens erhöhen. Hinter Aktienkursen steht lediglich das Vertrauen, das die Käufer in ihre Aktien setzen – zu einem ganz bestimmten Zeitpunkt. Wer den Kapitalrückfluss anhand von Aktienkursschwankungen bemisst, verhält sich gerade so wie jemand, der den Wert eines Vollblutpferdes anhand der Wetteinsätze bestimmen wollte, die auf das Pferd eingezahlt worden sind. Geradezu lächerlich.

Zugegeben – nur wenige Investoren würden *DuPont*-Aktien so lange halten, bis das Unternehmen tatsächlich 50 Dollar Nach-Steuer-Gewinn pro Aktie erwirtschaftet hat. Auch andere Aktien würden sie so lange nicht halten wollen. Vermutlich würden sie die Aktien bis zu zwei Jahren halten, was für den Durchschnittsanleger eine durchaus übliche Haltezeit ist. Trotzdem gilt auch hier dieselbe Analyse. Unabhängig von dem Zeitraum, über den Sie eine Aktie halten wollen: Sie müssen immer davon ausgehen, dass „Ihr" Unternehmen Gewinne erwirtschaftet, die Ihnen entweder anteilmäßig ausgezahlt oder aber zur Erhöhung des inneren Unternehmenswertes einbehalten werden.

Wenn Sie beispielsweise Ihre *DuPont*-Aktien zwei Jahre lange halten und das Unternehmen in diesen zwei Jahren 5 Dollar Gewinn pro Aktie erwirtschaftet, können Sie erwarten, dass Ihnen die 5 Dollar in Form von Dividenden und einbehaltenen Gewinnen zugute kommen. Werden die 5 Dollar vollumfänglich als Dividenden ausgezahlt, sollten Sie keine Aktienkursveränderungen erwarten, denn *DuPont* hat seinen Nettowert pro Aktie nicht erhöht. Sollten hingegen die 5 Dollar vollumfänglich einbehalten werden, ist vernünftigerweise damit zu rechnen, dass die Aktie in diesen zwei Jahren um mindestens 5 Dollar steigt. Wenn nämlich die Geschäftsführung diese 5 Dollar zweckmäßig reinvestiert und effizientere Anlagen baut, Schulden bezahlt oder in neue Auslandsmärkte expandiert, erhöht sich der Nettowert von *DuPont* um mehr als 5 Dollar pro Aktie und dies müsste zur Folge haben, dass auch der Aktienkurs um mindestens 5 Dollar steigt.

Derselbe Zusammenhang trifft auf längere Zeiträume ebenfalls zu. Angenommen, *DuPont* erwirtschaftet in den nächsten 10 Jahren einen Gewinn von 25 Dollar pro Aktie. Dann können Sie davon ausgehen, dass der Aktienkurs mindestens 25 Dollar zulegt. Bei einer Ausgangsinvestition von 50 Dollar beliefe sich dann die

7 Investitionen mit schnellem Kapitalrückfluss

Gesamtrendite auf 50 Prozent – bei einer Jahresrendite von 4 Prozent. Vielleicht sind Sie in Anbetracht einer mageren 4-Prozent-Jahresrendite nicht sonderlich begeistert, aber das ist die Norm. Bis vor kurzem ließen Aktien die Tendenz erkennen, parallel zum wachsenden Nettowert des Unternehmens zu steigen. Die jüngsten Entwicklungen mit einkommensstarken Renditen und Aktienkursen, die zwei- bis dreimal so schnell steigen wie die Gewinne, sind anormal und werden sich letztlich wieder auf einen Mittelwert einpendeln.

Zwischen 1928 und 1997 hat sich der *Dow-Industrials*-Index durchschnittlich nur um 4,9 Prozent im Jahr erhöht, nicht um 10 bis 15 Prozent, wie gemeinhin angenommen wird. Die Gewinne der im *Dow Jones Industrial Average* erfassten Unternehmen stiegen in diesen 69 Jahren um 4,7 Prozent jährlich. Die Buchwerte der Index-Unternehmen zeigten jährliche Zuwachsraten von rund 4,3 Prozent (siehe Abbildung 7-1). Aktienkursentwicklung, Gewinnsteigerung und Erhöhung des Eigenkapitals ließen somit eine enge Korrelation erkennen.

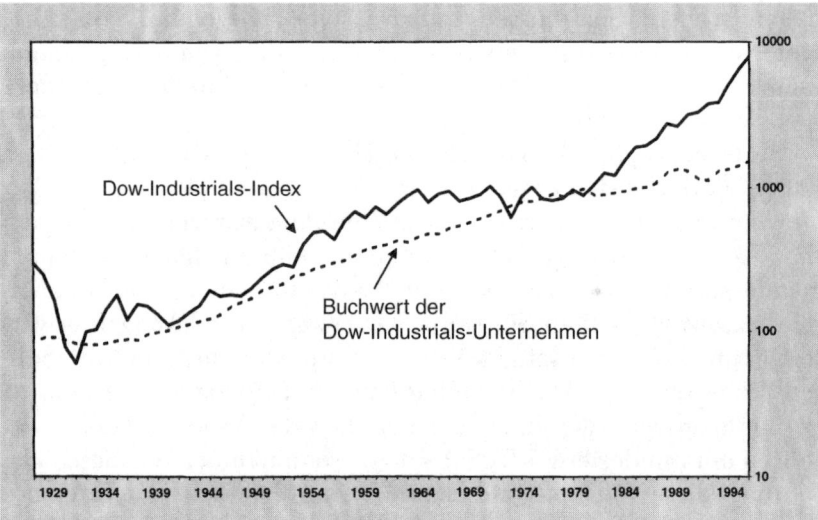

Abbildung 7-1: Buchwerte und Aktienkurse der im *Dow-Industrials*-Index erfassten Unternehmen (1929–1997)

KGV als Bindeglied zwischen Nettoertrag und Kapitalrückfluss

Und welcher Zusammenhang gilt für Nettoertrag und Kapitalrückfluss? Maßgeblich sind unsere Erwartungen, die am deutlichsten im Kurs-Gewinn-Verhältnis (KGV) einer Aktie zum Ausdruck kommen. Das Kurs-Gewinn-Verhältnis gibt an, welches Aufgeld Investoren zu zahlen bereit sind, um an den derzeitigen und künftigen Gewinnen des Unternehmens teilzuhaben. Bei einem KGV von 20 zahlen Anleger 20 Dollar für jeden Dollar Gewinn, den das Unternehmen gegenwärtig mit dem Geld der Anleger erwirtschaftet, und das entspricht, bezogen auf die Ausgangsinvestition, 1/20 Jahresrendite. Bei einem KGV von 50 erhalten die Geldanleger 1/50 Rendite auf ihre ursprüngliche Geldanlage und damit eine *Gewinnrendite* von nur 2 Prozent. Bei einem KGV von 8 beträgt die Gewinnrendite 12,5 Prozent.

Warum, so fragt man sich, jagen dann Investoren hinter Aktien mit hohem KGV her, wenn sie doch wissen, dass die Kapitalrückflusszeit bei solchen Unternehmen länger ist? Der Grund ist die Gewinnzuwachsrate – das letztlich ausschlaggebende Kriterium für die Bemessung von Kapitalrückflusszeiten. Je schneller die Gewinne eines Unternehmens wachsen, desto schneller erwirtschaftet das Unternehmen auch die Gewinne, die für den Kapitalrückfluss Ihrer Investition benötigt werden. Wenn *DuPont* mit einem Gewinn von 2 Dollar jährlich beginnt und seine Gewinne jährlich um 10 Prozent steigert, bekommen Sie Ihre Geldanlage von 50 Dollar viel schneller zurück, als wenn die *DuPont*-Gewinne nur 5 Prozent im Jahr steigen würden. Die Erwartungen bezüglich der künftigen Gewinnleistung von *DuPont* sind theoretisch im Kurs-Gewinn-Verhältnis erfasst. Wenn Anleger der Meinung sind, die Gewinne bei *DuPont* könnten 10 Prozent im Jahr zulegen, werden sie vermutlich bereit sein, das 20fache der Gewinne für die Aktien zu zahlen. Erwarten sie hingegen eine Gewinnzuwachsrate von nur 2 Prozent, dürfte das KGV der Aktie bei 10 liegen.

Es gibt keine Zauberformel, nach der die Beziehung zwischen Gewinnwachstum und KGV zu bestimmen wäre. Die Investoren lassen unterschiedliche Beziehungen gelten – je nachdem, wie sie die ihnen vorliegenden Informationen interpretieren. Theoretisch müsste ein Unternehmen mit 15-prozentigem Gewinnzuwachs im Jahr mit einem KGV-Durchschnittswert von 15 gehandelt werden. Würden die Gewinne des Unternehmens jährlich 35 Prozent zulegen, wäre ein durchschnittliches KGV von 35 zu erwarten. Allerdings sind derart hübsche Gleichgewichtsbeziehungen zwischen Aktienkursen und Gewinnen in der Praxis kaum anzutreffen. Da Investoren spontan auf neue Fakten und Informationen wie Zinssatzveränderungen, schlechte Quartalsergebnisse oder eine schwache Wirtschaftslage reagieren, unterliegen ihre *Wahrnehmungen* vom Gewinnwachstum – und damit das Kurs-Gewinn-Verhältnis – einem ständigen Wandel. So ist es durchaus möglich, dass eine Software-Aktie im einen Monat mit einem KGV von 46, im nächsten mit 52 und im darauf folgenden vielleicht wieder nur mit 35 gehandelt wird. Trotzdem können die Gewinne mit konstanter Zuwachsrate steigen. Die Aktien einer biotechnologischen Neugründung haben unter Umständen im einen Jahr ein KGV von 20, 100 im nächsten und im übernächsten nur noch 15.

Es handelt sich wohl eher um einen durch Versuch und Irrtum geprägten Prozess: Die Investoren sind ständig bemüht, ihre Wachstumserwartungen der Realität anzupassen. Derartige Experimente sollten wertorientierte Anleger besser unterlassen, denn es wirkt sich so gut wie immer negativ auf den Anlageerfolg aus, wenn Investoren auf Aktienbewegungen setzen und sich an kurzlebigen Trends orientieren.

Die Kapitalrückflusstabelle

Dennoch gibt es eine – mitnichten magische, aber elegant einfache – Formel, mit der Sie KGV, Nettoertrag und Kapitalrückfluss in einen Zusammenhang bringen können. Diese Formel sorgt dafür, dass Sie für Ihren Anteil an den Gewinnen eines Unternehmens keinen überhöhten Preis zahlen. Ich habe sie in meiner Kapitalrückflusstabelle angewendet (siehe Abbildung 7-2). Wenn Sie diese Tabelle heranziehen, können Sie schnell bemessen, ob ein Unternehmen Ihren Geldeinsatz binnen kurzer Zeit zurückzahlen kann. Nehmen wir beispielsweise an, die *Philip-Morris*-Aktie wird bei 45 Dollar gehandelt und hat im letzten Jahr 3 Dollar Gewinn je Aktie zugelegt. Aus dem Kurs von 45 Dollar und dem Gewinn von 3 Dollar ist schnell das Kurs-Gewinn-Verhältnis errechnet: KGV = 15. Um nun einen Anspruch auf die 3 Dollar Gewinn der *Philip-Morris*-Aktien zu erwerben, müssten Sie 45 Dollar zahlen. Ist das ein angemessener Preis? Das können Sie erst dann beurteilen, wenn Sie den Kurswert von 45 Dollar zur Gewinnzuwachsrate bei *Philip Morris* in Beziehung setzen: Lässt das Unternehmen kein Wachstum erkennen, wird es immer nur 3 Dollar pro Jahr erwirtschaften, und das würde bedeuten, dass das Unternehmen 15 Jahre braucht, um

Die Kapitalrückflusstabelle

45 Dollar Gewinn zu verdienen und Ihnen Ihre Geldanlage vollumfänglich zurückzuzahlen. So lange wird natürlich kein Investor warten wollen.

Gewinnzuwachs je Aktie \ Kurs-Gewinn-Verhältnis	5	10	15	20	25	30	35	40	45	50	55
2 %	4	9	13	16	20	23	26	29	32	34	37
4 %	4	8	11	14	17	20	22	24	26	27	29
6 %	4	8	10	13	15	17	19	20	22	23	24
8 %	4	7	10	12	14	15	17	18	19	20	21
10 %	4	7	9	11	13	14	15	16	17	18	19
12 %	3	6	9	10	12	13	14	15	16	17	17
14 %	3	6	8	10	11	12	13	14	15	15	16
16 %	3	6	8	9	10	11	12	14	14	14	15
18 %	3	6	7	9	10	11	12	12	13	13	14
20 %	3	6	7	8	9	10	11	12	12	13	14
22 %	3	5	7	8	9	10	10	11	12	12	12
24 %	3	5	7	8	9	9	10	10	11	11	12
26 %	3	5	6	7	8	9	10	10	10	11	11
28 %	3	5	6	7	8	9	9	10	10	10	11
30 %	3	5	6	7	8	9	9	9	10	10	10
32 %	3	5	6	7	7	8	9	9	9	10	10
34 %	3	5	6	7	7	8	8	9	9	9	10
36 %	3	4	6	6	7	8	8	8	9	9	9
38 %	3	4	5	6	7	7	8	8	8	9	9
40 %	3	4	5	6	7	7	8	8	8	9	9

☐ Attraktive/unterbewertete Zone
☐ Neutrale Zone
☐ Unattraktive/spekulative Zone

Abbildung 7-2: Kapitalrückflusszeiten bei Unternehmensaktien (in Jahren, die ein Unternehmen braucht, um die zur Rückzahlung einer Geldanlage erforderlichen Gewinne zu erwirtschaften)

Würden die Gewinne jedoch 15 Prozent im Jahr steigen, könnte *Philip Morris* die erforderlichen 45 Dollar Gewinn viel schneller erwirtschaften. Um wie viel schneller? Schauen Sie auf die Tabelle: Wenn eine Aktie bei einem KGV von 15 gehandelt wird und die Gewinne 15-prozentige Zuwachsraten aufweisen, erfolgt der Kapitalrückfluss nach rund acht Jahren. Dieser Zusammenhang lässt sich mathematisch leicht nachvollziehen. Bei einer Gewinnbasis von 3 Dollar belaufen sich die künftigen Gewinne bei *Philip Morris* auf 3,45 Dollar, dann auf 3,97, 4,56, 5,25, 6,03, 6,94, 7,98, 9,18 Dollar usw. Im achten Jahr etwa würden die Gewinne von *Philip Morris* insgesamt den 45 Dollar entsprechen und dann noch weiter steigen.

Und wenn die *Philip-Morris*-Gewinne nur um 8 Prozent im Jahr wachsen würden? Die Tabelle weist eine Kapitalrückflusszeit von zehn Jahren aus. Stiegen die Gewinne mit jährlichen Zuwachsraten von 30 Prozent, könnte der Kapitalrückfluss bereits nach sechs Jahren erfolgen. Selbstverständlich ist eine Kapitalrückflusszeit von sechs Jahren wünschenswerter als eine von acht oder zehn Jahren. So wie kürzere Kapitalrückflusszeiten bei der Beurteilung von Privatunternehmen von Vorteil sind (siehe Ausführungen weiter oben), so ist dieses Kriterium auch beim Erwerb von Aktien eines öffentlichen Unternehmens von größter Bedeutung. Insgesamt sind also drei wichtige Aspekte zu berücksichtigen:

1. *Der Gewinnrückfluss ist der einzig richtige Maßstab für die erwartete Investment-Performance.* Bei der Abschätzung von Renditen darf man nicht von voraussichtlichen Aktienkursbewegungen ausgehen.
2. *Eine Aktie, die einen kürzeren Kapitalrückfluss bietet, ist bei sonst gleich bleibenden Bedingungen einer Aktie mit längerem Kapitalrückfluss vorzuziehen.* Wenn Sie die Wahl zwischen zwei ungefähr vergleichbaren Aktien (z.B. *Eli Lilly* und *Merck*) haben, ist die Aktie mit der kürzesten Kapitalrückflusszeit nicht nur am stärksten unterbewertet, sondern hat auch ein größeres Kurspotenzial nach oben zu bieten.
3. *Die Kapitalrückflusszeit einer Aktie verändert sich entsprechend dem Wandel der kurzfristigen Wahrnehmungen am Markt.* Sie sollten sich aber von Ihren eigenen Beurteilungen nicht abbringen lassen und der Masse der Anleger folgen. Sie sollten warten, bis eine Aktie einen verhältnismäßig niedrigen Kapitalrückflusskurs erreicht hat, bevor Sie sich zum Kauf entschließen.

Nach Möglichkeit sollten Sie abwarten, bis eine Aktie in die attraktive *Kapitalrückflusszone* kommt: In der Tabelle ist dieser Bereich mit dunkelgrauer Schattierung gekennzeichnet. Aktien mit Kapitalrückflusszeiten unter sieben Jahren gelten in Anbetracht ihrer Zuwachsraten als stark unterbewertet. *Novellus Systems*, ein Hersteller für Halbleiter-Apparaturen, gab 1966 ein hervorragendes Beispiel ab: Im Sommer stürzte die Aktie auf 32 Dollar – das Sechsfache der Gewinne – ab, doch die Gewinne stiegen mit Jahreszuwachsraten von 28 Prozent. Der Kapitalrückflusstabelle zufolge hatte *Novellus* eine Rückzahlungsperiode von nur vier Jahren zu bieten. Die Aktie drehte sich und kletterte in den nächsten 16 Monaten rapide in die Höhe: Im Oktober 1997 hatte sie einen Kurswert von 130 Dollar erreicht.

Die Eleganz der Kapitalrückflussmethode ist darin begründet, dass man seine Parameter unbeirrt und ohne Rücksicht auf den

Wandel der Zeit anwenden kann. Sie hat sich auf allen Märkten bewährt, in allen Wirtschaftslagen, bei allen Zinssätzen und bei Unternehmen aller Art. Sie bewährt sich auf Bullenmärkten, wenn die meisten Investoren immer höhere Preise für Unternehmen zu zahlen bereit sind, ebenso wie in den Unbilden eines Bärenmarktes.

Kapitalrückfluss und Wachstum: Eine Alternativmethode

Eine zweiter, ebenfalls einfacher Ansatz zur Kapitalrückflussanalyse sieht die Gegenüberstellung von Aktienkursentwicklung und Gewinntrend vor. Theoretisch müsste die Aktie eines Unternehmens, dessen Gewinne eine jährliche Zuwachsrate von 15 Prozent aufweisen, *im Durchschnitt* um 15 Prozent im Jahr zulegen, sofern der Markt dem Gewinnstrom weiterhin denselben Multiplikator (KGV) zuordnet. Ich möchte dies ausdrücklich betonen: Ich habe von *Durchschnitt* gesprochen, um die erwarteten Kursbewegungen zu beschreiben. Über längere Zeit hinweg können wir damit rechnen, dass die Gewinnzuwachsrate einer Aktie letztlich der Kursanstiegsrate genau entspricht. Kurzfristig ist dies hingegen selten der Fall. Nehmen wir als Beispiel die Einzelhandelskette *Walgreen*: Die Gewinne lassen tendenziell ein Wachstum von 13 Prozent im Jahr erkennen. Zwar werden konsistent Gewinne erwirtschaftet, aber die Investoren müssen dennoch mit zufallsbedingten, kurzfristigen Kursveränderungen rechnen. Angenommen, die *Walgreen*-Aktie erfährt jährliche Veränderungen von 15 Prozent, 25 Prozent, minus 20 Prozent, 40 Prozent und 14 Prozent (siehe Abbildung 7-3). Diese jährlichen Fluktuationen deuten auf eine äußerst erratische Entwicklung hin, gleichen sich im Lauf der Zeit aber wieder aus. Irgendwann wird die Aktie bei einem KGV gehandelt werden, das nahe an ihre Zuwachsrate herankommt. In diesem Beispiel wird die *Walgreen*-Aktie Ende des fünften Jahres – wie zu erwarten – bei einem KGV von 13 gehandelt.

Wollten wir nun die Gewinne und den Aktienkurs bei *Walgreen* über längere Zeiträume hinweg aufzeichnen, könnten wir dieselben Entwicklungstrends erwarten. Solange die Gewinnzuwachsrate bei durchschnittlich 13 Prozent bleibt, dürfte auch der Aktienkurs dieselbe durchschnittliche Zuwachsrate aufweisen. Für das Jahr 2008 wäre dann mit Gewinnen in Höhe von 3,39 Dollar pro Aktie zu rechnen und die Aktie würde Ende des Jahres bei 44 Dollar gehandelt werden. Natürlich können alle möglichen Faktoren dazu führen, dass der Aktienkurs im Jahr 2008 weit über oder unter 44 Dollar liegt. Zu Zeiten eines Bärenmarktes sind die Investoren vielleicht

Jahr	Gewinn je Aktie	Kurs	Steigerungs-rate in %	KGV
1998	1,00	$13,00		13,0
1999	1,13	$14,95	15	13,2
2000	1,28	$18,69	25	14,6
2001	1,44	$14,95	−20	10,3
2002	1,63	$20,93	40	12,8
2003	1,84	$23,86	14	13,0

Abbildung 7-3: Hypothetische Wertentwicklung der *Walgreen*-Aktie

bereit, die *Walgreen*-Aktie nur zum Achtfachen der Gewinne – für 27 Dollar also – zu erwerben. Umgekehrt könnte es aber auch sein, dass Pharmaaktien im Jahr 2008 heiß begehrt sind und die Investoren bereitwillig das 25fache der Gewinne – 85 Dollar – für die *Walgreen*-Aktie zahlen. Keine der beiden Extrempositionen wäre ein Beleg für Kurseffizienz oder für eine realistische Einschätzung des Unternehmenswertes. Ohne jeden Zweifel können wir behaupten, dass die *Walgreen*-Aktie mit 85 Dollar stark überbewertet und entsprechend mit 27 Dollar stark unterbewertet wäre.

Dieser Zusammenhang lässt sich auch grafisch darstellen, wobei zunächst die Kapitalrückflusstabelle herangezogen werden soll. Bei einer Wachstumsrate von 13 Prozent und einem KGV von 25 würde die Kapitalrückflusstabelle für *Walgreen*-Aktien rund 11,5 Jahre ausweisen. Ein Anleger müsste also 11,5 Jahre lang warten, bis das Unternehmen genügend Gewinne erwirtschaftet hat, um die ursprüngliche Geldanlage zu begleichen. Wie bereits erwähnt, ist eine derart lange Kapitalrückflussdauer nicht wünschenswert. Bei Kurswerten um 87 Dollar sollte der Investor *Walgreen*-Aktien nicht anrühren. Notiert die Aktie hingegen bei 27 Dollar, erfolgt der Kapitalrückfluss bereits im sechsten Jahr und das wäre eine ausgesprochen wünschenswerte Position.

Viele Aktien verhalten sich genauso: Obgleich die Gewinne stetig steigen, schwankt die Aktie um die Trendlinie der Zuwachsrate des Unternehmens – mal mit überbewerteten und mal mit unterbewerteten Kursen. Am besten ist der Kapitalrückfluss zu verstehen, wenn man einen Zusammenhang zu den Aktienkursbewegungen herstellt. Wir können diesen Zusammenhang grafisch darstellen, indem wir – wie im hypothetischen *Walgreen*-Beispiel – die längerfristigen Gewinntrends mit den längerfristigen Aktienkursbewegungen vergleichen. Dazu wollen wir das Beispiel des bekannten

Getränke- und Snack-Herstellers *PepsiCo* betrachten, bei dem sich Gewinne und Aktienkurse 35 Jahre lang (bis 1994) buchstäblich im Gleichschritt entwickelten (siehe Abbildung 7-4). Unter Berücksichtigung mehrfach erfolgter Aktiensplits erfuhr *PepsiCo* einen Kursanstieg von weniger als 0,75 Dollar im Jahr 1960 auf knapp 40 Dollar Ende 1994. Entlang der Aktienkursaufzeichnung verläuft eine Linie, mit der die Entwicklung der Gewinne über jeweils 12 Monate ausgewiesen wird. Ich habe das Diagramm so angelegt, dass sowohl Kurse als auch Gewinne auf derselben Achse aufgetragen werden können. Auf diese Weise lässt sich die Veränderungsrate bei beiden Parametern verdeutlichen. Die *PepsiCo*-Aktie wurde zwischen 1960 und 1994 bei einem KGV-Durchschnitt von 13 gehandelt und das entspricht genau dem Zuwachs der aufs Jahr umgerechneten Gewinne während des Betrachtungszeitraums. Die Tatsache, dass die Aktie nur selten bei genau dem 13fachen der Gewinne notiert wurde, ist ein Hinweis darauf, dass sich der Markt in seiner Einschätzung der erwarteten *PepsiCo*-Wachstumsrate ständig neu angepasst hat: 1973 war der Markt bereit, das 35fache der Gewinne für eine *PepsiCo*-Aktie zu zahlen – schon zwei Jahre später galt allenfalls das Achtfache der Gewinne als annehmbar.

Anfang 1997 trieben die Anleger die *PepsiCo*-Aktien erneut auf mehr als das 30fache der Gewinne hoch, was die historische Wachstumsrate weit übertraf. Im Rückblick ist zu erkennen, dass die Anleger mit ihrer Einschätzung von *PepsiCo* häufig falsch lagen. Trotz gelegentlich beschleunigter oder verlangsamter Gewinnentwicklung blieb die langfristige Zuwachsrate bemerkenswert konstant. Was nicht konstant blieb, war der Aktienkurs, der mehr oder weniger heftig um die Gewinn-Trendlinie schwankte. Es gab Zeiten, zu denen die Aktie durchschnittlich zum 20fachen der Gewinne gehandelt wurde – beispielsweise Ende der 60er und Anfang der 70er Jahre. Umgekehrt lagen die Aktienkurse auch jahrelang unter der Gewinn-Trendlinie. Dieses Muster wiederholt sich bei fast allen Aktien. Auf Zeiten aufgeblähter Kurse folgen stets Zeiten gedrückter Kurse, wobei die Gewinn-Trendlinie in der Mitte verläuft. Peter Lynch hat einmal gesagt:

Häufig ist zwischen dem Erfolg der Aktivitäten eines Unternehmens und dem Erfolg seiner Aktien über Monate oder gar Jahre hinweg keine Korrelation zu erkennen. Doch langfristig besteht eine 100-prozentige Korrelation zwischen dem Erfolg eines Unternehmens und dem Erfolg seiner Aktien.[2]

---

[2] Peter Lynch, *Beating the Street*, New York, Simon & Schuster, 1993, S. 303.

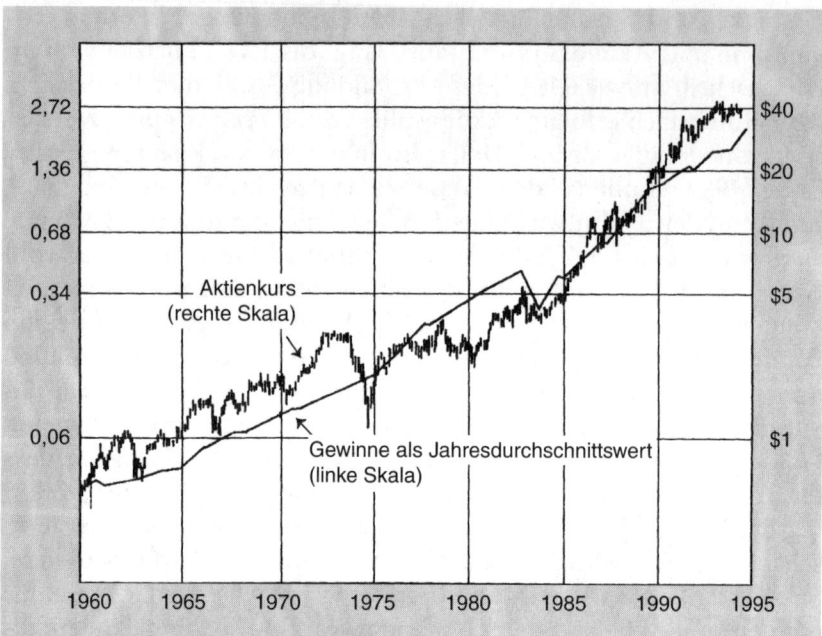

Abbildung 7-4: *PepsiCo* 1960–1994

Wie das *PepsiCo*-Diagramm zeigt, können Unterbewertung und Überbewertung jahrelang anhalten – ein Umstand, der die Festlegung des geeigneten Kaufkurses erschwert. Als Anleger sollte man im Allgemeinen keine Aktie kaufen, deren Kurs deutlich über der Gewinn-Trendlinie liegt, da in einem solchen Fall das Risiko eines Kurseinbruchs besonders hoch ist. Solche Extremsituationen können nicht unbegrenzt andauern. Etwas *muss* sich verändern: Entweder legen die Gewinne schneller zu, als der Markt erwartet, oder die Aktie fällt auf ihre Trendlinie – oder auch auf niedrigere Werte – zurück. Je stärker die Aktie nach oben hin von ihrer Trendlinie abweicht, desto heikler wird das Risiko eines Kursabsturzes für den Aktienkäufer. Wenn das Kurs-Gewinn-Verhältnis deutlich die Fähigkeit des Unternehmens übersteigt, angemessene Gewinne zu erwirtschaften, erhöht sich die Kapitalrückflussdauer – und damit wächst auch das Risiko, dass die Performance des Unternehmens oder seiner Aktien eines früheren oder späteren Tages nicht mehr den Erwartungen des Aktienkäufers entspricht.

Zum Werteffekt wachstumsorientierten Kaufens

Als Anleger, der sich zwischen zwei gleichermaßen unterbewerteten Unternehmen zu entscheiden hat, sollten Sie immer die Aktien des Unternehmens kaufen, das die beste Wachstumsrate zu bieten hat. Unter Wachstumsrate verstehe ich hier die Fähigkeit des Unternehmens, Jahr für Jahr höhere Gewinne pro Aktie zu erwirtschaften. Wachstum ist der Motor, der den KGV-Wert antreibt und den Maßstab für den Kapitalrückfluss darstellt. Weniger hinlänglich bekannt ist die Tatsache, dass Wachstumsunternehmen zunehmende Renditen auf Ihre ursprüngliche Geldanlage erwirtschaften – wie in Kapitel 5 ausgeführt. Der Kauf von Wachstumsaktien zu gedrückten Kursen mit anschließendem Halten der Aktien über längere Zeiträume hinweg verhilft Ihnen zu Jahresrenditen in astronomischen Größenordnungen.

Wir wollen noch einmal *Philip Morris* als Beispiel heranziehen und dieselben Gewinndaten zugrunde legen, wie wir sie weiter oben in diesem Kapitel im Zusammenhang mit der Kapitalrückflusstabelle beschrieben haben. Anstatt nun die Renditen nach Maßgabe der Aktienkursschwankungen zu bemessen, stellen wir die Gewinnentwicklung dem ursprünglichen Kaufpreis gegenüber.

Wie Abbildung 7-5 zu entnehmen ist, hätte *Philip Morris* bis zum Jahr 2004 pro Aktie 9,18 Dollar Gewinn auf Ihre Geldanlage erwirtschaftet – eine 20,4-prozentige Jahresrendite auf Ihre Ausgangsinvestition von 45 Dollar. In den Folgejahren wird mit weiterem Wachstum der Gewinne bei *Philip Morris* auch Ihre Gewinnrendite zulegen. Umgekehrt wird der Quotient aus Kurs und Gewinn pro Aktie immer kleiner. Im Jahr 1996 haben Sie das 15fache der Gewinne gezahlt, um die *Philip-Morris*-Aktie zum Kurswert von 45 Dollar zu erwerben. Bis zum Jahr 2004 hat sich der implizierte KGV-Wert auf 4,9 verringert. Mit anderen Worten: Der ursprüngliche Kaufpreis für die Aktie stellt nurmehr das 4,9fache der derzeitigen Gewinne dar. Unter der Voraussetzung, dass die Wachstumsrate des Unternehmens konstant bleibt, steigt die Rendite, je länger Sie Ihre Aktien halten, auf fantastische Höhen an. Anleger, die *Philip-Morris*-Aktien 1984 zum splitangepassten Kurs von 3 Dollar erworben hatten, erhielten 1998 Jahresgewinne, die über die ursprüngliche Geldanlage hinausgingen. Und das bedeutet: 100 Prozent Jahresrendite – ohne jede Anstrengung!

7 Investitionen mit schnellem Kapitalrückfluss

	Kaufkurs	Gewinn je Aktie	KGV	Kurs/Gewinn je Aktie	Gewinn-rendite
1996	$45	$3,00	15	15,0	6,7
1997		$3,45		13,0	7,7
1998		$3,97		11,3	8,8
1999		$4,56		9,9	10,1
2000		$5,25		8,6	11,6
2001		$6,03		7,5	13,3
2002		$6,94		6,5	15,4
2003		$7,98		5,6	17,9
2004		$9,18		4,9	20,4

Abbildung 7-5: Wertentwicklung auf Kaufkurs-Basis

8 Unternehmensbewertung: Ermittlung von Gewinnen und Cashflow

Jede plausible Theorie zur kapitalisierten Ertragskraft begreift Wert notwendigerweise als zukunftsweisend.

James Bonbright[1]

Nachdem wir die Vorzüge und die wesentlichen Prinzipien wertorientierten Geldanlegens ausführlich erörtert haben, können wir uns nun dem zentralen Kriterium – dem Jahresabschluss eines Unternehmens – zuwenden: Wann ist ein Unternehmen wirklich unterbewertet? Wir wollen mit einer einfachen Diskussion der Bewertungsproblematik beginnen und in den nachfolgenden Kapiteln ausgefeiltere Techniken zur Beurteilung der Performance eines Unternehmens vorstellen.

Wenn Sie bares Geld für Aktien bezahlen – was haben Sie da eigentlich gekauft? Das Recht, Mitglieder der Geschäftsführung zu ernennen? Ein Pfandrecht auf den Unternehmensumsatz? Einen Anteil am Produktprogramm? Einen Anspruch auf den Markennamen? Nichts dergleichen. Vielleicht überrascht es Sie, dass Sie als Investor überhaupt keinen Anspruch auf die Vermögenswerte des Unternehmens haben, weder auf dessen Barmittel noch auf Sachanlagen oder immaterielle Anlagenwerte. Zivilrechtlich ist mit Ihrem Status als Anleger kein Anspruch auf die Bestände und Erzeugnisse des Unternehmens verbunden. Sie können natürlich verlangen, dass die Geschäftsführung den Wert der Warenbestände schützt und zur Schaffung von Gewinnen einsetzt. Aber darüber hinaus haben Sie keinerlei Rechtsanspruch auf irgendeine Position in der Unternehmensbilanz. Sie können zum Beispiel nicht in die Unternehmenszentrale von *Sara Lee* marschieren und sechs Kisten Tiefkühl-Torten verlangen. Und Ihre 100 *Callaway*-Aktien berechtigen Sie auch nicht zum kostenlosen Bezug von Golfschlägern.

---

[1] James C. Bonbright, *The Valuation of Property*, Band I, Nachdruck der Ausgabe von 1937, New York, The Michie Co., 1965, S. 249-250.

Ihnen gehören die Gewinne!

Als Anteilseigner haben Sie vielmehr ein anteiliges Anrecht auf die zukünftigen Gewinne des Unternehmens – ein Recht, das sich die meisten Anleger gar nicht bewusst machen. Ihr Anspruch auf diese Unternehmensgewinne hängt vom Umfang Ihres Aktienbesitzes ab. Wenn Unternehmen XYZ 1 Mio. Gewinne erwirtschaftet und Sie 1 Prozent vom Aktienkapital besitzen, haben Sie ein Anrecht auf 10 000 Dollar der erzielten Gewinne. Sie können Ihren Gewinnanteil ganz einfach berechnen, indem Sie die Jahresgewinne mit der Anzahl der in Ihrem Besitz befindlichen Aktien multiplizieren. Wenn *Merck* 3,50 Dollar pro Aktie erwirtschaftet und Sie 200 *Merck*-Aktien besitzen, haben Sie einen Anspruch auf 700 Dollar aus dem Nettoertrag des Unternehmens insgesamt. Das Unternehmen ist verpflichtet, Ihnen diese Gewinne früher oder später auszuzahlen, und dabei spielt es keine Rolle, ob es sich um ein Privatunternehmen oder um ein öffentliches Unternehmen handelt. Beispielsweise kann der Besitzer einer Privatfirma seine jährlichen Nach-Steuer-Erträge zu 100 Prozent einstecken. Diese Gewinne stellen den Kapitalrückfluss, bezogen auf die Ausgangsinvestition, dar – aus diesem Grund hat der Besitzer das Unternehmen überhaupt erworben. Bei der Bewertung eines öffentlichen Unternehmens geht es vorrangig um die Frage, in welchem Umfang und wie schnell ein Unternehmen mit Ihrem Geld Gewinne erwirtschaften kann.

Bei der Bewertung eines öffentlichen Unternehmens geht es vorrangig um die Frage, in welchem Umfang und wie schnell ein Unternehmen mit Ihrem Geld Gewinne erwirtschaften kann.

Welchen Preis würden Sie für einen Besitzanteil am eigenen Haushalt bezahlen?

Zur Verdeutlichung des Zusammenhangs nehmen wir einmal an, Ihr Haushalt wäre ein öffentliches Unternehmen, an dem verschiedene Aktionäre beteiligt sind. Nehmen wir weiterhin an, Sie stünden vor der Entscheidung, Ihr Geld entweder in eigenen Vermögenswerten anzulegen oder aber in ein anderes Unternehmen oder Projekt zu investieren. Wie würden Sie vorgehen, um die Vorzüge der beiden Investmentalternativen beurteilen zu können? Wir wollen zunächst die folgenden hypothetischen Annahmen treffen:

Welchen Preis würden Sie für einen Besitzanteil am eigenen Haushalt bezahlen?

Gehaltseinnahmen im Haushalt: 75 000 Dollar
Ausgaben im Haushalt: 65 000 Dollar
Ersparnisse: 10 000 Dollar
Nettowert des Haushalts: 80 000 Dollar
Gehaltssteigerungsrate: 5 Prozent jährlich
Schulden: 175 000 Dollar (Autokredit und Hypothek)

Wie würden Sie dieses Unternehmen bewerten? Wichtiger noch: Welchen Preis würden Sie zahlen wollen, um einen Besitzanteil an diesem Haushalt zu erwerben? Beim Nachdenken über die entscheidenden Beurteilungskriterien kommen Ihnen sicher tausend Fragen in den Sinn:

- Wie hoch ist die Wahrscheinlichkeit, dass Ihr Gehalt um 5 Prozent jährlich steigt? Könnte sich Ihr Gehalt schneller erhöhen? Wenn ja, in welchem Umfang?
- Wie verfährt Ihr Haushalt mit seinem Nettoeinkommen? Sind alle Ausgaben notwendig? Fallen einige Ausgaben nur vorübergehend an? Gibt es Ausgaben, die den Nettowert Ihres Haushalts erhöhen?
- Inwieweit legen Sie Ersparnisse an und welche Rendite erwarten Sie von Ihrem Einnahmenüberschuss? Zahlen Sie Ihr verfügbares Geld auf ein Sparkonto zu 4 Prozent ein oder investieren Sie in aggressive Wachstumsaktien?
- Werden Ihre persönlichen Ausgaben größer oder kleiner? Steigen sie genauso schnell wie Ihre Einnahmen?
- Lässt sich Ihr Gehalt fest einkalkulieren oder sind Ihre Gehaltsbezüge unregelmäßig? Wie hoch ist die Wahrscheinlichkeit, dass Sie in den nächsten fünf Jahren Ihren Arbeitsplatz verlieren oder weniger Einnahmen haben könnten? Wie hoch ist die Wahrscheinlichkeit, dass sich Ihr Gehalt in fünf Jahren verdoppelt hat?
- Wie schnell erhöht sich der Nettowert Ihres Haushalts? Ist der bisher festgestellte Nettowert realistisch oder sind Vermögenswerte erfasst, die an Wert verlieren?
- Was machen Sie mit dem Geld, das Sie im Jahr übrig behalten? Legen Sie es zwecks Erhöhung Ihrer Einnahmen in den kommenden Jahren an oder geben Sie es für Luxusartikel und persönliche Anschaffungen aus?
- Zu welchen Bedingungen haben Sie Kredite für Auto und Wohnung/Haus aufgenommen? Wann sind diese Schulden getilgt? Wie viel Zinsen müssen Sie jährlich für Kredite zahlen?

8 Unternehmensbewertung: Ermittlung von Gewinnen und Cashflow

- Wie hoch ist der Wert Ihrer Wohnung oder Ihres Hauses und Ihres Autos zu veranschlagen? Handelt es sich um steigende oder um fallende Werte?
- Welche zusätzlichen Ausgaben planen Sie für die nächsten Jahre, die Ihre Spareinlagen verringern könnten? Denken Sie an die Anschaffung eines neuen Autos? An den Umzug in eine teurere Wohnung? Wollen Sie sich einer nicht unbedingt erforderlichen Operation unterziehen? Besteht weiterer Kinderwunsch?
- Wie würde sich eine Erhöhung (oder Verringerung) Ihres Einkommens auf Ihre jährlichen Ersparnisse auswirken?
- Erwarten Sie neben Ihrem Gehalt noch Einkünfte aus anderen Quellen?
- Können Sie Ihre steuerliche Belastung anpassen, um auf diese Weise Ihre Ersparnisse zu steigern?
- Wie würde sich eine Fusion (Eheschließung) oder eine Entfusionierung (Scheidung) auf Ihre Finanzsituation auswirken?
- Was sind Ihre künftigen Einnahmen zum Dollarkurs von heute wert?

Alle diese Fragen, so unpersönlich sie klingen mögen, sind maßgeblich für die Bewertung Ihres Haushalts. Sie sollten diese Übung nur mal zum Spaß durchführen und die oben genannten Fragen beantworten. Dabei entwickeln Sie nämlich ein erstes Gefühl für die Bewertung einer so dynamischen Unternehmung. Bilanztechnisch verhält sich Ihr Haushalt nämlich nicht viel anders als ein Großunternehmen – es gibt überraschend viele Gemeinsamkeiten! Wie ein Unternehmen haben Sie Einnahmen und Ausgaben. Sie besitzen Vermögenswerte (Auto, Rasenmäher oder Mobiliar), die eine Wertminderung erfahren. Sie kassieren nicht alle Einnahmen in bar und begleichen auch nicht alle Rechnungen in bar, sondern gehen gelegentlich Kreditbeziehungen ein. Sie investieren einen Teil Ihres Einnahmenüberschusses, um Ihren Nettowert zu erhöhen. Sie nehmen gelegentlich Kredit auf, um kurzfristigen Verpflichtungen nachzukommen. Sie müssen einen Teil Ihres Einnahmenüberschusses für den Erhalt Ihres Eigentums und Ihres persönlichen Besitzes ausgeben. Sie haben *laufende Ausgaben* etwa für Telefonrechnung und Wasseranschluss, Grundnahrungsmittel, Vermögensteuer und Versicherungsbeiträge; Sie haben *veränderliche Ausgaben* etwa für Strom- und Spritverbrauch, Arztrechnungen und Reisekosten; und Sie haben *einmalige Ausgaben* etwa für Installationsarbeiten oder eine Reparatur an den Bremsen Ihres Autos. Vermutlich zahlen Sie Zinsen für den Kredit, den Sie für Ihr Auto oder Ihre Wohnung aufgenom-

Welchen Preis würden Sie für einen Besitzanteil am eigenen Haushalt bezahlen?

men haben, und erhalten Ihrerseits Zinsen auf Sparkonten, Anleihen oder Bankkonten. Und schließlich sind Sie noch in ein Steuersystem eingebunden, das Ihnen erhebliche Abzugsmöglichkeiten bietet, mit denen Sie Ihr verfügbares Einkommen erhöhen können.

Eine Finanzaufstellung der jährlichen Aktivitäten Ihres Haushalts dürfte den Jahresabschlüssen, wie sie Unternehmen abverlangt werden, recht ähnlich sein – einschließlich Erfolgsrechnung (Gewinn- und Verlustrechnung), Bilanz und Cashflow-Rechnung. Abbildung 8-1 stellt einen typischen amerikanischen Haushalt mit Einkünften in Höhe von 75 000 Dollar einem gleich großen Unternehmen mit demselben Nettoertrag gegenüber.

Erfolgsrechnung			
Haushalt		**Unternehmen**	
Gehalt	$75000	Umsatzerlöse	$75000
Sonstige Einkünfte	$0	Erträge aus anderen Quellen	$0
Gesamteinnahmen	**$75000**	**Gesamtumsatzerlöse**	**$75000**
Essen	$8500	Herstellungskosten	$26000
Kleidung	$2000	Vertriebs-/Verwaltungskosten	$5200
Haushaltsartikel	$2000	Forschung & Entwicklung	$1800
Strom, Gas, Wasser	$2000	Abschreibungen	$3800
Arztrechnungen	$1800		
Versicherung	$2500		
Ausbildung	$3000	Sonstige betriebliche	
Sonstige Ausgaben	$2000	Aufwendungen	$2520
Betriebsausgaben	$23800	Betriebsaufwendungen	$39320
Betriebseinnahmen	**$51200**	**Betriebserträge**	**$35680**
Einkünfte aus Zinsen	$350	Zinserträge	$350
Zinszahlungen für Kredite	$9500	Zinsaufwendungen	$9800
Vor-Steuer-Einkommen	$42050	Vor-Steuer-Erträge	$26230
Steuerbelastung	$25000	Steuerbelastung (35%)	$9180
Verfügbares Einkommen	**$17050**	**Nettoertrag**	**$17050**
		Aktienumlauf	10000
		Ertrag je Aktie	$1,71

Abbildung 8-1: Erfolgsrechnung für einen hypothetischen Haushalt im Vergleich zu einem Unternehmen

Ein Anleger, dem keine weiteren Informationen vorliegen, wird Mühe haben, einen Besitzanteil am eigenen Haushalt beziehungsweise am Vergleichsunternehmen richtig zu beurteilen. Genauso wenig wäre er in der Lage, einen fairen Preis für das Aktienkapital des Unternehmens zu bestimmen. Es fehlen einfach zu viele Schlüs-

8 Unternehmensbewertung: Ermittlung von Gewinnen und Cashflow

seldaten. Zum Beispiel wissen Sie nicht, ob das Nettoeinkommen des Haushalts eher größer oder kleiner wird. Sie wissen nicht, ob das Gehalt unverändert bleibt oder steigt. Sie müssten die Erfolgsrechnungen mehrerer Jahre einsehen können, um zu beurteilen, ob die Haushaltsausgaben in diesem Jahr eher durchschnittlich oder ungewöhnlich waren. Darüber hinaus würden Finanzaufstellungen aus früheren Jahren Aufschluss darüber geben, ob die Zinsen im Vergleich zu Ihrem Gehalt steigen oder fallen.

Eine Bilanz, wie sie in Abbildung 8-2 dargestellt ist, bietet Ihnen schon mehr zusätzliche Anhaltspunkte.

Bilanz			
Haushalt		**Unternehmen**	
Aktiva		**Aktiva**	
Kasse	$1000	Kasse/Kurzfr. Anlagen	$1000
Kurzfr. Bankguthaben	$2500	Forderungen	$2500
Wertpapiere	$25000	Vorräte	$25000
Gehaltsforderungen	$1500	Anzahlungen	$1500
Haus/Wohnung (FMW*)	$175000	Anlagen, Grundstücke,	
Auto (FMW)	$11000	Ausstattung	$224000
Persönlicher Besitz (FMW)	$38000	Sonstige Vermögenswerte	$6000
Sonstige Vermögenswerte	$6000		
Gesamtvermögen	**$260000**	**Gesamtvermögen**	**$260000**
Passiva		**Passiva**	
Offene Rechnungen	$3000	Verbindlichkeiten	$3000
Kurzfr. Schulden	$2000	Kurzfr. Schuldtitel	$2000
Auto (Restschuld)	$10000	Kurzfr. fälliger Anteil der	
Haus/Wohnung		langfristigen Verbindlich-	
(Restschuld)	$165000	keiten	$10000
		Offene langfristige Verbind-	
		lichkeiten	$165000
Gesamtverschuldung	**$100000**	**Gesamtverschuldung**	**$180000**
		Eingezahltes Kapital	$2000
		Einbehaltene Gewinne	$78000
Nettowert	**$80000**	**Nettowert (Eigenkapital)**	**$80000**

* FMW = Fairer Marktwert

Abbildung 8-2: Bilanz für einen hypothetischen Haushalt im Vergleich zu einem Unternehmen

Die hypothetischen Bilanzen für Haushalt und Unternehmen gleichen sich bis in die Details: Viele Komponenten, die den Nettowert ausmachen, sind für beide Unternehmungen identisch. Nachdem wir solche Bilanzen aufgestellt haben, erhalten wir einen klareren,

Welchen Preis würden Sie für einen Besitzanteil am eigenen Haushalt bezahlen?

wenngleich immer noch nicht vollständigen, Überblick über die finanzielle Solidität von Haushalt beziehungsweise Unternehmen. So können wir schlussfolgern, dass das Unternehmen einen Nettowert von 8 Dollar pro Aktie (80 000 Dollar dividiert durch die 10 000 im Umlauf befindlichen Aktien) besitzt. Daraus folgt, dass die Aktie einen Verkaufskurs von mindestens 8 Dollar haben müsste. Wir sehen auch, dass beide Unternehmungen eine hohe Schuldenlast tragen. Der größere Teil ihrer Vermögenswerte (180 000 von 260 000 Dollar) gehört anderen Leuten. Entsprechend ist davon auszugehen, dass beide Unternehmungen noch auf Jahre Zins- und Restschuldzahlungen leisten müssen. Vor diesem Hintergrund können wir nun darangehen, die künftigen Ausgaben und Gewinne hochzurechnen.

Die Bilanz zeigt auch, welche Gewinne das Unternehmen seit seiner Gründung angesammelt hat – 78 000 Dollar. Diese 78 000 Dollar sind die Quelle seines Nettowerts. Jeder Dollar Gewinn, der „einbehalten" (nicht als Dividende ausbezahlt) wurde, hat irgendeinen Beitrag zur Erhöhung des monetären Vermögenswertes geleistet. Und dies ist der wichtigste Unterschied zwischen einem Haushalt und einem Unternehmen: Das Unternehmen wurde zu dem Zweck gegründet, seinen Nettowert zu erhöhen. Bei Ihrem Haushalt ist das nicht der Fall. Wie das Unternehmen haben auch Sie 17 050 Dollar nach Abzug der Steuern verdient, aber Sie hatten die Freiheit, über Ihre „Gewinne" nach Lust und Laune zu verfügen und beispielsweise einen Urlaub, Spareinlagen, ein neues Auto, Freizeit und Erholung oder neue Kleidung zu finanzieren.

Wir erhalten also erst dann einen vollständigen Eindruck, wenn wir uns ansehen, wie die beiden Unternehmungen ihr Geld über das Jahr gesehen einnehmen und ausgeben. Eine Cashflow-Rechnung liefert die Antwort. Abbildung 8-3 zeigt, wie Haushalt und Unternehmen ihren Cashflow hätten ausweisen können.

Die Cashflow-Rechnungen zeigen, dass es mit diesen Unternehmungen mehr auf sich hat, als auf den ersten Blick zu erkennen ist. Im Lauf eines Jahres können Haushalt wie Unternehmen zahlreiche Transaktionen vornehmen, die in einer Gewinn- und Verlustrechnung nicht aufgeführt sind, sich aber dennoch auf die Geldsumme, auf die Sie als Eigentümer ein Anrecht haben, auswirken. In unserem hypothetischen Beispiel haben beide Unternehmungen dieselbe Nach-Steuer-Summe von 17 050 Dollar verdient, aber grundlegend unterschiedliche operative und effektive Netto-Cashflow-Werte produziert. So hat der Haushalt den größten Teil seiner „Gewinne" eingesetzt, um verschiedene Anschaffungen zu tätigen und die

8 Unternehmensbewertung: Ermittlung von Gewinnen und Cashflow

Cashflow-Rechnung			
Haushalt		**Unternehmen**	
Operativer Cashflow		**Operativer Cashflow**	
Nettoeinkommen	$17050	Nettoertrag	$17050
Substanzerhaltung		Abschreibungen	$3800
(Auto, Haus/Wohnung)	($4000)	Anschaffungen (Vorräte)	($2500)
Anschaffungen		Veränderung der	
(persönl. Besitz)	($2500)	Forderungen	($1000)
Urlaub	($1800)	Veränderung der	
Freizeit/Erholung	($2200)	Verbindlichkeiten	($400)
Operativer Cashflow		*Operativer Cashflow*	
(Gesamtsumme)	**$6550**	*(Gesamtsumme)*	**$16950**
Investiver Cashflow		**Investiver Casflow**	
Aktienkauf		Erwerb von Grundstücken	
(Altersvorsorge)	($6000)	+ Sachanlagen	($3500)
Erlöse aus Aktienverkauf	$7000	Gewinn aus Verkauf einer	
Einlösung von Versiche-		Tochtergesellschaft	$7000
rungsanspruch	$2500	Übernahme der Firma XYZ	($30000)
Investiver Cashflow		*Investiver Cashflow*	
(Gesamtsumme)	**$3500**	*(Gesamtsumme)*	**$26500**
Finanzieller Cashflow		**Finanzieller Casflow**	
Zuführungen aus		Emission eines Schuld-	
Wohnbaukredit	$12000	titels zur Finanzierung	
Rückzahlung von		von XYZ	$12000
Autokredit	($1000)	Dividendenaufwand	($1000)
Steuerrückerstattung	$800	Rückkauf von Aktien	($800)
Finanzieller Cashflow		*Finanzieller Cashflow*	
(Gesamtsumme)	**$11800**	*(Gesamtsumme)*	**$10200**
Netto-Cashflow	**$21850**	**Netto-Cashflow**	**$650**

Abbildung 8-3: Cashflow-Rechnung für einen hypothetischen Haushalt im Vergleich zu einem Unternehmen

Substanz seiner Vermögenswerte zu erhalten. Zur Finanzierung all der Ausgaben musste der Haushalt Aktien im Wert von 7000 Dollar verkaufen und einen Wohnbaukredit in Höhe von 12000 Dollar in Anspruch nehmen. Unter dem Strich konnte der Haushalt im Lauf des Jahres mit seinem Nettoeinkommen in Höhe von 17050 Dollar insgesamt einen Netto-Cashflow von 21850 Dollar erzeugen. Im Vergleich dazu erwirtschaftete das Unternehmen einen operativen Cashflow von 16950 Dollar, wobei dieser Wert fast dem Nettoertrag entspricht. Doch das Unternehmen verwendete 3500 Dollar für Investitionstätigkeiten (Erwerb von Grundstücken und Sachanlagen) und musste für die Akquisition des Unternehmens XYZ eine Barzahlung in Höhe von 30000 Dollar leisten. Um die dafür erforderlichen liquiden Mittel zu bekommen, begab das Unternehmen einen neuen Schuldtitel über 12000 Dollar. Nach Abzug aller Aufwendungen und Anschaffungen konnte das Unternehmen trotzdem so viel Cashflow-Überschuss erzeugen, dass es eine Dividende ausschütten und einen Teil seines Aktienkapitals zurückkaufen konnte.

Wir sehen also, wie wertvoll Cashflow-Rechnungen für einen Anleger sind. Sie vervollständigen das Bild von unseren hypothetischen Unternehmungen. Nachdem Ihnen nun alle drei Finanzaufstellungen vorliegen, können Sie Ihre Beurteilung anhand der folgenden Fragen abrunden:

1. *Müssen die Unternehmungen alljährlich Geld aufwenden, um die Substanz von Sachanlagen zu erhalten?* Wenn ja, in welcher Höhe? Welcher Prozentsatz vom Nettoeinkommen beziehungsweise Nettoertrag wird jährlich zum Kauf neuer Maschinen, Kleidung und Haushaltsgegenstände verwendet? Je höher die Ausgaben im Jahr sind, desto weniger Cashflow bleibt übrig, was den Wert der betreffenden Unternehmung natürlich mindert. Ein Haushalt, der ein jährliches Nettoeinkommen von 17050 Dollar bezieht und 6000 Dollar im Jahr ausgibt, ist für einen Anleger weniger wert als ein Haushalt mit 17050 Dollar Nettoeinkommen im Jahr und nur 2000 Dollar Jahresausgaben.

2. *Handelt es sich bei bestimmten Cashflow-Quellen um einmalige Zuführungen?* Wenn ja, sollten diese nicht in die Bewertung der Unternehmung eingehen. So erhöhte der Haushalt seinen Cashflow durch den Verkauf von Aktien im Wert von 7000 Dollar, kassierte einen Versicherungsanspruch in Höhe von 2500 Dollar und nahm einen Wohnbaukredit in Anspruch. Außerdem erhielt der Haushalt eine Steuerrückzahlung in Höhe von 800 Dollar. Das Unternehmen verstärkte seinen Cashflow durch den Verkauf einer Tochtergesellschaft für 7000 Dollar.

3. *Welche Bedeutung kommt Krediten beziehungsweise Kapitalgewinnen und Kapitalverlusten bei der Cashflow-Erzeugung zu?* Da beide Unternehmungen erhebliche Investitions- und Finanzierungstätigkeiten vorgenommen haben, muss noch ermittelt werden, in welchem Umfang der Cashflow dadurch verzerrt wurde.

4. *Inwieweit können die Unternehmungen ihre Barschaft durch Bilanzmanipulation erhöhen?* Unternehmen können ihren Cashflow beispielsweise erhöhen, indem sie weniger Vorräte kaufen, ihre Rechnungen später begleichen oder Kundenzahlungen beschleunigen. Genauso können sie Abschreibungsvorschriften nutzen und damit ihre Ertragsteuern verringern. Ihr Haushalt hat ähnli-

che Möglichkeiten: Zum Beispiel können Sie Reparaturen am Auto oder den Kauf neuer Kleidung hinauszögern, den Aktienverkauf auf das nächste Jahr verschieben oder Ihre Steuerbelastung reduzieren, indem Sie abzugsfähige Posten geltend machen. Sie können Ihren Urlaub mit Kreditkarte bezahlen, so dass Ihr Konto erst im nächsten Jahr belastet wird. Solche Tricks treten in Ihrer Erfolgsrechnung nicht in Erscheinung, haben jedoch erhebliche Auswirkungen auf den Cashflow und verändern damit den Wert Ihres Haushalts. So kann ein Haushalt alljährlich einen Nettogewinn ausweisen und dennoch in finanziellen Schwierigkeiten stecken, wenn er die Zahlung noch ausstehender Rechnungen verzögert. Umgekehrt kann ein Verlust auf dem Papier stehen und trotzdem finanzielle Solidität gewährleistet sein, wenn der Haushalt Cashflow-Zuführungen aus anderen Quellen erhält.

Wichtigen Einnahmen- und Cashflow-Trends kommen Sie auf die Spur, wenn Sie sich die Finanzaufstellungen aus mehreren Jahren beschaffen und die Entwicklung des Unternehmens beziehungsweise des Haushalts Jahr für Jahr durchgehen. Dann nämlich erkennen Sie, was mit den Gewinnüberschüssen passiert. Verwendet das Unternehmen seine gesamten Gewinne zu Expansionszwecken oder legt es Geld erneut an, schüttet Dividenden aus und kauft Aktien zurück? Sind die Lagerbestände vergrößert oder verringert worden? Wie wirkt sich das auf den Cashflow aus? Wenn Sie feststellen, dass ein Unternehmen seit jeher 3 Prozent seiner Einnahmen für Investitionen einsetzt, können Sie davon ausgehen, dass dies auch weiterhin der Fall sein wird. Stellen Sie hingegen fest, dass ein Unternehmen einen beträchtlichen Teil seines jährlichen Cashflow aus der Emission von Schuldtiteln bezieht, machen Sie besser einen großen Bogen um dieses Unternehmen.

Sie wissen nun, wie Sie mit diesen drei Finanzaufstellungen umzugehen haben. Jetzt kommt der nächste Schritt – Sie müssen sich entscheiden, *wie* Sie ein Unternehmen bewerten wollen.

Vier Methoden zur Beurteilung künftiger Gewinne

Alle Vorgehensweisen zur Bestimmung des inneren Unternehmenswertes hängen maßgeblich davon ab, inwieweit es Ihnen gelingt, die künftige Gewinn- beziehungsweise Cashflow-Entwicklung eines Unternehmens richtig einzuschätzen. Man braucht nur die falsche Wachstumsrate zu wählen und schon führt die Bewertung weit an der Realität vorbei. Dies ist zugegebenermaßen der schwierigste

Aspekt bei der Unternehmensbewertung. Selbst erfahrene Analysten, die sich monatelang mit der Durchforstung von Finanzaufstellungen befassen, haben nachweislich das Wachstumspotenzial von Unternehmen völlig falsch eingeschätzt. Dies ist einer der Gründe, warum Warren Buffett Unternehmen vorzieht, die mit klaren Verhältnissen aufwarten: Dann kann er nämlich von vornherein darauf verzichten, Unbekanntes taxieren zu müssen. Unternehmen wie *Gillette* und *Coca-Cola* haben über lange Zeiträume hinweg ein derart stetiges Gewinnwachstum erkennen lassen, dass Buffett schnelle und zugleich solide Annahmen über ihre künftige Gewinnentwicklung treffen kann. Leider weisen 99 Prozent der Unternehmen weltweit keine derart konsistente Entwicklung auf, so dass sich die Investoren gezwungen sehen, sich selbst ein möglichst fundiertes Urteil über die künftigen Gewinne zu bilden. In diesem Zusammenhang sollte sich der Anleger für eine der folgenden vier Beurteilungsmethoden entscheiden.

1. Übertragung der bisherigen Wachstumsrate

Bei Unternehmen mit sehr gleichmäßiger Gewinnentwicklung sollten Anleger die bisherigen Wachstumsraten auf die Zukunft übertragen. Wie Untersuchungen belegen, ist der Gewinnzuwachs aus früheren Jahren der zuverlässigste Hinweis auf die künftige Entwicklung der Gewinne. So wird ein Unternehmen, das in den vergangenen 35 Jahren einen jährlichen Gewinnzuwachs von 15 Prozent erzielt hat, künftig kaum stark abweichende Resultate erbringen. Leider hat nur ein Bruchteil der tausende öffentlicher Unternehmen dieses Maß an Beständigkeit erreicht. Zu nennen wären etwa *Abbott Laboratories, Merck & Co., Philip Morris, McDonald's, Coca-Cola, Emerson Electric, Automatic Data Processing* und *Walgreen*. Würde man die Jahresgewinne dieser Unternehmen bis Mitte der 60er Jahre in ein Diagramm eintragen, ergäbe sich ein nahezu konsistenter Trend: Die Gewinne wachsen mit gleich bleibenden Zuwachsraten – unter starken wie unter schwachen gesamtwirtschaftlichen Bedingungen. Unternehmen, die ein solches Konsistenzniveau über lange Zeiträume hinweg zu halten vermögen, werden dies aller Voraussicht nach auch in Zukunft tun. Sie haben Immunität gegenüber rezessiven Entwicklungen bewiesen und ihre Umsätze jahrein, jahraus gesteigert.

Investoren unterliegen gelegentlich dem großen Irrtum, eine lange und stetige Erfolgsbilanz ignorieren zu können. Doch ein Unternehmen, das in den vergangenen 50 Jahren ein 10-prozentiges Jahreswachstum erwirtschaftet hat, wird nicht plötzlich eine Zuwachsrate von 14 Prozent erzielen. In diesen Fehler verfallen Investoren besonders gern zu Zeiten aufgeblähter Bullenmärkte. Es wäre schon sehr ungewöhnlich, wenn ein etabliertes Unternehmen sein Gewinnwachstum beschleunigen könnte. In Wirklichkeit sieht es vielmehr so aus, dass die Zuwachsrate im Lauf der Zeit umso langsamer wird, je mehr Schwierigkeiten das Unternehmen hat, seine Gewinne auf der Basis eines immer größeren Umsatzvolumens zu erhöhen. Wäre es *Wal-Mart* gelungen, die Wachstumsraten der 80er Jahre beizubehalten, hätten die Umsätze im Jahr 2005 eine Rekordhöhe von 1 Billion Dollar erreichen müssen – ein Ding der Unmöglichkeit.

Dennoch ist mit einiger Gewissheit davon auszugehen, dass eine stetige Wachstumsrate in der Vergangenheit auch künftig Bestand hat. Nehmen wir als Beispiel ein Unternehmen, das in den letzten zehn Jahren einen jährlichen Gewinnzuwachs zwischen 12 und 14 Prozent erzielt hat. In einem solchen Fall ist die Annahme sinnvoll, dass das Unternehmen auch in den nächsten zehn Jahren eine durchschnittliche Wachstumsrate dieser Größenordnung (13 Prozent) beibehält. Auf diese Weise kann man schnell den inneren Unternehmenswert bestimmen, denn die Schlüsselkomponente – die künftigen Gewinne – lässt sich mit einem hohen Maß an Zuverlässigkeit bestimmen (Abbildung 8-4):

Jahr	Gewinn je Aktie	Zuwachsrate
1987	$3,00	
1988	$3,39	13%
1989	$3,80	12%
1990	$4,33	14%
1991	$4,89	13%
1992	$5,48	12%
1993	$6,24	14%
1994	$7,06	13%
1995	$7,90	12%
1996	$9,01	14%
1997	$10,18	13%

Jahr	Geschätzte Gewinne	Zuwachsrate
1998	$11,50	
1999	$13,00	13%
2000	$14,69	13%
2001	$16,60	13%
2002	$18,76	13%
2003	$21,20	13%
2004	$23,95	13%
2005	$27,07	13%
2006	$30,59	13%
2007	$34,56	13%

Abbildung 8-4: Beispiel 1 – Unternehmen mit stetigem Wachstum

Natürlich kann es vorkommen, dass sich der Gewinnzuwachs im Unternehmen in einem Jahr vorübergehend beschleunigt oder verlangsamt, so dass die Schätzwerte nicht mit den tatsächlich erzielten Werten übereinstimmen. Dennoch ist mit hoher Wahrscheinlichkeit davon auszugehen, dass die Unternehmensgewinne bis zum Jahr 2007 dicht bei den geschätzten 34,56 Dollar je Aktie liegen.

2. Gewichtung der bisherigen Gewinne

Einige wertorientierte Experten schätzen die künftige Gewinn- oder Cashflow-Entwicklung durch Gewichtung der Gewinne aus jüngster Vergangenheit ab. Dabei wird den Gewinnen der letzten Jahre mehr Gewicht gegeben, weil man davon ausgeht, dass die Gewinne im nächsten Jahr eher den Vorjahresgewinnen gleichen als den Gewinnen, die vor fünf Jahren erzielt wurden. Diese auf dem „gewichteten Durchschnitt" basierende Methode ist für Unternehmen mit stark konjunkturabhängiger Gewinnentwicklung geeignet, deren kurzfristige Gewinne sich erwartungsgemäß nicht wesentlich von den Vorjahresgewinnen abheben werden.

Der Gewichtungsmethode zufolge müssen Sie den letzten sieben bis zehn Jahren unterschiedliches Gewicht zuordnen und dann den gewichteten Durchschnitt bilden, um den so ermittelten Jahresdurchschnitt auf die Zukunft übertragen zu können. Zum Beispiel könnten Sie den Gewinnen aus dem letzten Jahr einen Gewichtungsfaktor von 10 zuordnen, 9 den Gewinnen aus dem Jahr davor, dann 8 den Gewinnen aus dem davor liegenden Jahr usw. Die Resultate liefern Ihnen einen Durchschnittswert, der rechnerisch den Gewinnen aus dem Vorjahr entspricht. Der Vorteil dieser Methode ist, dass Sie sich nicht auf künftige Wachstumsraten festlegen. Im Wesentlichen bringen Sie die auf Durchschnittsgewinnen beruhende Methode von Graham zur Anwendung. Sie erhalten auf diese Weise eine konservative Gewinneinschätzung, die Sie weitgehend davor bewahrt, einen zu hohen Preis für das Unternehmen zu zahlen. Der Nachteil bei der Gewichtung bisheriger Gewinne besteht darin, dass man auf diese Weise Gewinnschätzungen erhalten kann, die sich im Nachhinein als zu vorsichtig erweisen und Sie möglicherweise davon abhalten könnten, Unternehmensaktien mit erheblichem Wachstumspotenzial zu erwerben. Doch für Anleger, die eine gewisse Sicherheitsspanne vorziehen, ist diese Methode genau richtig (Abbildung 8-5).

Jahr	Gewinn je Aktie	Gewichtungsfaktor	Gewichteter Gewinn je Aktie
1988	$1,55	1	$1,55
1989	$1,25	2	$2,50
1990	$2,10	3	$6,30
1991	$3,65	4	$14,60
1992	$5,10	5	$25,50
1993	$4,80	6	$28,80
1994	$3,20	7	$22,40
1995	$2,10	8	$16,80
1996	$2,25	9	$20,25
1997	$2,90	10	$29,00
Summe		55	$167,70
Gewichteter Durchschnitt			**$3,05**
Geschätzte Gewinne			
1998–2007	$3,05		

Abbildung 8-5: Beispiel 2 – Gewichteter Gewinndurchschnitt

3. Ermittlung des bisherigen Gewinndurchschnitts

Benjamin Graham hatte wenig Vertrauen zu künftigen Gewinneinschätzungen. Vielmehr riet er dem Anleger, nichts in die Zukunft projizieren zu wollen, was nicht in der jüngsten Vergangenheit angelegt sei. Eine konservative Bewertung, sagte er, müsse „in vernünftigem Verhältnis zu den Durchschnittsgewinnen" stehen.[2] Er hielt also nicht viel von der Auffassung, ein Unternehmen könne auf Dauer wachsen, und verließ sich bei der Berechnung des inneren Unternehmenswertes lieber auf bekannte Gewinndaten als auf Schätzwerte.

In seinem Buch *Security Analysis* hat Graham seine auf dem *Gewinndurchschnitt* basierende Prognosemethode erläutert. Er empfiehlt, künftige Gewinne unter Zugrundelegung des Durchschnittswertes der Gewinne aus den letzten Jahren abzuschätzen. Wenn man die Jahresgewinne eines Unternehmens etwa der letzten sieben bis zehn Jahre mittelt, kann man auch die künftigen Gewinne einigermaßen genau bestimmen. Darüber hinaus rät Graham dem Anleger, niemals mehr als das 16fache des Gewinndurchschnitts eines Unternehmens zu zahlen. Grahams Methode war zu seiner Zeit, als die meisten börsennotierten Unternehmen konjunkturabhängige Betriebe waren und noch kaum eine unserer heutigen Wachstumsbranchen existierte, durchaus sinnvoll. Sein Konzept gilt insbesondere für zyklische Unternehmen wie Fluggesellschaften, Stahlkonzerne, Ölgesellschaften, Einzelhandelsbetriebe, Automobilfirmen oder Maschinenbau, deren Gewinne mit der jeweiligen Wirtschaftslage auf und ab gehen. Es funktioniert aber auch nur deshalb, weil konjunkturabhängige Unternehmen meist nur geringes stetiges Wachstum über längere Perioden aufweisen. Sie verbuchen ein paar Jahre lang Gewinne und müssen dann während eines Konjunkturabschwungs wieder Verluste berichten. In der darauf folgenden Expansionsphase erholen sich die Gewinne und erreichen vielleicht ein neues Hoch, um bei der nächsten Rezession jäh in die Tiefe zu stürzen. Über längere Zeit gesehen verläuft die Gewinnentwicklung wellenförmig.

Der größte Vorteil der auf dem Gewinndurchschnitt basierenden Prognosemethode ist darin zu sehen, dass man für ein zyklisches Unternehmen eine realistische Beurteilung erhält und nicht Gefahr läuft, fälschlicherweise von einem aufsteigenden Gewinnwachstum auszugehen. Allzu häufig jagen Investoren hinter zyklischen Unternehmen her, wenn die Gewinne besonders hoch sind – in der Annahme, die künftigen Gewinne könnten noch höher ausfallen. Wenn Sie als Anleger die Durchschnittsmethode anwenden, kann Ihnen nicht passieren, dass Sie in Anbetracht eines kürzlich erfolgten Wachstums überhöhte Preise zahlen. Ein weiterer Vorteil ist, dass Sie keine Prognose der volkswirtschaftlichen Zyklen erstellen

---

[2] Benjamin Graham und David Dodd, *Security Analysis*, Nachdruck der Ausgabe von 1934, New York, McGraw-Hill 1997, S. 452.

8 Unternehmensbewertung: Ermittlung von Gewinnen und Cashflow

müssen; das nimmt Ihnen die Durchschnittsmethode ab. Wichtig ist nur, dass Sie einen hinreichend langen Basiszeitraum wählen, der einen vollständigen Gewinn-Konjunkturzyklus mit allen Höhen und Tiefen erfasst (Abbildung 8-6).

Jahr	Gewinn je Aktie
1988	$1,55
1989	$1,25
1990	−$0,40
1991	−$0,90
1992	$0,10
1993	$0,85
1994	$1,60
1995	$1,85
1996	$2,25
1997	$2,30
Durchschnitt	$1,05
Geschätzte Gewinne	
1998–2007	$1,05

Abbildung 8-6: Beispiel 3 – Bisheriger Gewinndurchschnitt

Im oben gewählten Beispiel könnten Anleger versucht sein, in den Jahren 1996 und 1997, in denen die Gewinne gleich bleibend hoch waren, einen deutlichen Kursaufschlag für das Unternehmen zu zahlen. Doch die bisherige Gewinnentwicklung des Unternehmens – einschließlich der Jahresverluste in 1990 und 1991 – zeigt, dass man sich bei diesem Unternehmen nicht auf eine Fortsetzung des derzeitigen Gewinnniveaus verlassen sollte. Graham wäre bei der Prognose künftiger Gewinne von 1,05 Dollar Gewinn je Aktie ausgegangen und hätte vermutlich nicht mehr als 17 Dollar für die Aktie bezahlt. Ein wachstumsorientierter Anleger hingegen hätte sich 1997 leicht von den vergleichsweise hohen Gewinnen verleiten lassen und 30 Dollar und mehr je Aktie gezahlt.

Allerdings sollte man sich immer vergegenwärtigen, dass die auf dem Gewinndurchschnitt basierende Methode nur für konjunkturabhängige Unternehmen gilt. Bei Wachstumsunternehmen, die nachweislich steigende Umsätze und Gewinne zu verzeichnen haben, führt sie zu einer groben Unterschätzung des inneren Unternehmenswertes. Würden wir die Durchschnittsmethode auf das Unternehmen mit stetigem Wachstum in unserem ersten Beispiel

(Abbildung 8-4) anwenden, wären wir bei unserer Abschätzung der künftigen Gewinne bei 6,23 Dollar je Aktie – dem Durchschnittswert der vergangenen zehn Jahre – gelandet. Und das wäre ein sehr niedriger innerer Wert gewesen, der Sie als potenziellen Anleger kaum aus der Reserve gelockt hätte!

4. Abschätzung des künftigen Eigenkapitals

Mit dieser Methode, die ich persönlich allen anderen vorziehe, ermitteln Sie die Entwicklung des Eigenkapitals über eine Reihe von Jahren und bestimmen dann die zur Erzielung des derzeitigen Eigenkapitalniveaus erforderlichen Gewinne. Wie in Kapitel 10 ausführlich erörtert wird, stellt das Eigenkapital eines Unternehmens dessen Nettowert (Aktiva abzüglich Passiva) zu einem bestimmten Zeitpunkt dar. Das Eigenkapital zum Ende eines Jahres lässt sich ungefähr abschätzen, indem man dem Eigenkapital aus dem Vorjahr die einbehalten Gewinne des laufenden Jahres hinzufügt. Wenn Unternehmen X beispielsweise zu Jahresanfang mit einem Eigenkapital von 10 Mio. Dollar begonnen und im Lauf des Jahres 1 Mio. Dollar Gewinn erwirtschaftet hat, beläuft sich das Eigenkapital zum Jahresende auf rund 11 Mio. Dollar, sofern das Unternehmen keine Dividenden ausgezahlt hat. Sollten 200000 Dollar Dividenden ausgeschüttet worden sein, müsste das Eigenkapital zum Jahresende mit 10800000 Dollar (10 Mio. zuzüglich 1 Mio. abzüglich 200000 Dollar) veranschlagt werden. Meiner Erfahrung nach lässt sich diese Methode der Abschätzung des künftigen Eigenkapitals auf Unternehmen vieler Branchen anwenden, insbesondere auf Verbrauchsgüterhersteller wie *Coca-Cola*, *General Foods*, *Philip Morris*, *PepsiCo* und andere, die eine voraussagbare jährliche Eigenkapitalrendite zu verzeichnen haben.

Bei der Abschätzung des künftigen Eigenkapitals muss man in zwei Schritten vorgehen. Zuerst wird die durchschnittliche Eigenkapitalrendite für die letzten zehn oder mehr Jahre berechnet, um einen vollständigen Konjunkturzyklus berücksichtigen zu können. Daraufhin wird die durchschnittliche Eigenkapitalrendite auf die Zukunft übertragen. Abbildung 8-7 verdeutlicht diesen Zusammenhang am Beispiel von *Genuine Parts*, einem Grossisten aus der Kraftfahrzeugzulieferungsbranche. Die stetige Entwicklung des Unternehmens über einen Zeitraum von 30 Jahren bietet sich für eine schnelle Analyse des Eigenkapitalwachstums an.

8 Unternehmensbewertung: Ermittlung von Gewinnen und Cashflow

Jahr	Nettoertrag	Renditen über 30 Jahre		Eigenkapital-rendite
		Eigenkapital zum Jahresbeginn	Eigenkapital zum Jahresende	
1967	$7 491 411	$47 308 163	$55 679 256	14,5%
1968	$8 794 941	$55 679 256	$63 649 275	14,7%
1969	$10 778 467	$63 649 275	$77 437 679	15,3%
1970	$13 290 852	$77 437 679	$85 290 945	16,3%
1971	$16 535 006	$85 290 945	$95 476 147	18,3%
1972	$17 567 931	$95 476 147	$108 053 465	17,3%
1973	$20 341 677	$108 053 465	$121 548 638	17,7%
1974	$24 005 057	$121 548 638	$137 156 965	18,6%
1975	$29 981 108	$137 156 965	$163 092 941	20,0%
1976	$37 763 166	$163 092 941	$206 861 402	20,4%
1977	$42 243 015	$206 861 402	$233 641 292	19,2%
1978	$50 263 000	$233 641 292	$275 127 000	19,8%
1979	$61 715 000	$275 127 000	$320 706 000	20,7%
1980	$67 833 000	$320 706 000	$359 889 000	19,9%
1981	$77 543 000	$359 889 000	$410 689 000	20,1%
1982	$100 167 000	$410 689 000	$581 915 000	20,2%
1983	$103 634 000	$581 915 000	$636 218 000	17,0%
1984	$119 667 000	$636 218 000	$701 113 000	17,9%
1985	$126 241 000	$701 113 000	$729 231 000	17,7%
1986	$121 552 000	$729 231 000	$758 493 000	16,3%
1987	$148 292 000	$758 493 000	$760 256 000	19,5%
1988	$181 373 000	$760 256 000	$863 159 000	22,3%
1989	$199 488 000	$863 159 000	$971 764 000	21,7%
1990	$206 596 000	$971 764 000	$1 033 100 000	20,6%
1991	$207 677 000	$1 033 100 000	$1 126 718 000	19,2%
1992	$219 788 000	$1 126 718 000	$1 235 366 000	18,6%
1993	$257 813 000	$1 235 366 000	$1 445 263 000	19,2%
1994	$288 548 000	$1 445 263 000	$1 526 165 000	19,4%
1995	$309 168 000	$1 526 165 000	$1 650 882 000	19,5%
1996	$330 076 000	$1 650 882 000	$1 732 054 000	19,5%
1997	$342 397 000	$1 732 054 000	$1 859 468 000	19,1%
	Durchschnittswert über 30 Jahre			18,7%
	Umlaufende Aktien			179 592 000

Jahr	Nettoertrag	Vorausberechnung für 10 Jahre		Eigen-kapital-rendite	Geschätzter Gewinn je Aktie
		Eigenkapital zum Jahresbeginn	Eigenkapital zum Jahresende		
1998	$365 000 000	$1 859 468 000	$2 041 968 000	18,7%	$2,03
1999	$400 000 000	$2 041 968 000	$2 241 968 000	18,7%	$2,23
2000	$439 000 000	$2 241 968 000	$2 461 468 000	18,7%	$2,44
2001	$482 000 000	$2 461 468 000	$2 702 468 000	18,7%	$2,68
2002	$530 000 000	$2 702 468 000	$2 967 468 000	18,7%	$2,95
2003	$582 000 000	$2 967 468 000	$3 258 468 000	18,7%	$3,24
2004	$639 000 000	$3 258 468 000	$3 577 968 000	18,7%	$3,56
2005	$702 000 000	$3 577 968 000	$3 928 968 000	18,7%	$3,91
2006	$771 000 000	$3 928 968 000	$4 314 468 000	18,7%	$4,29
2007	$846 000 000	$4 314 468 000	$4 737 468 000	18,7%	$4,71

Abbildung 8-7: *Genuine Parts* – Eigenkapitalrendite als Projektionsbasis

In den letzten Jahren hat *Genuine Parts* rund 50 Prozent seiner Gewinne als Dividenden ausgeschüttet und deshalb ist der jährliche Eigenkapitalwert nicht in dem Maß gestiegen wie der Nettoertrag. Dennoch hat *Genuine Parts* alljährlich bemerkenswert konsistente Eigenkapitalrenditen erzielt, zumal drei Rezessionen stattgefunden haben. Ein Anleger könnte daher die als Durchschnittswert ermittelte Eigenkapitalrendite von 18,7 Prozent mit gutem Gewissen als Ausgangsbasis für die Prognose künftiger Gewinne heranziehen. Unter Berücksichtigung einer Dividendenausschüttung zu 50 Prozent und eines Eigenkapitals zu Jahresbeginn in Höhe von 1,859 Mrd. Dollar können Sie nun das jeweils am Ende künftiger Jahre erzielte Eigenkapital und die Gewinne je Aktie berechnen, die erforderlich sind, um eine Eigenkapitalrendite von 18,7 Prozent zu erwirtschaften.

Eine schnelle Möglichkeit zur Abschätzung künftiger Gewinne besteht darin, die angenommene Eigenkapitalrendite (18,7 Prozent) mit der Dividendenausschüttungsquote (in diesem Fall 50 Prozent) zu multiplizieren. Das Ergebnis – 9,35 Prozent – entspricht ziemlich genau der Gewinnzuwachsrate. Wenn Sie mit dieser Methode zur Abschätzung künftiger Gewinne arbeiten, müssen Sie eventuelle Dividendenzahlungen berücksichtigen und vom Eigenkapital zum Jahresende abziehen, da Dividenden von den einbehaltenen Gewinnen bezahlt werden. Wenn *Genuine Parts* keine Dividenden ausgeschüttet hätte, wäre die jährliche Eigenkapitalrendite weitaus niedriger ausgefallen, da dann die Eigenkapitalbasis größer gewesen wäre.

Zuordnung von Unternehmenswerten

Der Wert unseres hypothetischen Haushalts wie auch der eines jeden anderen Unternehmens basiert auf den Vorteilen, die Sie sich als Anleger im Lauf der Zeit von der Unternehmung versprechen. Das, was der Haushalt beziehungsweise das Unternehmen an Cashflow verdient oder erzeugt, gehört letztlich Ihnen. Entweder zahlt die Unternehmung ihre Gewinne sofort in Form von Dividenden aus oder sie behält sie zu Zwecken der Neuanlage ein. Der Wert einer Unternehmung besteht für Sie in der Gesamtsumme aller wirtschaftlichen Vorzüge, die im Lauf der Zeit von dieser Unternehmung erzeugt werden. Wenn Ihr Haushalt alljährlich 10000 Dollar Nach-Steuer-Gewinne erwirtschaftet und dies 50 Jahre lang so bleibt, hätte ein Aktionär letztlich einen Teilanspruch auf einen Gesamtgewinn von 500000 Dollar.

8 Unternehmensbewertung: Ermittlung von Gewinnen und Cashflow

Theoretisch könnte der Haushalt den Investoren nun 500000 Dollar wert sein. In der Praxis aber kommt der innere Wert des Haushalts nicht annähernd an die 500000 Dollar heran. Warum das so ist? Zum einen dürfte die Inflation den Wert künftiger Gewinne aufzehren. In Gegenwartswerten ausgedrückt, würden die 10000 Dollar Jahresgewinn stetig an Wert verlieren. Da Sie die Aktien mit Dollarwerten von heute zahlen, sollte auch der Wert künftiger Gewinne nach heutigem Stand berechnet werden. Wenn nun unser Haushalt 50 Jahre lang 10000 Dollar Gewinn im Jahr erwirtschaftet, würden die Gewinne insgesamt – inflationsbereinigt – deutlich unter 500000 Dollar liegen. Schon bei einer Inflationsrate von 3 Prozent jährlich verringert sich der Wert der künftigen Haushaltsgewinne auf 257298 Dollar – etwas mehr als die Hälfte der errechneten Gewinne. Bei höheren Inflationsraten verlieren die künftigen Gewinne noch drastischer an Wert.

Die „Diskontierungsrate"

Die Berücksichtigung der Inflationsrate bei der Gewinnermittlung reicht aber nicht aus, um die entgangenen *Opportunitätskosten* des angelegten Geldes voll zu erfassen. Opportunitätskosten stellen die Rendite dar, die Sie zur Realisierung der getätigten Geldanlage aufgegeben haben. Somit geben Opportunitätskosten das wieder, was Sie mit Ihrem Geld bei einer vergleichbaren Kapitalanlage mit demselben Risiko hätten gewinnen können. Nehmen wir zum Beispiel an, Sie hätten die Möglichkeit, in ein Büroraumprojekt mit einem Renditepotenzial von jährlich 15 Prozent zu investieren; alternativ dazu könnten Sie Aktien einer Eisenbahngesellschaft zum Kurs von 50 Dollar kaufen. Beide Projekte sind mit demselben Risiko verbunden. Um den Wert des Eisenbahnprojekts zu ermitteln, müssen Sie die künftigen Jahresgewinne oder Cashflow-Werte der Eisenbahngesellschaft abschätzen und sie mit 15 Prozent jährlich „diskontieren". Kommt dabei ein höherer Wert als die 50 Dollar je Aktie heraus, sollten Sie Ihr Geld in die Eisenbahngesellschaft investieren. Liegt der Wert unter 50 Dollar je Aktie, ist das Aktienkapital überbewertet: Im Vergleich dazu bietet das Büroraumprojekt bessere Investitionsbedingungen.

Die Diskontierungsrate besteht aus zwei Komponenten: aus der risikofreien Rate (Rendite einer Staatsanleihe bis zum Fälligkeitstermin) einerseits und einem Zuschlag für die eingegangenen Risiken andererseits. Die Inflation ist in der Diskontierungsrate insofern enthalten, als die Inflationsrate in den Renditen für Staatsanleihen bereits berücksichtigt ist. Wenn also der Risikozuschlag beispielsweise 8 Prozent im Jahr beträgt und die Rendite bei Staatsanleihen 7 Prozent, müssen Sie insgesamt eine Diskontierungsrate von 15 Prozent im Jahr berücksichtigen.

Anwendung der Diskontierungsrate

Sie nehmen die Diskontierung vor, indem Sie ganz einfach die Gewinne beziehungsweise den Cashflow eines jeden künftigen Jahres durch den Diskontierungsfaktor (1 + Diskontierungsrate) dividieren. Nehmen wir beispielsweise an, man erwarte von der Unternehmung in den nächsten fünf Jahren die Erwirtschaftung eines Jahresgewinns von 10000 Dollar und die Opportunitätskosten betrügen 15 Prozent. Abbildung 8-8 zeigt, wie Sie den Gewinnstrom über fünf Jahr diskontieren müssen.

Jahr	Ertrag	Dividiert durch	= Diskontierter Wert
1	$10000	1,15	$8696
2	$10000	$(1,15)^2$	$7561
3	$10000	$(1,15)^3$	$6575
4	$10000	$(1,15)^4$	$5718
5	$10000	$(1,15)^5$	$4972
Summe	$50000		$33522

Abbildung 8-8: Diskontierung des Jahresertrags einer Unternehmung (Diskontierungsrate = 15%)

Im ersten Jahr berücksichtigen Sie die Diskontierungsrate von 15 Prozent, indem Sie die 10000 Dollar Gewinn durch 1,15 dividieren. Das Resultat – 8696 Dollar – zeigt, was Ihr Gewinn wirklich wert ist. Im zweiten Jahr müssen Sie die 10000 Dollar zweimal mit dem Faktor 1,15 diskontieren. Also dividieren Sie die 10000 Dollar durch die Quadratzahl von 1,15. Im dritten Jahr werden die Gewinne durch die Kubikzahl von 1,15 dividiert und so weiter. Wie Sie leicht erkennen, nimmt der Wert von 10000 Dollar mit der Zeit beträchtlich ab, da der Diskontierungsfaktor immer größer wird.

Fünf Jahre später sind die 10000 Dollar Gewinn nach heutigem Barwert nur noch 4972 Dollar wert; insgesamt hat die Unternehmung für ihre Aktionäre diskontierte Gewinne in Höhe von 33522 Dollar erwirtschaftet. Unter der Voraussetzung, dass die Unternehmung nur fünf Jahre lang tätig ist, kann der Anleger einen inneren Wert von insgesamt 33522 Dollar erwarten.

Der Wert einer Unternehmung ist die Gesamtsumme aller zukünftigen Diskontierungsgewinne. In unserem Beispiel in Abbildung 8-8 haben wir bei fünfjähriger Betriebszeit einen inneren Wert von 33522 Dollar ermittelt. Hätten wir eine Betriebszeit von zehn Jahren angesetzt, käme der Unternehmung ein wesentlich höherer Wert zu, da sich die Jahresgewinne zu einem höheren Gesamtbetrag aufsummieren.

Das ist die größte Gefahr bei der Diskontierung: Wenn bei der Prognose zu viele Jahre im Voraus erfasst werden, erscheint das Unternehmen auf dem Papier immer wertvoller – bis zu tausenden Dollar je Aktie! Leider gelten Unternehmen als Dauereinrichtungen, die noch für Jahrhunderte Bestand haben können. Bei der Unternehmensbewertung müssen Sie daher versuchen, die Gewinnentwicklung über Jahrzehnte hinweg zu diskontieren. Zum Glück können Sie dies mit Hilfe mathematischer Methoden in wenigen Minuten bewerkstelligen. Die Lösung besteht darin, dass Sie bei der Abschätzung zukünftiger Gewinne zwischen zwei Phasen unterscheiden. Die erste Phase sollte eine Prognose für die nächsten zehn Jahre liefern. In der zweiten Phase sollten Sie den *fortlaufenden Wert* der Gewinne für alle nachfolgenden Jahre berechnen. Der Gesamtwert ergibt sich dann aus der Summe der für beide Phasen ermittelten Werte.

Berechnung des fortlaufenden Wertes

- **Schritt 1:** *Ermittlung der Gewinne im 11. Jahr.* In unserem Beispiel haben wir einen gleich bleibenden Jahresgewinn von 10000 Dollar angesetzt, so dass die Gewinne im 11. Jahr mit den Gewinnen im zehnten Jahr identisch wären.
- **Schritt 2:** *Division der Gewinne im 11. Jahr durch die Differenz zwischen Ihrer Diskontierungsrate und der Wachstumsrate des Unternehmens.* Wenn Ihre Diskontierungsrate 15 Prozent (beziehungsweise 0,15) beträgt und Sie für die zweite Phase einen Gewinnzuwachs von 5 Prozent erwarten, dividieren Sie die Gewinne durch 0,10 (0,15 minus 0,05).
- **Schritt 3:** *Division des Resultats aus Schritt 2 durch den Diskontierungsfaktor im zehnten Jahr – in diesem Fall $1,15^{10}$.* Das Resultat ist der fortlaufende Wert.

In unserem Beispiel haben wir für unbefristete Zeit gleich bleibende Jahresgewinne in Höhe von 10000 Dollar angenommen – es soll also kein Wachstum stattfinden. Damit ermitteln wir für die Unternehmung einen fortlaufenden Wert von 16479 Dollar und einen Gesamtwert von 66667 Dollar (siehe Abbildung 8-9).

Jahr	Ertrag	Dividiert durch	= Diskontierter Wert
1	$10000	1,15	$8696
2	$10000	$(1,15)^2$	$7561
3	$10000	$(1,15)^3$	$6575
4	$10000	$(1,15)^4$	$5718
5	$10000	$(1,15)^5$	$4972
6	$10000	$(1,15)^6$	$4323
7	$10000	$(1,15)^7$	$3759
8	$10000	$(1,15)^8$	$3269
9	$10000	$(1,15)^9$	$2843
10	$10000	$(1,15)^{10}$	$2472
Wertergebnis Phase 1			**$50188**
Fortlaufender Wert ($10000/0,15)/$(1,15)^{10}$			**$16479**
Wert der Unternehmung			**$66667**

Abbildung 8-9: Diskontierung in zwei Phasen – ohne Gewinnzuwachs (Diskontierungsrate = 15%)

Was geschieht nun aber, wenn der jährliche Ertrag der Unternehmung beispielsweise nach zehn Jahren um 5 Prozent steigt? Damit erhöht sich natürlich auch der Wert der Unternehmung. In diesem Fall müssen Sie zurückgehen zu Schritt 2 in der Berechnung des fortlaufenden Wertes und die 5 Prozent Gewinnzuwachs von Ihrer 15-prozentigen Diskontierungsrate abziehen. Sie dividieren nun die Gewinne aus dem 11. Jahr durch die Differenz (0,15 – 0,05 = 0,10) und errechnen einen Jahresgewinn von 10500. Die Unternehmung ist nunmehr 74906 Dollar wert (siehe Abbildung 8-10).

Wertergebnis Phase 1:	$50188
Fortlaufender Wert ($10500/0,10)/$(1,15)^{10}$	$24718
Wert der Unternehmung	$74906

Abbildung 8-10: Diskontierung in zwei Phasen – mit Gewinnzuwachs (Diskontierungsfaktor: Diskontierungsrate abzüglich Gewinnzuwachsrate)

Für welche Diskontierungsrate sollten Sie sich entscheiden?

Ihre Bewertung hängt letztlich von der Wahl einer angemessenen Diskontierungsrate ab. Entscheiden Sie sich für eine hohe Diskontierungsrate, erhalten Sie eine niedrige Bewertung und nehmen unter Umständen von einem sonst durchaus viel versprechenden Unternehmen Abstand. Eine zu niedrig angesetzte Diskontierungsrate führt zu einer hohen Bewertung und könnte Sie zum Kauf überbewerteter Aktien veranlassen. Leider gibt es keine Norm für die Bestimmung einer angemessenen Diskontierungsrate. Nachstehend sind die vier Ansätze aufgeführt, die am häufigsten angewendet werden.

1. *Gewichteter Durchschnitt der Kapitalkosten.* Die Mehrheit der Bewertungsexperten zieht den WAAC-Ansatz (*Weighted Average Cost of Capital*) heran, bei dem die Opportunitätskosten für den Besitz von Unternehmensaktien und -anleihen aufsummiert und gewichtet werden. Die Opportunitätskosten für Unternehmensanleihen sind nichts anderes als die Umlaufrendite der Anleihen am Markt nach Abzug der für die Zinsen gezahlten Steuern. Als Opportunitätskosten für Unternehmensaktien ist die langfristige Jahresrendite anzusetzen, die der Anleger von den Aktien erwartet. Nehmen wir beispielsweise an, die Investoren erwarten für die Aktien eines Unternehmens eine Jahresrendite von 10 Prozent und für seine Anleihen eine *Nach-Steuer*-Rendite von 5 Prozent. Wenn nun die Aktien 70 Prozent des Unternehmenskapitals (Fremdmittel plus Eigenkapital) und die Anleihen 30 Prozent ausmachen, ist der gewichtete Durchschnitt der Kapitalkosten (WAAC) wie folgt zu berechnen:

$$\begin{aligned} WAAC &= (0,10)(70\%) + (0,5)(30\%) \\ &= 0,07 + 0,015 \\ &= 0,085 \text{ beziehungsweise } 8,5\% \end{aligned}$$

Die Bestimmung der Kapitalkosten eines Unternehmens gestaltet sich recht schwierig und verlangt von Ihnen eine subjektive Beurteilung der Renditen am Gesamtmarkt sowie der bisherigen Korrelation zwischen Aktienentwicklung und Marktentwicklung. Zum Trost sei gesagt, dass die meisten Investoren für ihre Zwecke lieber eine solide begründete Marktrendite heranziehen.

2. *Marktrendite.* Einige Bewertungsfirmen schätzen die langfristig erwartete Jahresrendite für Aktien – 10 Prozent – ab und verwen-

den diesen Prozentsatz als Diskontierungsrate. Da Aktien die Inflation in aller Regel um sechs Prozentpunkte im Jahr schlagen (siehe Kapitel 5), sind die Inflationsrate und der inflationsbedingte Risikozuschlag, so könnte man argumentieren, in der 10-prozentigen Jahresrendite für Aktien bereits berücksichtigt. Allerdings greift dieser Ansatz nur so lange, wie wir uns auf gleich bleibende Jahresrenditen von 10 Prozent verlassen können – eine Binsenwahrheit, die wir bereits in Kapitel 2 diskutiert haben.

3. *Renditen von Staatsanleihen.* Die einfachste – aber auch umstrittenste – Methode besteht darin, die Rendite von Staatsanleihen mit 10- oder 30-jähriger Laufzeit als Diskontierungsrate heranzuziehen. Wenn eine Staatsanleihe mit 30-jähriger Laufzeit derzeit 6,5 Prozent Rendite bringt, diskontieren Sie die künftigen Unternehmensgewinne mit 6,5 Prozent. Sinken die Anleiherenditen, erhalten Sie eine höhere Bewertung; umgekehrt ergibt sich bei höheren Renditen eine niedrigere Bewertung. Von allen Ansätzen erscheint wertorientierten Anlegern eine Diskontierung von Unternehmensgewinnen nach Maßgabe der Renditen von Staatsanleihen intuitiv am sinnvollsten. Da Sie als Anleger gute Unternehmensaktien zu möglichst niedrigen Preisen erwerben wollen, vermindern Sie das mit herkömmlichen Diskontierungsraten verbundene Risiko bereits beträchtlich. Außerdem nimmt Ihnen dieser Ansatz die schwierige Aufgabe der Prognoseerstellung ab. Denn wie Sie unter Punkt 1 gesehen haben, müssen Sie zur Berechnung des gewichteten Durchschnitts der Kapitalkosten eine Voraussage über die künftigen Marktrenditen treffen. Zudem müssen Sie bei der WAAC-Methode den für die Unternehmensgewinne anzusetzenden Risikozuschlag wie auch die erwarteten Marktrenditen bei Unternehmensanleihen abschätzen. Für einen Puristen basiert dieser WAAC-Ansatz zu stark auf der Prognose zufallsgesteuerter Ereignisse. Demgegenüber zwingt Sie die Diskontierung von Gewinnen nach Maßgabe der Anleiherenditen, von vornherein „Sicherheit" zu kaufen. Sie werden sich noch erinnern, was wir in den Kapiteln 4, 5 und 6 gesagt haben: Sie können Unternehmensrisiko abbauen (und damit buchstäblich auf den Risikozuschlag bei Ihrer Diskontierungsrate verzichten), wenn Sie die Aktien eines Unternehmens mit ausgesprochen stabilen Gewinnen und/ oder zu günstigem Kurs erwerben. Bei einem Unternehmen, dessen Gewinne in den vergangenen 40 Jahren um, sagen wir, 10 Prozent im Jahr gestiegen sind, ist nur ein sehr geringes Unternehmensrisiko zu vermuten. Wenn Sie die Aktien eines solchen

Unternehmens zum Siebenfachen der Gewinne erwerben können, brauchen Sie bei Ihrer Diskontierungsrate so gut wie kein Risiko mehr zu berücksichtigen und können ohne Bedenken die Renditen von Staatsanleihen heranziehen.

4. *Ihre subjektive Erwartung in Bezug auf die Mindestrendite.* Ein anderer relativ direkter Ansatz ist die Diskontierung künftiger Gewinne nach Maßgabe der Mindestrendite, die Sie von den Aktien erwarten. Wenn Sie beispielsweise eine Aktie in der Erwartung gekauft haben, sie würde 15 Prozent im Jahr zulegen, dann verwenden Sie die 15 Prozent als Ihre Diskontierungsrate!

Für welchen der vier Ansätze Sie sich auch entscheiden – Sie sollten immer eine Diskontierungsrate wählen, welche die Wachstumsrate des Unternehmens *übersteigt.* Andernfalls erhalten Sie eine verzerrte Bewertung mit völlig irrelevanten Resultaten. Wenn ein Unternehmen ein Jahreswachstum von 20 Prozent aufweist und Sie die Gewinne nur mit 6 Prozent diskontieren, ist Ihre Bewertung unrealistisch hoch und könnte ins Unermessliche steigen. In der Praxis erweist es sich als sinnvoll, eine Diskontierungsrate zu wählen, die höher ist als die Wachstumsrate. Wenn Sie erwarten, dass ein Unternehmen um 10 Prozent jährlich wächst, sollten Sie davon ausgehen, dass auch die Aktien um mindestens 10 Prozent im Jahr zulegen, denn Aktienkurse tendieren zu derselben Zuwachsrate wie die langfristigen Gewinne.

Zusammenfassung

Noch eine letzte Wertberichtigung müssen Sie bei der Ermittlung künftiger Gewinne vornehmen: Sie müssen die in der Bilanz ausgewiesene langfristige Verschuldung vom Diskontierungswert der Unternehmensgewinne abziehen. Die endgültige Formel zur Bestimmung des Wertes einer Unternehmung sieht also wie folgt aus:

Innerer Wert = Wertergebnis der Gewinne aus Phase 1
    +
    fortlaufender Wert – Verschuldungswert

Kehren wir noch einmal zurück zu unserem hypothetischen Haushalt (siehe Abbildungen 8-1 bis 8-3): Wir hatten 1997 ein Nettoeinkommen von 17050 Dollar und einen Cashflow von 21850 Dollar ausgewiesen. Wir wollen in diesem Fall unsere Cashflow-Rechnung zugrunde legen und bei der weiteren Berechnung vom Basiswert 21850 Dollar ausgehen. Weiterhin wollen wir annehmen, dass sich der Cashflow um jährlich 8 Prozent erhöht. Zur abschließenden Bewertung unseres Haushalts brauchen wir dem künftigen Cashflow nur noch eine Diskontierungsrate zuzuweisen. Die Berücksichtigung einer Diskontierungsrate von 15 Prozent ergibt die folgende Cashflow-Entwicklung (Abbildung 8-11):

Jahr	Einkommen	Dividiert durch	= Diskontierter Wert
1	$23598	1,15	$20520
2	$25486	$(1,15)^2$	$19271
3	$27525	$(1,15)^3$	$18098
4	$29727	$(1,15)^4$	$16997
5	$32105	$(1,15)^5$	$15962
6	$34673	$(1,15)^6$	$14990
7	$37447	$(1,15)^7$	$14078
8	$40443	$(1,15)^8$	$13221
9	$43678	$(1,15)^9$	$12416
10	$47173	$(1,15)^{10}$	$11660
Wertergebnis Phase 1			**$157213**
Fortlaufender Wert ($50947/0,07)/$(1,15)^{10}$			**$179904**
Wert des Haushalts			**$337117**
Abzüglich Verschuldungswert			$175000
Gesamtwert			**$162117**

Abbildung 8-11: Abschließende Bewertung des hypothetischen Haushalts (Diskontierungsrate = 15%)

Nach sorgfältiger Analyse sind wir nun zu dem Ergebnis gekommen, dass ein Anleger den Gesamtwert des Haushalts auf 162117 Dollar – das 6,9fache des Cashflow im Jahr 1998 – veranschlagen sollte. Ein Anleger, der Ihre gesamten Aktien kaufen würde, sollte zur Zahlung dieses Betrages bereit sein, wenn er sich damit ein Anrecht auf Ihre künftigen Gewinne sichern will. Bei der Berechnung dieses Wertes sind wir von einer 8-prozentigen Cashflow-Zuwachsrate und einer 15-prozentigen Diskontierungsrate ausgegangen. Zuletzt haben wir noch die Verschuldung des Haushalts (Restschulden für Auto- und Wohnbaukredit) in Höhe von 175000 Dollar in Abzug gebracht.

Wie viel ein Anleger für einen Anteil an diesem Haushalt zu zahlen bereit ist, hängt von der Anzahl der „umlaufenden Aktien" ab. Wenn wir davon ausgehen, dass 10000 Aktien im Umlauf sind,

8 Unternehmensbewertung: Ermittlung von Gewinnen und Cashflow

käme jedem dieser Anteile ein innerer Wert von 16,21 Dollar zu. Bei Kursen höher als 16,21 Dollar würde ein kluger Anleger keine Anteile erwerben. Doch bei Kursen unter 16,21 Dollar wäre Ihr Haushalt eine durchaus günstige Geldanlage!

9 Analyse der Dividendenentwicklung eines Unternehmens

Das wichtigste Ziel eines Anlegers ist eine lohnende Gesamtrendite.

Geraldine Weiss[1]

Die Bedeutung von Dividenden in der Wall-Street-Historie ist den meisten Investoren sehr deutlich bewusst. Ohne die Dividenden, die öffentliche Unternehmen in den vergangenen 70 Jahren gezahlt haben, wären die Jahresrenditen drastisch niedriger ausgefallen. Von 1928 bis 1997 beispielsweise hat der *Dow Jones Industrial Average (DJIA)* als der am häufigsten zitierte Standard am Markt insgesamt 4,86 Prozent im Jahr zugelegt und nicht 9 oder 10 Prozent, wie von den Medien immer wieder berichtet wurde. Die Differenz ist mit der Zahlung von Dividenden zu erklären. Die Dividendenrendite der 30 DJIA-Aktien lag zwischen 1928 und 1997 im Jahresdurchschnitt bei 4,4 Prozent. Erst wenn man die Kursgewinne zu 4,86 Prozent und die Dividendenerträge zu 4,4 Prozent zusammenzählt, kann sich die Gesamtrendite für die Aktionäre wieder sehen lassen.

Der Wachstumsfaktor bei Dividenden

Die Bedeutung der Jahresdividenden schmälern zu wollen wäre schlichtweg unsinnig, zumal Dividenden nicht nur eine Hauptquelle für Anlagengewinne darstellen, sondern auch bei schlechten Marktaussichten eine gewisse Absicherung bieten. Aktien mit hoher Dividendenzahlung tendieren bei schwachen Märkten zu geringeren Verlusten. Auch sollte nicht übersehen werden, dass Dividenden bei der Erzielung inflationsübertreffender Renditen (siehe Kapitel 5) eine wesentliche Rolle spielen. Ein Unternehmen, das seine Gewinne und Dividenden kontinuierlich erhöht, bietet überzeugende kurzfristige Renditen, die Anleiherenditen durchaus überlegen sein können. Langfristig gesehen kann ein Wachstumsunternehmen

---

[1] Geraldine Weiss und Gregory Weiss, *The Dividend Connection*, Chicago, Dearborn Financial Publishing, 1995, S. 2.

9 Analyse der Dividendenentwicklung eines Unternehmens

mit Kursgewinnen aufwarten, die den Markt insgesamt zu schlagen vermögen.

Man braucht sich nur zwei Dividenden zahlende Wachstumsunternehmen – *Merck & Co.* und *Philip Morris* – anzuschauen, um zu erkennen, welche Vorzüge Dividenden dem Anleger über längere Zeiträume zu bieten haben. Nehmen wir einmal an, ein Anleger hätte 1980 *Philip-Morris-* und *Merck-*Aktien zu splitangepassten Kurswerten von 1,90 Dollar beziehungsweise 3,90 Dollar erworben und die Aktien gehalten. Im Jahr 1997 bedeuteten die Jahresdividenden beider Unternehmen einen gewaltigen Ertrag für das investierte Kapital (siehe Abbildung 9-1): Sowohl *Philip Morris* als auch *Merck* hatten erstaunlich hohe und die Inflation übertreffende jährliche Gewinnrenditen zu verzeichnen.

	Philip Morris (Kaufkurs $1,90)				Merck & Co. (Kaufkurs $3,90)			
Jahr	Gewinn je Aktie	Dividende	Ertragskraft je Aktie	Dividendenrendite	Gewinn je Aktie	Dividende	Ertragskraft je Aktie	Dividendenrendite
1980	$0,20	$0,06	10,5%	3,2%	$0,28	$0,12	7,2%	3,1%
1981	0,22	0,08	11,6%	4,2%	0,30	0,14	7,7%	3,6%
1982	0,26	0,10	13,7%	5,3%	0,31	0,16	7,9%	4,1%
1983	0,30	0,12	15,8%	6,3%	0,34	0,16	8,7%	4,1%
1984	0,35	0,14	18,4%	7,4%	0,37	0,17	9,5%	4,4%
1985	0,42	0,17	22,1%	8,9%	0,42	0,18	10,8%	4,6%
1986	0,52	0,21	27,4%	11,1%	0,54	0,21	13,8%	5,4%
1987	0,65	0,26	34,2%	13,7%	0,74	0,27	19,0%	6,9%
1988	0,74	0,34	38,9%	17,9%	1,02	0,43	26,2%	11,0%
1989	1,01	0,42	53,2%	22,1%	1,26	0,55	32,3%	14,1%
1990	1,28	0,52	67,4%	27,4%	1,52	0,64	39,0%	16,4%
1991	1,51	0,64	79,5%	33,7%	1,83	0,77	46,9%	19,7%
1992	1,82	0,78	95,8%	41,1%	2,12	0,92	54,4%	23,6%
1993	1,35	0,87	71,1%	45,8%	2,33	1,03	59,7%	26,4%
1994	1,82	1,01	95,8%	53,2%	2,38	1,14	61,0%	29,2%
1995	2,17	1,22	114,2%	64,2%	2,70	1,24	69,2%	31,8%
1996	2,56	1,47	134,7%	77,4%	3,20	1,42	82,1%	36,4%
1997	3,00	1,60	157,9%	84,2%	3,82	1,69	97,9%	43,3%

Abbildung 9-1: *Philip Morris* und *Merck*

Beide Unternehmen haben sich als recht großzügig erwiesen: Sie haben den Anlegern 40 bis 50 Prozent ihrer Jahresgewinne als Dividende ausgezahlt und den Rest zur Stärkung der Eigenkapitalbasis reinvestiert. Da beide Unternehmen ein konsistentes Wachstum verbuchten, konnten sie ihre Dividenden in fast jedem Jahr erhöhen. So hatte der Anleger seine 1980 getätigte Investition in *Philip-Morris*-Aktien im Jahr 1997 allein durch Dividendenausschüttung zu 84,2 Prozent zurückbekommen. Für *Merck*-Aktien ergab sich, bezogen auf den Aktienerwerb im Jahr 1980, eine Dividendenrendite von 43,3 Prozent. Damit haben die Dividenden der beiden Unternehmen Renditen erbracht, die den Inflationseffekt bei weitem ausgleichen konnten.

Doch in den Genuss jährlicher Ausschüttungen dieser Größenordnung kamen Sie als Anleger nur dann, wenn Sie besonders umsichtig vorgingen. Erstens mussten Sie die Aktien zu relativ günstigen Kursen erwerben. *Philip Morris* war 1980 mit durchschnittlich dem Zehnfachen der Gewinne und *Merck* mit dem 14fachen der Gewinne notiert. Zweitens mussten Sie Unternehmen wählen, die ihre Gewinne über längere Zeiträume hinweg konsistent steigern konnten, was ein starkes Dividendenwachstum versprach. Und drittens mussten Sie diese Aktien hinreichend lange halten, damit die Gewinne und die Dividendenrenditen Gelegenheit hatten, über die Inflationsrate hinauszuwachsen. Zudem gab Ihnen eine lange Haltezeit die Möglichkeit, das Wertsteigerungspotenzial Ihrer Aktien zu optimieren. Hätten Sie Ihre *Philip-Morris*-Aktien oder *Merck*-Aktien nur zwei bis drei Jahre gehalten, hätten Sie unter Umständen einen Wertverlust hinnehmen müssen. Bei kurzer Haltedauer kann alles Mögliche eintreten. Hingegen konnten Sie bei einem Zeitraum von 17 Jahren davon ausgehen, dass der Kurswert Ihrer Aktien mit dem Gewinnzuwachs steigen würde. Ende 1997 wurde die *Philip-Morris*-Aktie zu einem Kurs von 45 Dollar gehandelt und das entspricht einer 2268-prozentigen Rendite auf Ihre ursprüngliche Investition. In demselben Betrachtungszeitraum wuchsen die *Philip-Morris*-Gewinne um 1400 Prozent. *Merck* notierte bei 106 Dollar, einer Rendite von 2618 Prozent entsprechend. Die Gewinne stiegen um 1264 Prozent.

Die Ausschüttung von Dividenden bedeutet mehr als die Großzügigkeit der Geschäftsführung. Sie ist ein Nebenprodukt des Unternehmenserfolgs.

Daran besteht kein Zweifel: Die Ausschüttung von Dividenden bedeutet mehr als die Großzügigkeit der Geschäftsführung. Sie ist ein Nebenprodukt des Unternehmenserfolgs. Ein Unternehmen muss Geld erwirtschaften, um sich eine Dividende leisten zu können.

Und es muss sehr viel mehr Geld erwirtschaften, als es Dividenden zahlt, wenn es internes Unternehmenswachstum erzielen will: Ein Unternehmen, das seine Gewinne den Aktionären in vollem Umfang als Dividenden auszahlt, hat am Ende des Jahres keine Gewinne einbehalten, um Investitionen in neue Anlagen zu tätigen oder Vermögensanteile von Aktionären anderer Unternehmen zu erwerben. Dividenden geben auch zu erkennen, dass die Geschäftsführung zuversichtlich in die Zukunft schaut. Wenn ein Unternehmen seine Dividenden erhöht, ist damit eine Aussage über die erwartete Gewinnentwicklung verbunden. Heikel wird es, wenn sich Unternehmen zur Kürzung ihrer Dividenden entschließen – das ist auch selten genug der Fall. Demgegenüber verpflichtet sich ein Unternehmen durch die Erhöhung seiner Dividenden auf Jahre im Voraus zu höheren Auszahlungen und bringt damit zum Ausdruck, dass es einen hinreichend großen Gewinnzuwachs erwartet, der den höheren Dividendenaufwand zumindest ausgleicht.

Dividenden als Relikt aus „Hamster"-Zeiten

So verheißungsvoll Dividenden erscheinen mögen – sie sind keine Garantie für die Erzielung guter jährlicher Renditen. Zu viele Anleger sehen ihr Heil in Dividenden in dem Glauben, nur respektable Unternehmen würden Dividenden zahlen. Zudem haben sie sich von ihren Anlageberatern aufschwatzen lassen, sie müssten ihre Portfolios mit Anleihen, Aktien mit Dividendenzahlung und Aktien ohne Dividendenzahlung mischen, wobei der Schwerpunkt auf Wertpapieren mit garantierten Renditen liegen sollte. Dieses „Hamstern" von Dividendenerträgen stammt noch aus der Zeit nach der großen Weltwirtschaftskrise, als die Anleger den Unternehmen aus Sorge vor Kurseinbrüchen immer großzügigere Dividendenzahlungen abverlangten – mit Erfolg.

In den damaligen finanzwissenschaftlichen Lehrbüchern hieß es, man müsse Dividenden zahlende Aktien kaufen und halten, da diese im Gegensatz zu so genannten „spekulativen" Emissionen eine relative Absicherung böten. Ein Unternehmen, das sich Dividendenausschüttungen leisten konnte, so wurde argumentiert, sei weniger auflösungsgefährdet und müsse bei einem weiteren Börsencrash nicht gleich mit einem Kursverfall seiner Aktien rechnen. Diese Vorstellung liegt nach wie vor vielen wissenschaftlichen Untersuchungen zugrunde; ganzen Generationen von angehenden Finanzexperten ist beigebracht worden, Unternehmen seien nach Maßgabe der von ihnen erwarteten Dividenden zu bewerten. Auch älteren Investoren hat man weisgemacht, Dividenden seien so eine Art Finanzmessias, der sie durch den Ruhestand geleite. Genauso, wie die Amerikaner gelernt haben, nach festen Arbeitsplätzen und Hausbesitz zu streben und dafür jahrzehntelang an einem Ort zu kleben und Geräte und Mobiliar zu horten, das früher oder später auf dem Speicher landet, so haben sich die Anleger an Aktien geklammert, die mit einer Dividendenausschüttung verbunden waren.

Auch Benjamin Graham war ein Produkt dieser durch die Weltwirtschaftskrise geprägten Denkweise. Seine Modelle zur Unternehmensbewertung gaben denn auch solchen Unternehmen den Vorzug, die in der Lage waren, Jahr für Jahr Gewinne zu erwirtschaften und an die Investoren zurückzuzahlen. Für Graham und Legionen von Wissenschaftlern in seinem Gefolge war eine Dividende in der Hand mehr wert als alle in Aussicht gestellten Kursgewinne auf dem Dach. Sie waren der Meinung, in Anbetracht des mit jeder Geldanlage verbundenen Risikos sei es besser, jetzt und gleich Bargeld vom Unternehmen ausgehändigt zu bekommen, als sich auf dessen Fähigkeit zur Erwirtschaftung künftiger Gewinne mit dem angelegten Geld zu verlassen. So schreibt Graham:

> Bis vor kurzem war die Dividendenzahlung der alles in den Schatten stellende Faktor bei Aktienanlagen. Diese Sichtweise basierte auf einer einfachen Logik. Hauptzweck eines Wirtschaftsunternehmens ist die Zahlung von Dividenden an seine Anteilseigner. Ein Unternehmen gilt dann als erfolgreich, wenn es regelmäßig Dividenden zahlen und die Dividendenrate im Lauf der Zeit möglichst noch erhöhen kann. Da das Konzept des Geldanlegens eng mit dem Konzept eines zuverlässigen Einkommens verbunden ist, sind Aktienanlagen normalerweise auf Stammaktien mit solider Dividende beschränkt. Des Weiteren folgt daraus, dass der Preis, der für eine Aktienanlage gezahlt wird, in erster Linie durch den Dividendenbetrag bestimmt wird.[2]

Ein solch einseitiges Dividendenverständnis läuft jeder Finanzlogik zuwider. Es gibt viele zwingende Gründe, warum ein Unternehmen keine Dividenden zahlen will – und auch nicht zahlen sollte. Graham erläuterte denn auch seine Dividendenauffassung dahingehend, es gäbe möglicherweise Zeiten, zu denen ein Unternehmen besser beraten sei, keine Auszahlungen an seine Anteilseigner zu leisten. Er nannte drei Situationen, in denen Unternehmen von Dividendenzahlungen absehen sollten: (1) Stärkung der Cashflow-Ba-

---

[2] Benjamin Graham und David Dodd, *Security Analysis*, Nachdruck der Ausgabe von 1934, New York, McGraw-Hill, 1997, S. 325.

sis, (2) Erhöhung der Produktionskapazität oder (3) „Verhinderung von Überkapitalisierung" (Aktienrückkauf).

Alle drei Situationen sind dazu angetan, den inneren Unternehmenswert *zum Vorteil der Anteilseigner* zu erhöhen. Es ist doch so: Wenn ein Unternehmen seine liquiden Mittel intern besser nutzen kann als die Investoren extern, ist es nur vernünftig, wenn das Unternehmen seine Gewinne einbehält und keine Dividenden zahlt. Graham war davon überzeugt, dass ein Unternehmen mit der erfolgreichen Reinvestition seiner Gewinne zu Zwecken der Produktionserweiterung oder Absicherung einer instabilen Finanzlage umso eher in der Lage ist, künftige Dividendenzahlungen zu leisten. Der Verzicht auf 1 Dollar Dividende verschafft den Anlegern unter Umständen größere Vorteile, wenn das Unternehmen das Geld neu anlegen und damit seinen inneren Wert um mehr als 1 Dollar erhöhen kann. Früher oder später, so argumentieren die Theoretiker, erhalten die Investoren diesen Dollar ohnehin als Dividende zurück.

Viele wertorientierte Anleger unserer Zeit, darunter auch Warren Buffett, gehen mittlerweile in aller Stille eigene Wege und übernehmen dieses im Vergleich zu Grahams Sichtweise flexiblere Dividendenverständnis. Sie argumentieren, Dividenden hätten heutigen Anlegern unter Umständen kaum wirtschaftliche Vorteile zu bieten, besonders in Anbetracht einer geänderten Steuergesetzgebung; Dividenden könnten den potenziellen Gewinn aus einer Aktie sogar noch schmälern. So lässt das *Berkshire-Hathaway*-Portfolio von Buffett denn auch eine gewisse Negativeinstellung zu Dividenden erkennen – mit Ausnahme solcher Fälle, in denen das Unternehmen bislang eine kluge Bilanz der Gewinnzuteilung aufzuweisen hat (siehe Abbildung 9-2). Buffetts wichtigste Aktienbestände Ende 1997 betrafen sieben Wachstumsunternehmen mit hoher Börsenkapitalisierung, die weitaus weniger als 50 Prozent ihrer Gewinne als Dividenden ausschütteten. (Der Marktdurchschnitt lag 1997 bei 38 Prozent.) Die Dividendenrendite bei diesen Aktien betrug im Schnitt weniger als 1 Prozent.

Wenn ein Anleger Dividenden anstrebt, muss er sich um ein Verständnis des Zusammenhangs zwischen internen Rückführungen ins Unternehmen und externen Aktionärsinteressen bemühen. Die Unternehmen können gar nicht anders – in dieser Hinsicht müssen sie eigennützig vorgehen. Sie sollten sich weigern, dem Verlangen der Anteilseigner nach immer höheren Dividenden in sklavischer Ergebenheit nachzugeben. Die Geschäftsführung sollte bewusst auf Dividendenausschüttungen – selbst über Jahre hinweg – verzichten,

	1997 Gewinn je Aktie	1997 Dividende	12/31/97 Ausschüt- tungsquote	Dividenden- rendite
American Express	$4,15	$0,90	22%	1,0%
Coca-Cola	$1,67	$0,56	34%	0,8%
Walt Disney	$2,75	$0,48	17%	0,5%
Federal Home Loan Mtg.	$1,90	$0,40	21%	0,9%
Gillette	$1,91	$0,86	45%	0,9%
McDonald's	$2,20	$0,32	14%	0,7%
Washington Post	$26,23	$5,00	19%	1,0%
Wells Fargo Bank	$25,62	$5,20	20%	1,5%

Abbildung 9-2: Die größten Aktienbestände im Berkshire-Hathaway-Portfolio 1997

wenn sie die erfolgreiche Reinvestition des Aktionärskapitals belegen kann. Sofern das Unternehmen mit dem Geld der Aktionäre eine bessere Rendite erzielt als die Aktionäre mit der Wiederanlage ihrer Dividenden, sollte das Unternehmen seine Gewinne einbehalten.

Die Geschäftsführung sollte bewusst auf Dividendenausschüttungen – selbst über Jahre hinweg – verzichten, wenn sie die erfolgreiche Reinvestition des Aktionärskapitals belegen kann.

Nehmen wir einmal an, *General Motors* erwirtschaftet 10 Mio. Gewinn und muss nun entscheiden, ob das Unternehmen seinen Aktionären diese 10 Mio. Dollar teilweise, überhaupt nicht oder vollumfänglich zurückzahlen will. Die Entscheidung hängt von der unternehmensinternen *Hurdle Rate* ab: Welche *Mindestrendite* erwartet *GM*, wenn das Unternehmen den Gewinn intern reinvestiert? Sollte *GM* eine neue 10-Mio.-Dollar Anlage erwerben können, die auf den jährlichen Investitionsbetrag 25 Prozent Rendite abwirft, wird das Unternehmen die 10 Mio. Dollar vermutlich ganz einbehalten. Unter solchen Umständen liegt die Entscheidung auf der Hand. *GM* wird nur dann Dividenden zahlen, wenn die Anleger die Möglichkeit haben, Renditen zu erzielen, die über diese 25 Prozent hinausgehen. Allerdings dürfte der Börsenmarkt nur selten derart hohe Renditen garantieren. Doch wenn die neue Anlage nur 10 Prozent Rendite im Jahr abwirft, gestaltet sich die Entscheidung für *GM*

9 Analyse der Dividendenentwicklung eines Unternehmens

schon schwieriger. Da einige Anleger mit eigenen Projekten durchaus eine 10-Prozent-Rendite realisieren können, trifft das Unternehmen möglicherweise die Entscheidung, nur 5 Mio. Dollar von seinen Gewinnen in die neue Anlage zu investieren, die verbliebenen 5 Mio. Gewinn als Dividenden auszuschütten und einen Kredit in Höhe von 5 Mio. aufzunehmen, um die restliche Kaufsumme für die neue Anlage zu finanzieren. Sollte *GM* von der neuen Anlage eine noch niedrigere Investitionsrendite, beispielsweise 5 Prozent, erwarten, wird das Unternehmen vermutlich seinen gesamten Gewinn als Dividenden abführen und 10 Mio. Kredit zur Finanzierung des Projekts aufnehmen.

Sie sehen also: Ein Unternehmen kann das Thema *Dividendenausschüttung* nicht so leichthin abtun. Die Geschäftsführung muss ihre Dividendenpolitik mit den unternehmensinternen langfristigen Finanz- und Kapitalerweiterungsplänen in Einklang bringen. In der Praxis halten sich die amerikanischen Unternehmen mehr oder weniger an einige bewährte Grundprinzipien. Maßgeblich ist der unternehmensspezifische Zusammenhang zwischen Dividenden, Gewinnzuwachs und Gesamtkapitalrenditen. Die Unternehmen mit dem schnellsten Wachstum und den höchsten Gesamtkapitalrenditen zahlen überhaupt keine Dividenden und werden das vermutlich auch in den kommenden Jahren nicht tun. Dazu zählen hunderte von Unternehmen mit geringer Börsenkapitalisierung sowie namhafte Wachstumsunternehmen mit Markenprodukten wie *Microsoft, Oracle, Cisco Systems, Gateway 2000, Dell Computer, 3Com, Boston Scientific, Outback Steakhouse* und *Office Depot*. Unternehmen mit besonders geringem Wachstum, die mit ihren internen Investitionen nur niedrige Renditen erzielen, schütten ihre Gewinne nahezu vollumfänglich als Dividenden aus. Zu diesen Unternehmen zählen insbesondere Strom- und Gasversorgungsbetriebe. Die übrigen Unternehmen liegen größtenteils irgendwo dazwischen; sie zahlen ihre Jahresgewinne zu 10 bis 60 Prozent als Dividenden aus. Meist lässt schon der Dividendenaufwand eines Unternehmens Rückschlüsse auf die unternehmensspezifische *Hurdle Rate* zu: Unternehmen, die vergleichsweise kleine Dividenden – unter 10 Prozent der Gewinne – zahlen, erwarten vermutlich sehr hohe interne Wachstumsraten. Unternehmen mit einer hohen Dividendenausschüttung – 40 bis 60 Prozent der Jahresgewinne – zahlen das Geld zurück, weil es sich um reife Betriebe handelt, für die es einfach weniger Wachstumsmöglichkeiten gibt. Zu dieser Gruppe zählen Verbrauchsgüterhersteller wie *Philip Morris* und *Kellogg*, große Pharmaunternehmen und Banken.

Zweifellos haben sich manche Unternehmen derart auf das „Hamstern" von Dividenden eingelassen, dass sie den Anlegern auch dann noch Dividenden zahlen, wenn dies längst keine kluge Entscheidung mehr ist. So überschütten sie ihre Investoren mit Dividenden zu Zeiten rückläufiger Gewinne in dem eitlen Bemühen, den Aktienkurs psychologisch abzustützen. In solchen Fällen hat die Geschäftsführung nicht nur kurzsichtigen Anlegerforderungen nachgegeben, sondern wertvolle Barmittel aufgezehrt, die sie anderen Verwendungszwecken mit weitaus effektiveren Resultaten hätte zuführen können. Zum Beispiel haben einige Bergbauunternehmen den Fehler gemacht, ihre Dividendenzahlungen auch 1997 noch fortzusetzen, nachdem die Gold-, Kupfer-, Silber- und Rohstoffpreise in den Keller gestürzt und die betroffenen Unternehmen in ernste Rentabilitätsschwierigkeiten geraten waren.

Auf der anderen Seite bieten auch finanziell starke Unternehmen Dividenden selbst dann noch an, wenn sie ganz offensichtlich von einer Dividendenausschüttung Abstand nehmen sollten. Höchstwahrscheinlich entscheiden sich solche Unternehmen zur Zahlung von Dividenden, um dem Ertragsstreben der Fondsmanager Genüge zu tun. Dutzenden von Investmentfonds ist es untersagt, Aktien von Unternehmen ohne Dividendenausschüttung zu erwerben, so dass solche Investmentfonds gezwungenermaßen auf eine Beteiligung an einigen der aussichtsreichsten Wachstumsunternehmen in Amerika verzichten mussten. Deshalb zahlen Wachstumsunternehmen wie *Charles Schwab*, *Wal-Mart*, *Walt Disney*, *Cracker Barrel Old Country Store* und *Callaway Golf* bescheidene Dividenden allein aus dem Grund, eine größere Zahl von institutionellen Anlegern für ihre Aktien zu interessieren. Ein kurzer Blick auf die Finanzstärke dieser Unternehmen bestätigt die Vermutung, dass sie besser überhaupt keine Dividenden zahlen sollten – zumindest sind die Gründe für solche Dividendenzahlungen nicht zu rechtfertigen. Wie in Kapitel 10 beschrieben wird, erzielt *Callaway Golf* eine derart hohe Gesamtkapitalrentabilität, dass das Unternehmen gut daran täte, seine Gewinne auch weiterhin einzubehalten und nicht den Investoren zurückzuzahlen. Seine jährliche Dividendenrendite lag in vergangenen Jahren unter 1 Prozent und dürfte damit so unbedeutend sein, dass Anleger die Aktie aus diesem Grund sicher nicht kaufen sollten. *Cracker Barrel* zahlte 1998 eine Dividende von 0,02 Dollar je Aktie – ganze 1,4 Prozent der Jahresgewinne. Finanztechnisch gesehen kann sich ein Unternehmen nicht veranlasst sehen, seinen Investoren derart kleine Leckerchen anzubieten – es sei denn, es liegen andere Beweggründe vor. Sofern ein Unternehmen eine hohe Gesamtkapitalrentabilität erzielen kann, sollte es Jahr für Jahr sämtliche Gewinne einbehalten und internen Verwendungszwecken zuführen, anstatt diese Gewinne den Investoren zukommen zu lassen, die dafür auch noch alljährlich Steuern zahlen müssen.

Dieser Zusammenhang wird in Abbildung 9-3 verdeutlicht: Für einen Kreis ausgewählter Unternehmen mit hoher Börsenkapitalisierung wird die Ausschüttungsquote (der prozentuale Anteil der Gewinne, den die Geschäftsführung keinen Reinvestitionsprojekten zuführen will) der Gesamtkapitalrendite gegenübergestellt. Ganz offensichtlich verfolgen die Unternehmen eine sehr unterschiedliche Dividendenpolitik – selbst dann, wenn sie in derselben Branche tätig sind. Auf den ersten Blick mag die Dividendenpolitik der ausgewählten Unternehmen eher willkürlich anmuten. Dennoch ist ein ganz bestimmter Trend in der Beziehung zwischen Ausschüttungsquote und Gesamtkapitalrendite nicht zu verkennen: Je höher die von einem Unternehmen erzielte Gesamtkapitalrentabilität ist, desto geringer sollte sein Dividendenaufwand für die Investoren sein. Genauso sollten auch Unternehmen mit einer sehr geringen Gesamtkapitalrentabilität ihre Gewinne einbehalten, anstatt ein so kostbares Gut an die Aktionäre zu verteilen. Wenn ein Unternehmen eine hohe Eigenkapitalrendite erzielt und dennoch den größten Teil der Gewinne an seine Investoren zurückzahlt, kann sein Vorgehen nur als unlogisch bezeichnet werden.

Dividenden und branchenspezifische „Lebenszyklen"

Warum schütten manche Unternehmen nur 10 Prozent ihrer Gewinne als Dividenden aus, andere hingegen 60 Prozent oder mehr? Wie bereits weiter oben angedeutet, hängt die Antwort meist von den vorhandenen Investitionsmöglichkeiten ab. Verfügt ein Unternehmen über gute Wachstumsmöglichkeiten, sollte es einen möglichst hohen Anteil seiner Gewinne einbehalten in der Erwartung, dass der Wert eines einbehaltenen Dollars für das Eigenkapital noch gesteigert werden kann. Erst wenn immer weniger Investitionsmöglichkeiten genutzt werden können, sollte ein Unternehmen dazu übergehen, seine Gewinne den Anteilseignern zurückzuzahlen. Wann genau dieser Zeitpunkt eintritt, ist schwer zu sagen. Doch wie Abbildung 9-3 zeigt, richten die Unternehmen ihre Dividendenpolitik an ihrer Gesamtkapitalrentabilität aus. Zudem lässt das Diagramm darauf schließen, dass die Dividendenpolitik eines Unternehmens an seine Wachstumsraten – genauer gesagt, an seinen Le-

Dividenden und branchenspezifische „Lebenszyklen"

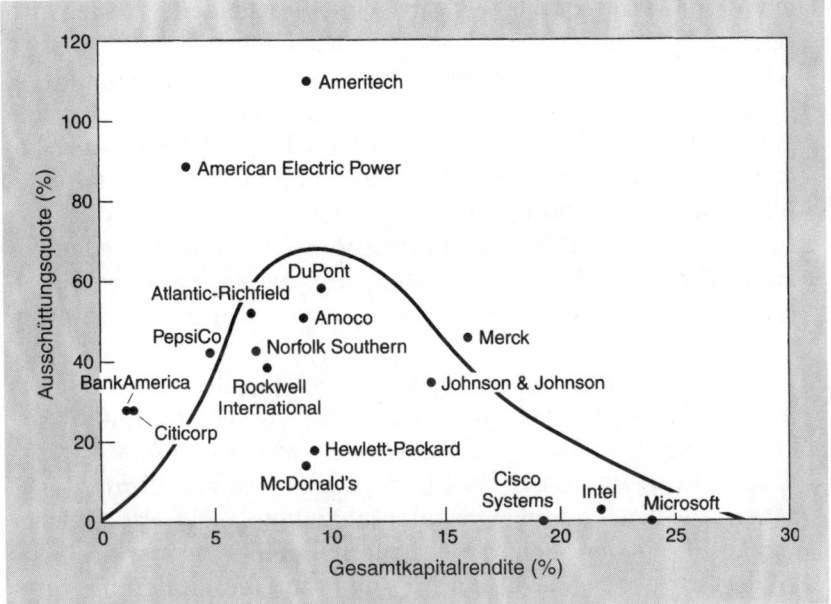

Abbildung 9-3: Dividendenaufwand und Gesamtkapitalrentabilität bei ausgewählten *S&P-100*-Unternehmen (Stand: 31. Dezember 1997)

benszyklus – gekoppelt ist. Unternehmen durchlaufen im Allgemeinen vier Zyklusphasen, bevor sie liquidiert werden oder ihre Vermögenswerte veräußern. In jeder dieser vier Phasen verfolgt ein Unternehmen eine andere Reinvestitions- und Dividendenpolitik. Im Folgenden sollen diese Phasen in der Entwicklung eines Unternehmens kurz beschrieben werden.

1. *Wachstumsphase.* In ihrer frühesten Wachstumsphase haben die meisten Unternehmen erheblichen Barmittelbedarf und behalten sämtliche Gewinne ein, um Forschung und Entwicklung zu betreiben, Akquisitionen zu tätigen oder Produktionsanlagen zu bauen. Diese Phase ist durch hohe jährliche Zuwachsraten gekennzeichnet, die nicht selten 100 Prozent oder mehr erreichen – eine Entwicklung, die mehrere Quartale oder gar Jahre andauert. In dieser Phase müssen die Unternehmen alle ihnen verfügbaren Ressourcen für die Erkundung und Nutzung neuer Märkte und Technologien sowie zur Abwehr potenzieller Konkurrenten einsetzen.

2. *Expansionsphase.* In dieser Phase seiner Entwicklung erfährt das Unternehmen ein etwas verlangsamtes, aber immer noch sehr starkes Wachstum. Die Produkte des Unternehmens setzen sich

auf dem Markt durch, es wird eine bescheidene Kostenwirtschaftlichkeit erreicht und als oberstes Unternehmensziel wird schnelle Expansion angestrebt. Neue Geschäfte, Anlagen und regionale Unternehmenszentralen werden gebaut und mit den steigenden Umsätzen steigen auch die Gehalts- und Verwaltungskosten. Solche Unternehmen sind durch hohe Gesamtkapitalrentabilität und relativ hohe Gewinnspannen gekennzeichnet. In dieser Phase entschließen sich die meisten Unternehmen allenfalls zu bescheidenen Dividendenzahlungen, da die Investoren in aller Regel besser bedient sind, wenn sie von Kursgewinnen profitieren.

3. *Reifungsphase.* Die meisten namhaften Großunternehmen in Amerika befinden sich in dieser durch „reifes Wachstum" gekennzeichneten Phase – Unternehmen wie *Bristol-Myers Squibb, Coca-Cola, Walt Disney, Procter & Gamble, DuPont, Citicorp, Ford Motor* usw. Nach jahrelanger oder jahrzehntelanger erfolgreicher Expansion haben sich diese Unternehmen eine beträchtliche „Kriegskasse" zugelegt, die sie nun zur Vergrößerung ihrer Marktanteile einsetzen. Auf Grund ihrer Größe ist es wenig wahrscheinlich, dass sie zweistellige Umsatzsteigerungen erzielen; vielmehr nutzen sie den operativen Leverage-Effekt (siehe Kapitel 11) zur Förderung ihres Gewinnzuwachses. In dieser Reifungsphase sind schon nicht mehr so viele neue Investitionsmöglichkeiten gegeben, so dass die meisten Unternehmen einen höheren Cashflow erzeugen, als sie zur Substanzerhaltung benötigen. Sie zahlen den größten Teil dieses Cashflow-Überschusses in Form von Dividenden an die Investoren zurück. In dieser Phase werden bis zu 60 Prozent der Jahresgewinne als Dividenden ausgeschüttet.

4. *Stabilisations- beziehungsweise Degenerationsphase.* In dieser Phase erfahren die Unternehmen kaum noch wertschöpfendes Wachstum und nutzen ihren Cashflow zur Sanierung veralteter Einrichtungen. Das Gewinnwachstum stagniert und das Unternehmen findet für seine Gewinnüberschüsse, sofern vorhanden, kaum noch Investmentalternativen. Ein solches Unternehmen kann und sollte den größten Teil seiner Gewinne an die Investoren zurückzahlen.

Investoren, die den Werdegang eines Unternehmens und seine Performance über viele Jahre hinweg zurückverfolgen, erkennen voraussagbare Veränderungen in den Wachstumsraten und in der jeweils verfolgten Dividendenpolitik. Die Einzelhandelskette *Wal-*

Mart mit ihren 120 Mrd. Dollar Jahresumsatz ist ein Bilderbuchbeispiel dafür, wie ein Unternehmen mit zunehmender Reife seine finanziellen Prioritäten ändert. 1997 hatte *Wal-Mart* eindeutig den Höhepunkt seines Wachstumspotenzials erreicht und in der Folge verlangsamt. Zwar stiegen die Umsätze bei *Wal-Mart* auch weiterhin, aber die externe Wachstumsrate ließ nach. Das Unternehmen eröffnete weniger neue Geschäfte und setzte immer höhere Summen zur Renovierung der vorhandenen Einrichtungen ein. In Anbetracht des riesigen Kapitalaufwands zum Bau einer neuen Filiale und eingedenk der Schwierigkeit, neue tragfähige Gemeinden für ein rund 18 000 Quadratmeter großes Geschäftsgelände zu finden, konzentrierte sich *Wal-Mart* verstärkt auf seine Ressourcen im Ausland. Im Dezember 1997 erwarb *Wal-Mart* 21 Geschäfte des deutschen Einzelhändlers *Wertkauf* – ein deutliches Zeichen dafür, dass seine Expansion in den USA die Reifungsphase erreicht hatte. Ein Anleger hätte bei der Analyse der Jahresergebnisse von *Wal-Mart* feststellen können, dass die mit neuen Geschäften in den USA realisierte Rendite offensichtlich rückläufig war. Mit anderen Worten: Die Geschäfte brauchten länger, um die Rentabilitätsschwelle zu erreichen. Ein Blick auf die Bilanz des Unternehmens bestätigt diese Entwicklung: Die Gesamtkapitalrentabilität von *Wal-Mart* war in den 90er Jahren konsistent rückläufig (siehe Abbildung 9-4). Da die vorhandenen *Wal-Mart*-Filialen auch weiterhin Gewinne erzielten und das Unternehmen weniger neue Geschäfte einrichtete, schwoll der operative Cashflow von *Wal-Mart* drastisch an und wurde 1997 erstmals positiv. Die Geschäftsführung sah sich im Überschuss schwimmen und reagierte mit einer Reihe von Dividendenerhöhungen. Dies war in Anbetracht der rückläufigen internen Renditen bei *Wal-Mart* die einzig vernünftige Vorgehensweise. Anstatt die Gewinne in vollem Umfang einzubehalten, traf das *Wal-Mart*-Management die kluge Entscheidung, den Aktionären alljährlich einen höheren Prozentsatz seiner Gewinne zurückzuzahlen und es ihnen zu überlassen, wie sie mit den Erlösen umgehen wollen.

Steuergesetzgebung und Dividenden

Man könnte den Eindruck gewinnen, Auszahlung und Erhöhung von Dividenden sei für die Unternehmen eine Routineangelegenheit. In Wirklichkeit aber ist dies eine wichtige unternehmenspolitische Entscheidung, die sich auf künftige Gewinne, Gesamtkapitalrentabilität und Aktienkurse auswirkt. Für Unternehmen bedeuten Dividenden den Einsatz von Barmitteln, die auch für anderweitige

Geschäfts-jahr	Gewinn je Aktie	Gesamt-kapitalrendite	Eigenkapi-talrendite	Dividenden	Ausschüt-tungsquote
1992	$0,70	12,0%	26,0%	$0,08	11,4%
1993	$0,87	11,1%	25,3%	$0,10	11,5%
1994	$1,02	9,9%	23,9%	$0,13	12,7%
1995	$1,17	9,1%	22,8%	$0,17	14,5%
1996	$1,19	7,8%	19,9%	$0,20	16,8%
1997	$1,33	7,9%	19,2%	$0,21	15,8%
1998	$1,56	8,3%	19,8%	$0,27	17,3%

Abbildung 9-4: Dividendenentwicklung bei *Wal-Mart*

Investmentprojekte hätten verwendet werden können. Bei der Überprüfung der Frage, ob eine Dividende gezahlt werden soll oder nicht, stellt das Management die Überlegung an, ob den Aktionären besser damit gedient ist, jetzt gleich Geld zurückzubekommen oder aber – möglicherweise Jahre – zu warten, bis das Unternehmen seine bis dahin erzielten Gewinne in größerem Umfang ausschütten kann. Eine weitere Überlegung des Managements gilt seinem Auftrag, für Kurssteigerung zu sorgen. Je höher die Dividende im Vergleich zu den Gewinnen ist, desto weniger wahrscheinlich ist – bei sonst gleich bleibenden Bedingungen – eine Erhöhung des Aktienkurses. Ein Unternehmen, das seine Gewinne zu 100 Prozent als Dividenden auszahlt, wird erleben, dass seine Aktien weitaus weniger zulegen als die eines Unternehmens, in dem die Gewinne vollumfänglich zu Reinvestitionszwecken einbehalten werden. Die meisten Unternehmen entschließen sich weder zu einer 0-prozentigen noch zu einer 100-prozentigen Ausschüttungsquote. Vielmehr suchen sie einen Mittelweg, der sowohl ihrem internen Cash-Bedarf für Investitionen als auch der Forderung der Aktionäre nach Dividendeneinkommen gerecht wird. Außerdem lassen die Anleger zunehmend eine Präferenz für Kurssteigerungen gegenüber Dividendenzahlungen erkennen; entsprechend zögern die Unternehmen, ihre Dividenden unvermittelt zu erhöhen. Schließlich sollte kein Unternehmen seine Dividenden erhöhen, wenn das Anlegerpublikum nicht lautstark danach verlangt! Wurden in früheren Zeiten mehr als 60 Prozent der Jahresgewinne als Dividenden ausgeschüttet, zahlten die Unternehmen Ende 1997 allenfalls noch 40 Prozent aus.

Um diese Zusammenhänge zu begreifen, sollten sich die Aktionäre die Bedeutung von Dividenden im Finanzkontext der Unternehmen vergegenwärtigen. Seit Ende der 80er Jahre hat sich das

Dividendenbild drastisch gewandelt. Über mehrere Jahre hinweg sanken die Zinsen, was die Kurse für Anleihen und Aktien in die Höhe trieb und eine Reduzierung der Renditen zur Folge hatte. Investoren, die bisher Renditen von 8 Prozent und 9 Prozent kassiert hatten, sahen sich plötzlich mit der unangenehmen Aussicht konfrontiert, für ihre bisher besten Schätzchen nur noch Renditen von 3 Prozent oder weniger zu bekommen. Bei all dem schmälerten raffinierte Änderungen in der Steuergesetzgebung die Vorteile des passiven Dividendeneinkommens. So führte in den USA vor allem die Steuerreform von 1993 (*Budget Reconciliation Act*) zur Ausschüttung niedrigerer Dividenden – sie hob den Spitzeneinkommensteuersatz auf 39,6 Prozent an und vergrößerte damit die Kluft zwischen Dividendenbesteuerung einerseits und Kapitalgewinnbesteuerung andererseits, deren Höchstgrenze mit 28 Prozent festgelegt wurde. Dieser Unterschied von 11,6 Prozentpunkten reichte aus, um den Besitz von Aktien mit Dividendenzahlung weitaus weniger attraktiv erscheinen zu lassen.

Steuerpolitisch gesehen ist die Reduzierung der Dividendenausschüttungsquoten in den 90er Jahren eine völlig rationale Entscheidung. Da Unternehmen eigens zu dem Zweck gegründet werden, die Erträge für ihre Investoren zu maximieren, ist es nur sinnvoll, wenn sie eine Unternehmenspolitik verfolgen, die ihren Aktien zu größtmöglicher Attraktivität verhilft. Bis Mitte der 80er Jahre, als die Steuergruppen in den USA noch höher veranschlagt waren und als ruinös galten, konnten die Unternehmen die Anlegerrenditen maximieren, indem sie ihre Gewinne als Dividenden zurückzahlten und den Aktionären die bestmögliche Verwendung der Erlöse überließen. Seither, ganz besonders seit Mitte der 90er Jahre, ist das Gegenteil der Fall.

Überlegen wir einmal, welche Möglichkeiten *General Motors* hatte: Das Unternehmen hat, sagen wir, 10 Mio. Dollar Gewinnüberschuss erwirtschaftet und steht vor der Entscheidung, diese 10 Mio. Dollar entweder als Dividenden auszuschütten oder aber das Geld Reinvestitionszwecken zuzuführen und seine Auszahlung an die Aktionäre zu einem späteren Zeitpunkt zu realisieren. Nehmen wir weiterhin an, *GM* und seine Investoren könnten die 10 Mio. Dollar in US-Schatzanleihen mit einer Rendite von 6 Prozent anlegen. Wie soll sich *GM* entscheiden? Das Unternehmen vergleicht zum einen seinen Steuersatz mit dem von den Aktionären zu zahlenden Steuersatz und zum anderen die Nach-Steuer-Renditen für Unternehmen und Aktionäre. Das Unternehmen muss das Geld so einsetzen, dass die Aktionäre möglichst hohe Renditen erhalten.

Wenn nun der Steuersatz für *GM* genauso hoch ist wie der Spitzensteuersatz für die Aktionäre, spielt es keine Rolle, wie die 10 Mio. Dollar ausgezahlt werden. Die Nettorendite für die Aktionäre bleibt davon unberührt. Würde *GM* Schatzanleihen für 10 Mio. Dollar erwerben und sie zu Jahresrenditen von 6 Prozent halten, würden die Anleihen nach fünf Jahren 3 382 256 Dollar Zinsen bringen. *GM* muss jedes Jahr Steuern in Höhe von 35 Prozent der Zinsen abführen. Am Ende der fünf Jahre hat das Unternehmen 2 198 466 Dollar Zinsen kassiert. Sollte das Unternehmen die Anleihen verkaufen, kann es den Aktionären 12 198 466 Dollar in Form von Dividenden zurückzahlen. Natürlich müssen die Investoren in dem Moment, in dem sie das Geld erhalten, ebenfalls 35 Prozent Steuern zahlen. Ihre Nettorendite beläuft sich also auf 7 929 003 Dollar.

Alternativ könnte *GM* nun die gesamten 10 Mio. Dollar an die Aktionäre auszahlen und ihnen die Entscheidung über die weitere Verwendung des Geldes überlassen. In dem Fall müssten die Investoren 35 Prozent Steuern für die erhaltenen 10 000 000 Dollar zahlen, so dass ihnen netto 6 500 000 Dollar verblieben. Angenommen, sie investierten nun die 6 500 000 Dollar in Anleihen zu jährlich 6 Prozent, würde der Nach-Steuer-Gewinn aus den Zinsen und dem Verkauf der Anleihe im fünften Jahr denselben Wert haben: 7 929 003 Dollar.

Anders sieht die Entscheidungsfindung des Unternehmens bei unterschiedlichen Steuersätzen aus. Sofern der effektive Steuersatz für *GM* nur 34 Prozent beträgt, stehen sich die Investoren (geringfügig) besser, wenn *GM* die 10 Mio. Dollar ganz einbehält, die Anleihen kauft und die Erlöse nach fünf Jahren als Dividenden ausschüttet. Auch wenn die Spitzenbesteuerung des Einzelsteuerzahlers auf 37 Prozent steigt, erhalten die Investoren letztlich mehr Geld, wenn *GM* die 10 Mio. reinvestiert. Daraus folgt: *Wenn die Einzelbesteuerung höher ist als die Besteuerung von Unternehmen, ist den Investoren im Allgemeinen besser damit gedient, wenn die Unternehmen ihre Gewinne reinvestieren und den Investoren nicht sofort in Form von Dividenden zurückzahlen. Wenn die Steuersätze für Unternehmen höher sind als für den einzelnen Steuerzahler, ist Einzelanlegern am besten gedient, wenn die Unternehmen ihren Gewinnüberschuss als Dividenden auszahlen.*

Als der Kongress die Kapitalgewinnsteuer für Aktienanlagen im Jahr 1997 senkte, wurde den Unternehmen ein zusätzlicher Anreiz geboten, von Dividendenzahlungen Abstand zu nehmen. Die Investoren ihrerseits erkannten Steuervorteile, wenn sie Aktien mit Dividendenausschüttung mieden. Der Kongress senkte die Kapitalgewinnsteuer von 28 Prozent auf 20 Prozent, wenn der Anleger bereit war, eine Aktie mindestens 18 Monate lang zu halten. Diese Maßnahme stellte für die Unternehmen einen weiteren Anreiz dar, höhere Aktienkurse anzustreben und dafür auf höhere Dividenden zu verzichten, um letztlich die Kapitalgewinne für die Anleger zu maximieren. Langfristig wird diese Entwicklung die Unternehmen davon abhalten, ihre Dividenden genauso schnell zu erhöhen wie ihre Gewinne.

Der Zusammenhang wird noch komplizierter in Anbetracht der Tatsache, dass die meisten Amerikaner die festgelegten Steuersätze gar nicht zahlen. Mit anderen Worten: Ihr *effektiver Steuersatz* ist häufig viel niedriger. Eine typische amerikanische Familie in der mit 31 Prozent veranschlagten Steuergruppe, die ihre Freibeträge in Anspruch nimmt und Abzüge für Arztrechnungen, Hypothekenzahlungen, Bundes- und Gemeindeabgaben sowie Beiträge für Wohltätigkeitszwecke geltend macht, zahlt effektiv vielleicht gerade noch 20 Prozent Steuern. Für diese Familien und für Steuerzahler in den unteren Steuergruppen, bei denen Dividenden möglicherweise nur noch mit 15 Prozent zu versteuern sind, wäre es sinnvoller, wenn sich das Unternehmen für eine sofortige Dividendenzahlung entschiede, anstatt seine Gewinne zu reinvestieren. Doch leider kann ein Unternehmen keine handverlesene Auswahl von Anteilseignern treffen, denen es Dividenden zahlen will. Vielmehr ist das Unternehmen zu einer pauschal anzuwendenden und auf Durchschnittssteuersätzen basierenden Dividendenpolitik verpflichtet. Zur Zeit, da die Kapitalgewinnsteuern noch weiter gesenkt und die Steuersätze für Unternehmen weiterhin unter den Spitzensteuersätzen für Einzelsteuerzahler liegen, müssen sich die Anleger schon nach einem anderen „Retter aus der Finanznot" umsehen – Dividenden sind jedenfalls keine Heilsbringer mehr.

Weiterhin ist zu bedenken, dass Dividenden das Wachstumstempo eines Unternehmens drosseln. Jeder in das Unternehmen reinvestierte Dollar sollte den Nettowert des Unternehmens um 1 Dollar und seinen inneren Wert um mindestens 1 Dollar erhöhen. Doch wie oben bereits erörtert, muss ein Mittelweg zwischen Dividendenzahlung und Kurssteigerung gefunden werden. Je mehr Dividenden an die Investoren gezahlt werden, desto geringer wird das Kurssteigerungspotenzial. Wenn ein Unternehmen seine gesamten Gewinne als Dividenden ausschüttet, vermag es seinen Nettowert vielleicht nie zu erhöhen. Wenn aber die Gewinne nicht wachsen, wird die Aktie wie eine Anleihe gehandelt und erfährt Kursschwankungen lediglich im Gleichschritt mit Zinsanhebungen beziehungsweise Zinssenkungen. Und wenn die Gewinne stetig steigen, hat die Aktie vermutlich immer noch ein niedrigeres Kurs-Gewinn-Verhältnis als eine Aktie mit derselben Wachstumsrate ohne Dividendenzahlung. Dafür gibt es zwei Gründe: Zum einen hat sich der Nettowert nicht verändert und zum anderen fallen die Nach-Steuer-Jahresrenditen des Unternehmens für die Anleger erheblich niedriger aus.

Jeder in das Unternehmen reinvestierte Dollar sollte den Nettowert des Unternehmens um einen Dollar und seinen inneren Wert um mindestens einen Dollar erhöhen.

Zur „Logik" von Dividendenreinvestitionsplänen

Die Erfahrung lehrt, dass Anleger sehr aufmerksam sein sollten, wenn es um Dividenden geht. Sie sollten nicht automatisch hinter Dividenden zahlenden Unternehmen herjagen aus Sorge, sie könnten auf „spekulative Aktien" hereinfallen. Auch wäre es falsch, sich auf Dividendenaktien zu konzentrieren, ohne vorab zu klären, ob die Dividenden die Nach-Steuer-Gewinne tatsächlich erhöhen. Umgekehrt sollten Anleger nicht automatisch Dividenden zahlende Unternehmen meiden in dem Bemühen, die jährlich anfallenden Steuern zu umgehen, denn es gibt durchaus viel versprechende Wachstumsunternehmen, die Dividenden mit nur geringem oder auch gar keinem negativen Effekt auf die Aktienkurse zahlen. Kurzum: Es gibt keine Patentstrategie, die auf alle Unternehmen zuträfe. Immerhin aber sollten Sie stets den Nach-Steuer-Wert der Dividenden prüfen, um zu klären, ob sich die Beteiligung an einem Unternehmen lohnt oder nicht.

Mit derselben Sorgfalt und Umsicht sollten Anleger vorgehen, wenn sie Strategien zur *Reinvestition von Dividenden* beurteilen wollen. In den letzten zehn Jahren ist in den Medien hinlänglich von *Cost Averaging* beziehungsweise *Durchschnittskostenmethode* und von der Strategie der Dividendenreinvestition die Rede gewesen. Vielen Investoren erscheinen diese Strategien ungeheuer verlockend – zumindest legen heutzutage Millionen von Amerikanern ihre Quartalsdividenden ohne weiteres Hinterfragen wieder in Aktienwerten „ihrer" Unternehmen an. Mehr als 1000 öffentliche Unternehmen sind diesem Trend gefolgt und haben Programme entwickelt, die es den Anlegern ermöglichen, ihre Aktien unter Umgehung von Brokern direkt beim Unternehmen zu erwerben und ihre Dividenden wieder neu anlegen zu lassen. Wie die Unternehmen feststellen konnten, tragen solche Pläne dazu bei, die Loyalität der Investoren

Zur „Logik" von Dividendenreinvestitionsplänen

zu festigen. Zudem verschafft sich ein Unternehmen auf diese Weise eine breiter gestreute Aktionärsbasis; an institutionellen Investoren vorbei kann es eine größere Anzahl von Aktien direkt an langfristig orientierte Privatanleger übertragen und eine preisgünstige Möglichkeit zur Ausgabe neuer Aktien bieten.

Strategien zur Reinvestition von Dividenden besitzen eine gewisse Attraktivität und kommen den Interessen der Anleger sicher sehr entgegen. Doch in vielen Fällen weisen solche Pläne aus den oben genannten Gründen grundlegende Schwächen auf. Wenn ein Unternehmen Dividenden zahlt, ist damit eigentlich die Aufforderung verbunden, dass Sie als Anleger Ihr Geld nehmen und in ein anderes Objekt investieren. Denn wäre das Unternehmen überzeugt, dass die eigenen Vermögenswerte ein überlegenes Investmentprojekt darstellen, würde es von sich aus die Gewinne einbehalten und keine Dividenden zahlen. *Intel* zahlt eine sehr kleine Dividende, denn jeder Dollar, den das Unternehmen intern reinvestiert, bringt mehr als 30 Prozent Rendite im Jahr. Solange *Intel* weiterhin derart hohe Renditen mit seinen reinvestierten Gewinnen erwirtschaftet, gereicht es den Aktionären zu größerem Vorteil, wenn das Unternehmen die Gewinne einbehält.

Wenn umgekehrt ein Unternehmen den größten Teil seiner Gewinne den Investoren zurückzahlt, gesteht es damit indirekt ein, dass es für das investierte Kapital keine ausreichende Rendite mehr erwirtschaften kann. Indirekt werden Sie also ermutigt, ein Investitionsobjekt ausfindig zu machen, das höhere Renditen abwirft. Das müssen Sie sich in aller Deutlichkeit bewusst machen – wie können Sie dann noch Ihr Geld wieder in dasselbe Unternehmen stecken? Genau das aber tun die Anleger, wenn sie ihre Dividenden reinvestieren. Diese Strategie, wenn sie denn überhaupt als eine solche bezeichnet werden kann, ist umso sinnloser, wenn sie bei Unternehmen mit hoher Dividendenausschüttung angewendet wird; beispielsweise bieten die meisten Stromversorgungsunternehmen inzwischen von sich aus Dividendenreinvestitionspläne an. Der typische Versorgungsbetrieb schüttet 80 bis 90 Prozent seiner Jahresgewinne als Dividenden aus – was darauf schließen lässt, dass Versorgungsbetriebe kaum noch rentable interne Projekte finden, in die *Ihre Gewinne* zu investieren wären. Können die mit *Ihrem Geld* überhaupt noch etwas Neues anfangen? Häufig genug fließen die Erlöse aus Dividendenreinvestionsplänen in die Ausgabe zusätzlicher Aktien, was die Gewinne eben dieses Unternehmens, dem Sie noch mehr Geld anvertraut haben, nur verwässert. Wenn Sie eine Dividende in Unternehmen mit niedrigem Wachstum, etwa in Ver-

9 Analyse der Dividendenentwicklung eines Unternehmens

sorgungsbetriebe, reinvestieren, dann ist dies gerade so, als würden Sie immer wieder ein Restaurant besuchen, wo Sie schlecht oder bestenfalls mittelmäßig bedient werden, und den Kellner obendrein jedes Mal mit einem Trinkgeld belohnen!

10 Bemessung der Unternehmensleistung

Wer den Unterschied zwischen Schein und Sein richtig einzuschätzen weiß, verschafft sich Zugang zu erheblichen Renditen.

Robert Metz[1]

In einer perfekten Welt könnte ein Unternehmen jeden Preis für seine Ware verlangen, sein Geschäft jahrelang konkurrenzlos betreiben, gegen Kostenerhöhungen Immunität entwickeln und sich nie gezwungen fühlen, in Forschung und Entwicklung zu investieren. Für die meisten Unternehmen sind solch paradiesische Zustände, wenn es sie denn überhaupt geben sollte, allenfalls von kurzer Dauer. Besonders derzeit – um die Jahrtausendwende – sehen sich viele Unternehmen veranlasst, ihre Überlebensstrategien neu zu überdenken. Der technische Fortschritt und das Vordringen ausländischer Konkurrenz hat Neugründungen in die Lage versetzt, die bisherigen Marktführer hinsichtlich Preis und Qualität herauszufordern. Ressourcen und Kapital fließen ungehindert über alle Grenzen hinweg und technologische Rückstände werden gegebenenfalls seitens der Konkurrenz in wenigen Monaten aufgeholt. Die Unternehmen nutzen regionale Unterschiede hinsichtlich Lohn- und Gehaltszahlungen, Zinssätzen, Steuersätzen und Währungen in vollem Umfang, um Marktanteile in alteingesessenen Branchen wie Stahl, Bekleidung, Pharmaprodukte, Bankwesen, Halbleiter und Telekommunikation zu ergattern.

In Wirklichkeit herrschen schon seit Jahrzehnten rauere Bedingungen für Unternehmen – in Zukunft wird es nicht anders sein. So klagten Finanzexperten um die Jahrhundertwende und dann wieder in den 40er und 50er Jahren des 20. Jahrhunderts, die Unternehmen seien infolge zunehmender Konkurrenz nicht in der Lage, ihre Monopole zu wahren. Diese Situation hat sich nicht verbessert, sondern eher noch verschlechtert. Die Unternehmen müssen um ständige Anpassung bemüht sein und ihre interne Leistung sorgfäl-

---

[1] Robert Metz und George Stasen, *It's a Sure Thing*. New York, McGraw-Hill, 1993, S. 117.

tig beobachten, wenn sie ihren Marktanteil und den Unternehmenswert für die Aktionäre erhöhen wollen. Erfolgreiche Unternehmen, die trotz zunehmender Bedrängnis durch die Konkurrenz kraftvoll und dynamisch im Geschäft bleiben, belohnen ihre Investoren mit hervorragenden Renditen.

Im vorliegenden Kapitel wollen wir drei entscheidende Erfolgsmaßstäbe – Eigenkapitalrendite, einbehaltene Gewinne und Produktivität – erörtern und verdeutlichen, wie Sie diese Erfolgsmaßstäbe bei Ihrer Unternehmensbewertung einsetzen können.

Eigenkapitalrendite

In den 90er Jahren haben einige Unternehmen spektakuläre Erfolge erzielt: kontinuierlich steigende Gewinne, erhöhte Produktivität, Reduzierung der Gemeinkosten und starke Umsatzsteigerungen bei Spitzenprodukten, um nur einige Resultate zu nennen. Das von diesen Unternehmen verwendete Instrumentarium mit Umstrukturierungen, Entlassungen, Aktienrückkäufen sowie klugem Umgang der Geschäftsführung mit ihren Vermögenswerten hat dazu beigetragen, die Eigenkapitalrendite, eine vielfach übersehene Erfolgskennzahl für die Kapitalnutzung, zu verbessern. Die meisten Investoren wie auch erfahrene Analysten konzentrieren sich auf die Gewinnentwicklung, aber die Fähigkeit eines Unternehmens, mit dem Eigenkapital der Anteilseigner auf Dauer hohe Renditen zu erzielen, schafft erst die Voraussetzungen für langfristiges Wachstum. Deshalb sollte ein Anleger der Eigenkapitalrendite als Erfolgsmaßstab genauso viel Aufmerksamkeit widmen wie dem Gewinn je Aktie, denn Gewinne lassen sich in vielfältiger Weise „schönen". Warren Buffett hat dies in seinem Jahresbericht (1979) an die Aktionäre so formuliert:

Der wichtigste Test für den unternehmerischen Erfolg einer Geschäftsführung ist die Erzielung einer hohen Gewinnrendite auf das eingesetzte Eigenkapital (ohne unzulässigen Leverage-Effekt, Buchungstricks usw.) und nicht die Erzielung einer stetigen Erhöhung der Gewinne je Aktie. Unserer Auffassung nach würden viele Unternehmen von ihren Anteilseignern wie auch von der breiten Öffentlichkeit besser verstanden, wenn die Geschäftsführung und die Finanzanalysten ihr bisheriges Vorgehen modifizieren würden, anstatt sich vorrangig auf die Gewinne je Aktie und auf die über das Jahr entstandenen Veränderungen dieser Kennzahl zu konzentrieren.[2]

---

[2] Aus dem *Berkshire-Hathaway*-Jahresbericht 1979.

Eigenkapitalrendite

Die Berechnung von Eigenkapitalrenditen ist recht einfach. Man braucht lediglich den Quotienten aus den jährlichen Gewinnen und dem zur Erwirtschaftung dieser Gewinne durchschnittlich erforderlichen Eigenkapital zu bilden:

$$\text{Eigenkapitalrendite} = \frac{\text{Nettoertrag}}{(\text{Eigenkapital}_{\text{zum Jahresende}} + \text{Eigenkapital}_{\text{zum Jahresanfang}})/2}$$

Angenommen, ein Unternehmen erwirtschaftet 10 Mio. Dollar Gewinn: Es hat zu Beginn des Jahres 50 Mio. Dollar Eigenkapital eingesetzt und schließt das Jahr mit 60 Mio. Dollar ab. Dann beliefe sich seine Eigenkapitalrendite auf rund 18,2 Prozent.

$$\text{Eigenkapitalrendite} = \frac{10 \text{ Mio. Dollar}}{(60 \text{ Mio. Dollar} + 50 \text{ Mio. Dollar})/2}$$
$$= 0{,}1818 \text{ oder } 18{,}2\%$$

Die Kennzahl besagt also, dass die Geschäftsführung eine 18,2-prozentige Rendite mit den Ressourcen erwirtschaftet hat, die Sie als Anleger dem Unternehmen zur Erzielung von Gewinnen anvertraut hatten. Investoren stellen der Geschäftsführung Kapital bereit, wenn sie Aktien kaufen oder dem Unternehmen über Anleihen zu Geld verhelfen. Das Eigenkapital der Anteilseigner – Aktiva minus Passiva – stellt den Anteil dar, den die Investoren am Nettovermögen des Unternehmens besitzen: das dem Unternehmen zugeführte Kapital und die vom Unternehmen mit diesem Kapital zu einem bestimmten Zeitpunkt erwirtschafteten Gewinne abzüglich einiger Sonderpositionen. Hohe Eigenkapitalrenditen bedeuten, dass die Vermögenswerte des Unternehmens mit Erfolg zum Vorteil der Anteilseigner eingesetzt worden sind. Theoretisch dienen Eigenkapitalrenditen auch als brauchbarer Indikator für die Dividendenentwicklung und die Wachstumsrate des Unternehmens. Bei einem Unternehmen, das konsistent eine Eigenkapitalrendite von 20 Prozent erwirtschaftet und 50 Prozent seiner Gewinne einbehält, ist ein Dividendenwachstum von rund 10 Prozent zu veranschlagen. Die Eigenkapitalrendite bei *Merck* lag in den 90er Jahren zwischen 30 und 35 Prozent, wobei das Unternehmen meist rund 53 Prozent seiner Gewinne einbehält. Wenn dieser Trend von Dauer ist, könnte ein Anleger damit rechnen, dass sich die Dividenden um 16 bis 19 Prozent im Jahr erhöhen.

Die Eigenkapitalrenditen der *S&P-500*-Unternehmen haben im 20. Jahrhundert durchschnittlich zwischen 10 und 15 Prozent gelegen, stiegen dann aber in den 90er Jahren plötzlich an (siehe Abbildung 10-1). Einer der Gründe dafür, dass US-Unternehmen Mitte der 90er Jahre zu so hohen Aufschlägen auf ihre Buchwerte gehandelt wurden, ist sicher darin zu sehen, dass diese Unternehmen mit einer jahrzehntelangen Bilanz hoher Eigenkapitalrenditen aufwarten konnten. Unter solchen Bedingungen sind erstklassige Aktienbewertungen gerechtfertigt – solange die Unternehmen ihre hohen Eigenkapitalrenditen beibehalten.

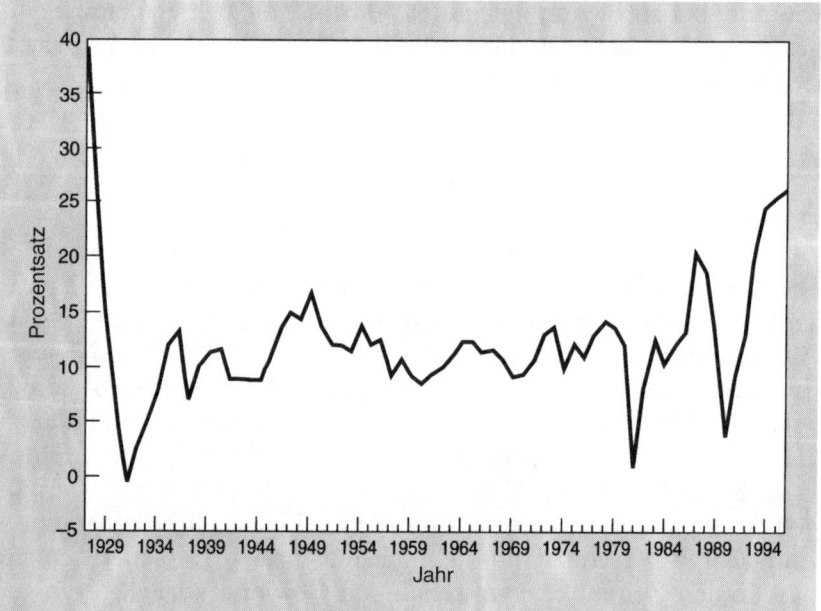

Abbildung 10-1: Durchschnittliche Eigenkapitalrendite bei *Dow-Industrials*-Unternehmen

Bei Unternehmen, die auf Dauer hohe Eigenkapitalrenditen erwirtschaften, kann es sich nur um besonders leistungsfähige Gesellschaften handeln; sie stellen für den Investor ein geeignetes Anlageobjekt dar, sofern die Aktien zu attraktiven Kursen gehandelt werden. Wie schwer es aber ist, auf Dauer hohe Eigenkapitalrenditen aufrechtzuerhalten, lässt sich am Beispiel eines hypothetischen Unternehmens verdeutlichen, das zunächst 10 Mio. Dollar erwirtschaftete und eine konsistente Eigenkapitalrendite von 25 Prozent erreichte (Abbildung 10-2).

Da jeweils der Jahresnettoertrag dem Eigenkapital zugerechnet wird und somit in die Berechnung für das nächste Jahr eingeht, wird es immer schwieriger, einen so hohen Nettoertrag zu erwirtschaften,

Jahr	Eigenkapital-basis	Nettoertrag	Eigenkapital am Jahresende	Eigenkapitalrendite
1998	$35 000 000	$10 000 000	$45 000 000	25%
1999	$45 000 000	$12 855 000	$57 855 000	25%
2000	$57 855 000	$16 525 000	$74 380 000	25%
2001	$74 380 000	$21 242 888	$95 622 888	25%
2002	$95 622 888	$27 307 733	$122 930 621	25%
2003	$122 930 621	$35 104 090	$158 034 711	25%
2004	$158 034 711	$45 126 308	$203 161 019	25%
2005	$203 161 019	$58 009 869	$261 170 887	25%
2006	$261 170 887	$74 571 686	$335 742 574	25%
2007	$335 742 574	$95 861 903	$431 604 477	25%
2008	$431 604 477	$123 230 476	$554 834 953	25%

Abbildung 10-2: Wertentwicklung eines hypothetischen Unternehmens (Eigenkapitalrendite konsistent 25%)

dass sich die Eigenkapitalrendite bei 25 Prozent hält. In unserem hypothetischen Beispiel muss das Unternehmen Nettoertrag und Eigenkapital jährlich um 28,6 Prozent steigern, um kontinuierlich eine Eigenkapitalrendite von 25 Prozent sicherzustellen. Dies führt zu einer interessanten Schlussfolgerung: *Hohe Eigenkapitalrenditen sollten mit noch höheren Steigerungsraten bei den Nettoerträgen verbunden sein.* Schauen wir, was mit der Eigenkapitalrendite unseres hypothetischen Unternehmens geschieht, wenn der Nettoertrag nur um 15 Prozent jährlich steigt (Abbildung 10-3).

Wall Street begünstigt eindeutig ein stabiles Gewinnwachstum, doch gerade dieses Gewinnwachstum führt, wie Sie aus obiger Tabelle ersehen, zu einem allmählichen Rückgang der Eigenkapitalrendite und zu einer Verlangsamung der Wachstumsrate beim Eigenkapital der Anteilseigner. Wenn die Geschäftsleitung die Eigenkapitalrendite ihres Unternehmens konsistent bei 25 Prozent halten will, muss sie Mittel und Wege finden, um für jeden erwirtschafteten Dollar Nettoertrag mehr als 1 Dollar Aktionärskapital zu schöpfen. Anders gesagt: Wenn der Nettoertrag nicht so schnell wächst wie das Eigenkapital, hat die Geschäftsführung den Einsatz der zusätzlich investierten Ressourcen nicht maximiert. Dazu Buffett:

Die meisten Unternehmen definieren „Rekordgewinne" als einen neuen Höchststand bei den Gewinnen je Aktie. Da die Unternehmen gewöhnlich ihr Eigenkapital alljährlich aufstocken, halten wir es für keine sonderlich bemer-

Jahr	Eigenkapital-basis	Nettoertrag	Eigenkapital am Jahresende	Eigenkapital-rendite
1998	$35 000 000	$10 000 000	$45 000 000	25%
1999	$45 000 000	$11 500 000	$56 500 000	23%
2000	$56 500 000	$13 225 000	$69 725 000	21%
2001	$69 725 000	$15 208 750	$84 933 750	20%
2002	$84 933 750	$17 490 063	$102 423 813	19%
2003	$102 423 813	$20 113 572	$122 537 384	18%
2004	$122 537 384	$23 130 608	$145 667 992	17%
2005	$145 667 992	$26 600 199	$172 268 191	17%
2006	$172 268 191	$30 590 229	$202 858 419	16%
2007	$202 858 419	$35 178 763	$238 037 182	16%
2008	$238 037 182	$40 455 577	$278 492 760	16%

Abbildung 10-3: Wertentwicklung eines hypothetischen Unternehmens (jährliche Steigerungsrate des Nettoertrags 15%)

kenswerte Leistung, wenn die Geschäftsführung etwa eine 10-prozentige Erhöhung des Eigenkapitals mit einer 5-prozentigen Erhöhung der Gewinne je Aktie kombiniert. Schließlich bringt auch ein völlig ruhendes Sparkonto Jahr für Jahr stetig steigende Zinsgewinne allein durch Aufzinsung.[3]

Wer sich auf Unternehmen mit hohen Eigenkapitalrenditen konzentriert, wird so gut wie nie zu den Verlierern zählen. Hohe Eigenkapitalrenditen führen in jedem Fall zu starkem Gewinnwachstum und einer stetigen Erhöhung von Nettovermögen und innerem Wert. In unserem hypothetischen Beispiel können wir davon ausgehen, dass sich der Kurs der Unternehmensaktien durchschnittlich um mindestens 28,6 Prozent im Jahr erhöht, was das Wachstum des Aktionärskapitals widerspiegelt: Wenn das Nettovermögen eines Unternehmens mit Jahresraten von 28,6 Prozent steigt, dürfte der Wert des Unternehmens um mindestens genauso viel steigen. Wenn zwei nahezu identische Unternehmen zu bewerten sind, wird Ihnen das Unternehmen mit den höheren Eigenkapitalrenditen auf längere Sicht so gut wie immer die besseren Renditen bieten können. Allerdings sind bei der Beurteilung von Eigenkapitalrenditen noch fünf weitere Aspekte zu berücksichtigen.

---

[3] Aus dem *Berkshire-Hathaway*-Jahresbericht 1977.

Wer sich auf Unternehmen mit hohen Eigenkapitalrenditen konzentriert, wird so gut wie nie zu den Verlierern zählen. Hohe Eigenkapitalrenditen führen in jedem Fall zu starkem Gewinnwachstum und einer stetigen Erhöhung von Nettovermögen und innerem Wert.

1. *Eine hohe Eigenkapitalrendite, die mit nur geringen oder gar keinen Fremdmitteln erwirtschaftet werden konnte, ist besser als eine vergleichbar hohe Eigenkapitalrendite mit hoher Verschuldung.* Der Verschuldungsgrad ist eine wichtige Determinante beim Eigenkapital, auch wenn nicht immer eindeutig ist, ob eine Verschuldung den Renditen zuträglich oder abträglich ist. Unter sonst gleich bleibenden Bedingungen gilt jedoch: Je höher die in der Bilanz auszuweisende Verschuldung ist, desto niedriger ist das Eigenkapital des Unternehmens, da zur Eigenkapitalberechnung die Passiva von den Aktiva abgezogen werden. Wenn Unternehmen umsichtig mit ihren Fremdmitteln umgehen, können sie die Eigenkapitalrenditen stark verbessern, weil der Nettoertrag mit einer relativ kleinen Eigenkapitalbasis zu verrechnen ist. Allerdings ist eine höhere Verschuldung in den wenigsten Fällen erstrebenswert, schon gar nicht bei konjunkturabhängigen Unternehmen. *Callaway Golf* erwirtschaftete in den Jahren 1993 bis 1997 durchschnittlich eine Eigenkapitalrendite von 43 Prozent und tilgte in diesem Zeitraum auch noch sämtliche langfristigen Schulden. Das ist keine schlechte Leistung. Doch die Vermögensbasis ist bei *Callaway* recht klein und die Gesamtkapitalrentabilität des Unternehmens war 1997 mit 34 Prozent außergewöhnlich hoch. Abbildung 10-4 zeigt die Eigenkapitalrenditen von 30 im *Dow-Jones*-Industrieaktienindex erfassten Unternehmen im Jahr 1997. Viele dieser Unternehmen hatten gerade wegen ihrer hohen Verschuldung hohe Eigenkapitalrenditen zu verzeichnen.
2. *Hohe Eigenkapitalrenditen müssen im zugehörigen Kontext verstanden werden.* Pharmaproduzenten und Hersteller von Verbrauchsgütern tendieren zu vergleichsweise überdurchschnittlichen Verschuldungsgraden und verzeichnen entsprechend höhere Eigenkapitalrenditen. Sie können höhere Verschuldungen eingehen, weil ihre Umsätze weitaus konsistenter und voraussagbarer sind als die konjunkturabhängiger Produzenten. Deshalb können sie ohne Bedenken Fremdmittel zu Expansionszwecken nutzen und brauchen sich nicht zu sorgen, wie sie ihre Zinszahlungen in Phasen eines konjunkturellen Abschwungs aufbringen können.

10 Bemessung der Unternehmensleistung

	Eigen-kapital-rendite	Verschul-dungs-koeffizient		Eigen-kapital-rendite	Verschul-dungs-koeffizient
AlliedSignal	24,4%	120%	International Paper	3,2%	140%
Alcoa	11,5%	150%	Johnson & Johnson	26,6%	40%
American Express	22,2%	o.B.			
AT&T	29,1%	90%	McDonald's	17,7%	70%
Boeing	10,0%	70%	Merck	32,4%	60%
Caterpillar	33,1%	180%	Minn. Min. & Mfg.	24,3%	50%
Chevron	16,7%	70%	Morgan (JP)	13,5%	o.B.
Coca-Cola	56,7%	40%	Philip Morris Cos.	44,3%	180%
DuPont	34,0%	150%	Procter & Gamble	27,5%	60%
Eastman Kodak	27,2%	90%			
Exxon	17,2%	70%	Sears Roebuck	25,2%	330%
General Electric	23,4%	450%	Travelers Group	16,9%	o.B.
General Motors	19,6%	790%	Union Carbide	26,9%	140%
Goodyear Tire & Rubber	3,1%	110%	United Technologies	18,5%	100%
Hewlett-Packard	19,2%	30%	Wal-Mart-Stores	17,8%	70%
IBM	25,0%	120%	Walt Disney	11,4%	80%

o.B. = ohne Bedeutung

Abbildung 10-4: Eigenkapitalrenditen bei *Dow-Industrials*-Unternehmen 1997

3. *Heutzutage kann eine hohe Eigenkapitalrendite auch Folge von Aktienrückkäufen sein.* Unternehmen können ihre Eigenkapitalrenditen erheblich manipulieren, indem sie Aktien zurückkaufen, Belegschaftsaktienprogramme anbieten und Optionen einräumen. So betrat *General Electric* Neuland, als das Unternehmen im November 1989 ein 10-Mrd.-Dollar-Aktienrückkaufprogramm ankündigte – unter Hinweis auf die Absicht, die Eigenkapitalrendite zu verbessern. Seither haben hunderte von Unternehmen von solchen Rückkäufen profitiert. Durch Einlösung von Aktienteilen reduzieren die Unternehmen das Aktionärskapital und verbessern die Gewinne je Aktie, was sich gleich zweifach positiv auf die Eigenkapitalrendite auswirkt. Der Pharmahersteller *Schering-Plough* wies 1996 eine ungewöhnlich hohe Eigenkapitalrendite von 65,9 Prozent auf. Dieser Prozentsatz ist insofern erstaunlich, als *Schering-Plough* so gut wie keine Fremdmittel eingesetzt hatte. *Schering-Plough* kaufte 142 Mio. Aktien zurück, um sie zunächst in der eigenen Finanzabteilung zu horten. Der Kostenaufwand für

die Aktien (3,56 Mrd. Dollar Ende 1996) wurde vom Aktionärskapital abgezogen, was die Eigenkapitalrendite natürlich in die Höhe trieb. Ohne diesen Aktienrückkauf hätte *Schering-Plough* 1996 eine Eigenkapitalrendite von 23,3 Prozent gehabt – ein der Konkurrenz schon eher vergleichbares Ergebnis. Das Horten von Aktien ist für die Aktionäre nicht unbedingt von Nachteil. Unternehmen, die reich genug sind, beträchtliche Aktienpakete zurückzukaufen, sind besser gerüstet, Eigenkapitalrenditen und Gewinne auf lange Sicht zu erhöhen. *Schering-Plough* wies starke Umsatztrends und verbesserte Gewinnspannen auf, wobei sein Kapitalaufwand nur einen Bruchteil des Nettoertrags ausmachte. Das Unternehmen verfügte somit über durchaus günstige Voraussetzungen, um alljährlich Aktien zurückzukaufen und damit die Eigenkapitalrendite zu verbessern.

4. *Eigenkapitalrenditen durchlaufen Höhen und Tiefen im Einklang mit dem von Jahr zu Jahr erwirtschafteten Gewinnzuwachs.* Wenn ein konjunkturabhängiges Unternehmen eine hohe Eigenkapitalrendite zu verzeichnen hat, wird es dieses Niveau nicht auf lange Sicht halten können. Zwischen den Rezessionsjahren 1990 bis 1991 und 1996 schwankte beispielsweise die Eigenkapitalrendite von *DuPont* zwischen 38,9 Prozent im Rekordgewinnjahr 1996 und 4,9 Prozent im Jahr 1993, als die Gewinne in den Keller gerutscht waren.

5. *Unternehmen, die hohe Eigenkapitalrenditen ohne den positiven Effekt von Wertberichtigungen, Veräußerung von Vermögenswerten oder Ergebnissen aus Sondergeschäften aufweisen, sind vorzuziehen.* Jede Unternehmensentscheidung, die den Wert der Vermögensbestände – etwa durch Anrechnung von Umstrukturierungskosten oder Veräußerung einer Sparte – mindert, verringert den Dollarwert des Aktionärskapitals, treibt aber gleichzeitig die Eigenkapitalrendite in die Höhe. Demgegenüber erwirtschaftet ein Unternehmen, das ohne solche Krücken auskommt, einen legitimen Gewinnzuwachs. Eine stetige Verbesserung der Eigenkapitalrendite ist bei einer großen Eigenkapitalbasis schwer zu erzielen, doch selbst das ist Mitte der 90er Jahre verschiedenen Unternehmen gelungen – *AlliedSignal, Atlantic Richfield, Banc One, Bank of New York, Coca-Cola, Dell Computer, Emerson Electric, Exxon, General Electric, Honda, McDonald's, Merck* und *Procter & Gamble*.

Zum Prognosepotenzial von Eigenkapitalrenditen

Viele wissenschaftliche Untersuchungen haben sich mit der Frage befasst, inwieweit die Eigenkapitalrendite eines Unternehmens verlässliche Rückschlüsse auf dessen künftige finanzielle Entwicklung zulässt. Tatsächlich besteht eine gewisse Korrelation zwischen dem Trend der Eigenkapitalrendite und dem Trend der künftigen Gewinne eines Unternehmens – ein Aspekt, auf den Warren Buffett in seinen Jahresberichten wiederholt hingewiesen hat. Wenn die jährlich erzielten Eigenkapitalrenditen steigen, steigen in aller Regel auch die Gewinne. Bleibt die Entwicklung bei den Eigenkapitalrenditen konstant, ist damit zu rechnen, dass auch die Entwicklung bei den Gewinnen konstant bleibt (und damit in höherem Maß voraussagbar ist). Ein Anleger, der sich auf die Eigenkapitalrendite eines Unternehmens konzentriert, kann einigermaßen zuverlässige Annahmen hinsichtlich der künftigen Gewinne treffen. Es ist sogar so, dass man die Genauigkeit von Gewinnprognosen verbessert, indem man das Pferd von hinten aufzäumt: Man schätzt die künftigen Eigenkapitalrenditen ab und ermittelt dann die zur Erzielung dieser Ergebnisse erforderlichen Gewinne. Erinnern wir uns noch einmal an unser hypothetisches Beispiel (siehe Abbildung 10-2). Wenn 1997 ein Nettoertrag von 10 Mio. Dollar erwirtschaftet wurde und eine jährliche Eigenkapitalrendite von 25 Prozent zu erwarten ist, kann ein Anleger die Entwicklung von Nettoertrag und Eigenkapital voraussagen. Im Jahr 2007 müssten die jährlichen Gewinne auf 123,3 Mio. Dollar angewachsen sein – auf das 12,3fache des derzeitigen Wertes. Sofern die Zahl der umlaufenden Aktien konstant bleibt, ist also davon auszugehen, dass die Gewinne je Aktie in den nächsten zehn Jahren 1233 Prozent zulegen.

Eigenkapitalrenditen können auch herangezogen werden, um potenzielle Gewinneinbrüche zu prognostizieren. Wie in wissenschaftlichen Untersuchungen nachgewiesen wurde, lassen Eigenkapitalrenditen, die in letzter Zeit ein ungewöhnlich hohes Niveau aufweisen, auf eine Verlangsamung des Gewinnzuwachses schließen. Wenn ein Unternehmen normalerweise Eigenkapitalrenditen zwischen 10 Prozent und 15 Prozent aufweist und plötzlich 20 Prozent verzeichnet, ist damit zu rechnen, dass sich der Gewinntrend im nächsten Berichtszeitraum umkehrt. Dieser Zusammenhang lässt sich ohne weiteres auf die Marktentwicklung schlechthin übertragen: Auf Jahre, in denen die Unternehmen sehr hohe Eigenkapitalrenditen verbuchen, folgen stets Perioden mit rückläufigen Gewinnen (siehe Abbildung 10-1).

Erhöhung der einbehaltenen Gewinne

Nichts vermag die Leistung einer Geschäftsführung besser zu bewerten als eine Bilanz ihrer bisherigen Investitionsentscheidungen. Als Anleger müssen Sie immer bedenken: Das Management hat den Auftrag, den Wert seines Unternehmens zu erhöhen. So kann das Unternehmen die Renditen der Aktionäre maximieren, indem es mit seinen Umsätzen Gewinne erwirtschaftet und diese erfolgreich reinvestiert. In Kapitel 9 wurde erläutert, dass die Geschäftsführung zuweilen keine andere Wahl hat, als die Gewinne in Form von Dividenden zurückzuzahlen, weil das Unternehmen nur so den Wert der Aktionärsanteile maximieren kann. Doch in anderen Fällen, in denen genügend Gewinnmöglichkeiten gegeben sind, sollte – und muss – ein Unternehmen seine Gewinne in vollem Umfang einbehalten.

In seinem Buch *Common Stocks as Long-Term Investments* hat Edgar Lawrence Smith schon 1924 die Behauptung aufgestellt, der Wert des Aktienkapitals müsse sich erhöhen, wenn das Unternehmen seine Gewinne nicht vollumfänglich als Dividenden ausschütte. Jeder vom Unternehmen einbehaltene Dollar Gewinn, so argumentierte Smith, erhöhe das Eigenkapital der Aktionäre und dies wiederum erhöhe den Nettowert des Unternehmens und bewirke eine entsprechende Höherbewertung seiner Aktien am Markt. Angenommen, Unternehmen X erwirtschaftet 5 Mio. Dollar Gewinn, zahlt 2 Mio. Dollar als Dividenden aus und behält 3 Mio. Dollar ein: In einem solchen Fall hat sich der „Buchwert" des Unternehmens um 3 Mio. Dollar erhöht. Ein Unternehmen mit 10 Mio. umlaufenden Aktien legt somit 3,33 Dollar je Aktie zu.

Es hat nicht lange gedauert, bis Wall Street die bahnbrechende Erkenntnis von Smith zu nutzen wusste. Ende der 20er Jahre hielten sich Spekulanten an die Smith'schen Theorien, um ihre Gier nach Anteilswerten zu rechtfertigen. Nach Auffassung des Anlegerpublikums erhöhte ein Unternehmen, das Geld – welcher Herkunft auch immer – einbehielt, stetig seinen inneren Wert und war entsprechend immer höher zu bewerten. Dabei war es unerheblich, ob die den Aktien zugrunde liegenden Vermögenswerte ihren jeweiligen Marktpreis wirklich wert waren. Es kam auch nicht darauf an, ob das Unternehmen seine Wachstumsraten bei den Gewinnen beziehungsweise bei den einbehaltenen Gewinnen auf Dauer beibehalten konnte. Der Markt belohnte Wachstumsunternehmen mit immer höheren Bewertungen und übersah dabei Unternehmen, die zwar langsam wuchsen, aber dennoch den Wert ihrer einbehaltenen Gewinne Jahr für Jahr steigerten. Benjamin Graham schrieb, 1929 seien die Investoren derart auf künftige Gewinne erpicht gewesen, dass sie den Blick für die bisherige Entwicklung der Unternehmen verloren und die Aktienkurse nur nach Maßgabe der in künftigen Jahren zu erwartenden einbehaltenen Gewinne in die Höhe trieben. Wie dem auch sei – die Behauptung von Smith, der Unternehmenswert erhöhe sich mit den einbehaltenen Gewinnen, ist durchaus glaubwürdig. Wenn ein Unternehmen 1 Dollar Gewinn je Aktie erwirtschaftet und voll einbehält, steigt der Wert des Unternehmens um mindestens diesen einen Dollar. Andernfalls ist an irgendeiner Stelle Wert vernichtet worden. In diesem Zusammenhang hilft eine sorgfältige Analyse des Jahresabschlusses weiter.

Die Position „einbehaltene Gewinne" ist lediglich eine bilanztechnische Angabe. Darunter ist die Summe aller seit Gründung des Unternehmens kumulierten Gewinne abzüglich der ausgeschütteten Dividenden zu verstehen. Wenn ein Unternehmen in den letzten 50 Jahren einen Nettoertrag von 20 Mrd. Dollar erwirtschaftet und 10 Mrd. Dollar Dividenden gezahlt hat, wurden 10 Mrd. Dollar Gewinn einbehalten. Das bedeutet aber nicht etwa, das Unternehmen verfüge nunmehr über Barmittel in Höhe von 10 Mrd. Dollar. Vielmehr hat die Geschäftsführung in den letzten 50 Jahren über diese 10 Mrd. Dollar Gewinnüberschuss disponieren können, um sie Investitionszwecken zuzuführen. Der größte Teil des Geldes ist vermutlich für die Errichtung neuer Anlagen, die Einstellung von Arbeitskräften, die Entwicklung neuer Produkte, die Expansion in neue Märkte oder die Akquisition anderer Unternehmen verwendet worden.

Unternehmen sind Investmentkanäle; sie sind dazu da, mit dem Geld der Anteilseigner Renditen zu erzielen.

Einbehaltene Gewinne treten zwar nur als Bilanzposten in Erscheinung, aber diese Kennziffer ist dennoch wichtig: Sie sagt etwas aus über die Herkunft des erhöhten Nettovermögens im Unternehmen. Zur Verdeutlichung wollen wir den hypothetischen Fall eines Mannes betrachten, der in drei Jahren 20000 Dollar gespart hat (Abbildung 10-5):

	Jahr 1	Jahr 2	Jahr 3
Einnahmen	$50000	$55000	$60000
Ausgaben	$45000	$50000	$50000
Ersparnisse	$ 5000	$ 5000	$10000

Abbildung 10-5: Hypothetisches Beispiel eines Einzelsparers

Die Bilanz des Einzelsparers würde 20000 Dollar kumulierte Ersparnisse ausweisen. Treffen wir nun die folgenden Annahmen:

Aktiva
Haus	100000 Dollar
Auto	15000 Dollar
Persönlicher Besitz	5000 Dollar
Gesamtaktiva	120000 Dollar

Passiva
Haus (Restschuld)	90000 Dollar
Auto (Restschuld)	10000 Dollar
Gesamtpassiva	100000 Dollar
Nettowert	20000 Dollar

Wir können davon ausgehen, dass dieser Sparer die 20000 Dollar nicht in den Sparstrumpf gesteckt oder unter die Matratze gelegt hat. Er hat vielmehr ein Haus im Wert von 100000 Dollar gekauft, für das er immer noch 90000 Dollar Restschuld zahlen muss. Des Weiteren hat er ein Auto im Wert von 15000 Dollar gekauft und 5000 Dollar vom Autokredit abbezahlt sowie persönliche Anschaffungen in Höhe von 5000 Dollar getätigt, für die keine Verbindlichkeiten mehr bestehen. Der geschaffene Nettowert von 20000 Dollar entspricht seinem in drei Jahren angesparten Vermögen. Als Unternehmen hätte er die Quelle seines Nettowerts in der Bilanz ausweisen müssen. In diesem Fall müsste er die 20000 Dollar als „einbehaltene Gewinne" angeben. Die 20000 Dollar sind als Barmittel nicht mehr vorhanden, sondern in schuldenfreie Vermögenswerte umgewandelt worden.

Das entscheidende Kriterium für den Einzelsparer wie für alle Unternehmen ist, ob die 20000 Dollar klug genutzt worden sind. Wenn die einbehaltenen Gewinne für ein Unternehmen von Wert sein sollen, müssen sie in Projekte reinvestiert werden, die angemessene Renditen bieten. Andernfalls sollte ein Unternehmen gar nichts einbehalten, sondern alle Gewinne an die Investoren ausbezahlen. Wäre unser Einzelsparer ein Unternehmen, müsste er für das Auto und das Haus eine angemessene Rendite bekommen oder aber seine Ersparnisse für Anschaffungen mit einer höherer Rendite einsetzen. Das wiederum ist für Einzelpersonen weder durchzuführen noch zu empfehlen. Unternehmen aber sind Investmentkanäle; sie sind dazu da, mit dem Geld der Anteilseigner Renditen zu erzielen. Deshalb müssen sie in ihrer Bilanz ausweisen, dass sie ihre einbehaltenen Gewinne klug und über lange Zeiträume hinweg realisiert haben. Andernfalls käme der Werttheorie von Edgar Lawrence Smith kaum Bedeutung zu. Wozu sollten einbehaltene Gewinne auch gut sein, wenn das Unternehmen sie für Projekte ausgibt, die vergleichsweise schlechte Renditen bringen? In solchen Fällen mögen die einbehaltenen Gewinne steigen, aber das Aktienkapital dürfte keine Wertsteigerung erfahren, weil der Markt zu Recht erkannt hat, dass der Geschäftsführung die Wertmaximierung nicht gelungen ist.

Und wenn unser hypothetischer Einzelsparer nun einen Nettowert unter 20 000 Dollar ausweist? Dann hat er Wert vernichtet. Die 20 000 Dollar Gewinn sind nicht als 20 000 Dollar Nettowert realisiert worden. Was ist geschehen? Zum einen kann eine Wertminderung des Hauses oder des Autos eingetreten sein, was auf eine schlechte Investition hinweisen würde. Zudem musste er vielleicht Geld in seine vorhandenen Vermögenswerte stecken, nur um deren Substanzwert zu erhalten. Und zu den persönlichen Anschaffungen in Höhe von 5 000 Dollar zählt vielleicht eine Garderobe, die von Saison zu Saison immer wieder neu zu bestücken ist; oder der Gartenzaun hat unter dem letzten Sturm gelitten und musste ersetzt werden; oder aus irgendeinem unerklärlichen Grund ist beim Auto das Getriebe kaputtgegangen. Alle diese vorhersehbaren oder auch unvorhergesehenen Umstände konnten den Sparer veranlasst haben, seinen Gewinnüberschuss zur Wiederherstellung verlorener Vermögenswerte zu verwenden.

Bei der Analyse der einbehaltenen Gewinne geht es im Wesentlichen um Belege dafür, dass ein Unternehmen bei der Reinvestition seiner Gewinne klug vorgegangen ist. In diesem Zusammenhang sollten Sie prüfen, ob das Unternehmen die folgenden drei Tests besteht.

1. *Das Unternehmen hat eine hohe Eigenkapitalrendite.* Wenn die Eigenkapitalrendite des Unternehmens über dem Branchendurchschnitt liegt, hat es seine Ressourcen günstiger reinvestiert als die Konkurrenz. Je höher die Eigenkapitalrendite ist, desto mehr Gewinne wird das Unternehmen im Jahr einbehalten – zu Recht. Einige Unternehmen brüsten sich mit außergewöhnlich hohen Eigenkapitalrenditen und zahlen dennoch einen guten Anteil ihrer jährlichen Gewinne an ihre Investoren zurück, weil sie einfach nicht genug angemessene Investitionsmöglichkeiten finden. Zu solchen Unternehmen zählen beispielsweise *Philip Morris*, die meisten Pharmahersteller sowie Verbrauchsgüterhersteller wie

PepsiCo und *Coca-Cola*. Auch kommt es vor, dass Unternehmen hohe Eigenkapitalrenditen ausweisen, weil sie hohe Dividenden zahlen. Dann sollten Sie daran denken, dass Dividenden das einbehaltene Aktionärskapital mindern.
2. *Das Unternehmen hat geringen Investitionsbedarf.* Ein Unternehmen mag eine hohe Eigenkapitalrendite erwirtschaften, aber wenn die jährlichen Gewinne in vollem Umfang für die Erneuerung veralteter Einrichtungen verwendet werden, hat die Geschäftsführung wenig zur Erhöhung des inneren Werts beigetragen – die einbehaltenen Unternehmensgewinne erweisen sich als Täuschung. Telefongesellschaften beispielsweise verwenden einen Großteil ihrer jährlichen Gewinne für den Ausbau ihrer Telefonnetze, die Anschaffung von Vermittlungseinrichtungen und für die Substanzerhaltung von zigtausend Kilometern Telefonleitung. Jeder Dollar Gewinn, den diese Gesellschaften zur Substanzerhaltung einsetzen, ist ein Dollar, der nicht in den Netzausbau investiert wird, und diesem Verwendungszweck sollten einbehaltene Gewinne eigentlich zugeführt werden. Hohe Kapitalausgaben sind nur dann akzeptabel, wenn ein Unternehmen neue Filialen einrichtet oder die Produktionskapazität erhöht.
3. *Der Marktwert des Unternehmens steigt mit den einbehaltenen Gewinnen.* Kein Anleger kann genau zurückverfolgen, wie ein Unternehmen seine einbehaltenen Gewinne verwendet hat. Dazu müssten Sie sich die Geschäftsberichte vergangener Jahrzehnte beschaffen und die Jahresabschlüsse daraufhin überprüfen, wie sich die einbehaltenen Gewinne entwickelt haben. Aber Sie können sicher sein, dass der Markt die Investitionspolitik eines Unternehmens durchaus vernünftig einzuschätzen weiß. Der Wert eines jeden Unternehmens erhöht sich in dem Maß, wie sich der Strom der einbehaltenen Gewinne erhöht. Erfolgreiche Unternehmen können somit ihren inneren Wert schneller als die einbehaltenen Gewinne steigern. Auf die Dauer wird der Markt die Entwicklung des Unternehmenswachstums genau zu erkennen geben. Wenn bei einem Unternehmen der Marktwert des Aktionärskapitals zu schnellerem Wachstum tendiert als die einbehaltenen Gewinne, können Sie daraus zuversichtlich folgern, dass die Geschäftsführung durch umsichtigen Einsatz ihrer Vermögenswerte eine Wertsteigerung erzielt hat.

Produktivität – die Ergiebigkeit von Anlagewerten und Humankapital

Produktivitätswachstum ist der Hauptgrund dafür, dass Reallöhne und Gehälter wie auch Unternehmensgewinne in den Vereinigten Staaten schneller als in vielen anderen Ländern gestiegen sind: Die Amerikaner haben generell mehr auf Stundenbasis produziert und damit den Wert ihrer Arbeit auf den Weltmärkten erhöht. Wie die Geschichte zeigt, wirkt sich höhere Produktivität positiv aus – auf Unternehmen und Arbeitnehmer ebenso wie auf die Aktionäre. Aus der Perspektive des Anlegers führen Produktivitätssteigerungen zu besseren Renditen der vom Unternehmen eingesetzten Ressourcen, zu besseren Gewinnspannen und zu höheren Gewinnen unter dem Strich. Die Produktivität in den Vereinigten Staaten ist aber nicht konsistent gewachsen. Die Industrieproduktion pro Stunde stieg in den 50er und 60er Jahren um 3 bis 4 Prozent im Jahr, hat seither aber nur Wachstumsraten unter 2 Prozent erfahren.

Abbildung 10-6 verdeutlicht den Zusammenhang. Im Allgemeinen sind Arbeitnehmer zu erhöhter Produktion fähig, wenn sie mit vergleichsweise fortschrittlichen Einrichtungen arbeiten können. Wenn nun die Unternehmen ihre Aufwendungen für die Produktionsanlagen kürzen, kann sich das Produktivitätswachstum verlangsamen. Selbiges geschah in den 70er und 80er Jahren. Wie das Diagramm zeigt, stieg der Kapitalaufwand im Jahr 1996 neunmal so schnell wie die Zahl der Beschäftigten. Im typischen Unternehmen war es sogar so, dass auf jedes Prozent Erhöhung der Belegschaft 9,4 Prozent Anschaffung zusätzlicher Produktionseinrichtungen kamen. 1971 hatten die Unternehmen ihre Einkäufe hinsichtlich der Sachanlagen deutlich reduziert, und das Verhältnis zwischen Kapitalaufwand für Produktionseinrichtungen und Zahl der Beschäftigten sank unter 1,0. Ab 1991 nahmen die Investitionen in Sachanlagen wieder rapide zu. Die Unternehmen schafften zusätzliche Einrichtungen schneller an, als dass sie ihre Belegschaft erweiterten. Im Juni 1966 war das Verhältnis zwischen Kapitalaufwand und Zahl der Beschäftigten wieder auf 6,8 gestiegen – den Höchststand seit 30 Jahren. Diese Entwicklung liefert nicht nur eine Erklärung für das starke Gewinnwachstum bei Industrieunternehmen seit 1991, sondern macht auch verständlich, warum die Börsen-Rally Mitte der 90er Jahre so lange anhalten konnte.

Produktivität – die Ergiebigkeit von Anlagewerten und Humankapital

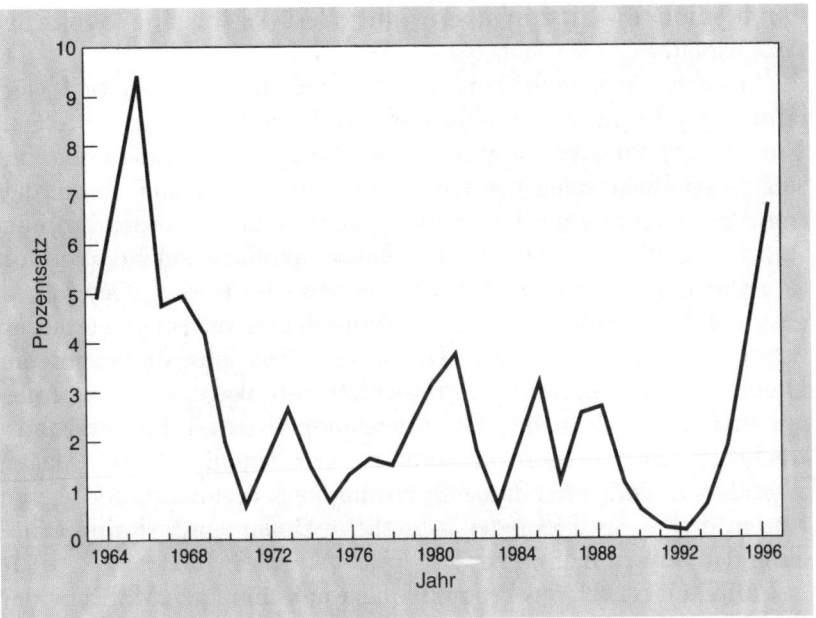

Abbildung 10-6: Verhältnis zwischen Erhöhung des Kapitalaufwands und Einstellung zusätzlicher Mitarbeiter (US-Hersteller)

Die genaue Berechnung der Produktivitätssteigerungen eines bestimmten Unternehmens gestaltet sich für den Investor recht schwierig. Viele Unternehmen verfügen nicht über die notwendigen Ressourcen, um ihre eigenen Input- und Output-Daten bemessen zu können. Doch schon einige simple Kalkulationen reichen aus, um Ihnen als Anleger Auskunft darüber zu geben, was ein Unternehmen aus seinen Anlagen und Mitarbeitern herausholt. Die einfachste Methode ist die Ermittlung des Unternehmensumsatzes pro Beschäftigten. Die zur Berechnung dieser Kennzahl erforderlichen Daten finden Sie in den meisten Jahresberichten, meist sogar übersichtlich in Tabellenform zusammengefasst. Zur Ermittlung dieser Kennzahl dividieren Sie den Jahresumsatz durch die durchschnittliche Anzahl der Mitarbeiter, die das Unternehmen das Jahr über beschäftigt hat. Wenn ein Unternehmen zum Beispiel zu Jahresanfang 10000 Beschäftigte und Ende des Jahres 11000 Beschäftigte hatte und einen Umsatz von 500 Mio. Dollar angibt, erwirtschaftete der durchschnittliche Arbeitnehmer 47 619 Dollar Umsatz für das Unternehmen. Natürlich trägt nicht jeder Mitarbeiter zu den Unternehmenserlösen bei, aber diese Kalkulation ermöglicht immerhin eine ungefähre Beurteilung des Produktivitätsniveaus, das ein bestimmtes Unternehmen unter Berücksichtigung sämtlicher Arbeitsplätze erreicht hat.

Produktivitätskennzahlen dürfen nicht absolut betrachtet werden; vielmehr gilt es, sie über mehrere Jahre hinweg zu verfolgen. Nur so kann ein Investor abschätzen, ob das Unternehmen den Einsatz seiner Ressourcen nennenswert verbessert hat und ob mit diesen Ressourcen eine Gewinnsteigerung erzielt werden konnte. Abbildung 10-7 verdeutlicht den Zusammenhang am Beispiel von 27 recht unterschiedlichen Unternehmen, die in den 90er Jahren ein außergewöhnlich hohes Produktivitätswachstum erfahren haben. Die entsprechenden Daten sind den Jahresberichten der Unternehmen entnommen – Informationen also, die jedem Anleger leicht zugänglich sind. Die Korrelation zwischen Produktivitätswachstum und Gewinnwachstum ist kein Zufall. Wenn Anlagen produktiver sind, wird dasselbe Produktionsergebnis zu geringeren Kosten erzielt, so dass jeder zusätzliche Dollar Umsatz eine Erhöhung der Gewinne bewirkt.

Indirekt lässt sich das Produktivitätswachstum nach Maßgabe der Erhöhung des Kapitalaufwands für Investitionen überprüfen – Kosten, die von den Unternehmen in ihrer Cashflow-Rechnung ausgewiesen werden müssen. Als Test vergleichen Sie die Aufwendungen, die ein Unternehmen im Lauf eines Jahres für Investitionen tätigt, mit dem Geldwert des im nächsten Jahr erfolgten Umsatzwachstums. Auf diese Weise erhalten Sie eine grobe Abschätzung der Rendite für das investierte Kapital. Wenn *Hewlett-Packard* beispielsweise im letzten Jahr 2 Mrd. Dollar in Sachanlagen investiert und in diesem Jahr eine Umsatzsteigerung von 4 Mrd. Dollar erzielt hat, kann das Unternehmen eine zweifache Rentabilität seiner Kapitalanlage verbuchen. Wer diese Kennzahl mehrere Jahre lang verfolgt, vermag durchaus Trends bezüglich der Effizienz eines Unternehmens abzuleiten.

Schließlich sollten Sie noch für mehrere Jahre die Wachstumsrate beim Kapitalaufwand mit der Wachstumsrate bei der Belegschaft vergleichen. Wie weiter oben bereits erläutert wurde, ist gewöhnlich mit höheren Produktivitätsraten – und Gewinnsteigerungen – zu rechnen, wenn die Kapitalanlagen erheblich schneller wachsen als die Belegschaftszahlen. Zwischen 1991 und 1996 erhöhte *Equifax* (Kredit- und Data-Services-Unternehmen) seinen Kapitalaufwand 26-mal so schnell wie die Zahl seiner Mitarbeiter. Daraufhin stiegen die Gewinne in den fünf Jahren jährlich um 29 Prozent. Die Aktien legten 500 Prozent zu. Im selben Betrachtungszeitraum stockte *Andrew Corp.* seine Belegschaft um 34 Prozent auf, während die

Produktivität – die Ergiebigkeit von Anlagewerten und Humankapital

	Umsatz je Beschäftigten		Veränderungsrate im Jahresdurchschnitt (%)	Umsatzwachstum 1991–1996	Gewinnzuwachs je Aktie 1991–1996
	1991 ($000)	1996 ($000)			
Air Products & Chem.	$205,0	$267,2	5,4%	6,5%	9,9%
AlliedSignal	115,9	169,2	7,9	3,4	23,5
Armstrong World	121,1	179,7	8,2	1,3	35,4
Andrew	126,7	191,3	8,6	13,5	33,6
Equifax	79,3	128,0	10,1	10,6	29,9
Emerson Electric	106,9	129,1	3,8	8,5	9,9
Dover	109,1	155	7,3	11,1	22,0
Dow Chemical	254,6	502,6	14,6	4,9	17,4
Donnelley (R.R.)	138,3	168,1	4,0	11,0	4,6
Frontier	175,8	326,0	13,1	18,1	10,3
Hewlett-Packard	194,9	358,6	13,0	21,5	26,5
Honeywell	104,5	141,8	6,3	3,4	6,2
Johnson & Johnson	151,0	252,0	10,8	11,7	14,6
International Paper	195,6	261,3	6,0	8,8	−4,7
Kellogg	337,8	460,4	6,4	2,9	3,4
Lubrizol	282,1	356,6	4,8	1,6	4,5
Merck & Co.	230,6	420,6	12,8	18,2	11,8
Morton International	164,7	238,4	7,7	13,6	19,3
Motorola	113,4	199,1	11,9	19,8	17,2
Pall	103,5	135,3	5,5	7,9	11,9
Philip Morris Cos.	338,1	453,8	6,1	4,2	11,1
PPG Industries	168,3	230,6	6,5	4,9	33,0
Russell	54,0	70,0	5,3	9,1	8,9
SBC Communications	144,5	209,7	7,7	8,0	12,4
Schering-Plough	185,3	277,9	8,4	10,2	16,9

Abbildung 10-7: Produktivitätswachstum bei ausgewählten Unternehmen

Umsätze 88 Prozent stiegen. *Andrew Corp.* hatte daraufhin ein jährliches Produktivitätswachstum von ansehnlichen 8,6 Prozent zu verbuchen. Zwischen 1991 und 1996 erhöhte sich der Umsatz pro Mitarbeiter bei *Johnson & Johnson* um 67 Prozent – im Jahresdurchschnitt um 10,8 Prozent. In demselben Zeitraum stieg der Nettoertrag um jährlich 14,6 Prozent und der Wert der Aktien verdreifachte sich.

11 Entdeckung verborgener Werte in Gewinnspannen

Geschäftsleute werden wohl nie mit einem so starken Markt beziehungsweise mit einer so großen Isolation gesegnet sein, dass die Preise in keinem Zusammenhang mit den Kosten stünden.

Gary Sutton[1]

Gewinnspannen zählen zu den aussagekräftigsten Barometern für die Performance eines Unternehmens. Sie kennzeichnen seine interne Effizienz – seine Fähigkeit, erstklassige Umsätze zu erzielen und mit diesen Umsätzen Gewinne für die Investoren zu schaffen. Denn Umsätze sind für einen Anleger nur dann von Bedeutung, wenn sie sich in konkreten Gewinnen niederschlagen. Entsprechend sind Unternehmen nur dann von Wert, wenn sie mit ihren Umsätzen Gewinne realisieren können. Wenn ein Unternehmen 5 Mrd. Dollar Umsatz erzielt, aber Jahr für Jahr nur ausgeglichen abschließt, dürfte es für einen Anleger nicht mehr wert sein als ein Unternehmen, das 5 Mio. Dollar Umsatz ohne Gewinn macht. Zum Jahresende beziehen die Anteilseigner weder beim einen noch beim andern Unternehmen Gewinne, die ihnen Zeitaufwand, Geldanlage oder auch nur das eingegangene Risiko lohnen.

Wenn Sie sich erst einmal mit Gewinnspannen befasst haben, werden Sie schnell feststellen, dass es nicht zwei Unternehmen gibt, die hinsichtlich ihrer Effizienz identisch wären. Doch Gewinnspannen von Unternehmen, die derselben Branche angehören, weisen meist enge Korrelationen auf. So tendieren Software-Hersteller zu weitaus höheren Gewinnspannen als Autohersteller. Die Gewinnspannen bei Pharma- und Lebensmittelproduzenten sind doppelt so hoch wie die von Bankunternehmen. Und bei öffentlichen Unternehmen wie Stromversorgungsbetrieben bleiben die Gewinnspannen deshalb mehr oder weniger konstant, weil die Regierung ihrer Rentabilität nach oben hin Grenzen setzt. Zyklische Unternehmen weisen häufig Gewinnspannen auf, die mit der allgemeinen Wirt-

---

[1] Gary Sutton und Brian Tarcy, *Profit Secrets from a No-Nonsense CEO*, Career Press, 1995, S. 28.

schaftskonjunktur schwanken. In Boom-Zeiten sind die Gewinnspannen groß; zu Zeiten eines Konjunkturtiefs sind negative Gewinnspannen – Verluste – an der Tagesordnung. Supermärkte und Lebensmittelvertriebe haben sehr geringe Gewinnspannen von häufig unter 1 Prozent, da sie hinreichende Nettoerträge nur über ihre Absatzmengen erzielen.

Bei der Überprüfung von Gewinnspannen sollte man die Performance eines Unternehmens über längere Zeit – gewöhnlich zehn Jahre oder mehr – verfolgen. Die Analyse der Betriebsergebnisse aus einem ganzen Jahrzehnt lässt Trends erkennen, die eine Veränderung der Unternehmensrentabilität bewirken könnten. Zumindest werden Sie auf die Spannbreite der Möglichkeiten aufmerksam gemacht. Bei einem Betrachtungszeitraum von zehn Jahren haben Sie meist einen vollen Wirtschaftszyklus im Überblick – was Ihnen die Schwankungen der Gewinnspannen im Einklang mit den konjunkturellen Veränderungen verständlicher macht.

Die Analyse von Gewinnspannen ist relativ einfach durchzuführen, wenn Sie erst einmal die grundlegende Terminologie erfasst haben.

- **Bruttogewinnspanne:** Diese Kennzahl gibt an, was von den Gewinnen eines Unternehmens übrig bleibt, wenn die Herstellungskosten von den Erlösen abgezogen werden. Die Bruttogewinnspanne zeigt, wie viel das Unternehmen für Löhne und Gehälter, Materialien und andere Ressourcen ausgegeben hat, um die in einem bestimmten Quartal oder Jahr verkauften Produkte herstellen zu können. Wenn *General Motors* mit dem Verkauf von Autos 25 Mrd. Dollar Umsatz im Quartal gemacht hat und 20 Mrd. Dollar Direktkosten auf die verkauften Fahrzeuge entfallen, ist ein Bruttogewinn von 5 Mrd. Dollar beziehungsweise eine Bruttogewinnspanne von 20 Prozent (5 Mrd. Dollar dividiert durch 25 Mrd. Dollar) erzielt worden. Die Bruttogewinnspanne eines Unternehmens wird durch verschiedene Faktoren beeinflusst – zum Beispiel durch den Verkaufspreis der verkauften Produkte, den (unter Umständen täglich schwankenden) Preis, den das Unternehmen zur Beschaffung der Rohstoffe hat zahlen müssen, sowie Veränderungen in den Lohn- und Gehaltskosten. Ein weiterer wichtiger Faktor ist die Art und Weise, wie das Unternehmen seine Kosten in dem betreffenden Berichtszeitraum aufteilt. Wenn *General Motors* eine Charge Räder zu 200 Dollar und eine andere Charge zu 150 Dollar kauft, hat es die Wahl, welche Charge den Quartalserlösen zugerechnet werden soll. Berücksichtigt *GM* bei der Ermittlung des Bruttogewinns die Charge zu 150 Dollar, fällt die Gewinnspanne höher aus. Dafür bleibt dem Unternehmen im nächsten Quartal kaum etwas anderes übrig, als jedes neu verkaufte Fahrzeug mit Radkosten zu 200 Dollar zu belasten – was sich in einer im Vergleich zur vorigen Berichtsperiode geringeren Bruttogewinnspanne äußert.

- **Operative Gewinnspanne:** Dies ist die wichtigste Kennzahl bei der Analyse einer Gewinn- und Verlustrechnung. Die operative Gewinnspanne eines Unternehmens gibt Aufschluss über die wahren – nicht berichtigten – Herstellungskosten und weist somit die Gewinne am deutlichsten aus. Zur Berechnung der operativen Gewinnspanne zieht man die Herstellungskosten, die Vertriebs- und Verwaltungskosten, Abschreibungen sowie Forschungs- und Entwicklungskosten von den Umsatzerlösen ab. Entsprechende Angaben sind der Gewinn- und Verlustrechnung und eventuellen Anmerkungen zu entnehmen. Bei der Berechnung operativer Gewinnspannen sollten nichtbetriebliche Kosten wie Zinsen, außerordentliche Erträge oder Aufwendungen, Sanierungskosten sowie Erträge und Aufwendungen im Zusammenhang mit eingestellten Geschäftstätigkeiten nicht berücksichtigt werden. Das ist insofern wichtig, als Sie auf diese Weise „unbelastete" Beobachtungen über die Effizienz des Unternehmens anstellen können. Wenn Sie diese Posten aus Ihrer Kalkulation herauslassen, können Sie die Gewinnspannen über viele Jahre hinweg vergleichen und das Unternehmen der brancheninternen Konkurrenz gegenüberstellen. Wenn zwischen den operativen Gewinnspannen und den Vor-Steuer-Gewinnspannen eines Unternehmens signifikante Unterschiede bestehen, sollte man die Ursache feststellen. Vermutlich sind die Differenzen auf Wertberichtigungen, hohe Zinsaufwendungen, einmalige Vorgänge oder Sammelposten wie „sonstige betriebliche Erträge" zurückzuführen. Sollten diese Posten regelmäßig auftreten und/oder eine signifikante Veränderung in den dargestellten Gewinnspannen bewirken, müssen Sie bei der Bewertung des Unternehmens entsprechende Korrekturen vornehmen.
- **Nettogewinnspanne:** Unter dieser Kennzahl ist das prozentuale Verhältnis zwischen Nettoergebnis und Umsatz zu verstehen. Die Nettogewinnspanne berücksichtigt *sämtliche* – fixe, variable wie auch außerordentliche – Erträge und Aufwendungen. Zur Berechnung der Nettogewinnspanne ziehen Sie sämtliche ausgewiesenen Kosten von den Umsatzerlösen ab und dividieren das Ergebnis durch die Erlöse. Oder Sie dividieren ganz einfach den Netto-

ertrag durch den Umsatz. Diese Kennzahl ist wichtig, weil sie zu erkennen gibt, in welchem Umfang das Unternehmen Vermögenswerte zur Steigerung seiner Umsätze aufgewendet hat. Wenn Sie Nettogewinnspannen über mehrere Jahre hinweg analysieren, können Sie feststellen, ob das Unternehmen im Hinblick auf seine Produktionsleistung an Effizienz gewonnen oder verloren hat.

Der Zusammenhang zwischen diesen drei Gewinnspannen-Varianten wird in Abbildung 11-1 am Beispiel der Quartalsgewinne von *IBM* aus dem Jahr 1997 verdeutlicht. *IBM* hat für das Jahr keine Wertberichtigungen vorgenommen und auch keine außerordentlichen Posten berücksichtigt. Die kontinuierliche Verbesserung der Gewinnspannen resultiert somit aus aggressiven Kostensenkungen, Umsatzsteigerungen und einer niedrigeren Effektivversteuerung – nicht aus einmaligen Vorgängen.

	4. Quartal 1997	3. Quartal 1977	2. Quartal 1997	1. Quartal 1997
Umsatzerlöse	$23723	$18605	$18872	$17308
Herstellungskosten	14205	11507	11471	10716
Bruttoertrag	**9518**	**7098**	**7401**	**6592**
Vertriebs- und Verwaltungskosten	5060	3932	3958	3684
Forschung & Entwicklung	1425	1162	1221	1069
Operativer Ertrag	**3033**	**2004**	**2222**	**1839**
Sonstige Erträge	173	162	137	185
Zinsaufwand	194	183	179	172
Ertrag vor Steuern	**3012**	**1983**	**2180**	**1852**
Steuern	919	624	734	657
Nettoertrag	**2093**	**1359**	**1446**	**1195**
Bruttogewinnspanne	40,1%	38,2%	39,2%	38,1%
Operative Gewinnspanne	12,8%	10,8%	11,8%	10,6%
Effektiver Steuersatz	30,5%	31,5%	33,7%	35,5%
Nettogewinnspanne	8,8%	7,3%	7,7%	6,9%

Abbildung 11-1: *IBM*-Quartalsgewinne (1997)

Erfahrungsgemäß liegt eine besonders gute Performance vor, wenn Unternehmen große Gewinnspannen aufweisen oder ihre Gewinnspannen über längere Zeit hinweg halten und sogar verbessern können. *Microsoft* zählt weltweit zu den Unternehmen mit den größten

Gewinnspannen. Nachdem *Microsoft* seine Ressourcen in die Entwicklung neuer Software und Anwendungen investiert hat, entstehen dem Unternehmen allenfalls noch Ausgaben für die Erstellung entsprechender Floppy-Disks in Millionenhöhe und deren Vertrieb an Computer-Hersteller und Einzelhändler. *Microsoft* bezieht einen Großteil seiner Erlöse aus Patenterträgen und Lizenzgebühren für Software, deren Herstellungskosten in früheren Quartals- oder Jahresabschlussrechnungen erfasst sind. In einem normalen Quartal weist *Microsoft* Bruttogewinnspannen von 90 Prozent, operative Gewinnspannen von 50 Prozent und Nettogewinnspannen zwischen 30 und 35 Prozent auf.

Erfahrungsgemäß liegt eine besonders gute Performance vor, wenn Unternehmen große Gewinnspannen aufweisen oder ihre Gewinnspannen über längere Zeit hinweg halten und sogar verbessern können.

Zur Aussagefähigkeit von Quartalsergebnissen

Um die Geschäftstätigkeiten eines Unternehmens wirklich verstehen zu können, müssen Sie die vierteljährlichen Gewinn- und Verlustrechnungen analysieren. Die in solchen Quartalsabrechnungen aufgeführten Posten liefern oft wertvolle Hinweise auf eine mögliche Trendwende des Unternehmens, die sich positiv oder auch negativ auf dessen künftige Gewinne auswirken könnte. Die folgenden Beispiele zeigen die Vielfalt an Informationen, die Sie aus simplen Kennzahlen ableiten können.

- **Harrah's Entertainment.** Mitte der 90er Jahre geriet das Kasino- und Riverboat-Unternehmen *Harrah's Entertainment* in Betriebsschwierigkeiten, als eine Reihe von Bundesstaaten Neuzulassungen für Riverboats und Spielkasinos erteilten. *Harrah's* besitzt den größten US-Anteil am Spielmarkt und unterhält 20 Kasinos in allen wichtigen „Hochburgen" – Nord- und Süd-Nevada, New Jersey, Illinois, Mississippi und Missouri. Die neu hinzugekommene Konkurrenz beeinträchtigte die Performance von *Harrah's*, was an Umsatzrückgängen und schwindenden operativen Gewinnspannen leicht zu erkennen ist (siehe Abbildung 11-2). Anfang 1997 konnten die Riverboats von *Harrah's* und seine Kasinos in Las Vegas und New Jersey kein Umsatzwachstum verbuchen und wiesen eine jähe Verminderung der operativen Gewinnspannen auf. Dies war zweifellos ein Hinweis auf zwei wichtige Aspek-

11 Entdeckung verborgener Werte in Gewinnspannen

	4. Qu. 1997	3. Qu. 1997	2. Qu. 1997	1. Qu. 1997	4. Qu. 1996	3. Qu. 1996	2. Qu. 1996	1. Qu. 1996
Umsatzerlöse								
Riverboats	158110	171311	169512	157313	150199	160994	165801	152148
Atlantic City	79509	98954	88412	82635	80385	98725	80978	78501
Nord-Nevada	65916	88918	71676	61241	67086	89758	71852	70479
Süd-Nevada	83900	70918	68729	64613	67515	71541	75102	75626
Indianer-Spiele + anderes	10535	8147	10564	8297	8160	7708	7333	6129
Gesamtergebnis	**397970**	**438248**	**408893**	**374099**	**373345**	**428726**	**401066**	**382883**
Operativer Gewinn								
Riverboats	27298	35518	32189	29154	26637	33421	40216	40967
Atlantic City	12629	25614	20112	14925	15700	26887	17716	14709
Nord-Nevada	4691	22957	11701	5184	10510	26339	12537	10367
Süd-Nevada	13326	7291	10424	10900	15186	14357	18894	19532
Indianer-Spiele + anderes	522	552	1345	3789	2314	−1099	−1131	−3420
Gesamtergebnis	**58466**	**91932**	**75771**	**63952**	**70347**	**99905**	**88232**	**82155**
Umsatzwachstum								
Riverboats	5,3%	6,4%	2,2%	3,4%	1,1%	0,2%	13,2%	10,4%
Atlantic City	−1,1%	0,2%	9,2%	5,3%	−1,5%	0,9%	−4,4%	1,6%
Nord-Nevada	−1,7%	−0,9%	−0,2%	−13,1%	−10,3%	−4,8%	−11,8%	8,4%
Süd-Nevada	24,3%	−0,9%	−8,5%	−14,6%	−6,5%	−5,5%	−2,4%	4,6%
Indianer-Spiele + anderes	29,1%	5,7%	44,1%	35,4%	570,0%	−380,0%	−3730%	50,0%
Gesamtergebnis	**6,6%**	**2,2%**	**2,0%**	**−2,3%**	**−1,3%**	**0,7%**	**3,0%**	**7,4%**
Operative Gewinnspanne								
Riverboats	17,3%	20,7%	19,0%	18,5%	17,7%	20,8%	24,3%	26,9%
Atlantic City	15,9%	25,9%	22,8%	18,1%	19,5%	27,2%	21,9%	18,7%
Nord-Nevada	7,1%	25,8%	16,3%	8,5%	15,7%	29,3%	17,5%	14,7%
Süd-Nevada	15,9%	10,3%	15,2%	16,9%	22,5%	20,1%	25,2%	25,8%
Indianer-Spiele + anderes	5,0%	6,8%	12,7%	45,7%	28,4%	−14,3%	−15,4%	−55,8%
Gesamtergebnis	**14,7%**	**21,0%**	**18,5%**	**17,1%**	**18,8%**	**23,3%**	**22,0%**	**21,5%**

Abbildung 11-2: Quartalsergebnisse bei *Harrah's Entertainment* (1996–1997)

te: Zum einen hatte *Harrah's* weniger Publikumsverkehr in seinen Einrichtungen und zum anderen musste das Unternehmen mehr Werbeaufwand treiben und seine Leistungen preisgünstiger anbieten (Zimmerpreise senken), um wieder Kunden anzulocken. Dieser Trend wäre ohne die Analyse der betrieblichen Kennzahlen von *Harrah's* nicht in Erscheinung getreten. Ein Anleger, der die entsprechenden Kennzahlen verfolgt hatte, war in der Lage, den riesigen Aktienausverkauf 1996 zu umgehen und Trendwenden rechtzeitig zu erkennen. Im vierten Quartal 1997 beispielsweise erhöhte sich das jährliche Umsatzwachstum plötzlich auf 6,6 Prozent, wozu Umsatzsteigerungen bei den Riverboats und Kasinos in Süd-Nevada einen erheblichen Beitrag geleistet hatten. Dies war als erstes Anzeichen dafür zu werten, dass sich *Harrah's* von seinen Schwierigkeiten erholte.

- **Seattle FilmWorks.** Die Gewinnspannenanalyse macht Sie zuweilen auch auf andere potenzielle Warnsignale bezüglich der Geschäftstätigkeiten eines Unternehmens aufmerksam. Ein Beispiel dazu liefert *Seattle FilmWorks* – ein Fotolaborunternehmen der oberen Preisklasse, das Farbfilme per Post vermarktet und bearbeitet. Ausgerechnet das unternehmensspezifische Kostenerfassungssystem wurde dem Fotolabor in den Jahren 1997 und 1998 zum Verhängnis. Um neue Kunden zu gewinnen, führt das Unternehmen regelmäßig eine Postversandwerbung mit Gratisfilmen durch. Die Empfänger machen Aufnahmen und schicken den Film an *Seattle FilmWorks* zurück; das Labor entwickelt den Film und schickt die Bilder zurück – wiederum mit neuen Gratisfilmen.

Seattle FilmWorks hat sich durch diese Kundenwerbung mit mehrfacher Gratis-Serviceleistung zugegebenermaßen eine ausgezeichnete Umsatzbasis schaffen können. Problematisch wurde das Ganze erst, als das Unternehmen den Kostenaufwand für seine Postversandwerbung angeben musste. Die meisten Unternehmen hätten diese Kosten unverzüglich abgerechnet, doch *Seattle FilmWorks* schrieb die Kosten über einen Zeitraum von drei Jahren ab. Mit anderen Worten: Wenn die Gewinnung eines Durchschnittskunden 5 Dollar kostete, wurden diese 5 Dollar gleichmäßig auf 12 Quartale verteilt. Im ersten Quartal führte das Unternehmen zum Beispiel 0,42 Dollar Akquisitionskosten an und verrechnete diese Kosten mit den laufenden Gewinnen. Die restlichen 4,58 Dollar tauchten in der Bilanz dann als Verbindlichkeit auf – als sogenannte „kapitalisierte Akquisitionskosten".

Diese pyramidenartige Kostenverteilung geht so lange gut, wie die Umsätze mindestens genauso schnell wachsen wie die abgegrenzten Kosten. Sobald aber das Umsatzwachstum nachlässt, wird der Anteil der auf die Gewinn- und Verlustrechnung verlagerten Bilanzkosten immer höher. Genau das bahnte sich 1996 an. Nicht nur ging das Umsatzwachstum bei *Seattle Film Works* innerhalb von acht Quartalen von 45 Prozent auf rund 6 Prozent zurück. Gleichzeitig wurden die abgegrenzten Kosten der früheren Umsätze jedem weiteren Quartalsergebnis zugerechnet, was die Gewinne natürlich schmälerte. Ende 1997 wuchs der angegebene Akquisitionskostenaufwand mehr als dreimal so schnell wie der Umsatz und die in der Bilanz immer noch auftauchenden kapitalisierten Marketingkosten waren auf 67 Prozent des laufenden Umsatzes gestiegen. Das Unternehmen war eindeutig in Schwierigkeiten geraten, was sich auch im Aktienkurs niederschlug: Die Aktien fielen bis Mitte 1998 auf 4 Dollar – gegenüber einem hohen Kursniveau von 15 Dollar im Jahr 1996 (siehe Abbildung 11-3).

	4. Qu. 1997	3. Qu. 1997	2. Qu. 1997	1. Qu. 1997	4. Qu. 1996	3. Qu. 1996	2. Qu. 1996	1. Qu. 1996
Umsatzerlöse	$22471	$32743	$25553	$21675	$21236	$27133	$22509	$17821
Akquisitionskosten	$4164	$4231	$4289	$3762	$3482	$3233	$2974	$3236
Kapitalisierte Kosten	$15121	$13882	$15865	$13139	$12675	$11334	$10900	$9645
Umsatzwachstum	5,8%	20,7%	13,5%	21,5%	27,3%	24,3%	42,5%	45,0%
Wachstum der Akquisitionskosten	19,6%	30,9%	44,2%	16,3%	37,2%	37,8%	36,6%	60,4%

Abbildung 11-3: Quartalsergebnisse bei *Seattle FilmWorks* (1996–1997)

- **Charles Schwab.** Der Berichtszeitraum 1996-1997 war für *Schwab* besonders wichtig, weil das Unternehmen in dieser Zeit dazu überging, seine Gewinne weniger mit dem Kommissionshandel als vielmehr mit Honoraren für den Investmentfonds-Service zu erwirtschaften. Über seinen Investmentfonds-„Supermarkt" *OneSource* bringt *Schwab* hunderte von Investmentfonds an den Kunden und erhält von jedem Fonds ein Honorar nach Maßgabe der Dollar-Beträge, die *Schwab*-Kunden in den jeweiligen Fonds investieren. Für den *OneSource*-Betrieb entstehen *Schwab* relativ geringe Kosten. Der größte Teil der Quartalserlöse aus dem Investmentfonds-Service wirken sich direkt auf das Ergebnis unter dem Strich aus.

Die Gewinn- und Verlustrechnung von *Schwab* offenbart noch einen weiteren interessanten Aspekt dieses Geschäfts – die variable Kostenstruktur des Unternehmens. Es fällt nämlich auf, wie eng die Erlössteigerungen mit den Steigerungen bei Nettoerträgen, Gewinnen je Aktie, Aufwendungen und anderen Posten korrelieren. Wenn Umsätze, Kosten und Nettoerträge in jedem Quartal mit nahezu identischen Steigerungsraten wachsen, sind so gut wie alle Unternehmenskosten *variable Kosten* (ein Terminus, der weiter unten noch ausführlich erörtert wird). Außerdem können wir schlussfolgern, dass *Schwab* seine Kostenkette gut im Griff hat. Aus der Sicht des Anlegers erleichtert eine Kostenstruktur, wie sie bei *Schwab* vorliegt, die Voraussage künftiger Gewinne. Wenn zu erwarten ist, dass *Schwab* in den nächsten fünf Jahren alljährlich eine 20-prozentige Steigerung seiner Erlöse erzielt, kann man mit ziemlicher Gewissheit davon ausgehen, dass sich auch die Nettoerträge um rund 20 Prozent erhöhen werden (siehe Abbildung 11-4).

	4. Quartal 1997	3. Quartal 1997	2. Quartal 1997	1. Quartal 1997
Umsatzerlöse				
Provisionen (Kommissionsgeschäft)	315 000	322 679	261 396	274 919
Honorare (Investmentfonds-Service)	119 000	112 155	101 824	94 698
Nettozinserträge	100 400	94 013	82 485	76 723
Im eigenen Namen und auf eigene Rechnung abgewickelte Transaktionen	64 000	61 252	63 598	69 135
Sonstige Erträge	22 200	21 740	21 481	20 179
Gesamtergebnis	**620 600**	**611 839**	**530 784**	**535 654**
Aufwendungen (außer Zinsen)				
Vergütungs- und Versorgungsleistungen	261 700	255 104	224 119	220 838
Kommunikation	45 700	45 790	45 511	45 701
Bürofläche und Ausrüstungen	41 000	39 279	38 490	35 414
Provision für Parketthändler	20 900	26 290	22 217	22 444
Abschreibungen	32 300	34 948	29 686	27 773
Werbeaufwand	38 500	29 303	25 954	35 835
Experten-Service	19 300	19 865	16 573	13 881
Sonstige Aufwendungen	39 400	34 320	22 491	23 448
Gesamtergebnis	**498 800**	**484 899**	**425 041**	**425 334**
Ertrag vor Steuern	**121 800**	**126 940**	**105 743**	**110 320**
Steuern	41 200	50 415	41 781	43 585
Nettoertrag	**80 600**	**76 525**	**63 962**	**66 735**
Umlaufende Aktien	263 800	273 001	271 637	271 238
Basisgewinn je Aktie	**0,3055**	**0,2803**	**0,2355**	**0,2460**

11 Entdeckung verborgener Werte in Gewinnspannen

	4. Quartal 1997	3. Quartal 1997	2. Quartal 1997	1. Quartal 1997
Veränderungen gegenüber Vorjahr				
Nettoertrag	35,02%	34,09%	−8,75%	42,16%
Gewinn je Aktie	38,11%	32,32%	−9,68%	40,64%
Umsatzerlöse	28,67%	42,28%	7,93%	19,89%
Aufwendungen	30,19%	45,38%	13,93%	15,86%
Provisionen	30,19%	53,58%	0,09%	14,12%
Honorare	37,49%	39,68%	35,07%	37,57%
Vergütung	31,82%	48,61%	11,79%	12,84%

Abbildung 11-4: Quartalsergebnisse bei *Charles Schwab* (1997)

- **Maverick Tube.** Gewöhnlich zeigt sich ein starker Zusammenhang zwischen Kosten und Gewinnen erst dann, wenn man die Finanzleistung eines Unternehmens über mehrere Jahre hinweg untersucht. Anhand ausreichender Daten aus der bisherigen Unternehmensentwicklung kann ein Anleger nützliche Trends bei der Analyse der Gewinnspannen entdecken und den besten Zeitpunkt für einen Aktienkauf bestimmen. Als Beispiel wollen wir *Maverick Tube* heranziehen – einen Stahlrohrhersteller für die Öl- und Gasindustrie mit einem Jahresumsatz von rund 300 Mio. Dollar. Die Gewinne bei *Maverick Tube* waren wie bei jedem zyklischen Unternehmen mit Konjunkturschwankungen, mit dem Umfang der Bohraktivitäten in Nordamerika und mit den Veränderungen bei den Stahl- und Rohölpreisen gestiegen und gesunken. Wie sich all diese Vorgänge auf die Kostenstruktur von *Maverick* auswirkten, lässt die Analyse der Unternehmensleistung über mehrere Jahre hinweg erkennen (siehe Abbildung 11-5).

	Umsatz	Herstellungskosten	Vertriebskosten	Betriebserträge
1997	291060	252803	13966	24291
1996	204182	182042	10198	11942
1995	167896	159865	7728	58
1994	124843	117833	4896	1722
1993	133729	121596	6059	5330
1992	98941	92342	4783	(3258)
1991	126029	115507	5172	5350
1990	123255	109100	4211	9944
1989	67249	61632	2994	2623

	Umsatz-veränderung	Bruttogewinn-spanne	Veränderung der Betriebserträge
1997	42,5%	13,1%	103,4%
1996	21,6%	10,8%	20489,7%
1995	34,5%	4,8%	−96,6%
1994	−6,6%	5,6%	−67,7%
1993	35,2%	9,1%	−263,6%
1992	−21,5%	6,7%	−160,9%
1991	2,3%	8,3%	−46,2%
1990	83,3%	11,5%	279,1%

Abbildung 11-5: Betriebsleistung und Leverage-Effekt bei *Maverick Tube*

Wie der Tabelle zu entnehmen ist, führen hohe prozentuale Umsatzsteigerungen erwartungsgemäß zu höheren Gewinnspannen. Das Unternehmen verrechnet höhere Erlösbeträge mit gleichbleibenden Fixkosten und kann auf diese Weise einen höheren Bilanzgewinn je Versandstück Rohrleitung verbuchen. Darüber hinaus zeigt sich, dass die Vertriebskosten mit 4 bis 6 Prozent vom Jahresumsatz ziemlich konstant sind. Der wichtigste Indikator für die Betriebsleistung von *Maverick Tube* ist die Bruttogewinnspanne, in der sowohl die Umsatzhöhe als auch die Preise, die *Maverick Tube* für seine Stahleinkäufe zahlt, erfasst sind. Wenn die Herstellungskosten über 93 Prozent der Umsatzkosten liegen und entsprechend die Bruttogewinnspanne weniger als 7 Prozent beträgt, hat *Maverick* Schwierigkeiten, Gewinne zu erzielen. Die Betriebserträge gehen drastisch zurück und der Nach-Steuer-Ertrag unter Berücksichtigung des Zinsaufwands ist bestenfalls leicht positiv. Wenn aber die Herstellungskosten unter 87 Prozent – und damit die Bruttogewinnspanne über 13 Prozent – liegen, schwimmt *Maverick Tube* in Gewinnen.

Das *Maverick*-Beispiel zeigt, inwieweit die Rohstoffkosten (hier: Stahlpreise) Einfluss auf die für die Aktionäre entscheidende Bilanz nehmen können – insbesondere bei Unternehmen, die den größten Teil ihrer Erlöse zur Deckung ihrer fixen und variablen Kosten aufwenden müssen. Bei der Analyse eines Produktionsunternehmens, dessen Gewinnspannen stark von den Rohstoffpreisen abhängen, müssen Sie den Zusammenhang zwischen Rohstoffpreisen und Gewinnen berücksichtigen. Wie im Fall von *Maverick* lassen Gewinnspannen zuweilen auf günstige Gelegenheiten zum Erwerb von Unternehmensaktien schließen. 1966 begannen die vierteljährlichen Bruttogewinnspannen über 10 Prozent zu steigen – ein Hinweis darauf, dass in Kürze die Bilanzgewinne in die Höhe schießen würden. Die Kombination von niedrigeren Stahlpreisen und steigenden Rohölpreisen, die den Bedarf an neuen Bohrquellen ankurbelte, kam *Maverick* gerade recht, als das Unternehmen 1995 nur noch knapp in den schwarzen Zahlen war. Dann aber sprudelten bei *Maverick* die Gewinne und die Aktie kletterte von 5 Dollar im Jahr 1995 auf 50 Dollar Mitte 1997. Die Folge war eine extreme Überbewertung – ein weiteres Beispiel dafür, wie die Hochstimmung angesichts kurzfristiger Gewinne zu irrationalem Verhalten führt; als Reaktion darauf begannen die Anleger, die Aktien zu verschleudern. Mitte 1998 wurde die *Maverick*-Aktie wieder bei 10 Dollar gehandelt, obgleich die Gewinnspannen immer noch stiegen. Auf diese Weise hatten die Anleger gleich zwei Möglichkeiten, die Erhöhung der Gewinnspannen von *Maverick* zum eigenen Vorteil zu nutzen.

Operativer Leverage-Effekt: Wenn die Gewinne schneller steigen als die Umsätze

Diese Beispiele zeigen, dass Veränderungen in der Kostenstruktur eines Unternehmens, ob jährlich oder vierteljährlich gerechnet, großen Einfluss auf die Gewinnsituation und damit auf Ihre Unternehmensbewertung haben. Inwieweit die Gewinne betroffen sind, hängt von der Art des Unternehmens und von der zugehörigen Branche ab. Pharmahersteller, Tabakunternehmen und Verbrauchsgüterproduzenten wie *PepsiCo, Coca-Cola, Merck, Pfizer, Procter & Gamble, Colgate-Palmolive* und *Philip Morris* weisen sehr stabile Kostenstrukturen auf. Wenn die Umsätze um 10 Prozent steigen, steigen in aller Regel auch die Gewinne um rund 10 Prozent – eine 1:1-Beziehung. Genauso ist umgekehrt davon auszugehen, dass die Gewinne je Aktie um 10 Prozent fallen, wenn die Umsätze um 10 Prozent zurückgehen. Wo die Gewinnentwicklung eines Unternehmens derart eng an die Umsatzentwicklung gekoppelt ist, dürfte seine Kostenstruktur in hohem Maß an *variablen Kosten* orientiert sein. Variable Kosten sind Aufwendungen, die je nach Menge der Produktionseinheiten mal höher und mal niedriger ausfallen. Dazu zählen Löhne und Gehälter einschließlich Sozialleistungen, Rohstoffkosten, Vertriebs- und Lagerhaltungskosten, Marketing-, Werbungs- und Reisekosten, Vertreterprovisionen und andere Posten, die für die Herstellung einer jeden Produkteinheit als notwendig er-

Operativer Leverage-Effekt: Wenn die Gewinne schneller steigen als die Umsätze

achtet werden. Verdoppelt sich die Auftragslage eines Unternehmens, muss es in aller Regel doppelt so viele Rohstoffeinheiten kaufen, doppelt so viele Arbeitskräfte zur Herstellung der zusätzlichen Produktmenge beschäftigen und möglicherweise auch seinen Marketing- und Verkaufsaufwand verdoppeln. Umgekehrt wird ein Unternehmen bei rückläufiger Auftragsentwicklung weniger Kosten für Arbeitskräfte, Rohstoffe usw. aufbringen müssen.

Unternehmen mit hohen variablen Kosten sind meist weniger konjunkturabhängig. Sinkt der Umsatz, verringert sich auch ein Großteil ihres Betriebsaufwands, wobei die Produktionskosten, die dem Unternehmen pro Produkteinheit entstehen, weniger stark zurückgehen. Aus diesem Grund weisen Unternehmen wie *Coca-Cola* und *Merck* sehr stabile Gewinnspannen auf – auch in Zeiten einer wirtschaftlichen Hoch- oder Tiefkonjunktur. Demgegenüber sind Unternehmen mit hohen *Fixkosten* durch Gewinnspannen gekennzeichnet, die sehr empfindlich auf Umsatzveränderungen reagieren. Fixkosten sind Aufwendungen, die einem Unternehmen tagtäglich entstehen – gleich, ob es bei voller Kapazitätsauslastung arbeitet oder ob die Produktionsanlagen ruhen. Zu den fixen Kosten zählen Zinsaufwendungen für das Fremdkapital, Energiekosten, Miet- und Pachtkosten, allgemeine Verwaltungskosten für Rechnungswesen, Rechtsabteilung und Bürodienste, Instandsetzungsdienste für Gebäude und Unternehmenszentralen sowie die Gehälter für Führungskräfte und für Mitarbeiter, deren Vergütung keinem spezifischen Produkt zugeordnet werden kann. Schon die Bezeichnung weist darauf hin: Fixe Kosten sind von der Produktionsleistung als solcher unabhängig. Aus bilanztechnischen Gründen werden fixe Kosten auf die Jahresproduktion des Unternehmens umgelegt. Wenn ein Unternehmen 1000 Motoren im Jahr herstellt und Fixkosten von jährlich 1 Mio. Dollar zu tragen hat, verteilt es diese 1 Million Dollar auf die 1000 Produkteinheiten, so dass sich die Bilanzkosten je Motor um 1000 Dollar erhöhen. Wenn das Unternehmen 2000 Motoren produziert, verteilt es seine Fixkosten gleichmäßig über die doppelte Menge an Produktionseinheiten, so dass pro Einheit nur die Hälfte der Gemeinkosten – nämlich 500 Dollar – zuzurechnen ist und die Gewinne entsprechend um 500 Dollar je Einheit steigen. Wenn aber der Umsatz auf 500 Motoren zurückgeht, muss das Unternehmen jedem Motor 2000 Dollar Gemeinkosten anlasten und entsprechend verringern sich die Gewinne.

Offensichtlich sind die Gewinnspannen eines Unternehmens stark von der jeweiligen Kombination aus fixen und variablen

Kosten abhängig. Unternehmen mit einem hohen prozentualen Fixkosten-Anteil erfahren einen scharfen Einbruch in ihren Gewinnspannen, wenn die Umsätze zurückgehen. Umgekehrt schnellen die Gewinne bei steigenden Umsätzen in die Höhe. Ein Unternehmen, das im Vergleich zu seinem Umsatz einen unverhältnismäßig hohen Anstieg seiner Gewinne zu verzeichnen hat, macht sich den sogenannten *Leverage-Effekt* zunutze. Dieses Konzept ist für das Verständnis von Gewinnspannen und für die Beurteilung des Gewinnpotenzials eines Unternehmens sehr wichtig: Die Unternehmen nutzen den Leverage-Effekt in Expansionsphasen durch geschickte Kombination ihrer fixen und variablen Kosten. Für jedes Prozent Umsatzsteigerung verbuchen sie mehr als 1 Prozent Gewinnanstieg. Ihr operativer Leverage-Effekt ist größer als 1,0. Wenn die Gewinne zweimal so schnell steigen wie die Umsätze, weist das Unternehmen einen operativen Leverage-Effekt von 2,0 auf. Ein Leverage-Effekt von 3,0 bedeutet, dass die Gewinne eines Unternehmens dreimal so schnell wachsen wie die Umsätze usw. Je höher der Leverage-Effekt ist, desto höher sind die fixen Kosten eines Unternehmens im Vergleich zu seinen variablen Kosten.

Die Quantifizierung dieses operativen Leverage-Effekts auf das Bilanzergebnis kann sehr schwierig sein, zumal die Unternehmen in ihren Finanzaufstellungen keine näheren Angaben zur Aufgliederung ihrer Kosten in fixe und variable Anteile machen. In Ermanglung genauer Daten kann ein Außenstehender das Verhältnis zwischen den fixen und den variablen Kostenanteilen eines Unternehmens allenfalls schätzen. Trotzdem können Sie sich als Anleger ein hinreichend genaues Bild von der Kostenstruktur machen. Am besten setzen Sie die Veränderungen bei den jährlichen Umsatzerlösen ins Verhältnis zu den Veränderungen bei den Kosten. Die resultierende Kennzahl kommt der für das Unternehmen typischen Kombination zwischen fixen und variablen Kosten sehr nahe. Die Formel lautet:

$$\text{Variable Kosten in \% vom Umsatz} = \frac{\text{Gesamtkosten}_{\text{laufendes Jahr}} - \text{Gesamtkosten}_{\text{Vorjahr}}}{\text{Umsatz}_{\text{laufendes Jahr}} - \text{Umsatz}_{\text{Vorjahr}}}$$

$$\text{Fixe Kosten in \% vom Umsatz} = (1 - \text{variable Kosten in \% vom Umsatz})$$

Wie nicht anders zu erwarten ist, kann das Verhältnis zwischen den Umsatzerlösen eines Unternehmens und seinen variablen Kosten von einer Berichtsperiode zur anderen sehr unterschiedlich ausfal-

Operativer Leverage-Effekt: Wenn die Gewinne schneller steigen als die Umsätze

len. Wenn ein Unternehmen einen Umsatzrückgang erfährt und nicht sofort die Kosten senken kann, schnellt der Koeffizient für die variablen Kosten vorübergehend hoch. Als Anleger sollten Sie versuchen, Daten aus vielen Quartalen heranzuziehen und Durchschnittswerte zu errechnen, um sich ein möglichst zutreffendes Bild von der Kostenstruktur eines Unternehmens machen zu können. Bei *Charles Schwab* beispielsweise liegt der Anteil der variablen Kosten an den Gesamtkosten im Schnitt bei 90 Prozent, so dass nur 10 Prozent Fixkosten verbleiben. Wenn Sie nun die Koeffizienten für die Fixkosten und die variablen Kosten ermittelt haben, können Sie den operativen Leverage-Effekt eines Unternehmens errechnen und feststellen, inwieweit sich die Gewinne im Vergleich zu den Umsätzen verändern. Zur Kalkulation des operativen Leverage-Effekts multiplizieren Sie den prozentualen Fixkostenanteil durch die operative Gewinnspanne des Unternehmens.

$$\text{Operativer Leverage-Effekt} = \frac{\text{Fixkosten in \% vom Umsatz}}{\text{Umsatzrendite (operative Gewinnspanne)}}$$

Wenn der operative Leverage-Effekt eines Unternehmens über dem Wert von 1,0 liegt, ist von einer betrieblichen „Hebelwirkung" auszugehen: Eine Umsatzsteigerung löst einen disproportionalen Gewinnanstieg aus. Ein Leverage-Effekt unter 1,0 würde sich auf Dauer dahingehend auswirken, dass die Gewinne nicht so schnell wachsen wie die Erlöse. Im Fall von *Schwab* ist keine Hebelwirkung gegeben, weil die Betriebskosten größtenteils variabler Art sind. Dazu zählen: Maklerprovisionen, die sich nur dann erhöhen, wenn die Handelstätigkeit zunimmt; Gehaltszahlungen, die nur dann steigen, wenn sich die Zahl der Kundenkonten erhöht; Marketingaufwendungen, die mit den Umsatzerlösen wachsen, und Technologiekosten, die meist mit zunehmender Beschäftigtenzahl ansteigen.

Wer die Gewinnspannen und den operativen Leverage-Effekt eines Unternehmens analysiert, erhält ein wichtiges Instrument zur Prognose der künftigen Gewinn- und Cashflow-Entwicklung. Im Lauf der Zeit lernt man gewisse Trends bei diesen Kennzahlen zu deuten und die eigenen Analysen entsprechend anzupassen. Im Allgemeinen lassen Unternehmen hinsichtlich des operativen Leverage-Effekts zwei Trends erkennen – zyklische und kontinuierliche Trends. Abbildung 11-6 verdeutlicht sie an zwei Beispielen.

11 Entdeckung verborgener Werte in Gewinnspannen

	Pharmahersteller	Fluggesellschaft
1989	0,95	0,65
1990	0,93	0,92
1991	1,01	1,45
1992	1,03	2,90
1993	0,92	2,25
1994	0,92	0,83
1995	0,97	−0,40
1996	1,04	−1,35
1997	1,00	−0,97
1998	0,97	0,68

Abbildung 11-6: Hypothetische Leverage-Kennzahlen für zwei Unternehmen

Wie auf den ersten Blick zu erkennen ist, lässt sich die betriebliche Leistung beim Pharmahersteller weitaus besser vorhersagen als bei der Fluggesellschaft. Der operative Leverage-Effekt beim Pharmahersteller hat stets bei 1,0 gelegen und das bedeutet nichts anderes, als dass Sie für jedes Prozent Umsatzsteigerung mit 1 Prozent Gewinnsteigerung rechnen können. Zweckmäßigerweise bestimmen Sie den Durchschnittstrend für die zehn Jahre und legen diesen bei der Abschätzung des künftigen Gewinnwachstums zugrunde. Bei einer Fluggesellschaft ist dies nicht möglich – und auch nicht ratsam. Zu empfehlen ist vielmehr, dass Sie bewusst vermeiden, die betriebliche Leistung der letzten Jahre auf die Zukunft zu übertragen. Die Leverage-Kennzahlen der letzten Jahre sind ausgesprochen zyklisch, was zweifellos auf den hohen Fixkostenanteil der Fluggesellschaft zurückzuführen ist. Wie die Tabelle zeigt, führten die Umsatzsteigerungen in manchen Jahren zu hohem Gewinnwachstum, während in anderen Jahren die Gewinne auf Grund erhöhter Umsätze sogar zurückgingen.

Bedeutet dies, dass die Fluggesellschaft im Vergleich zu einem Pharmahersteller ein weniger gutes Investmentobjekt darstellt? Nein – das nicht. Wohl aber müssen Sie bei der Bewertung einer Fluggesellschaft anders vorgehen und vor allem vermeiden, Unternehmensaktien auf dem Höchststand des Leverage-Zyklus zu erwerben. Am klügsten wäre es gewesen, die Aktien der Fluggesellschaft in den Jahren 1989 und 1996 bis 1997 zu kaufen, als die Leverage-Kennzahl einen Tiefststand erreicht hatte. Demgegenüber wäre der beste Zeitpunkt für den Aktienverkauf 1992 bis 1993 gewesen, denn in diesem Zeitraum wirkten sich die Fixkosten besonders positiv auf die Gewinne aus.

Abbildung 11-7 fasst den Zusammenhang zwischen Kosten, Umsätzen und Gewinnen zusammen. Die Tabelle verdeutlicht, inwieweit ein Unternehmen seine Gewinne auf Grund seiner Kostenstruktur und seines Umsatzwachstums verbessern kann. Dazu wollen wir die folgenden Annahmen treffen: Ein Unternehmen hat einen Umsatz von 100 Dollar, sämtliche Kosten sind Fixkosten und diese Kosten belaufen sich auf 70 Prozent vom Umsatz – also 70 Dollar. Entsprechend werden Betriebsgewinne in Höhe von 30 Dollar erwirtschaftet. Wenn nun aber der Umsatz um 10 Prozent auf 110 Dollar steigt und sich die Kosten nach wie vor auf 70 Dollar belaufen, erhöhen sich die Gewinne auf 40 Dollar beziehungsweise auf 33,3 Prozent. Das Unternehmen hat mit seiner hohen Kostenstruktur eine „Hebelwirkung" erzielt und einen Gewinnzuwachs erhalten, der die Umsatzsteigerung weit übertrifft. Die Gewinne sind 3,3-mal so schnell gestiegen wie die Umsätze – ein wahrlich attraktiver Leverage-Effekt. Hätten die Kosten 80 Prozent vom Umsatz ausgemacht, wären die Betriebsgewinne auf 50 Prozent gestiegen – auf ein Verhältnis von 5 zu 1. Bei einem 30-prozentigen Kostenanteil wäre nur ein Gewinnzuwachs von 14,3 Prozent erzielt worden.

11 Entdeckung verborgener Werte in Gewinnspannen

Umsatz-steigerung	Fixkosten in Prozent vom Umsatz								
	10%	20%	30%	40%	50%	60%	70%	80%	90%
2%	2,2%	2,5%	2,9%	3,3%	4,0%	5,0%	6,7%	10,0%	20,0%
4%	4,4%	5,0%	5,7%	6,7%	8,0%	10,0%	13,3%	20,0%	40,0%
6%	6,7%	7,5%	8,6%	10,0%	12,0%	15,0%	20,0%	30,0%	60,0%
8%	8,9%	10,0%	11,4%	13,3%	16,0%	20,0%	26,7%	40,0%	80,0%
10%	11,1%	12,5%	14,3%	16,7%	20,0%	25,0%	33,3%	50,0%	100,0%
12%	13,3%	15,0%	17,1%	20,0%	24,0%	30,0%	40,0%	60,0%	120,0%
14%	15,6%	17,5%	20,0%	23,3%	28,0%	35,0%	46,7%	70,0%	140,0%
16%	17,8%	20,0%	22,9%	26,7%	32,0%	40,0%	53,3%	80,0%	160,0%
18%	20,0%	22,5%	25,7%	30,0%	36,0%	45,0%	60,0%	90,0%	180,0%
20%	22,2%	25,0%	28,6%	33,3%	40,0%	50,0%	66,7%	100,0%	200,0%
22%	24,4%	27,5%	31,4%	36,7%	44,0%	55,0%	73,3%	110,0%	220,0%
24%	26,7%	30,0%	34,3%	40,0%	48,0%	60,0%	80,0%	120,0%	240,0%
26%	28,9%	32,5%	37,1%	43,3%	52,0%	65,0%	86,7%	130,0%	260,0%
28%	31,1%	35,0%	40,0%	46,7%	56,0%	70,0%	93,3%	140,0%	280,0%
30%	33,3%	37,5%	42,9%	50,0%	60,0%	75,0%	100,0%	150,0%	300,0%

Abbildung 11-7: Gewinnzuwachs auf Grund von Kostenstruktur und Umsatzsteigerung

12 Analyse der maßgeblichen finanziellen Kennzahlen

Das Problematische an groben Verallgemeinerungen im Zusammenhang mit Aktienbewertungen besteht nicht darin, dass ein gewisser Teil der Wahrheit fehlt, sondern dass ein zu großer Teil der Wahrheit fehlt.

Arnold Bernhard[1]

Bernard spricht damit ein Problem an, das nur zu vielen Anlegern bekannt ist: die Tendenz, sich auf Wertindikatoren auf Kosten des tatsächlichen Wertes zu konzentrieren. Die meisten Anleger sind bemüht, sich bei ihren Anlagetransaktionen an wenigen leicht verständlichen Prinzipien zu orientieren. Sie tendieren zur *Kennzahlenanalyse* und kaufen beziehungsweise verkaufen ihre Aktien nach Maßgabe mathematischer Beziehungen zwischen Kurs und Gewinnen, Kurs und Umsatz, Kurs und Wachstum usw. Es spricht einiges für diese Methoden – ich habe in Kapitel 2 darauf hingewiesen. Wie viele Studien belegen, ist tatsächlich ein Aktienkauf zu empfehlen, wenn die Aktien zu Kurs-Gewinn-Kennzahlen, Kurs-Buchwert-Kennzahlen oder Kurs-Umsatz-Kennzahlen unter Marktdurchschnitt gehandelt werden. Problematisch wird es allerdings, wenn Anleger diese Kennzahlen falsch interpretieren oder umgekehrt ihr Potenzial ignorieren.

Geldanlage nach Maßgabe von Buchwerten

Benjamin Graham hat Jahre gebraucht, um herauszufinden, welche Faktoren für eine Wertbestimmung am zweckdienlichsten sind. Er hat sich schließlich auf einige wenige Faktoren beschränkt, wobei die wichtigste Kennzahl das Nettovermögen des Unternehmens – der *Buchwert* – ist. Graham stellte fest, dass Aktien, die unter ihrem Liquidationswert – Sachanlagen abzüglich Verbindlichkeiten, dividiert durch die Anzahl der umlaufenden Aktien – gehandelt wer-

---

[1] Arnold Bernhard, *The Evaluation of Common Stocks*, New York, Simon & Schuster, 1959, S. 4.

den, die besten Renditen abwerfen. Zu Grahams Zeiten, als es sich bei den meisten US-Unternehmen noch um Hersteller handelte, deren Vermögensbestände in Fabriken, Maschinen und Lagerbeständen gebunden waren, stellte der Veräußerungswert eines Unternehmens seinen Mindestwert dar. So weit sich die Kurswerte einer Aktie auch von den Gewinnen eines Unternehmens entfernen mochten – Aktien, so forderte Graham, sollten niemals unter dem Nettowert eines Unternehmens gehandelt werden, es sei denn, das Unternehmen befände sich in finanziellen Schwierigkeiten. Eine Aktie, die unter dem eigenen Buchwert gehandelt würde, sei einer zum Preis von 85 Cent verkauften Dollarnote vergleichbar – oder einem Haus, das zu einem Preis verkauft würde, der nicht einmal die beim Bau angefallenen Materialkosten decke.

Eine Aktie, die unter ihrem eigenen Buchwert gehandelt wird, ist einer zum Preis von 85 Cent verkauften Dollarnote vergleichbar – oder einem Haus, das zu einem Preis verkauft wird, der nicht einmal die beim Bau angefallenen Materialkosten deckt.

Graham ging zu Recht davon aus, dass eine solche Unterbewertung nicht unbegrenzt lange andauern konnte. Irgendwann würde der Aktienkurs den Buchwert übersteigen oder das Unternehmen müsste sich zur Liquidation entschließen. Eine Geschäftsführung, die nicht die notwendigen Schritte vornehmen könne, um den Wert des Aktienkapitals über den eigenen Mindestwert anzuheben, sei verpflichtet, das Unternehmen aufzulösen, die Vermögensteile zu ihrem Liquidationspreis zu veräußern und das Geld den Aktionären in Form einer Sonderdividende zurückzuzahlen. Dazu Graham wörtlich:

Es kann keinen vernünftigen Grund dafür geben, dass Aktien kontinuierlich unter ihrem Veräußerungswert gehandelt werden. Wenn das Unternehmen als aktiver Betrieb nicht mehr wert ist als der Veräußerungswert, sollte es liquidiert werden. Ist das Unternehmen aber als aktiver Betrieb mehr wert, sollte die Aktie zu einem höheren Kurs als zu ihrem Veräußerungswert gehandelt werden.[2]

Diese Theorie vom „Liquidationswert" fand als eine der frühen Stützen wertorientierter Geldanlagen Anerkennung. Sie besagt, dass eine Aktie, die unter dem Vermögenswert des Unternehmens gehandelt wird, im Wert steigen muss und damit den Aktionären

---

[2] Benjamin Graham und David Dodd, *Security Analysis*, Nachdruck der Ausgabe von 1934, New York, McGraw-Hill, 1997, S. 499.

eine positive Rendite garantiert. Wenn ein Anleger vor der Wahl stehe, einen angemessen bewerteten Unternehmensanteil zu erwerben und das Risiko einzugehen, dass die Aktie nicht weiter steigt, oder aber eine Aktie zu erwerben, die unter dem Buchwert des Unternehmens gehandelt werde, dann solle er, so meinte Graham, sich stets für die unterbewertete Aktie entscheiden.

Aktien, die unter dem Liquidationswert verkauft werden, sind in vielen Fällen zu preiswert und stellen damit ein attraktives Kaufobjekt dar. Hier haben wir es mit einem rentablen Anwendungsbereich für die Technik der Wertanalyse zu tun.[3]

Zur Definition von „Buchwert"

Der Buchwert eines Unternehmens ist der Netto-Eigenkapitalwert je Aktie (siehe auch Definition von *Aktionärskapital* in Kapitel 10). Als Anleger können Sie den Buchwert zumindest in vernünftiger Annäherung in wenigen Minuten errechnen – Sie brauchen sich nur die Bilanz anzuschauen. Nehmen wir beispielsweise an, die Bilanz des Unternehmens *Fruit of the Loom* weist 100 Mio. Dollar Aktionärskapital aus und das Unternehmen hat 10 Mio. Aktien ausgegeben. Der Buchwert beträgt dann 10 Dollar je Aktie (100 Mio. Dollar dividiert durch 10 Mio.). Wenn sich nun das Aktionärskapital auf 125 Mio. Dollar erhöht, erhöht sich entsprechend der Buchwert auf 12,50 Dollar je Aktie. Beläuft sich das Aktionärskapital auf 100 Mio. Dollar und das Unternehmen hat 20 Mio. Aktien ausgegeben, beträgt der Buchwert des Unternehmens nur 5 Dollar je Aktie.

Was sagen diese Zahlen aus? Sie spiegeln den „ausgewiesenen" Nettowert wider – das, was die Investoren zu erwarten hätten, wenn das Unternehmen seine Vermögenswerte veräußern, die Gläubiger auszahlen und die Erlöse verteilen würde. Der Buchwert ergibt sich, wenn vom laufenden Wert sämtlicher Aktiva (Barmittel, Investitionen, Forderungen, Grundstücke, Ausstattungen, Lagerbestände, Gebäude usw.) alle kurz- und langfristigen Verbindlichkeiten abgezogen werden. Werden die Stammaktien eines Unternehmens zu einem unter diesem „Notverkaufswert" liegenden Kurs gehandelt, sind sie als günstiges Investmentobjekt anzusehen.

Doch bei der Berechnung von Buchwerten müssen Sie Vorsicht walten lassen. Als Anleger sind Sie gut beraten, wenn Sie bezüglich der ausgewiesenen Bilanzwerte einige Anpassungen vornehmen.

---

[3] *Ib.*, S. 499.

1. *Berücksichtigung immaterieller Werte.* Wenn ein Unternehmen ein anderes Unternehmen zu einem über dessen Buchwert liegenden Preis akquiriert, wird dadurch ein „Geschäftswert" *(Goodwill)* geschaffen, der in der Bilanz zum Ausdruck kommen muss. Bei diesem Geschäftswert handelt es sich um einen immateriellen Vermögensbestand, dessen Wert so lange von den Jahresgewinnen abgezogen wird, bis er aufgezehrt ist. Wenn *Gannett* 40 Mio. Dollar für eine Lokalzeitung bezahlt, deren Vermögenswerte in der Bilanz nur mit 30 Mio. Dollar ausgewiesen sind, ist ein Geschäftswert in Höhe von 10 Mio. Dollar geschaffen worden. Diese 10 Mio. Dollar sind offensichtlich durch keinen Vermögenswert abgesichert; sie stellen vielmehr den Preisaufschlag auf den Buchwert dar, den *Gannett* zur Akquisition des Zeitungsunternehmens zahlen musste. Deshalb führt *Gannett* in den nachfolgenden Bilanzen unter seinen Aktiva einen Posten *Geschäftswert* oder *immaterielle Vermögenswerte* auf. Ein solcher Eintrag dient der Saldierung des Hauptbuches. *Gannett* hat das Zeitungsunternehmen für 40 Mio. Dollar Eigenkapital gekauft und entsprechend muss an irgendeiner Stelle in der Bilanz eine Gegenrechnung für diese 40-Mio.-Dollar-Transaktion aufgemacht werden. In diesem Fall werden 30 Mio. Dollar den Sachanlagen (technische Anlagen und Maschinen, Vorräte usw.) zugerechnet und 10 Mio. Dollar als Geschäftswert ausgewiesen.

Graham hat in einer solchen Bilanzierung des Geschäftswertes keinen besonderen Vorteil gesehen, zumal *Goodwill* seiner Auffassung nach schwer zu bemessen war. Vielmehr riet er den Anlegern, den so entstandenen Geschäftswert bei der Buchwertkalkulation gleich in Abzug zu bringen – was den Buchwert mancher Unternehmen deutlich reduziert. Im weiter oben angeführten Beispiel *Fruit of the Loom* sähe das so aus: Wenn das Unternehmen 200 Mio. Dollar Sachanlagen, 25 Mio. Dollar Geschäftswert und 100 Mio. Dollar Verbindlichkeiten ausweist, beträgt der Buchwert nicht 100 Millionen Dollar, sondern nur 75 Mio. Dollar (175 Mio. Dollar abzüglich 100 Mio. Dollar).

Die quantitative Einschätzung des Geschäftswertes steht im Ermessen des Anlegers. Viele wertorientierte Anleger, einschließlich Buffett, weichen in dieser Frage von Grahams Auffassung ab und weisen dem *Goodwill* sehr wohl einen Wert zu. Sie definieren *Goodwill* beziehungsweise Geschäftswert als einen Restwert, der dem Kaufpreis aufgeschlagen wird, um die „überschüssigen" Erträge zum Ausdruck zu bringen, die das Unternehmen durch Akquisition von Firmen mit ähnlich zusammengesetzten Aktiva voraussichtlich erzielen wird. Theoretisch zumindest stellt der Geschäftswert den kapitalisierten Wert dieser Mehrerträge dar. Für manche Unternehmen bedeutet ein solcher Geschäftswert tatsächlich einen realen Vermögenswert. Betrachten wir beispielsweise einen Pharmahersteller, der Inhaber dutzender von Patenten ist. Wenn *Merck* nun *Eli Lilly* aufkaufen und dafür 30 Dollar je Aktie über dem Buchwert der *Lilly*-Aktiva zahlen würde, wäre davon auszugehen, dass diese 30 Dollar zumindest teilweise den langfristigen Wert der *Lilly*-Patente widerspiegeln.

Doch bei anderen Unternehmen erweist sich ein solcher Geschäftswertposten häufig als Täuschung. So kommt es nicht selten vor, dass Unternehmen ihren Geschäftswert infolge einer Akquisition abschreiben, bei einem neu erworbenen Vermögenswert eine Wertminderung geltend machen oder im Nachhinein zugeben, die akquirierten Aktiva auf Grund optimistischer Gewinnprognosen zu einem überhöhten Preis gekauft zu haben. In solchen Fällen stellt der Geschäftswert nur den Aufpreis dar, den die Geschäftsführung zahlen zu müssen *glaubte*, um den Aktionären die Kontrolle über das Zielunternehmen zu entreißen. So gesehen ist der *Goodwill* für einen Käufer kein Wert, der von längerer Dauer wäre.

Die Tatsache, dass sich aus einer Akquisition ein immaterieller Vermögenswert ergeben hat, ist keine Garantie dafür, dass dieser Wert länger Bestand hat, als wenn immaterielle Werte im eigenen Unternehmen geschaffen worden wären.[4]

Am sichersten ist es, wenn Investoren den Geschäftswert bei ihren Buchwertkalkulationen weder gänzlich unberücksichtigt lassen noch in vollem Umfang berücksichtigen. Wenn Sie als Anleger 50 Prozent des ausgewiesenen Geschäftswertes in die Buchwertanalyse aufnehmen, dürften Sie eine gute Annäherung an den tatsächlichen Wert erhalten.

2. *Anpassung der ausgewiesenen Werte an ihre mutmaßlichen Verkaufspreise*. Eine Bilanz lässt nicht den genauen Preis erkennen, zu dem Vermögenswerte im Fall einer Veräußerung verkauft werden können. Sie gibt vielmehr die *Einschätzung der Geschäftsführung* im Hinblick auf den angemessenen Wert eines Vermögensbestandes wieder. Als erste Regel bei der Errechnung des Liquidationswertes ist Graham zufolge davon auszugehen, dass sämtliche Ver-

---

[4] Sondhi und Fried White, *The Analysis and Use of Financial Statements,* New York, John Wiley & Sons, Inc., 1994, S. 910.

bindlichkeiten reale Werte darstellen, alle Vermögensangaben jedoch „fragliche Werte" sind. Die Rechnungslegungsvorschriften schreiben den Unternehmen vor, ihre Verbindlichkeiten als reale Kosten auszuweisen, so dass sie bei der Erstellung von Buchwertkalkulationen zum Nennwert in Abzug gebracht werden können. Dagegen liegt die Wertangabe für Vermögensbestände im Ermessen der Geschäftsführung. Entweder erfolgt die Bewertung von Vermögensobjekten nach Maßgabe ihrer *Anschaffungskosten* (des Kaufpreises also, den das Unternehmen ursprünglich bezahlt hat und der vom heutigen Wert stark abweichen kann) oder sie entspricht der Auffassung der Geschäftsführung vom aktuellen fairen Marktpreis.

Doch was die Geschäftsführung für einen angemessenen Wert ihrer Vermögensbestände hält und was ein Käufer dafür zu zahlen bereit ist, sind zwei ganz verschiedene Dinge. So bewertete das Unternehmen *The Limited* seine Warenbestände am 30. Juni 1997 mit 1,1 Mrd. Dollar, doch ist sehr zu bezweifeln, dass irgendein Händler der Bekleidungsbranche auch nur annähernd diesen Betrag im Fall einer Liquidierung von *The Limited* gezahlt hätte. Wahrscheinlicher wäre es gewesen, wenn die Ware – größtenteils Kleidungsstücke – für 25 Cent je Dollar hätte veräußert werden können, vielleicht sogar für noch weniger. Auch *General Electric* hätte nur eine verschwindend kleine Chance gehabt, die 25,9 Mrd. Dollar hereinzuholen, mit denen der Konzern seine Anlagen und Ausstattungen Ende 1996 bewertet hatte.

Um zu einer angemesseneren Vermögensbewertung zu gelangen, erstellte Graham eine übersichtliche Tabelle, die bis zum heutigen Tag nützliche Dienste leistet: Er riet den Anlegern, bei den meisten der ausgewiesenen Vermögensobjekte nur einen prozentualen Wertanteil anzusetzen, um so den realistischen Verkaufspreisen näher zu kommen (Abbildung 12-1).

	% vom Nennwert	Durchschnitt
Barmittel, börsengängige Wertpapiere	100%	100%
Forderungen	75%–90%	80%
Vorräte	50%–75%	67%
Anlagevermögen (Anlagen und Maschinen)	1%–50%	15%

Abbildung 12-1: Bewertung bilanztechnisch ausgewiesener Vermögensbestände

Wenn zum Beispiel *Hewlett-Packard* seine Vorräte mit 500 Mio. Dollar bewertet, sollte ein Anleger einen Wert ansetzen, der zwischen 50 und 75 Prozent unter dem ausgewiesenen Wert liegt. Die Vorräte von *Hewlett-Packard* sollten also realistischerweise mit Beträgen zwischen 250 und 375 Mio. Dollar in die Bewertung eingehen. Wenn das Unternehmen für sein Anlagevermögen 4 Mrd. Dollar ausweist, sollten Investoren einen Wert zwischen 40 Mio. und 2 Mrd. Dollar ansetzen – was immer noch eine erhebliche Spannbreite ist.

Grahams Korrekturen erscheinen sinnvoll. Barmittel und börsengängige Wertpapiere sind ausgesprochen liquide Vermögenswerte; das Unternehmen kann sie jederzeit ungefähr zum ausgewiesenen Bilanzwert veräußern. Forderungen – das Geld für Warenverkäufe auf Kredit – sollten leicht unter ihrem Buchwert bewertet werden: Zum einen besteht die Gefahr, dass keine Zahlungen erfolgen, und zum anderen können mehrere Monate vergehen, bis alle Zahlungen eingegangen sind. Im Allgemeinen gilt: Je länger das Unternehmen auf den Erhalt seiner Forderungen warten muss, desto geringer ist der für sie anzusetzende Wert. Die Bewertung von Vorräten und Anlagevermögen sollte weit unter den ausgewiesenen Werten bleiben, da solche Vermögensbestände schnell veralten.

Bewertung von bilanztechnisch ausgewiesenen Vermögensbeständen

Nun kommt Grahams Kalkulationen keine Gesetzeskraft zu. Als Anleger müssen Sie selbst dazu beitragen, sich ein zutreffendes Bild zu machen. Wir wollen Grahams Bewertungsansatz auf zwei Unternehmungen – *Wendy's International* und *Giant Cement Holding Co.* – anwenden, um zu verdeutlichen, welcher Art die Anpassungen sind, die Sie bei Ihrer Bewertung von Vermögensbeständen vornehmen müssen. Mit Stand vom 31. Dezember 1996 sah die Bilanz von *Wendy's International* folgendermaßen aus (Abbildung 12-2):

	Ausgewiesener Wert	Anpassung	Realistischer Wert
Kasse	$218956	100%	$218956
Kurzfristige Wertpapiere	4795	100%	4795
Forderungen	53250	98%	52185
Wechselforderungen	11003	95%	10453

	Ausgewiesener Wert	Anpassung	Realistischer Wert
Vorräte	17 000	50 %	8 500
Sonstige kurzfristige Vermögenswerte	31 959	75 %	23 969
Grundbesitz und Ausstattungen	$1 207 944	50 %	$603 972
Sonstige Vermögenswerte	236 527	90 %	212 874
Aktiva insgesamt	$1 781 434		$1 135 704
Umlaufende Aktien	133 785		133 785
Eigenkapitalwert je Aktie	**$13,31**		**$8,50**

Abbildung 12-2: *Wendy's International*

Wie der Tabelle zu entnehmen ist, bin ich mit den von Graham empfohlenen Anpassungsprinzipien etwas freier umgegangen, um die spezifischen Bewertungsverhältnisse bei einem Restaurantbetrieb verdeutlichen zu können. So habe ich die Forderungen nicht mit 75 bis 90 Prozent der Bilanzangabe bewertet; zutreffender ist wohl eine Bewertung der Forderungen von *Wendy's*, die mit 98 Prozent des ausgewiesenen Wertes nur geringfügig hinter dem Bilanzwert zurückbleibt. Bei *Wendy's* machen Forderungen typischerweise nur einen Bruchteil vom Gesamtumsatz aus. Meistenteils handelt es sich um ausstehende Zahlungen von Lizenznehmern für die Auslieferung von Essen und Materialien. Sofern sich diese Lizenznehmer nicht gerade in finanziellen Schwierigkeiten befinden, steht zu erwarten, dass diese Forderungen auch bezahlt werden, und zwar binnen kurzem.

Die Vorräte bei *Wendy's* – in erster Linie Lebensmittelvorräte – sollten infolge ihrer leichten Verderblichkeit eher mit Prozentsätzen aus dem unteren Bereich der von Graham empfohlenen Prozentspanne bewertet werden. Im Fall einer Liquidation wären sie für den Käufer unter Umständen sogar wertlos. Grundbesitz und Ausstattungen dagegen sollten mit Prozentsätzen aus dem oberen Bereich der Graham-Empfehlungen bewertet werden – in diesem Fall mit mindestens 50 Prozent ihres ausgewiesenen Wertes. Bei den Restaurants von *Wendy's* handelt es sich meist um neuere Gebäude; sie könnten an andere Lizenznehmer zu Preisen verkauft werden, die relativ nahe bei den marktangemessenen Immobilienwerten liegen. Eine weitere sinnvolle Anpassung ist beim Bilanzposten *Sonstiges* vorgenommen worden: Ich habe für die darin erfassten Vermö-

Bewertung von bilanztechnisch ausgewiesenen Vermögensbeständen

genswerte 90 Prozent des ausgewiesenen Betrags angesetzt. Aus den Anmerkungen im Geschäftsbericht von *Wendy's* war zu entnehmen, dass es sich bei den sonstigen Vermögenswerten größtenteils um Wechselforderungen handelte – Kredite, die *Wendy's* in den Büchern mit dem jeweils aktuellen Wert aufführte.

Trotzdem: Wir haben den Eigenkapitalwert je *Wendy's*-Aktie um 4,81 Dollar reduziert – von 13,31 auf 8,50 Dollar. Hätten wir die Lebensmittelvorräte mit Null angesetzt, wäre der angepasste Buchwert je Aktie noch niedriger als 8,50 Dollar gewesen. Hätten wir hingegen die Restaurants mit mehr als 50 Prozent ihres ausgewiesenen Betrags bewertet, wäre der Buchwert höher ausgefallen.

Als zweites Beispiel wollten wir die *Giant Cement Holding Co.*, einen Rohstofffabrikanten, heranziehen. Bei diesem Unternehmen sah die Bilanz der Aktiva Ende 1996 wie folgt aus (Abbildung 12-3):

	Ausgewiesener Wert	Anpassung	Realistischer Wert
Kasse	$10432	100%	$10432
Kurzfristige Wertpapiere	14897	80%	11918
Vorräte	17656	50%	8828
Sonstige kurzfristige Vermögenswerte	2071	50%	1036
Grundbesitz und Ausstattungen	$70418	25%	$17605
Sonstige Vermögenswerte	3142	75%	2357
Aktiva insgesamt	118616		52176
Umlaufende Aktien	9833		9833
Eigenkapitalwert je Aktie	**$12,06**		**$5,30**

Abbildung 12-3: *Giant Cement Holding Co.*

Hier habe ich den Eigenkapitalwert je Aktie im Hinblick auf ihren vermutlich niedrigen Wert im Veräußerungsfall um 56 Prozent reduziert – von 12,06 auf 5,30 Dollar. Die stärkste Wertminderung betrifft den Posten *Vorräte*: Den Anmerkungen zufolge handelt es sich größtenteils um Hilfs- und Betriebsstoffe, Kohle und Reparaturteile, die für einen Käufer von nur geringem Wert wären. Der Rest sind vermutlich Zementbestände, die zur Auslieferung bereitstehen. Den Wert der Forderungen habe ich auf 80 Prozent des ausgewiesenen Betrags reduziert: Die Forderungen von *Giant Cement* stellen 14 Prozent des Umsatzes dar und das bedeutet, dass 49 Tage ins Land gehen, bevor das Unternehmen seine Außenstände erhält. Mit dieser

Verzögerung erhöht sich das Risiko, dass einige Zahlungen vielleicht nie eingehen.

Zur praktischen Anwendung von Grahams Anpassungsprinzipien

Die von Graham vorgenommenen Wertberichtigungen lassen zwar nicht den wahren Auflösungswert eines Unternehmens erkennen, kommen immerhin aber näher an den entsprechenden Wert heran, als wenn lediglich das Eigenkapital der Aktionäre als solches zugrunde gelegt würde. Doch bei der Anwendung von Grahams Methode ist Vorsicht geboten. So erscheint sein 15-prozentiger Bewertungsfaktor für das Anlagevermögen als zu niedrig, wenn man bedenkt, dass viele Sachanlagen eine Wertsteigerung erfahren. Nehmen wir als Beispiel ein Unternehmen, das im Jahr 1960 eine Produktionsanlage für 1 Mio. Dollar erworben hat und diese nun über 40 Jahre abschreibt. Im Jahr 2000 ist der ausgewiesene Buchwert für die Produktionsanlage gleich Null, denn dann sind alle Abschreibungen erfolgt. Wenn aber das Unternehmen stets für einen guten Betriebszustand gesorgt hat, ist die Produktionsanlage infolge von Inflation – einem zu Zeiten Grahams kaum relevanten Phänomen – vermutlich im Wert eher gestiegen.

Ein ähnliches Problem ergibt sich bei der Bewertung von Vorräten. Eine Stahlbandrolle mag im Fall einer Veräußerung immer noch 80 Prozent des angegebenen Wertes einbringen, ein Bekleidungsartikel aber vielleicht nur 10 Prozent. Und eine Million veralteter Mikrochips ist unter Umständen völlig wertlos. Die Anleger müssen die Situation von Fall zu Fall subjektiv beurteilen. Auch Warren Buffett hat einmal den Unterschied zwischen Liquidationswert und Bilanzwert schmerzlich erfahren müssen: Als er 1985 in New Bedford die letzte Textilfabrik von *Berkshire Hathaway* versteigerte, erzielte er nur einen Bruchteil des ausgewiesenen Fabrikwerts. Einige der riesigen Webstühle, vier Jahre zuvor für 5000 Dollar angeschafft, gingen für gerade mal 26 Dollar das Stück weg.[5]

Als *Kmart* seine *Builder's-Square*-Kette im September 1997 an Privatanleger verkaufte, erhielt das Unternehmen für die gesamte Kette mit 162 riesigen Geschäften einschließlich sämtlicher Warenbestände lediglich Aktienoptionsscheine und 10 Mio. Dollar in bar. Die Vermögensbestände von *Builder's Square* waren so gut wie wert-

---

[5] Peter Lynch, *One Up on Wall Street*, New York, Penguin Books, 1989, S. 208.

los geworden, weil der Marktanteil der Kette verschwindend klein geworden war und die Geschäfte Verluste zu verzeichnen hatten. So gesehen waren sie für einen neuen Besitzer in geschlossenem Zustand wertvoller als bei vollem Geschäftsbetrieb. *Kmart* hatte in früheren Jahren eine Ertragsbelastung in Höhe von 500 Mio. Dollar geltend gemacht und den Wert der *Builder's-Square*-Sachanlagen auf Null abgeschrieben.

Unternehmerdenken im Umgang mit Buchwerten

Grahams Ansatz geht von einer Voraussetzung aus, der in den 90er Jahren kaum Beachtung zuteil wurde: Als Anleger müssen Sie den wahren Wert eines Unternehmens so bewerten, als ob Sie derjenige wären, der auf der Vorstandsetage zu entscheiden hätte, ob das Unternehmen gekauft werden soll oder nicht. So wie Sie niemals eine *private* Firma ohne die Durchführung einer soliden Vermögensbewertung erwerben sollten, so sollten Sie auch bei einem *öffentlichen* Unternehmen der Wertbestimmung Bedeutung beimessen. Bei richtiger Handhabung wird Sie das Instrument *Buchwert* davon abhalten, einer stark überbewerteten Aktie hinterherzujagen und sich möglicherweise daran die Finger zu verbrennen.

So wie Sie niemals eine private Firma ohne die Durchführung einer soliden Vermögensbewertung erwerben sollten, so sollten Sie auch bei einem öffentlichen Unternehmen der Wertbestimmung Bedeutung beimessen.

Was würde Graham heute dazu sagen? Die durchschnittliche *S&P-500*-Aktie wurde Mitte 1998 zu mehr als dem Sechsfachen ihres Buchwertes gehandelt. So hoch war die Bewertung noch nie gewesen. Mit anderen Worten: Die Anleger zahlten durchschnittlich 6 Dollar für jeden Dollar Kaufanspruch. Demgegenüber wurden Aktien mit hoher Marktkapitalisierung den größten Teil des 20. Jahrhunderts nur geringfügig über ihren Buchwerten gehandelt. Zwar dient der Buchwert den Investoren nach wie vor als solides und obendrein vergleichsweise leicht zu kalkulierendes Anlageprinzip, aber so relevant wie zu Grahams Zeiten ist das Kriterium nicht mehr – ein Faktum, das Warren Buffett schnell einräumt. Wer sich als Anleger allein auf den Buchwert verlässt, kann schnell lohnende Investmentgelegenheiten verpassen.

Sofern Sie um die Gefahren der Buchwertanalyse wissen, werden Sie grobe Fehler vermeiden. Allerdings kann der Buchwert in man-

chen Branchen, vor allem im Einzelhandel, auch täuschen. Die solchen Branchen angehörenden Unternehmen führen zwangsläufig hohe Bestände mit raschem Lagerumschlag. An einem normalen Tag dürfte beispielsweise *Sears, Roebuck & Co.* Waren im Wert von 5 Mrd. Dollar in seinen Regalen und Lagern haben. Diese hohen Warenbestände blähen die Aktiva in der Bilanz auf und verhelfen dem Unternehmen zu einem täuschend hohen Buchwert. Doch wenn die Lagerbestände nicht verkauft werden können, hat das Unternehmen unter Umständen schwerwiegende Geldprobleme, die durch die Buchwertangaben verschleiert werden.

Dem Buchwert kommt auch dann weniger Bedeutung zu, wenn barmittelreiche, schuldenfreie Unternehmen mit hoch liquiden Betrieben – *Microsoft* etwa – zur Analyse anstehen. In der Bilanz von *Microsoft* beispielsweise machten die Kassenbestände 1997 und 1998 meistenteils rund zwei Drittel der Aktiva aus. Das Unternehmen erzielt derart hohe Gewinnspannen und derart hohe Lagerumschläge, dass es alle Tagesaktivitäten aus den Umsatzerlösen der letzten Zeit finanzieren kann. Graham hätte *Microsoft* keine Beachtung geschenkt. Die *Microsoft*-Aktie wurde 1998 zum unerhörten 25fachen des Buchwertes gehandelt. Ganz offensichtlich müssen die Anleger heutzutage flexibler vorgehen. Bei Unternehmen wie *Microsoft* ist als entscheidende Kennzahl für die Bemessung des Nettowertes die Ertragskraft seiner Barmittel und seiner immateriellen Vermögenswerte wie Bildungsstand und Know-how der Mitarbeiter anzusetzen, nicht aber der Liquidationswert seiner Sachanlagen, der sich nach dem ausgewiesenen Buchwert richtet. Das ist auch der Grund, warum der Markt es zulässt, dass die *Microsoft*-Aktie zu so außergewöhnlichen Kurs-Buchwert-Verhältnissen gehandelt wird.

Andererseits können die ausgewiesenen Buchwerte auch täuschend niedrig sein – etwa bei Bauunternehmern, deren Vermögenswerte sich plötzlich stark erhöhen können. Häufig erwerben Baugesellschaften Grundstücke und lassen sie noch zwei bis drei Jahre liegen, bevor mit dem eigentlichen Bau begonnen wird. In dieser Zeit aber kann der Wert der Grundstücke erheblich steigen. Ein geschickter Bauunternehmer wird in einer Rezessionsphase so viel Land wie möglich erwerben und dann mit der Bebauung warten, bis der Immobilienmarkt richtig in Fahrt gekommen ist. Bis zu dem Zeitpunkt, zu dem der Bauunternehmer seine Häuser verkauft, wird der Grundbesitz in der Bilanz zum ursprünglichen und rezessionsbedingt niedrigen Anschaffungspreis geführt. Wenn Sie auf Aktien einer Baugesellschaft stoßen, die bei guter Wirtschaftslage unter ihrem Buchwert gehandelt werden, sollten Sie unbedingt zugreifen! Die Chancen stehen gut, dass die Vermögensbestände erheblich mehr wert sind, als in der Bilanz ausgewiesen wird.

Auch haben die Unternehmen mit ihrer „Umstrukturierungsmanie" die Buchwerte verzerrt und deren Verlässlichkeit als Entscheidungskriterium geschmälert. Viele etablierte Hersteller haben Anlagen geschlossen, Tochterunternehmen ausgegliedert, Sanierungsmaßnahmen geltend gemacht und weniger rentable Vermögensteile abgestoßen, um auf diese Weise schlanker zu werden. Solche Maßnahmen mögen das Erscheinungsbild eines Unternehmens nach außen hin verbessern, verringern gewöhnlich aber den Wert der Vermögensbestände – und den Buchwert – des Unternehmens, so dass die Aktie aufgeblähter erscheint, als sie in Wirklichkeit ist. Auch wenn Unternehmen einen Teil ihrer bereits ausgegebenen Aktien wieder zurückkaufen, verringert sich der Buchwert, weil diese Aktienrückkäufe das Eigenkapital reduzieren. Zugleich wird die Eigenkapitalrendite des Unternehmens durch eben diese Aktienrückkäufe aufgebläht. Dutzende von großen Gesellschaften haben Aktien zurückgezogen und damit ihre Bilanzerträge aufgebessert.

Dennoch: Wann immer Sie auf eine Aktie stoßen, die unter ihrem Buchwert gehandelt wird, sollten Sie die Situation einer näheren Prüfung unterziehen. Bei sonst gleich bleibenden Bedingungen *ist eine Aktie, die unter dem Liquidationswert des Unternehmens gehandelt wird, immer eine sicherere Geldanlage als eine Aktie, die über ihrem Buchwert gehandelt wird.* Buchwerte sind auch immer dann von praktischem Nutzen, wenn die Bewertung von Finanzgesellschaften oder Unternehmen aus traditionellen Branchen ansteht, deren Aufwendungen größtenteils auf Vorräte, Maschinen, Fabrikanlagen und Schuldentilgung entfallen. Das wird deutlich, wenn man die bisherigen Aktienkurse zurückverfolgt. Eine enge Korrelation zwischen Aktienkurs und Buchwert ist in der Automobilindustrie, im Bankwesen und auf dem Versicherungssektor anzutreffen. Bis Mitte der 90er Jahre sind die Aktien solcher Unternehmen meist dicht bei ihrem Buchwert gehandelt worden. Mit steigenden Gewinnen und Buchwerten stiegen auch die Aktienkurse.

Wenn Sie bereits mit Buchwerten als Anlagekriterium gute Erfahrungen gemacht haben, sollten Sie auch daran festhalten. Sie sollten nur um die eingeschränkte Gültigkeit dieser Kennzahl für unsere heutige Zeit wissen, entsprechende Anpassungen vornehmen und daran denken, in welchem Kontext Graham die Buchwert-Kennzahl für nützlich hielt. Der Buchwert eines Unternehmens macht keine Voraussage über die Höhe des Kurswertes, zu dem eine Aktie gehandelt werden könnte oder sollte. Vielmehr gibt er das Mindestniveau zu erkennen, auf das eine Aktie fallen kann – und puffert die Aktien gegen weitere Kurseinbrüche ab. Unter dem Strich ist festzuhalten: Der Erwerb von Aktien, die dicht an ihren Buchwerten gehandelt werden, erweist sich als ausgesprochen sinnvoll.

Aktienkauf nach Maßgabe des Kurs-Gewinn-Verhältnisses

Bei der Bewertung eines jeden Unternehmens besteht das vorrangige Ziel des Anlegers darin, den Bilanzgewinnen des Unternehmens ein angemessenes Vielfaches zuzuordnen. Unter Zugrundelegung der in letzter Zeit erzielten Unternehmensgewinne sollten Sie sich als Investor Kriterien zurechtlegen, mit deren Hilfe Sie bestimmen, welches Aufgeld Sie zu zahlen bereit sind. Wenn ein Unternehmen 2 Dollar je Aktie erwirtschaftet, können Sie in aller Regel davon ausgehen, dass das Unternehmen mindestens 2 Dollar je Aktie wert ist. Das Unternehmen könnte aber auch mehr oder weniger als 2 Dollar wert sein und das hängt von mehreren Faktoren ab: (1) Handelt es sich um ein wachsendes oder um ein schrumpfendes Unternehmen? (2) Nehmen die Gewinne zu oder ab? (3) Nimmt die Zuwachs- beziehungsweise die Schrumpfungsrate bei den Gewinnen zu oder ab? (4) Stellt dieser Gewinn von 2 Dollar je Aktie einen Durchschnitts-, Höchst- oder Tiefstwert in der Kursentwicklung der letzten Zeit dar?

Eine Aktienauswahl ausschließlich nach Maßgabe des Vielfachen der Gewinne ist riskant; der Markt bietet jede Menge scheinbar widersprüchlicher Aufgelder. Das eine Unternehmen mit einem Gewinn von 2 Dollar je Aktie wird vielleicht bei 20 Dollar, ein anderes bei 50 Dollar gehandelt. Ein Unternehmen mit einem Gewinn von 0,01 Dollar je Aktie wird bei 3 Dollar notiert, während ein anderes aus derselben Branche zu 60 Dollar gehandelt wird. Solche Disparitäten werden gewöhnlich durch die vier oben genannten Faktoren ausgelöst. Ein Unternehmen, das 2 Dollar Gewinn erwirtschaftet und eine Zuwachsrate von 20 Prozent aufweist, wird als wertvoller eingeschätzt als ein Unternehmen, das bei einem Gewinn von 2 Dollar nur 5 Prozent zulegt. Wie in Kapitel 7 gezeigt wurde, bedeuten schnellere Zuwachsraten einen schnelleren Kapitalrückfluss. Deshalb muss jede Unternehmensanalyse darauf hinauslaufen, dass den aktuellen Gewinnen oder den Durchschnittsgewinnen aus der letzten Zeit ein vernünftiges Vielfaches zugeordnet wird. Außerdem sollte die Entscheidung bezüglich dieses vernünftigen Vielfachen auf Grund Ihrer eigenen Einschätzung und nicht auf Grund der Einschätzung durch den Markt getroffen werden. Lassen Sie sich nicht durch das Aufgeld verleiten, das andere Anleger für eine Aktie zu zahlen bereit sind. Wenn der Markt ein Unternehmen zum 20fachen seiner Gewinne bewertet und Sie ein angemessenes Vielfaches nur mit 15 ansetzen, sollten Sie sich auf Ihr eigenes Urteil verlassen und vom Kauf der Aktien absehen.

Zum richtigen KGV-Verständnis

Anleger können den fairen Marktwert eines Unternehmens erst dann richtig einschätzen, wenn sie zunächst den am Markt üblichen grundlegenden Wertindikator – das Kurs-Gewinn-Verhältnis – geprüft haben. Ein KGV lässt das Aufgeld erkennen, das Sie auf jeden Dollar Unternehmensgewinn zahlen. Um den KGV-Wert zu berechnen, dividieren Sie den aktuellen Aktienkurs durch den Gewinn je Aktie, den das Unternehmen in den letzten vier Quartalen erzielt hat. Wenn also eine Aktie zu 80 Dollar verkauft wird und das Unternehmen in den letzten vier Quartalen insgesamt 4 Dollar je Aktie verdient hat, dividieren Sie 80 durch 4 und erhalten einen KGV-Wert von 20.

Anleger können den fairen Marktwert eines Unternehmens erst dann richtig einschätzen, wenn sie zunächst den am Markt üblichen grundlegenden Wertindikator – das Kurs-Gewinn-Verhältnis – geprüft haben.

Wenn Sie eine Aktie kaufen, die zum 20fachen ihrer Gewinne verkauft wird, geben Sie damit Ihre Bereitschaft zu erkennen, für jeden Dollar, den das Unternehmen mit Ihrer Geldanlage erwirtschaftet, 20 Dollar zu zahlen. Wenn die Aktie zum 35fachen ihrer Gewinne verkauft wird, muss die Aktie das 35fache ihrer derzeitigen Gewinne erbringen, um Ihnen Ihre Investition zurückzuzahlen. KGV-Werte sind eine Art Glaubensbekenntnis insoweit, als sie die am Markt vorherrschende Einschätzung der Zukunftsaussichten für ein Unternehmen widerspiegeln. Je höher die KGV-Kennzahl ist, desto mehr Vertrauen setzen die Anleger offensichtlich in die Fähigkeit des Unternehmens, Gewinne zu erwirtschaften. Wer eine Aktie zum KGV von, sagen wir, 50 erwirbt, muss die Hoffnung haben, dass die Gewinne so schnell wachsen, dass er die eigene Geldanlage in-

nerhalb eines vernünftigen Zeitraums zurückgezahlt bekommt. Als *Presstek* Anfang 1996 mit 200 Dollar einen Höchstwert erzielte, wurde die Aktie zum überwältigenden 700fachen der Gewinne gehandelt – so vernarrt waren die Anleger in ihr Gewinnpotenzial. Doch dieses Potenzial wurde nie realisiert. Anleger, die einst bereit gewesen waren, für ein Zehntel Dollar Gewinn 70 Dollar zu bezahlen, mussten schon bald einsehen, wie verrückt ihr Verhalten gewesen war. *Presstek* brach unter dem Gewicht der eigenen Überbewertung zusammen und sackte innerhalb von drei Wochen 160 Dollar ab.

Wie in Kapitel 7 ausgeführt wurde, spielen KGV-Kennzahlen bei der Berechnung des Kapitalrückflusses eine entscheidende Rolle. Wenn man nicht weiß, in welchem Verhältnis eine Aktie zu ihren konkreten Gewinnen gehandelt wird, ist es so gut wie unmöglich, sich ein Bild davon zu machen, wann – und ob überhaupt – das Unternehmen die eigene Geldanlage innerhalb vernünftiger Zeit zurückzuzahlen imstande ist. Und da KGV-Werte in vielfältigem Kontext ausgewiesen werden, sind sie ein brauchbares Barometer, um die Stimmung des Anlegerpublikums, die Einschätzung künftiger Renditen durch den Markt und seine derzeitige Bewertung von Vermögensbeständen zu ermessen.

In Kapitel 2 habe ich darauf hingewiesen, dass die Investition in einen Aktien-Mix mit niedrigem KGV auf längere Zeit gesehen bessere Renditen abwirft als ein Korb von Aktien mit hohem KGV. Dahinter steht die Annahme, dass die Gewinne von Unternehmen mit niedrigem KGV mächtiges Erstaunen an der Wall Street auslösen dürften, während Unternehmen mit hohem KGV lediglich Händlererwartungen erfüllen – oder auch nicht. Mitte der 90er Jahre, zu einer Zeit also, in der Glamourpapiere und spekulative Wachstumsaktien gefragt waren, erbrachten Aktien mit niedrigem KGV eine weitaus höhere Performance als ihre Konkurrenten mit hohem KGV. Als Anleger kommen Sie sogar in den Genuss einer deutlich positiven Hebelwirkung, wenn Sie Aktien mit niedrigem KGV kaufen; diese Erfahrung konnten viele Investoren machen, die ihr Geld zwischen 1995 und 1997 in Bankaktien angelegt hatten. Eine Aktie, deren KGV von 6 auf den immer noch niedrigen Wert von 10 steigt, legt bei gleich bleibenden Gewinnen 66 Prozent im Kurs zu. Innerhalb eines Zeitraums von zweieinhalb Jahren erhöhte sich der KGV-Wert der *Wells-Fargo*-Aktie bis Mai 1997 von 9 auf 22 – die Aktie stieg auf 170 Dollar!

Risiken bei ausschließlicher Verwendung von KGV-Kennzahlen

Anleger sollten allerdings auch um die Gefahren wissen, denen sie sich bei einer Unternehmensbewertung ausschließlich nach Maßgabe von KGV-Werten aussetzen. Die KGV-Kennzahl enthält zwei Komponenten – Kurse und Gewinne. Wenn die Aktie großer Unternehmen wie *Ford*, *DaimlerChrysler* oder *DuPont* nur zum Vierfachen ihrer Gewinne gehandelt wird, muss etwas geschehen: Entweder wird die Unterbewertung der Aktie erkannt und der Kurs in die Höhe getrieben oder der Markt hat Recht mit seiner Voraussage, dass die Gewinne rückläufig sind. Häufig ist Letzteres der Fall. Die *Ford*-Aktie wurde 1995 die meiste Zeit über zum Sechsfachen der Gewinne gehandelt – in erster Linie, weil Analysten und Händler befürchteten, die Gewinne des Unternehmens könnten in den Folgemonaten zurückgehen. Wäre der Kurs der *Ford*-Aktie stabil geblieben und wären die Gewinne um 50 Prozent zurückgegangen, hätte sich das KGV auf 12 verdoppelt. Aus diesem Grund wurden 1994, 1995 und 1996 viele zyklische Aktien – insbesondere auf dem Banksektor, in der Automobilbranche und in der Stahlindustrie – zu niedrigen KGV-Werten gehandelt. Nicht, dass diese Aktien besondere Schnäppchen gewesen wären. Im Gegenteil – die Händler erwarteten eine Wirtschaftsflaute und rechneten damit, dass die Rentabilität solcher Unternehmen deutlich zurückgehen würde. Vielmehr war der klassische Fall gegeben, dass die Investoren zu sehr mit Zukunftsprojektionen befasst waren und dem attraktiven Wertangebot von *Ford* und anderen Unternehmen zu wenig Beachtung schenkten. Nachdem die Anleger Anfang 1997 ihren Fehler erkannt hatten, schoss die *Ford*-Aktie innerhalb von sechs Monaten um 40 Prozent in die Höhe.

Dennoch gibt es auch Zeiten, in denen gerade Aktien mit niedrigem KGV außerordentliche Vorteile bieten. Im Juli 1996 fiel die Aktie von *Novellus Systems*, einem Hersteller von Auftragsapparaturen für die Mikrochip-Produktion, auf 32 Dollar und damit auf das Sechsfache der Gewinne. Grund waren Panikverkäufe und die Befürchtung, der Absatz von Halbleitern könnte drastisch zurückgehen. Selbst als die Aktie abstürzte, glaubten Analysten, *Novellus* wäre in der Lage, ein jährliches Gewinnwachstum von 25 bis 30 Prozent zu erzielen. Die Aktie erreichte an einem Nachmittag ihren Tiefststand, vollzog eine Kehrtwende und kletterte binnen eines Jahres auf mehr als 100 Dollar. 1997 fiel die Aktie von *Western Digital*, einem der größten Hersteller von Computer-Laufwerken,

auf 27 Dollar – ebenfalls auf das Sechsfache der Gewinne. Grund war hier die Sorge vor einem potenziellen Preiskrieg unter den Laufwerk-Herstellern. Ob ein solcher Preiskrieg tatsächlich stattgefunden hat, stellte sich im Nachhinein als völlig unerheblich für die Geldanleger heraus: Die Gewinne von *Western Digital* waren mit dreistelligen Wachstumsraten in die Höhe geschnellt. Die Aktie verdoppelte ihren Wert innerhalb von drei Monaten.

KGV-Betrachtungen im richtigen Kontext

Die KGV-Kennzahl ist kein eingefrorener Maßstab, sondern ein sehr dynamisches Konzept. Wenn diese Kennzahl dem wertorientierten Geldanleger eine Orientierungshilfe sein soll, muss sie im richtigen Kontext verstanden werden. So sollte der KGV-Wert einer Aktie immer mit dem bisherigen Durchschnittswert, mit den KGV-Werten anderer Aktien aus derselben Branche oder mit dem KGV-Wert eines breit angelegten Marktindexes verglichen werden. Anhand der KGV-Kennzahl kann man beurteilen, wann eine bestimmte Aktie – oder auch der ganze Markt – unterbewertet beziehungsweise überbewertet ist. So erreichten die KGVs unmittelbar vor den Börsenzusammenbrüchen 1972 und 1987 einen Höchststand.

Verschiedene Branchen weisen in aller Regel unterschiedliche KGV-Spannen auf, so dass branchenübergreifende Vergleiche kaum sinnvoll sind. Wollte man die Aktien von Eisenbahngesellschaften, Halbleiterherstellern und Lebensmittelunternehmen nach Maßgabe ihrer KGVs beurteilen, würde man die Tatsache außer Acht lassen, dass Branchen eine ganz spezifische Dynamik entwickeln. So sind im Bankwesen, bei öffentlichen Versorgungsbetrieben und bei Versicherungsgesellschaften KGVs zwischen 8 und 13 üblich, was an der Art der abzuwickelnden Geschäfte liegt. Die meisten Vermögenswerte stecken in Barmitteln oder immateriellen Finanzprodukten, deren Wert schon innerhalb kurzer Zeiträume schwanken kann. Ihre Gewinne sind ebenfalls meist zyklischer als die von, sagen wir, *Kellogg*. Damit bergen die Wachstumstrends ein gewisses Risikoelement. Konsumgüteraktien wie die von *Procter & Gamble*, *Philip Morris* und *Clorox* werden meist in einem KGV-Bereich von 15 bis 25 gehandelt. Zu Zeiten aufgeblähter Bullenmärkte können Konsumgüteraktien auch bis zum 30fachen der Gewinne notiert sein; bei Bärenmärkten gehen die Gewinnvielfache möglicherweise auf den unteren Zehnerbereich zurück. Die Aktien von Hightech-Unternehmen und aggressiven Wachstumsunternehmen werden häufig zu KGVs über 30 gehandelt.

Ein hoher KGV-Wert kann die Unternehmensleistung verzerrt abbilden, wenn das Unternehmen signifikante Bilanzkorrekturen an seinen Gewinnen vorgenommen hat. So entschieden sich 1995 verschiedene Telefongesellschaften für hohe Wertberichtigungen, um die Abschreibung ihrer Anlagen zu beschleunigen. Auf dem Papier verbuchten einige von ihnen sehr kleine Jahresgewinne, was ihre KGVs auf über 100 brachte. Wer diese Wertberichtigungen nicht richtig erkannte, konnte leicht übersehen, dass die Aktien zwar überbewertet erschienen, aber in Wirklichkeit eine solide Geldanlage darstellten. Umgekehrt kann ein sehr niedriger KGV-Wert – etwa 4 oder 5 – auf ungewöhnliche Ereignisse wie beispielsweise eine einmalige Gewinnankurbelung hinweisen. Das Unternehmen könnte eine Sparte mit Gewinn verkauft oder auf Grund veränderter Bilanzierungsmethoden zusätzliche Gewinne verbucht haben.

In jedem Fall lohnt es sich, ein wenig nachzuforschen: Als Anleger müssen Sie erkennen, welche KGVs falsche Tatsachen vortäuschen und welche realistisch sind.

Interpretation von KUV-Werten

Die Finanzpresse stellt gelegentlich das Kurs-Umsatz-Verhältnis in den Vordergrund – insbesondere dann, wenn es um Wachstumsunternehmen mit geringer Börsenkapitalisierung geht. Theoretisch sollte man die Beziehung zwischen dem Aktienkurs und dem Umsatz eines Unternehmens direkt ablesen können. Wenn der Aktienkurs eines Unternehmens nicht mit seinem Umsatzwachstum Schritt hält, dürfte die Aktie unterbewertet sein. Einige Fundamentalanalysten, darunter auch Charles Allmon, gehen davon aus, dass die Umsätze die wichtigste treibende Kraft für die Wertentwicklung von Aktien ist. Wie viele wertorientierte Anleger stellt Allmon die Glaubwürdigkeit der ausgewiesenen Gewinne in Frage und konzentriert sich auf die Umsatzerlöse.

Ich halte die Umsatzerlöse eines Unternehmens für wichtiger als die Gewinne, wenn ich nach den Marktwerten von Aktien suche. Der allgemeine Menschenverstand sagt uns, dass kein Unternehmen auf Dauer schneller wachsen kann als seine Umsätze. Es gibt eine Obergrenze für die Erweiterung von Gewinnspannen. Ich vermute, dass sich 98 Prozent aller Anleger auf die Gewinne konzentrieren und dem Strom der Umsatzerlöse, dem Lebenselixier eines jeden Unternehmens, überhaupt keine Beachtung schenken.[6]

---

[6] Charles Allmon, *Growth Stock Outlook*, 15. August 1997, S. 1.

12 Analyse der maßgeblichen finanziellen Kennzahlen

Wenn Privatunternehmen zum Verkauf anstehen, wird der Angebotspreis gewöhnlich als Vielfaches der Jahresumsätze angegeben. Normalerweise werden Unternehmen zum Ein- bis Zweifachen ihrer Jahresumsätze veräußert. Eine Regionalzeitung mit 2 Mio. Dollar Umsatz wird vielleicht für 2 Mio. Dollar – oder, wie in dieser Branche üblich, zu einem Vielfachen der Auflage – verkauft. Wird die Zeitung beispielsweise von 10000 Abonnenten gelesen, könnte sich der Verkaufspreis auf 200 Dollar pro Abonnent belaufen. In beiden Fällen wird der Verkaufspreis nach Maßgabe der erwirtschafteten oder erwarteten Umsatzströme kalkuliert. Das Kurs-Umsatz-Verhältnis erweist sich somit als ein praktikabler Maßstab für die Wertermittlung, der sich zudem relativ leicht errechnen lässt:

$$(\text{Aktienkurs} \cdot \text{ausgegebene Aktien}) / \text{Jahresumsätze}$$

Nehmen wir zum Beispiel an, die *Sears*-Aktie würde zum Kurs von 50 Dollar verkauft, es befänden sich 400 Mio. Aktien im Umlauf und die Umsätze beliefen sich auf insgesamt 50 Mrd. Dollar. Als KUV-Kennzahl ergibt sich dann:

$$(50 \text{ Dollar} \cdot 400\,000\,000) / 50\,000\,000\,000 \text{ Dollar} = 0{,}4$$

Das KUV besagt also, dass der Marktwert der *Sears*-Aktie vier Zehntel vom Jahresumsatz darstellt. Ist das ein günstiger Wert? Viele Aktienanleger würden diese Frage bejahen. Wie die Vergangenheit zeigt, konnten Unternehmen, deren Aktien unter ihrem Jahresumsatz bewertet wurden, meist den Markt übertreffen – zuweilen sogar um ein Vielfaches (siehe Kapitel 2). Doch als Anleger stößt man auch auf so manche Ausnahme von dieser Regel und sollte bei der Auslegung einer KUV-Kennzahl sorgfältig vorgehen. So werden die Aktien im Einzelhandel weit unter ihren Jahresumsätzen gehandelt, desgleichen im Vertrieb, in der Ölbranche, in der Stahl- und Automobilindustrie sowie im Rohstoffhandel. Was ist den Unternehmen, die diesen Branchen angehören, gemeinsam? Sie alle produzieren Waren, haben hohe Produktionskosten, sind hartem Wettbewerb ausgesetzt und weisen niedrige Gewinnspannen auf.

Die Verknüpfung von KUV-Werten mit Gewinnspannen

Um das Kurs-Umsatz-Verhältnis richtig interpretieren zu können, muss der KUV-Wert im Zusammenhang mit der Gewinnspanne eines Unternehmens betrachtet werden. Meine Untersuchungen lassen auf eine hohe Korrelation zwischen dem KUV einer Aktie und der Gewinnspanne des Unternehmens schließen: Je kleiner die Gewinnspanne eines Unternehmens ist, desto niedriger liegt im Allgemeinen auch der KUV-Wert. Umgekehrt tendieren Unternehmen mit einem höheren Rentabilitätsniveau meist auch zu einem höheren KUV. Intuitiv erscheint dieser Zusammenhang ausgesprochen logisch. Höhere Gewinnspannen haben höhere Gewinne und einen schnelleren Kapitalrückfluss zur Folge. Ein Unternehmen mit extrem kleinen Gewinnspannen braucht bedeutend mehr Zeit, um angemessene Gewinne für seine Anteilseigner zu erwirtschaften.

Um das Kurs-Umsatz-Verhältnis richtig interpretieren zu können, muss der KUV-Wert im Zusammenhang mit der Gewinnspanne eines Unternehmens betrachtet werden.

Fleming Cos., eine Lebensmittelvertriebsgesellschaft mit 16 Mrd. Dollar Jahresumsatz, liefert dazu ein anschauliches Beispiel. Wir haben es mit einem Unternehmen zu tun, bei dem sich hinter einem außergewöhnlich niedrigen KUV ein niedriges Rentabilitätsniveau verbarg (Abbildung 12-4).

	1996	1995	1994
Umsatzerlöse (Mio. Dollar)	$16487	$17502	$15724
Vertriebskosten	$16432	$17416	$15611
Nettoertrag	$26	$42	$56
Gewinn je Aktie	$0,71	$1,12	$1,51
Gewinnspanne	**0,2%**	**0,2%**	**0,4%**
Umsatzerlöse je Aktie	$436	$466	$422
Durchschnittskurs	$16,19	$24,50	$26,31
Kurs/Umsatz	**0,04**	**0,05**	**0,06**
Durchschnittliches KGV	22,8	21,9	17,4

Abbildung 12-4: Gewinnspannen und Bewertung (*Fleming Cos.*)

Entscheidend sind die durch Fettdruck hervorgehobenen Zeilen. Die *Fleming*-Aktie wurde 1996 zu einem KUV von ungefähr 0,04 – zu 1/27 des Jahresumsatzes – gehandelt. Wie aber aus den KGV-Angaben zu entnehmen ist, war die Aktie in keiner Weise als unterbewertet anzusehen. Warum? Weil *Fleming* ungewöhnlich niedrige Gewinnspannen von weit unter 1 Prozent auswies. Supermärkte und Lebensmittelvertriebe haben die niedrigsten Gewinnspannen von praktisch allen Branchen. Diese Unternehmen erzielen ihre Gewinne mit ihren Umsätzen. *Fleming* muss mehr als 16 Mrd. Dol-

lar im Jahr umsetzen, um 40 bis 50 Mio. Dollar Erträge für die Aktionäre zu verdienen.

Schauen Sie sich die Daten in Abbildung 12-4 unter folgendem Aspekt an: Wenn Sie *Fleming* ganz aufkaufen könnten und sich selbst eine Rendite aus den jährlichen Gewinnen zahlen könnten – was würden Sie bieten? Würden Sie 16,5 Mrd. Dollar (entsprechend einem Jahresumsatz) zahlen? Ein Jahresumsatz ist ein typisches „Vielfaches" für ein Privatunternehmen. Lautet Ihre Antwort *Ja*, verschleudern Sie Ihr Geld. Bei derart niedrigen Gewinnspannen wäre es *Fleming* nicht möglich, Ihnen mit seinen Jahresgewinnen Ihre Investition in Höhe von 16,5 Mrd. Dollar in den nächsten 100 Jahren zurückzuzahlen. Warum wollten Sie 16,5 Mrd. Dollar für einen jährlichen Ertrag von 26 Mio. Dollar investieren? Einfacher ausgedrückt: Pro 100 000 Dollar, die Sie in das Unternehmen investieren, würde Ihnen *Fleming* ganze 158 Dollar zurückzahlen.

Ohne weiter hinterfragen zu müssen, können wir festhalten, dass die Bewertung der *Fleming*-Aktie 1996 mit 16 Dollar angemessener war, als wenn sie zum Einfachen des Jahresumsatzes – 436 Dollar je Aktie – verkauft worden wäre. Bei einem Kurswert von 16 Dollar wurde die *Fleming*-Aktie zum 22fachen der Gewinne von 1996 beziehungsweise zum 14fachen der Durchschnittsgewinne gehandelt. Beide Bewertungen sind vernünftig.

Daraus können wir den Schluss ziehen, dass die KUV-Kennzahlen im Grunde genommen indirekt an Gewinnspannen gekoppelt sind. Wenn Sie Aktien kaufen wollen, die unter ihrem Jahresumsatz gehandelt werden, müssen Sie darauf achten, nur Aktien mit den höchsten durchschnittlichen Gewinnspannen zu wählen, denn die zahlen Ihnen Ihre Geldanlage am schnellsten zurück. Wenn Sie sich zwischen zwei oder mehr Unternehmen mit identischen KUVs entscheiden müssen, können Sie davon ausgehen, dass das Unternehmen mit der höheren Gewinnspanne stärker unterbewertet ist. Zuweilen ist es klüger, die Aktie eines Unternehmens mit einem höheren KUV zu kaufen, sofern die Gewinnspannen unverhältnismäßig hoch liegen. Abbildung 12-5 verdeutlicht den Zusammenhang: Drei gleich große Unternehmen mit der gleichen Börsenkapitalisierung werden nach Maßgabe ihrer Gewinnspannen verglichen. Wie Sie der Tabelle entnehmen können, bietet die Aktie mit dem höchsten KUV infolge ihrer höheren Gewinnspanne den überzeugendsten KGV-Wert.

Die Verknüpfung von KUV-Werten mit Gewinnspannen

	Umsatzerlöse	Aktien	Kurs	KUV	Gewinnspanne	Gewinn je Aktie	KGV
Unternehmen A	$1000	100	$5	0,5	3%	$0,30	16,7
Unternehmen B	$1000	100	$5	0,5	5%	$0,50	10,0
Unternehmen C	$1000	100	$8	0,8	10%	$1,00	8,0

Abbildung 12-5: Gewinnspanne als Vergleichsbasis

13 Einschätzung immaterieller Unternehmenswerte

> *Wenn es um Stammaktien geht, sind nur wenige unter uns vermögend genug, um sich Impulskäufe leisten zu können.*
>
> Philip Fisher[1]

Wohl kaum ein Unternehmen kann mit einer perfekten Erfolgsbilanz aufwarten. Schon einem Unternehmen, das imstande ist, über längere Zeit hinweg eine konsistente Gewinnzuwachsrate zu erzielen, kommt Seltenheitswert zu. Noch seltener sind Unternehmen, die Jahr für Jahr ihre Topmanager halten, ihren Marktanteil weltweit mit konstanten Wachstumsraten erhöhen, dieselbe Kapitalstruktur mit denselben Bilanz-Kennzahlen aufweisen und jahrein, jahraus dasselbe eng angelegte Produktprogramm verfolgen. Solche Unternehmen lassen sich sehr schnell analysieren. Als Anleger brauchen Sie sich nur die Unternehmensleistung der letzten Jahre anzuschauen und die bisherigen Zuwachsraten bei Umsatz, Gewinnen, Cashflow und Dividenden auf die Zukunft zu projizieren. Wenn der Markt das Unternehmen falsch bewertet, Sie hingegen einen Wert darin erkennen, sollten Sie die Aktie kaufen. Einige Verbrauchsgüterhersteller kommen dem oben beschriebenen perfekten Unternehmen nahe – etwa der Pharma- und Nahrungsmittelkonzern *Abbott Laboratories, Coca-Cola, Gillette*, der Kaugummihersteller *William Wrigley* und *Walgreen*. Aber all die tausende anderer öffentlicher Unternehmen haben seit ihrer Gründungszeit eine derart wechselvolle Entwicklung erfahren, dass Anleger gut daran tun, nicht nur die Finanzunterlagen im Hinblick auf die konkret ausgewiesene Performance auszuwerten, sondern auch nach immateriellen Faktoren Ausschau zu halten, die das Unternehmen zu einer lohnenden Geldanlage machen. Im vorliegenden Kapitel sollen fünf dieser immateriellen Anlagewerte diskutiert werden.

---

[1] Philip A. Fisher, *Common Stocks and Uncommon Profits*, Nachdruck der Ausgabe von 1958, New York, John Wiley & Sons, Inc., 1996, S. 103.

Immaterieller Wert Nr. 1: Rationales Management

Der folgenden Börsenweisheit ist eine gewisse Relevanz nicht abzusprechen: „Kaufe ein Unternehmen, das jeder Idiot führen kann, denn früher oder später steht ein solcher an der Spitze!" Erstklassige Manager sind wie alle hervorragenden Führungspersönlichkeiten eine Seltenheit. Wie gern würden wir uns überzeugen lassen, dass CEOs die *Crème de la crème* sind, die sich von den hunderten oder tausenden Beschäftigten in ihrem Unternehmen kraft ihres überragenden Wissens, besonderer Kreativität und Umsicht und höchster Intelligenz abheben. Doch aus Erfahrung wissen wir: Es ist nicht so. Das psychologische CEO-Profil spiegelt vielmehr die Persönlichkeitsstruktur der Gesellschaft schlechthin wider mit all ihren Anführern, Tyrannen, Überfliegern, Genies, Egotisten und Dummköpfen. Auf der einen Seite haben wir zu viele mittelmäßige Manager, die deshalb in Spitzenpositionen gelangen, weil sie einfach nur Glück gehabt haben. Solche Leute sind vielleicht irgendwann in ein großes Unternehmen eingestiegen und dann auf dem Rücken fähiger Untergebener aufgestiegen. Von Managern dieses Typs sind keine besonderen Fähigkeiten zu erwarten. Andere CEOs hingegen gelangen – Politikern vergleichbar – zum Gipfel, weil sie den Auswahlprozess überlebt haben. Sie haben die Stärke und Ausdauer bewiesen, deren es bedarf, um einen höchst politischen, karriereorientierten Hindernisparcours von zehn bis 20 Jahren zu überwinden.

Zum Glück haben gute Produkte nicht unbedingt gute Manager nötig. Man hätte wohl in den letzten zehn Jahren jeden Einzelnen von 100 CEOs an die Spitze von *Procter & Gamble* setzen können – das Unternehmen hätte mit seinem erstklassigen Produktprogramm in jedem Fall Riesensummen erwirtschaftet. Genauso könnte auch *Walt Disney* von allen möglichen Führungskräften gewinnbringend gemanagt werden, sofern sie etwas vom Unterhaltungsgeschäft verstehen. Die einen hätten den Job vielleicht besser gemacht als der derzeitige CEO Michael Eisner, die anderen halt schlechter. Es wäre schon sehr oberflächlich, wollte man ausgerechnet Eisner mit allen *Disney*-Erfolgslorbeeren bekränzen. *Disney* verdankt seine neuerlichen Gewinnströme in den 90er Jahren auch einer starken Wirtschaftslage und einer beträchtlichen Konsumfreudigkeit der Bevölkerung. Damit sollen die Verdienste Eisners nicht geschmälert werden, aber zufällig war er es, der zur Stelle war, als sich die Dinge zum Besseren kehrten. Die Qualität der *Disney*-Programme und -Filme wie auch die Anziehungskraft seiner neuen Erlebnisparks haben nur eine untergeordnete Rolle gespielt. Hätte die Wirtschaft inmitten einer Rezession vor sich hingedümpelt, wäre die *Disney*-Performance unter dem Strich total eingeknickt.

Dasselbe trifft auf *Citicorp* zu. Man hat CEO John Reed mit viel Lob und Anerkennung für den Turnaround dieses einst fast Pleite gegangenen Finanz-Kraftwerks bedacht. Doch erst eine starke Wirtschaft und die entschlossene Zinspolitik der US-Zentralbank haben den Großbanken zu neuer Liquidität und zur Sanierung ihrer Bilanzen verholfen. Auch für viele andere Bereiche gilt dieses Argument – ganz besonders für den Sport. War Mike Ditka wirklich ein so begnadeter Football-Kapitän oder wurde ihm 1985 lediglich der Segen einer Topmannschaft mit den talentiertesten Football-Spielern aller Zeiten zuteil? Hätte auch ein anderer Basketball-Coach als Phil Jackson die NBA-Championships in Folge gewonnen – mit einer Aufstellung, zu der Spieler wie Michael Jordan, Scottie Pippen und Dennis Rodman gehörten? Zumindest ist dies wahrscheinlich.

Welchen Beitrag das Management effektiv leistet, ist kaum zu ermessen, solange man nicht Gelegenheit hat, die Manager bei der Umsetzung ihrer Strategien in Augenschein zu nehmen. Viele Führungskräfte gelangen zugegebenermaßen auf Grund von Dienstalter, aggressiver Durchsetzungskraft, Betriebspolitik oder überzeugender Selbstvermarktung in Spitzenpositionen, nicht aber nach Maßgabe solider finanzwirtschaftlicher Kenntnisse oder strategisch-planerischer Kompetenzen, wie wir gern annehmen würden. Mitnichten – viele CEOs haben kaum Erfahrung mit finanzpolitischen Problemen, wenn sie an die Unternehmensspitze vorrücken. Vermutlich waren sie in früheren Berufsjahren im Verkauf tätig, wurden als bezahlter Berater ins Unternehmen geholt, haben ein Konstruktionsteam betreut oder die eine oder andere Unternehmensfiliale geleitet. Die meisten von ihnen verfügen über keinerlei Erfahrung, mit welchen Finanz- und Allokationsentscheidungen Investoren zu beeindrucken sind. Deshalb sollten Sie sich als Anteilseigner die Enttäuschung ersparen und keine Wunder von solchen Topmanagern erwarten. Sie sollten nicht mehr und nicht weniger erwarten, als dass diese Führungskräfte (1) das Unternehmen auf einem eindeutig definierten Kurs nach oben steuern, (2) den Unternehmenswert kontinuierlich steigern und (3) bei der Festlegung finanzpolitischer Richtlinien *rational vorgehen*.

Welchen Beitrag das Management effektiv leistet, ist kaum zu ermessen, solange man nicht Gelegenheit hat, die Manager bei der Umsetzung ihrer Strategien in Augenschein zu nehmen.

Was ist unter „rationalem Vorgehen" zu verstehen? Je nach Situation treffen viele Manager hin und wieder Entscheidungen, die den Interessen der Anteilseigner zuwiderlaufen. Auch Manager sind nur Menschen und unterliegen denselben kaum zu unterdrückenden Gefühlsregungen wie alle anderen. Wie so manche Investoren haben auch CEOs die Tendenz, in Reih und Glied mit ihren Kollegen zu marschieren oder Unternehmenskapital in Projekte zu investieren, die vielleicht gerade in Mode gekommen, finanztechnisch aber keineswegs zu rechtfertigen sind. Wenn sich ein solches Vorgehen im Lauf der Zeit wiederholt, sollten Sie nicht warten, bis der Markt den Fehler entdeckt, sondern eine Beteiligung an einem anderen Unternehmen in Erwägung ziehen. Woran ist rationales Verhalten zu erkennen? Die folgenden Signale lassen vermuten, dass es sich bei einem Unternehmen um ein lohnendes Anlageobjekt handelt.

- **Das Management verfolgt eine kluge Akquisitionspolitik.**
Der Aktienmarkt honoriert Akquisitionen häufig mit einer Kurssteigerung der Aktien des akquirierenden Unternehmens, weil er dessen unermüdlich vorgetragener Argumentation Glauben schenkt, der Zusammenschluss würde die Gewinnlage verbessern. Doch die Geschichte kennt zahllose Beispiele, wie Unternehmen Konkurrenten aufgekauft und diesen Schritt später bereut haben. In den meisten Fällen geriet ein solcher Unternehmenskauf zum Flop, weil das Management ein sehr hohes Aufgeld zahlen musste oder weil es zu viele Aktien ausgegeben und die Eigenkapitalbasis verwässert hat. Einen besonders hohen Tribut an Aktionärskapital forderte 1991 die Akquisition von *NCR* durch *AT&T*. Ein weiteres Beispiel für die massive Vernichtung finanzieller Ressourcen ist die Übernahme und nachfolgende Ausgliederung von *CBS* durch *Westinghouse*: Innerhalb von zwei Jahren wurde aus dem öffentlichen und unabhängigen Sender *CBS* erst eine private *Westinghouse*-Tochtergesellschaft und dann wieder eine öffentlich gehandelte Sendeanstalt. All die Gebühren und Forderungen, die im Rahmen der jeweiligen Transaktionen anfielen, haben den Wert von *CBS* erheblich gemindert. Im Rückblick zeigt sich, dass diese Ereignisse nichts anderes waren als ein Fall kollektiven Brusttrommelns im Topmanagement von *Westinghouse*, wo sich die Spitzenfunktionäre ihre Macht über einen Fernsehsender beweisen mussten. Derselbe Trieb wird auf dem Gesundheitsmarkt offenkundig: So mancher Hersteller medizinisch-technischer Geräte und klinischer Einrichtungen manövriert sich in große finanzielle Schwierigkeiten, weil

er im Fusionsspiel zu hoch gepokert hat. Jede weitere Akquisition führt unter dem Strich zu geringeren Gewinnergebnissen als die vorangegangene, zumal das Management gezwungen ist, immer höhere Aufgelder auf die verbliebenen Vermögensbestände zu zahlen.

Auch die Fusionswelle bei Banken, Broker-Häusern und Versicherungsgesellschaften Mitte der 90er Jahre wird den akquirierenden Unternehmen noch zu schaffen machen. Es war schon schlimm genug, dass diese Unternehmen mindestens das Fünffache des Buchwertes der zur Übernahme anstehenden Vermögensbestände bezahlt haben. Schlimmer noch ist die Tatsache, dass sie ihre Akquisitionen größtenteils durch die Emission von Aktien finanzierten und damit die Gewinne der vorhandenen Aktionäre verwässerten – die nämlich glaubten fälschlicherweise, die Kosten beim Zielunternehmen könnten so deutlich gesenkt werden, dass mit der neuen Bankkombination die Wachstumsraten erhöht würden. Leider hat sich inzwischen ein riesiger Scherbenhaufen angesammelt: Viele solcher Deals halten einfach nicht, was sich das Management davon versprochen hatte. Andererseits gibt es auch erfolgsgekrönte Fusionsgeschäfte, weil das Management (1) das Zielunternehmen zu einem vernünftigen Preis erwerben konnte, (2) ein Unternehmen akquirierte, das für die eigenen Produktprogramme von hoher Bedeutung war, (3) einen direkten Konkurrenten aufkaufte und damit die entsprechenden Wettbewerbskosten reduzierte oder (4) eine kluge Finanzierung der Transaktion vornahm. Bei Akquisitionen wird gewöhnlich Barzahlung bevorzugt, da auf diese Weise keine Forderungen entstehen und die Aktionärsanteile nicht verwässert werden. Wenn ein Unternehmen routinemäßig Aktien zur Finanzierung seiner Übernahmetransaktionen ausgibt, vergibt es einen Teil des Unternehmens an eine weitere Gruppe von Aktionären und reduziert damit die Gewinnanteile sämtlicher am Unternehmen beteiligten Anleger. Zudem setzt sich das Unternehmen übermäßigem Druck aus, genügend kostensenkende Synergien als Ausgleich für die höhere Aktienstreuung zu finden. Aktienemissionen machen in solchem Kontext nur dann Sinn, wenn die Aktien des akquirierenden Unternehmens überbewertet sind und das Zielunternehmen bessere Finanzperspektiven zu bieten hat.

Erfolgreiche Unternehmen bleiben ihren Kernkompetenzen treu und sind nur selten auf den Nutzeffekt einer Akquisition angewiesen. So ist *Coca-Cola* nie etwas anderes gewesen als ein Getränkehersteller. Vorübergehend hat sich das Unternehmen mit

Konsumgütern befasst (und war einst im Besitz von *Columbia Pictures*), aber durchweg hat *Coke* die Strategie der Getränkeproduktion verfolgt – Punkt, aus. Unter den erfolgreichsten Banken in den Vereinigten Staaten befinden sich kleine lokale Einrichtungen, die gesunde, demographisch ausgewogene Märkte bedienen und damit hohe Kapitalerträge und Eigenkapitalrenditen erwirtschaften. Ein Investor ist in aller Regel besser beraten, wenn er eine Unternehmensbeteiligung an einem dieser Juwelen mit einer 15-prozentigen Eigenkapitalrendite besitzt, als wenn er sich an einer überregionalen Großbank beteiligt, die infolge früherer Akquisitionen gerade mal 9 Prozent abwirft. Der entscheidende Punkt ist: Wenn *Sie* sich einer wertorientierten Investment-Philosophie verpflichtet fühlen, sollten Sie nach einem Management Ausschau halten, das eine ebensolche Orientierung im Umgang mit Ihrer Geldanlage zu erkennen gibt.

Erfolgreiche Unternehmen bleiben ihren Kernkompetenzen treu und sind nur selten auf den Nutzeffekt einer Akquisition angewiesen.

- **Das Management kennt das eigene Unternehmen und weiß um seine Grenzen.** Wenn die Geschäftsführung seit vielen Jahren selbst am Unternehmen beteiligt ist, wächst die Wahrscheinlichkeit, dass die Führungskräfte über gute Branchenkenntnisse verfügen und das Unternehmen effektiver leiten als Manager, die man von draußen hereingeholt hat. Einige hundert Unternehmen haben immer noch ihre Gründer oder Mitbegründer an der Spitze, darunter auch große Konzerne wie *Intel, Microsoft, Cisco Systems* und *Oracle*. Den Aktionären kann es nur zum Vorteil gereichen, wenn dieselben Leute, die das Unternehmen aufgebaut haben, auch die Geschäftsführung wahrnehmen, denn sie kennen die Produktprogramme, die Branchendynamik, die Belegschaft und die Märkte in- und auswendig. Eines sollten Sie deshalb meiden: eine endlose CEO-Kette – besonders dann, wenn die Manager nicht aus der einschlägigen Branche stammen. Erfolg im einen Bereich lässt sich nur selten auf einen anderen übertragen. Sofern Sie nicht gerade „Kettensäge" Al Dunlap sind, dessen Aufgabe darin besteht, Personalkürzungen und Werksschließungen zu veranlassen, werden Ihre Kenntnisse und Kompetenzen nur in einer Branche wirklich brauchbar sein. Ein prüfender Blick auf so manches akquisitionsselige Arzneimittelunternehmen würde zu erkennen geben, dass Juristen, einstige Branchenberater und Geschäftspartner das höchste Amt im Unternehmen bekleiden – nicht die Leute, von denen Sie erwarten würden, dass sie in aller Stille und Gelassenheit den Kurs steuern.

Wichtig ist auch der Umfang, in dem sich Manager finanziell an ihrem Unternehmen beteiligen. Man sollte erwarten, dass Spitzenmanager besonders in kleineren Unternehmen einen erheblichen Anteil am Aktienkapital des Unternehmens (mindestens 5 bis 10 Prozent) besitzen. Sie müssen ihre Unternehmensbeteiligung auf dem jährlichen Stimmrechtsformular angeben – ein wichtiges Dokument, das allen Aktionären vor der Jahreshauptversammlung zugeschickt wird. Anhand von Stimmrechtsformularen sind nicht nur die größten Aktionäre (gewöhnlich Investmentfonds) zu erkennen, sondern auch die Erfahrenheit der Topmanager und Verwaltungsratsmitglieder, deren Vergütung sowie bestehende Optionsvereinbarungen. Bei größeren Unternehmen wie *AT&T, Citicorp, Merck, General Electric* und *Hewlett-Packard* halten Insider normalerweise weniger als 1 Prozent des Aktienkapitals. Diese Unternehmen existieren seit mehr als einem Jahrhundert; ihre Gründungsväter sind längst verstorben. Im Lauf der Jahre hat sich die Zahl der ausgegebenen Aktien möglicherweise um das Hundertfache erhöht und am Schreibtisch des CEO mögen mittlerweile an die Dutzend Führungspersönlichkeiten gesessen haben.

- **Das Management nimmt Aktienrückkäufe zu fairen Kursen vor.** Kaum etwas sollte einem Anleger ein größeres Ärgernis sein als Manager, die das Geld der Aktionäre durch Aktienrückkäufe zu aufgeblähten Preisen verschleudern. Dieses Problem erreichte 1997 und 1998 epidemische Ausmaße, als die Preise für führende Industrieunternehmen infolge übertrieben optimistischer Gewinnerwartungen zum Höhenflug angesetzt hatten. Die Geschäftsführungen gerieten zunehmend in Schwierigkeiten, diesen hohen Gewinnerwartungen Genüge zu tun; folglich verlegten sie sich auf Aktienrückkäufe, um auf diese Weise ihre Gewinne unter dem Strich zu verbessern. *Microsoft* kaufte einen Teil seiner Aktien zum 40- bis 50fachen der Gewinne zurück, *Procter & Gamble* zum 30fachen der Gewinne. Im Fall von *Procter & Gamble* war es sogar so, dass Topmanager einen Teil ihrer privaten Marktanteile just zu dem Zeitpunkt verkauften, als sie ihre Genehmigung für die Aktienrückkäufe in dem von ihnen geleiteten Unternehmen erteilten. Dieses Verhalten seitens der *P&G*-Manager war nicht nur wider jede Vernunft, sondern führte zu einem schwer wiegenden Interessenkonflikt, der die Aktionäre empört haben müsste.

Im herkömmlichen Finanzwesen gelten Aktienrückkäufe als eine kluge Maßnahme. Wenn ein Unternehmen mehr Nach-Steuer-Barmittel erwirtschaftet, als es zur Unternehmenserhaltung und zum Unternehmenswachstum braucht, sollte es einen Teil dieses Geldes an die Anleger zurückfließen lassen. Früher erhöhten die Unternehmen in solchen Fällen ihre Dividenden und leisteten damit eine unmittelbare Rückzahlung an die Aktionäre. In jüngster Zeit aber entscheiden sich viele Unternehmen für den Rückkauf von Aktien am offenen Markt – ein Schritt, der eine Verringerung des Aktienumlaufs, eine Erhöhung der Gewinne je Aktie, eine Reduzierung der Eigenkapitalbasis sowie eine Erhöhung der Eigenkapitalrendite zur Folge hat. Aktienrückkäufe sind besonders dann effektiv, wenn die Aktien zu niedrigen Kursen zurückgekauft werden. Ein Rückkauf von Aktien nach einem Kursrückgang demonstriert nicht nur die Zuversicht der Geschäftsführung in die Leistungsfähigkeit ihres Unternehmens, sondern bietet dem Unternehmen auch die Möglichkeit zum Erwerb unterbewerteter Vermögensbestände. Wenn das Management Aktien zum Kurs von 30 Dollar zurückkauft und der innere Unternehmenswert 50 Dollar beträgt, erwirbt das Unternehmen Vermögenswerte zu 60 Cent je Dollar. Wenn kein alternatives und gleichermaßen attraktives Investmentobjekt vorhanden ist, sollte das Management möglichst viele Aktien zurückkaufen, um die Unternehmensanteile der Aktionäre zu mehren.

Problematisch wird es, wenn Aktienrückkäufe als Vorwand für verwässernde Aktivitäten wie Fusionen, Optionspakete und Mitarbeiterbeteiligungsprogramme herhalten müssen. Zu dutzenden haben Unternehmen Mitte der 90er Jahre zu solchen Finanztricks Zuflucht genommen: Sie kündigten umfangreiche Aktienrückkäufe an in der Absicht, die Aktien in die Höhe zu treiben, und dann begaben sie die zurückgekauften Aktien erneut, um eine Fusion zu finanzieren oder Aktienoptionspläne für die Mitarbeiter zu realisieren. Endresultat war eine verbesserte Öffentlichkeitsarbeit, aber eine allenfalls geringfügige Gewinnaufbesserung je Aktie für die verbliebenen Aktionäre.

Bei korrekter Handhabung können Aktienrückkäufe den Wert eines Unternehmens verbessern und die Aktienkurse anheben. Wenn ein Unternehmen einen Aktienrückkauf ankündigt, tun Sie gut daran, Ihre Aktien zu halten und nicht dem Markt zu folgen: Sie werden mit Ihren Unternehmensanteilen langfristig Nutznießer unerwarteter Gewinne sein. Ihre Zurückhaltung führt zu einer automatischen Erhöhung Ihres Anteils an künftigen Gewinnen.

Wenn ein Unternehmen ein Viertel (25 Prozent) seiner Aktien zurückkauft, erhöht es die Gewinne je Aktie um ein Drittel (33 Prozent). Wenn es ein Zehntel (10 Prozent) der Aktien zurückkauft, erhöht es die Gewinne je Aktie um ein Neuntel (11,1 Prozent) usw.

- **Das Management erhöht die Dividenden, sofern keine anderweitige sinnvolle Möglichkeit zur Nutzung des Liquiditätsüberschusses gegeben ist.** Wenn Barmittel im Überfluss vorhanden sind, muss die Geschäftsführung das Geld unter allen Umständen so einsetzen, dass die Aktionärsrendite optimiert wird. In Kapitel 9 und 10 sind die drei Möglichkeiten, die das Management in solchen Fällen hat, bereits angesprochen worden: (1) Einbehaltung sämtlicher Gewinne und vollumfängliche Reinvestition in das Unternehmen; (2) teilweise Einbehaltung der Gewinne und Rückzahlung an die Aktionäre in Form von Dividenden; (3) Rückzahlung sämtlicher Gewinne an die Aktionäre in Form von Dividenden. Solange das Management eine über dem Marktdurchschnitt liegende Gesamtkapital- und Eigenkapitalrentabilität erzielen kann, sollte es bemüht sein, alle überschüssigen Barmittel einzubehalten und auf Dividendenzahlungen zu verzichten. Als Beispiel sei *Callaway Golf* genannt: Das Unternehmen zahlt im Vergleich zu seinen Gewinnen kleine Dividenden und erzielt jährliche Eigenkapitalrenditen in Höhe von 30 bis 40 Prozent. Wenn *Callaway* einen größeren Gewinnanteil an seine Investoren ausschütten würde, sähen sich diese veranlasst, andere Möglichkeiten zur Geldanlage zu suchen, die genauso hohe Renditen erbringen. Da nur wenige Unternehmen derart hohe Eigenkapitalrenditen erwirtschaften wie *Callaway*, müssten die Anleger logischerweise ihre Dividenden erneut in *Callaway*-Aktien anlegen. In Anbetracht all der Provisionskosten und Steuerzahlungen im Zusammenhang mit solchen Transaktionen ist den Aktionären wirklich besser damit gedient, wenn *Callaway* von vornherein seine Gewinne vollumfänglich einbehält.

Und doch ist irgendwann im Lebenszyklus eines Unternehmens der Zeitpunkt gekommen, an dem die Renditen sinken und es nicht länger klug ist, die jährlichen Gewinne in dem Maß wie früher einzubehalten. Vielmehr erweist es sich dann als günstiger, wenn es den Aktionären überlassen bleibt, selbst nach neuen Möglichkeiten einer Geldanlage Ausschau zu halten. In solchen Situationen ist eine Erhöhung der Dividenden angesagt.

Immaterieller Wert Nr. 2: Kluger Umgang mit Personalkürzungen und Wertberichtigungen

Personalkürzungen haben sich als vorteilhaft für die Aktionäre erwiesen – diese Erfahrung konnten inzwischen viele Industriekonzerne wie *AT&T*, *Lockheed Martin*, *Chemical Banking*, *Eastman Kodak*, *Procter & Gamble*, *General Motors* und *Boeing* machen. Doch ein Personalabbau ist ein zweischneidiges Schwert und sicher *keine* unmittelbare Erfolgsgarantie. Einerseits sollten Sie sich als Aktionär niemals mit einem Unternehmen zufrieden geben, das auf Dauer 5000 unnötige Arbeitnehmer beschäftigt. Ein derart aufgeblähter Personalbestand bedeutet für das Unternehmen zusätzliche Gehaltskosten in Höhe von 200 Mio. Dollar und mehr im Jahr. Andererseits wollen Sie aber auch nicht, dass die Firma im Hauruckverfahren Personal abbaut und damit auf potenzielles Wachstum in späteren Jahren um einer kurzfristigen Stärkung der Kapitalbasis willen verzichtet. Maßgeblich ist, ob das Unternehmen im Anschluss an seine Umstrukturierungen die künftige Performance verbessern kann.

Bei der Beurteilung von Kommentaren in Richtung Personalabbau sollten Privatanleger als Erstes den Zeitpunkt der Ankündigung beachten, zumal dieser etwas mit den Kursschwankungen der Aktie zu tun hat. Die Ankündigung von Personalkürzungen ist eine bequeme Methode, den Aktienkurs in die Höhe zu treiben, da Analysten die Maßnahme als solche kaum zu hinterfragen scheinen. Vielmehr gehen sie davon aus, dass ein solcher Schritt die künftigen Gewinne steigern wird. Aus diesem Grund kündigen Unternehmen Personalkürzungen an, wenn die Aktien nach einer größeren Rally zu sinken beginnen oder monatelang niedrig bewertet worden sind. Ende 1995 kündigte *Kimberly-Clark* an, das Unternehmen wolle unmittelbar im Anschluss an seine Übernahme von *Scott Paper* 6000 Arbeitsplätze abbauen. Auf den ersten Blick schienen die Stellenstreichungen gerechtfertigt zu sein. Beide Unternehmen stellten die gleichen Papierprodukte her und benötigten keinen Doppelaufwand an Fabrikkapazität und Außendienst. Doch der Personalabbau diente auch dazu, den Aktienkurs in die Höhe zu treiben – was den *Kimberly*-Führungskräften sicher bewusst war. Wall Street schätzte den Übernahmepreis für *Scott Paper* als zu hoch ein und drängte *Kimberly-Clark* zur Kostensenkung. Und die Ankündigung von *AT&T* im Jahr 1996, 40 000 Arbeitsplätze abbauen zu wollen, kam fast dem Eingeständnis gleich, das Unternehmen wolle seine Sparten aufpeppen, um sie für die Investoren attraktiver zu machen.

Anleger sollten skeptisch werden, wenn Unternehmen im Zusammenhang mit der Ankündigung von Stellenstreichungen mit hohen Hausnummern – 5000 oder 10000 oder gar 15000 – operieren. Gewöhnlich bedeutet dies nichts anderes, als dass man die Belegschaftssituation im Unternehmen nicht sorgfältig geprüft hat und die Umstrukturierung lediglich zur Imagepflege vornimmt. Vermutlich steckt Folgendes dahinter: Das Unternehmen hat sich zum Ziel gesetzt, seine Kosten um, sagen wir, 50 Mio. Dollar zu senken; alsdann wird ermittelt, *wie viele* Arbeitnehmer ihren Hut nehmen müssen, damit dieses Ziel auch erreicht werden kann. Erst im Nachhinein wendet man sich der Frage zu, *welche* Arbeitnehmer denn wirklich verzichtbar sind. Im Gegensatz dazu nahm *Wal-Mart* 1995 eine durchaus ehrliche Personalabbau-Maßnahme vor: Das Unternehmen entließ ein paar Dutzend Beschäftigte, deren Arbeitsplätze sich mit der Anschaffung eines neuen Lagerhaltungssystems erübrigt hatten. Diese Maßnahme zum Personalabbau zeigte, dass *Wal-Mart* die Produktivität seiner Ressourcen gut im Griff hatte.

In der Tat sind Stellenstreichungen zuweilen gerechtfertigt. Als zum Beispiel *AT&T* und *Baby Bells* ihren Betrieb automatisierten, konnten sie von 1984 bis 1995 mehr als 200000 Arbeitsplätze abbauen, und das bei gleichzeitiger Verbesserung von Produkten, Dienstleistungen, Erlösen und Cashflow. Und wenn Banken fusionieren, brauchen sie auch nicht länger zwei Treuhandabteilungen, zwei Buchhaltungs- und Gehaltsabteilungen und zwei Scheckabteilungen. Zudem kann eine solche Fusion zur Folge haben, dass die Banken dutzende von lokalen Filialen als einstige Konkurrenten schließen.

Weiterhin ist bei der Einschätzung von Personalabbau der Zeitfaktor zu berücksichtigen. Wohl kein Unternehmen dürfte noch funktionsfähig bleiben, wollte es alle Arbeitsplätze auf einmal streichen. In den meisten Fällen erstrecken sich Personalkürzungen über Jahre. Ein Unternehmen wird mit dem Versuch, 100 Mio. Dollar im Jahr durch Personalabbau einzusparen, wahrscheinlich keinen Erfolg haben – es sei denn, es lässt gleich alle Arbeitnehmer laufen. Genauso sollte auch kein Anleger mit einer sofortigen positiven Auswirkung auf die Gewinnergebnisse rechnen. Vielleicht wird nicht einmal eine langfristige Verbesserung erzielt. Eine 1995 von der *American Management Association (AMA)* durchgeführte Studie hat ergeben, dass nur die Hälfte aller Großunternehmen, die zwischen 1989 und 1994 Personalkürzungen vorgenommen hatten, ihre operativen Gewinne auf diese Weise steigern konnten. 29 Prozent realisierten überhaupt keinen Gewinnzuwachs und bei 20 Prozent gin-

gen die Gewinne sogar zurück. In einer anderen Untersuchung aus dem Jahr 1992 (*Mitchell & Co.*) wurden große Industrieunternehmen erfasst, die ebenfalls Arbeitskräfte entlassen hatten; drei Jahre nach Ankündigung des Personalabbaus waren die Aktien der Unternehmen durchschnittlich um 26 Prozent gesunken.

Anleger dürfen nicht einfach davon ausgehen, dass umfangreiche Stellenstreichungen dem Unternehmen zum Vorteil gereichen. Gewöhnlich ist das Gegenteil der Fall. Gleich, ob es sich um etablierte Unternehmen wie *Procter & Gamble* oder um rückläufige Unternehmungen wie *Unisys* handelt – Personalkürzungen sind stets ein Hinweis darauf, dass die Geschäftsführung Probleme hat, das derzeitige Gewinnniveau im Unternehmen zu halten. Das ist einfach Tatsache. Schauen Sie sich nur die Wachstumsraten beim Umsatz an: Unternehmen, die wie *P&G*, *Eastman Kodak*, *DuPont*, *McDonnell Douglas*, *General Motors* und die Großbanken Stellenstreichungen vorgenommen haben, verzeichnen Umsatzsteigerungen im Schneckentempo. Einige von ihnen haben versucht, durch Personalkürzungen künstlich höhere Gewinne zu erzielen. Im Rahmen der *AMA*-Studie zeigte sich dann, dass die Hälfte der untersuchten Unternehmen Arbeitskräfte auf Grund einer Wirtschaftsflaute entlassen hatten. Nur ein Fünftel hatte den Personalabbau im Zuge von Automatisierungsmaßnahmen vorgenommen. Die Lektion lautet also: *Ein Unternehmen kann durch* Downsizing *nicht zu wirtschaftlicher Blüte gelangen.* Letztlich gilt es, Wohlstand auf altbewährte Weise zu verdienen – durch Eroberung neuer Märkte, Entwicklung neuer Produkte und Gewinnung neuer Kunden.

Anleger dürfen nicht einfach davon ausgehen, dass umfangreiche Stellenstreichungen dem Unternehmen zum Vorteil gereichen. Gewöhnlich ist das Gegenteil der Fall.

Genauso sollten Investoren auch auf der Hut sein, wenn ein Unternehmen ständig Sanierungsmaßnahmen geltend macht und damit seine Performance verschleiert. Ein Drittel aller öffentlichen Unternehmen machen im Lauf des Geschäftsjahres Aufwendungen für Umstrukturierungen geltend – und zwar in bedenklichem Ausmaß in Bezug auf Anzahl und Art solcher Maßnahmen. Nicht alle Umstrukturierungen sind ein Täuschungsmanöver, sondern viele dienen legitimen finanziellen Zwecken. Herkömmlichen Bilanzierungsprinzipien zufolge sollten Unternehmen ihre Kosten so schnell wie möglich verrechnen, um die Bilanz zu entlasten. Wenn nun ein Unternehmen beschließt, 5000 Beschäftigte zu entlassen, ist es nur vernünftig (und empfehlenswert), dass alle mit dem Personalabbau verbundenen möglichen Kosten innerhalb einer Rechnungsperiode angegeben werden, selbst wenn sich die Stellenstreichungen über mehrere Jahre erstrecken. Diese Regelung trifft immer zu, gleich, ob das Unternehmen Personalkürzungen beschließt, regionale Niederlassungen zusammenlegt, den Wert von Vermögensbeständen abschreibt, Verluste aus dem Verkauf einer Sparte verzeichnet oder Rechtsverbindlichkeiten nachkommt.

Unternehmen führen häufig Bilanzberichtigungen durch, um ihren Betrieb zu rationalisieren oder ihren Zielen für die Zukunft gerecht zu werden. Nur selten halten Unternehmen für Jahre an ein und demselben Geschäftsplan fest. Auch bringt die eine oder andere Geschäftssparte nicht immer die erwartete Leistung. In solchen Fällen ist das Management den Aktionären gegenüber verpflichtet, unrentable Unternehmensaktivitäten abzustoßen, bevor diese die Bilanz zu sehr belasten. Wir leben in einer Zeit, in der die Manager in noch nie da gewesener Form von den Anteilseignern – insbesondere von Investmentfonds – unter Druck gesetzt werden, ihr Unternehmen so effizient wie möglich zu führen. Umso schneller ist das Management bereit, sich von Vermögenswerten zu trennen und Wertberichtigungen vorzunehmen, um dem Vorwurf entgegenzuwirken, man gäbe sich mit unterdurchschnittlichen Unternehmensleistungen zufrieden.

Da solche Wertberichtigungen jedoch einen Einfluss auf den Nettoertrag haben, können die Investoren auch die langfristigen Auswirkungen nicht übersehen. Wer diese Langfristwirkungen nicht zur Kenntnis nimmt, läuft Gefahr, dass er dem Unternehmen einen höheren Wert beimisst, als dies dem inneren Wert entspricht. Genau das ist in den 90er Jahren ein großes Problem gewesen: Analysten und Investoren haben Loyalität gezeigt, den Unternehmen vorschnell vergeben und deren vielfach verschleierte Kostensenkungsversuche sogar noch begrüßt.

Nehmen wir einmal an, *General Motors* plant für die nächsten fünf Jahre die Schließung von drei verlustbringenden Anlagen, um auf diese Weise 2 Mrd. Dollar einzusparen. Nach den geltenden Bilanzierungsvorschriften kann *GM* die 2 Mrd. Dollar mit den Gewinnen des laufenden Jahres verrechnen. Die Gewinne im laufenden Jahr werden dadurch erheblich geschmälert, aber in den Folgejahren stellt sich die Situation umso besser dar, weil die in den betroffenen Anlagen eingefahrenen Verluste nicht mehr erfasst werden. Ich habe *dieses* Beispiel gewählt, weil *GM* genau der Typ von Unternehmen ist, der zu solchen Wertberichtigungen neigt: alte, kosteninten-

13 Einschätzung immaterieller Unternehmenswerte

sive Industriekonzerne mit verlangsamtem Umsatzwachstum. Solche Unternehmen nutzen die Bilanzierungsvorschriften zu ihrem Vorteil und machen Wertberichtigungen geltend, um Gewinnzuwachs verbuchen zu können, wo kein Gewinnzuwachs stattgefunden hat. So haben die 30 im *Dow-Jones*-Index erfassten Industrieunternehmen von 1991 bis Mitte 1996 Wertberichtigungen von insgesamt 49 Mrd. Dollar vorgenommen. Die Abschreibungen dienten dem Zweck, die 30 Aktien in die Höhe zu treiben. Ohne derartige Wertberichtigungen hätten die *Dow-Jones*-Industrieunternehmen 25 Prozent weniger Geld für die Investoren erwirtschaftet, als in ihren Bilanzen ausgewiesen ist.

Die meisten Wertberichtigungen dienen dem Zweck einer Korrektur oder Beschönigung von Problemen wie Kostensteigerung oder Umsatzrückgang. Wenn Unternehmen Vermögenswerte abschreiben, geben sie damit gewissermaßen eine Fehlinvestition zu. Wenn sie Anlagen stilllegen, gestehen sie einen Umsatzrückgang oder einen Mangel an Produktionseffizienz ein. Nimmt ein Unternehmen so viele Wertberichtigungen vor, dass Sie die eigentliche Performance nicht mehr erfassen können, sollten Sie die Finger von den Aktien lassen.

Im Fall von Wertberichtigungen dürfen Sie sich bei der Ermittlung der Unternehmensrentabilität nicht ausschließlich auf die Gewinn- und Verlustrechnung verlassen. Vielmehr sollten Sie die Cashflow-Angaben aus dem Jahresbericht zugrunde legen. Auf diese Weise erhalten Sie einen besseren Überblick über die Finanzlage des Unternehmens im vergangenen Jahr. Die Cashflow-Rechnung sagt Ihnen, wie viel Geld im Lauf des Jahres wirklich verdient und ausgegeben wurde. Wenn das Unternehmen einen Gewinn infolge von Wertberichtigungen ausweist, die liquiden Mittel aber abnehmen, sollten Sie misstrauisch werden. Zuweilen nimmt ein Unternehmen auch „bargeldlose" Wertberichtigungen vor, die nur auf dem Papier stehen und den Cashflow nicht weiter beeinträchtigen. Solche bargeldlosen Vorgänge sind etwa die riesigen Abschreibungen für Pensionsleistungen, die von den Unternehmen seit 1992 geltend gemacht werden. Auf Grund dieser Wertberichtigungen hatten die meisten großen Industrieunternehmen in dem Jahr einen Gewinnrückgang zu verzeichnen. Einige verbuchten sogar Verluste, aber dabei handelte es sich lediglich um fiktive Verluste, die den Bilanzierungsvorschriften Genüge tun sollten.

Deshalb müssen Investoren umsichtig abwägen, wenn sie es mit Wertberichtigungen zu tun haben. 1996 wurden die Bilanzierungsvorschriften für die Verbuchung von Wertberichtigungen zwar ver-

Immaterieller Wert Nr. 2: Kluger Umgang mit Personalkürzungen

schärft, aber sie lassen den Unternehmen immer noch breiten Spielraum zur Umverteilung ihrer Kosten. Jedenfalls dürfen Sie eine solche „Kreativität" seitens der Manager nicht ohne nähere Prüfung akzeptieren. *Intel* machte im Jahr 1995 eine Wertberichtigung von 475 Mio. Dollar für den Rückruf seiner defekten Pentium-Chips geltend. Die Wertberichtigung war als solche strittig und hätte bei Gewinnvergleichen wieder zurückgerechnet werden müssen, zumal es sich um operative Kosten handelte, die durch Fehler bei der Herstellung entstanden waren. Solche Fehler kommen immer wieder vor, aber die meisten Unternehmen würden wohl keinen Abschreibungsversuch wagen. 1994 wollte *Borden* einen Sanierungsaufwand in Höhe von 642 Mio. Dollar geltend machen, in dem alles Mögliche erfasst war – von Abschreibungen für Vermögensbestände über Marketingkosten bis hin zu einer neuen Werbekampagne. Die Analysten – wie auch die amerikanische Wertpapier- und Börsenaufsichtsbehörde – zeigten Skepsis in Bezug auf diesen *Borden*-Vorstoß, was das Unternehmen schließlich veranlasste, von seinen Wertberichtigungen mehr als 250 Mio. Dollar wieder rückzubuchen.

Zu empfehlen wäre der folgende Härtetest: Ziehen Sie alle früheren Wertberichtigungen eines Unternehmens zusammen, um dann die Gesamtsumme zurückzurechnen – dann sehen Sie, was das Unternehmen wirklich geleistet hat. Sie dürften über das Ergebnis erstaunt sein. Zwischen 1984 und Mitte 1996 übertraf die Summe aller Wertberichtigungen in Höhe von 14,2 Mrd. Dollar die insgesamt ausgewiesenen Gewinne. In all den 12 Jahren hatte das Unternehmen keinen Pfennig für seine Investoren erwirtschaftet! Aber da die Wertberichtigungen nicht in den Geschäftsberichten aufgeführt wurden, konnten *AT&T* und die Analysten den Anschein wahren, das Unternehmen habe so gut wie alljährlich einen Gewinnzuwachs verbucht. Um die langfristigen Auswirkungen einer Wertberichtigung einschätzen zu können, müssen Sie bei den künftigen Gewinnen des Unternehmens gedanklich einige Anpassungen vornehmen. Wenn *Boeing* eine Wertberichtigung in Höhe von 400 Mio. Dollar für künftige Personalkürzungen verrechnet, ist durchaus die Wahrscheinlichkeit gegeben, dass im Lauf der Jahre die damit verbundenen Abfindungszahlungen tatsächlich geleistet werden. *Boeing* hat lediglich seinen gesamten Entschädigungsaufwand in einem Geschäftsjahr abgerechnet, um seine künftige Performance günstiger aussehen zu lassen. Als Anleger könnten Sie nun die Wertberichtigung im ersten Jahr aus Ihrer Kalkulation herausnehmen und dafür die Vor-Steuer-Erträge in den nächsten vier Jahren um beispielsweise 100 Mio. Dollar jährlich reduzieren.

Immaterieller Wert Nr. 3: Wertschöpfung im Management

Die Welt der Unternehmen ist wie besessen von der Wertschöpfungsmanie: Wenn ein Produkt den Schreibtisch eines Mitarbeiters passiert und dieser dem Produkt keinen Mehrwert hinzufügt, gilt der Betreffende als ineffektiv. Wenn eine Sparte der Unternehmenszentrale nicht genügend Cash liefert, wird sie abgestoßen. Unter solchen Umständen war es nur eine Frage der Zeit, bis die Welt der Investoren Mittel und Wege schuf, um bemessen zu können, welchen Wertschöpfungsbeitrag zum Aktienkurs die Führungskräfte eines Unternehmens eigentlich leisteten.

Ansonsten hat ein Investor kein rechtes Maß für eine außergewöhnlich gute Managerleistung. Beispielsweise können wir nicht beurteilen, ob Jack Welch tatsächlich der geniale Konzernlenker von *General Electric* ist oder ob da nicht mehrere Faktoren – eine gute Wirtschaft, ein schwacher US-Dollar, starke Produkte oder auch ein außergewöhnlich gutes Team von *Vice Presidents* – zusammenkommen, die Welch die Realisierung seiner Ziele erleichtert haben. Wohl aber können wir die Performance von Managern objektiv daran messen, welche Renditen sie für ihre Aktionäre erzielen. Dafür gibt es zwei Methoden: das Wertzuwachs-Konzept *EVA (Economic Value Added)* oder den etwas einfacheren Ansatz der *einbehaltenen Gewinne*.

Wenn Manager eine Kapitalrendite erwirtschaften, die höher ist als der Kostenaufwand für den Kapitaleinsatz, steigern sie damit den Unternehmenswert für die Investoren.

1. *Die EVA-Methode.* Investoren erheben seit jeher die Forderung, das Management müsse dafür sorgen, dass sich der Wert des Unternehmens erhöht. Als traditionelle Messlatte für die Performance-Bewertung galt bisher der Gewinnzuwachs beziehungsweise die Mehrung des Aktionärskapitals – der „Buchgewinn". Demgegenüber findet das vergleichsweise neue Wertzuwachs-Konzept EVA zunehmend Beachtung als Möglichkeit zur Performance-Messung im Management: Inwieweit dienen die Manager den Aktionärsinteressen? Das von der Beratungsfirma *Stern Stewart & Co.* entwickelte EVA-Konzept bemisst die Leistung der Manager, indem es sie für den Einsatz der Vermögenswerte und Barmittel des Unternehmens zur Rechenschaft zieht: Wenn Manager eine Kapitalrendite erwirtschaften, die höher ist als der

Kostenaufwand für den Kapitaleinsatz, steigern sie damit den Unternehmenswert für die Investoren. Theoretisch sollte dies eine Erhöhung des Aktionärskapitals und des Aktienkurses zur Folge haben: je höher die Rendite, desto größer die Wertschöpfung im Management. Dazu schreibt Thomas P. Jones von *Stern Stewart*:

Eine der Aufgaben von Unternehmensmanagern ist die Kapitalbeschaffung, und der einzige Grund, aus dem Investoren dieses Kapital zur Verfügung stellen, ist die Überzeugung, die Manager könnten mit diesem Kapital eine Rendite für die Investoren erwirtschaften. Die Aktionäre sind die Unternehmenseigner, und damit weiterhin Kapital ins Unternehmen fließt, müssen die Manager ihnen eine angemessene Rendite zahlen.[2]

Seit Jahrzehnten wird ein angemessener Aktienkurs bestimmt, indem man den bisherigen und den für die Zukunft erwarteten Unternehmensgewinnen ein Vielfaches zuordnet. Nur ist daran problematisch, dass die Unternehmen ihre Gewinne auf alle mögliche Weise manipulieren können und dies auch mehr denn je tun. Beispielsweise können sie die Bilanzierungsmethoden bei der Verbuchung von Vorräten, Erlösen oder Abschreibungen ändern. Sie können Vermögenswerte manipulieren, Sparten abstoßen, Konkurrenzunternehmen erwerben oder Wertberichtigungen für Umstrukturierungsmaßnahmen geltend machen. Analysten haben gelernt, wie sie diese Falle umgehen können: Sie untersuchen den Cashflow des Unternehmens – die Einnahmen und Ausgaben von Barmitteln zur Erwirtschaftung künftiger Gewinne. Dem EVA-Konzept zufolge wird die Cashflow-Rechnung nun um einen Schritt erweitert: Wenn man dem Cashflow Opportunitätskosten zuweist, lässt die EVA-Kennzahl die reale Nach-Kosten-Rendite erkennen, die mit dem Geld der Investoren erwirtschaftet worden ist.

Die EVA-Kalkulation ist im Grunde genommen recht einfach: Kapitalrendite (Nach-Steuer-Betriebsgewinn dividiert durch Eigenkapital) abzüglich der *Opportunitätskosten* des eingesetzten Kapitals beziehungsweise der Diskontierungsrate (siehe Kapital 8). Wenn der operative Gewinn eines Unternehmens 25 Prozent vom Eigenkapital beträgt und eine Diskontierungsrate von 10 Prozent angesetzt wird, hat das Management seine Mindestrendi-

---

[2] Thomas P. Jones, „The Economic Value Added Approach to Corporate Investment", Association for Investment Management and Research Proceedings, 1995, S. 12-19.

te um 15 Prozentpunkte übertroffen und einen Beitrag zur Stärkung der Eigenkapitalbasis geleistet.

Die Opportunitätskosten stellen den Ertrag dar, den die Investoren von der unternehmensspezifischen Kombination aus Aktien und Anleihen erwarten. Wenn ein Unternehmen keine Schuldtitel hat und der Markt eine Kurssteigerung der Unternehmensaktien von 9 Prozent im Jahr erwartet, wird bei EVA-Kalkulationen eine Diskontierungsrate von 9 Prozent zugrunde gelegt. Im oben genannten Beispiel mit einem operativen Gewinn von 25 Prozent des Eigenkapitals und einer 9-prozentigen Diskontierungsrate beläuft sich der Managementbeitrag auf 16 Prozent vom Eigenkapital. Abbildung 13-1 zeigt, wie sich der EVA-Wert für ein Unternehmen mit 2000 Dollar Umsatz und 1000 Dollar Eigenkapital zusammensetzt.

Umsatz	$2000
Operativer Gewinn (vor Abschreibungen)	$400
Steuersatz	0,375
Nach-Steuer-Betriebsgewinn	$250 ($400 minus 37,5%)
Durchschnittliches Eigenkapital	$1000
Eigenkapitalrendite	25,0% ($250 dividiert durch $1000)
Diskontierungsrate	9,0%
% Wertzuwachs	16,0% (25%–9%)
Wertzuwachs	$160 (16% von $1000 Eigenkapital)

Abbildung 13-1: Aufgliederung des EVA-Gesamtbetrags

Die Manager haben also im Lauf des Jahres den Unternehmenswert mit dem Kapital der Anteilseigner um 160 Dollar erhöht. Der EVA-Wert an sich ist aber nicht so aussagekräftig wie die *von Jahr zu Jahr erfolgende Wertänderung*: Erst wenn die Manager im folgenden Jahr 200 Dollar Wertzuwachs erwirtschaften, haben sie den Nettoertrag für die Investoren wirklich erhöht. Eine solche Wertschöpfung im Management sollte stets zur Folge haben, dass die Aktie im Kurs steigt. Befürworter des EVA-Konzepts argumentieren, der Aktienkurs eines Unternehmens sei nichts anderes als die Summe aus dem Eigenkapital der Aktionäre und dem Aufpreis, den die Investoren für das Wertschöpfungspotenzial der Manager zu zahlen bereit sind. Dazu noch ein Beispiel: Der Marktwert des *Wal-Mart*-Aktienkapitals belief sich Anfang 1996 auf 57,4 Mrd. Dollar – bei einem Eigenkapital von 12,7 Mrd.

Dollar. Nun könnte man argumentieren, die Investoren hätten für das *Wal-Mart*-Wertschöpfungspotenzial einen Aufpreis von 44,7 Mrd. Dollar gezahlt. Je höher dieser Aufpreis ist, desto höher sind die Erwartungen, die an das Management bezüglich des Wertzuwachses je Aktie gestellt werden.

2. *Methode der einbehaltenen Gewinne.* Ein vergleichsweise einfacher Ansatz zur Bemessung des Managementbeitrags sieht vor, das Unternehmenswachstum im Kontext der einbehaltenen Gewinne – der Überschussgewinne, über die das Management alljährlich nach Ausschüttung von Dividenden verfügen kann – zu beurteilen. Wie in Kapitel 10 ausgeführt wurde, sollten Kurssteigerungen theoretisch einen Zusammenhang mit den einbehaltenen Gewinnen erkennen lassen: Eine Aktie sollte *mindestens* dieselbe Zuwachsrate aufweisen wie die im Geschäftsjahr einbehaltenen Gewinne. Wenn *DuPont* 4 Dollar Gewinn je Aktie erzielt, 2,50 Dollar Dividenden gezahlt und 1,50 Dollar Gewinn einbehalten hat, müsste die *DuPont*-Aktie um mindestens 1,50 Dollar zulegen. Die 1,50 Dollar wurden den Aktiva zugerechnet und hätten das Eigenkapital der Aktionäre beziehungsweise den Buchwert um mindestens 1,50 Dollar erhöhen müssen. Wenn nun *DuPont* nicht in der Lage war, das Nettovermögen im Betrachtungszeitraum um mindestens 1,50 Dollar pro Aktie zu erhöhen, hat das Unternehmen das einbehaltene Kapital schlecht eingesetzt – eine Erhöhung der Dividenden wäre besser gewesen.

Bei längeren Betrachtungszeiträumen von 15 oder mehr Jahren kann ein Anleger zumindest eine lineare Beziehung zwischen dem Wachstum der einbehaltenen Gewinne und dem Wachstum der Aktienkurse voraussetzen. Wenn der Markt mit der Entwicklung bei den einbehaltenen Gewinnen Schritt hält, liegt der Schluss nahe, dass das Unternehmen während dieser Wachstumsphase angemessen bewertet wurde. Allerdings reicht eine solche 1:1-Wachstumsbeziehung nicht aus. Wenn der Marktwert eines Unternehmens lediglich so schnell wächst wie die einbehaltenen Gewinne, geben die Investoren damit zu erkennen, dass im Management keine Wertschöpfung stattgefunden hat: Die Anleger haben so wenig Zutrauen zu den Unternehmensaussichten, dass sie den Unternehmensgewinnen einen immer geringeren Aufpreis beimessen. Betrachten wir zum Beispiel ein Unternehmen, das sämtliche Gewinne einbehält und bei dem sowohl die einbehaltenen Gewinne als auch der Marktwert Jahr für Jahr denselben monetären Wertzuwachs aufweisen: Das Unternehmen erzielt einen Gewinn von 1 Dollar pro Aktie, die

Aktie wird bei einem Kurs von 12 Dollar gehandelt und der Aktienkurs erhöht sich alljährlich um denselben Betrag, um den sich auch die einbehaltenen Gewinne erhöhen. Mit einem hypothetischen Kurs-Gewinn-Verhältnis von 12 als Ausgangsbasis können wir nun sehen, wie der Markt den Wert der Unternehmensgewinne kontinuierlich niedriger einschätzt (Abbildung 13-2):

	Gewinn je Aktie	Einbehaltener Gewinn je Aktie	Aktienkurs	KGV
1997	$1,00	$1,00	$12,00	12,0
1998	$1,15	$2,15	$13,15	11,4
1999	$1,32	$3,47	$14,47	11,0
2000	$1,52	$4,99	$15,99	10,5
2001	$1,75	$6,74	$17,74	10,1

Abbildung 13-2: Einschätzung des Wertschöpfungspotenzials nach Maßgabe der einbehaltenen Gewinne

Wenn der Marktwert eines Unternehmens lediglich so schnell wächst wie die einbehaltenen Gewinne, geben die Investoren damit zu erkennen, dass im Management keine Wertschöpfung stattgefunden hat.

Im fünften Jahr ist der Markt nur noch bereit, das Zehnfache der Gewinne eines Unternehmens zu zahlen, das eine außergewöhnlich hohe Gewinnzuwachsrate von 15 Prozent im Jahr aufweist. Wir können aus diesem Zusammenhang Folgendes schließen: Entweder ist das Management unfähig, die Aktien auf ihren vollen Wert zu bringen, oder das Unternehmen ist am Markt unterbewertet. Die Investoren sollten nach Möglichkeit feststellen, welches dieser beiden Szenarios zutrifft. Solange eine Fehleinschätzung am Markt nicht offenkundig ist, sollte man von Unternehmen, die ihren Marktwert nicht schneller erhöht haben als ihre einbehaltenen Gewinne, besser Abstand nehmen.

Immaterieller Wert Nr. 4: Franchise-Wert

Der Kaugummihersteller *Wrigley* besitzt einen immateriellen Vermögenswert, an den die Konkurrenz anscheinend nicht heranzukommen vermag. Dasselbe gilt für *Harley-Davidson, Tootsie Roll*

Industries, Coca-Cola, NIKE, Walt Disney und eine Reihe anderer großer US-stämmiger Unternehmen. Außerhalb der Vereinigten Staaten sind *Nestlé* und *Mercedes-Benz* als Unternehmen zu nennen, die bezüglich der Attraktivität ihrer Markenprodukte *Wrigley* noch am ehesten vergleichbar sind. *Sears* besaß früher einmal solche Qualitäten, desgleichen die Piano-Hersteller *Kimball* und *Baldwin*, *Cadillac*, *Rawlings* und *Topps* (Sammelkarten-Geschäft) – so lange, bis demographische, vertriebsbedingte und wettbewerbsorientierte Faktoren ihre Marktanteile bröckeln ließen. Das Aufkommen von Billigmärkten und die zunehmende Desintegration der Bevölkerung infolge Ansiedelung in den Vororten bot hunderten von Einzelhändlern die Gelegenheit, Geschäfte aufzumachen und *Sears* Marktnischen wegzuschnappen. Und das Sammelkarten-Angebot von Konkurrenzunternehmen Anfang der 80er Jahre brachte das Markenimage von *Topps* buchstäblich über Nacht zu Fall: Heute muss *Topps* gegen mehr als ein Dutzend anderer Kartenunternehmen um seinen Platz auf den Regalen kämpfen.

Hingegen läuft das Geschäft bei *Disney, Harley-Davidson* und anderen unbeschadet weiter. Auch auf ihren Märkten herrscht harter Konkurrenzkampf, aber ihr Markenimage ist so stark wie eh und je. Über 90 Prozent der Besitzer einer Harley-Davidson sagen, sie würden auch künftig lieber ein Motorrad von *Harley* als von *Yamaha, Honda* oder *Suzuki* kaufen. *Disney* hat sein weltweit anerkanntes Markenimage mit Erfolg „vermarktet" – durch Diversifikation über seine Erlebnisparks hinaus zu einem allumfassenden Unterhaltungskonzern mit Beteiligungen in Bereichen wie Television, Filmstudios, Produktion, Einzelhandel, Vergnügungsschiffe, Musik, Nachrichtenproduktion, Kabelfernsehen, Hotels und Freizeiteinrichtungen. Dahinter steckte die Strategie, den Namen *Disney* für möglichst viele Bevölkerungsteile greifbar zu machen, was dem Markenimage natürlich nur förderlich sein konnte.

Alle diese Unternehmen besitzen einen *Franchise-Wert* – einen immateriellen Vermögenswert, der ihnen zu einem weitaus höheren inneren Wert verhilft, als ihre Finanzaufstellungen ausweisen können. Der Franchise-Wert lässt sich kaum quantifizieren, wenngleich viele Experten in Sachen Unternehmensbewertung und Finanzbuchhaltung genau dies versucht haben. Dennoch: Franchise-Werte sind eine sehr reale Komponente bei der Aktienanalyse. Ein solcher Franchise-Wert ist immer dann vorhanden, wenn ein Unternehmen auf einem bestimmten Markt ein größeres Umsatzvolumen erzielt, als dies in Anbetracht von Preisen, Produktionskapazitäten, Marketing- und Vertriebsaufwand und Kostenstruktur des Unternehmens zu erwarten wäre. Wenn beispielsweise zwei Unternehmen identische Elektromotoren produzieren und an dieselben Hersteller zum selben Preis mit demselben Vertriebsaufwand verkaufen, sollte man meinen, dass beide Unternehmen dieselbe Anzahl von Motoren verkaufen. Sollte nun aber das eine Unternehmen 20 Prozent mehr Motoren verkaufen als das andere, ist davon auszugehen, dass ein Franchise-Wert vorliegt: Ein konkret nicht fassbarer Faktor verhilft den Motoren dieses Unternehmens zu größerer Attraktivität am Markt.

Worum könnte es sich bei solchen Faktoren handeln? Den größten und vielleicht am wenigsten quantifizierbaren Beitrag liefert der *Markenname*. Warum nehmen die Leute an der Kasse schnell noch ein *Wrigley*-Kaugummi mit und nicht irgendeine andere, direkt daneben platzierte Sorte, die preislich und geschmacklich keinen Unterschied macht? Aller Wahrscheinlichkeit nach sind es Marke und Image, die das Kaufverhalten beeinflussen. Bestimmte Marken wie *Coke, NIKE, Lexus, McDonald's, Levi's, Wal-Mart, Citibank* und *American Express* kennt man überall auf der Welt und dieser Umstand verhilft den Unternehmen zu Wettbewerbsvorteilen, die für die Konkurrenz nicht einzuholen sein dürften. Wie groß ein solcher Vorteil aber wirklich ist, lässt sich nicht genau sagen. Man kann über den Dollarwert des *Coca-Cola*-Markennamens endlos streiten, aber unbestritten ist, dass *Coke* für das Unternehmen einen unglaublichen Wert besitzt. *Coke* und *Pepsi* könnten zur gleichen Zeit mit den gleichen Ressourcen einen neuen Markt erobern, aber *Coke* würde wahrscheinlich den größten Marktanteil für sich gewinnen.

Für die Werbewirksamkeit eines Markennamens spielt der Zeitfaktor eine große Rolle. Ein Produkt, das seit Jahrzehnten auf dem Markt ist, hat sich die Loyalität der Käufer in einem Umfang gesichert, wie er aus konkreten Finanzaufstellungen niemals ersichtlich würde – so das Angebot von *NBC, Anheuser-Busch, Rawlings* oder *Chicago Cubs* (Baseball). Wohl aber zeigt diese Käuferloyalität irgendwo im Gewinnstrom ihre verborgene Wirkung. Ein Franchise-Wert kann sogar Gegenstand einer vertragsrechtlichen Vereinbarung sein. So konnte sich *Eli Lilly* mit der Erzielung eines Patentschutzes für *Prozac* künftige Umsätze in Milliardenhöhe sichern. Solange dieser Patentschutz besteht, darf kein Pharmakonkurrent ein Äquivalentprodukt herstellen. Auch Handelsschranken und Steuerfreijahre können einen Franchise-Wert darstellen – desgleichen Gebietsbeschränkungen sowie Lizenz- und Konzessionsverträge.

Unternehmen mit Franchise-Wert besitzen Marketingmacht und nehmen in manchen Fällen sogar eine Monopolstellung ein.

Betrachten wir zum Beispiel eine lokale Tageszeitung. In den USA gibt es dutzende von Tageszeitungen, die eine Konkurrenz kaum kennen. Typischerweise erscheinen sie in Städten mittlerer Größe – zu weit weg, als dass sie sich eigene Fernsehstationen leisten könnten, aber auch zu klein, als dass zwei Tageszeitungen eine Chance hätten. In solchen Städten stellt die Lokalpresse die einzige Nachrichtenquelle für die Bevölkerung und den einzigen Vertriebskanal für die lokale Werbung dar. Wenn der Fleischerladen Sonderangebote bekannt geben will, muss er eine Annonce in der städtischen Tageszeitung schalten. Wenn die Kommune amtliche Mitteilungen veröffentlichen will, tut sie das gebührenpflichtig in der Tageszeitung. Wenn die *Wal-Mart*-Filiale vor Ort einen Ausverkauf zu Beginn des Schuljahres veranstaltet, muss sie tausende Dollar investieren und Werbebeilagen für die Sonntagsauflage drucken. Darin besteht der verborgene Franchise-Wert einer lokalen Tageszeitung – sie besitzt die Schlüsselmacht zur Information der Bevölkerung.

Heute gibt es nur noch wenige Unternehmen oder Institutionen mit einem so hohen Franchise-Wert. *Hollywood* hatte einst eine Art Monopolstellung in der Filmbranche und konnte jahrein, jahraus mit sicherem Erfolg rechnen, doch diese Zeiten sind vorbei. *ABC*, *CBS* und *NBC* waren früher einmal *die* Sender für das Fernsehpublikum. Doch seit Einführung des Kabelfernsehens haben die drei Netzsender Jahr für Jahr Marktanteile eingebüßt. Und galt die New Yorker Aktienbörse einst als der einzige Handelsplatz für respektable Aktien, so trifft auch dies nicht mehr zu. Dutzende weltweit erfolgreicher Unternehmen handeln im Freiverkehr. 25 Jahre lang – seit den 50er Jahren – besaß *Topps* buchstäblich ein Monopol für Sammelkarten mit Sportmotiven und konnte entsprechend Preise, Vertrieb und Gewinne steuern. Das Unternehmen sorgte für umfassende Nachfrage nach den eigenen Produkten und bediente einen Schwarzmarkt, auf dem die Kartensammler untereinander ihren Tauschhandel betreiben konnten. Doch schon bald nachdem Konkurrenten wie *Fleer*, *Donruss* und *Bowman* in Erscheinung getreten waren, sah sich *Topps* in die Defensive gedrängt. Die *Topps*-Karten verloren aus Sicht der Käufer an Wert, der Marktanteil schrumpfte und das Unternehmen galt unter Kartensammlern nicht mehr als Favorit. *Kmart* war früher einmal das Geschäft erster Wahl für preisbewusste Käufer aus der Mittelschicht. Inzwischen hat das Unternehmen hart gegen Konkurrenten wie *Target* und *Wal-Mart Stores* zu kämpfen, um sich seine Kundschaft zu erhalten.

Alle diese Unternehmen haben wie tausende anderer Institutionen ihre Markenwirksamkeit eingebüßt, weil die Wettbewerbsbeschränkungen in den letzten 20 Jahren drastisch zurückgegangen sind. Kapital ist leicht zu beschaffen und fließt über alle nationalen Grenzen hinweg. Heutzutage kann man eine Fertigungsanlage tief in der afrikanischen Sahara genauso reibungslos errichten wie in Tennessee. Und die meisten neuen Technologien und Produkte lassen sich leicht reproduzieren – die Konkurrenz kann binnen weniger Monate, wenn nicht noch schneller, Kopien auf den Markt werfen. Infolge des weltweit freien Kapital- und Warenverkehrs holen Konkurrenten sehr schnell auf. Früher einmal war es tatsächlich so, dass der Besitz von Franchise-Werten ein Preisbildungsmonopol bedeutete. So konnten Pharmaunternehmen beliebig hohe Preise verlangen und ihre Gewinnspannen maximieren – bis die Hersteller von Nachahmerprodukten ausreichend Finanzstärke entwickelt hatten, um die eingesessenen Pharmaunternehmen herauszufordern. Ab Mitte der 80er Jahre konnte *NIKE* mehrere Jahre lang die Preise für Sportschuhe auf über 100 Dollar erhöhen, ohne auf Widerstand der Käufer zu stoßen. Heute ist es mit diesem Luxus vorbei. Mittlerweile haben sich verschiedene Konkurrenten stark gemacht: *NIKE* hat seine Preisbildungsmacht nahezu verloren und muss seine Turnschuhe regelmäßig mit Preisnachlässen anbieten, um das Geschäft zu beleben.

Bemessung von Franchise-Werten

Wie soll nun ein Anleger den Wert einer Marke bestimmen? Zugegeben – eine hieb- und stichfeste Methode gibt es nicht, aber viele Beratungsfirmen und Marketingunternehmen haben Modelle entwickelt in dem Bemühen, den mit einem Markennamen verbundenen zusätzlichen Geldwert zu erfassen. Eine relativ einfache Methode ist der Vergleich der Gewinnspannen und der Gesamtkapitalrentabilität von Konkurrenzunternehmen. Wenn ein Unternehmen höhere Gewinnspannen aufweist und im Prinzip die gleichen Produkte verkauft wie die Konkurrenz, ist vermutlich Markenwirksamkeit im Spiel. Als Beispiel wollen wir drei hypothetische Unternehmen mit gleich hoher Kapitalisierung heranziehen: Die drei Firmen verkaufen Computer-Konnektoren – zwei weisen dieselbe Gewinnspanne von 15 Prozent auf, während die dritte Firma eine 20-prozentige Gewinnspanne erzielt (Abbildung 13-3).

Die Firma Z ist eindeutig überlegen und verdient eine höhere Aktienbewertung als die beiden anderen Unternehmen. Doch in welchem Umfang ist dieser Erfolg dem Markennamen zu verdanken? Wir können nur vorsichtige Vermutungen anstellen: Vielleicht

	Firma X	Firma Y	Firma Z
Umsatz	$5000	$4000	$8000
Operativer Gewinn	$750	$600	$1600
Aktien	500	500	500
Gewinn je Aktie	$1,50	$1,20	$3,20
Aktiva	$7500	$6000	$8000
Gesamtkapitalrendite	10%	10%	20%
Eigenkapital	$3750	$3750	$3750
Eigenkapitalrendite	20%	16%	43%

Abbildung 13-3: Gewinnspannen-Vergleich für drei hypothetische Unternehmen

besitzt Firma Z effizientere Anlagen, was höhere Gewinnspannen ermöglicht. Vielleicht zieht die Firma als Niedrigkosten-Hersteller mehr Kunden an. Vielleicht hat sie aber auch eine kritische Umsatzmasse erreicht und kann die Fixkosten über mehrere Einheiten verteilen und die Buchgewinne pro Einheit steigern.

Um Quantifizierung des Markenwertes bemühte Marketingexperten schwören auf die Überprüfung der *Gesamtkapitalrendite* eines Unternehmens (Betriebsergebnis dividiert durch durchschnittlichen Ressourceneinsatz) beziehungsweise der *Kapitalrendite* (Betriebsergebnis dividiert durch Summe aus Eigenkapital und Fremdkapital). Firmen mit Markenwert erzielen meist höhere Gesamtkapitalrenditen und Kapitalrenditen als Konkurrenten und Hersteller im Allgemeinen. Im obigen Beispiel sind die Renditen der Firma Z mindestens doppelt so hoch wie die der beiden Konkurrenten. Irgendein immaterieller Faktor muss die Ursache sein. Vielleicht verfügt Firma Z über einen besser ausgebildeten Außendienst, eine effektivere Werbestrategie oder ein besseres Vertriebsnetz. Vielleicht ist es auch einfach nur so, dass den Kunden Produkte und Management des Unternehmens „besser gefallen". Sollte der Wettbewerbsvorteil der Firma Z lediglich auf effizientere Herstellungsmethoden zurückzuführen sein, könnten die Firmen X und Y fieberhaft um Erzielung derselben Effizienz bemüht sein und schnellstmöglich aufholen.

Bei der Quantifizierung des Markenwertes sollten Investoren in erster Linie die Gesamtkapitalrendite prüfen – als Maß dafür, wie gut das Management die zu Beginn des Geschäftsjahres zur Verfügung stehenden materiellen und finanziellen Ressourcen zu nutzen weiß. Ein amerikanischer Generikahersteller ohne Markenwert dürfte in der Lage sein, eine jährliche Kapitalrendite von 5 Prozent zu erzielen – zu Zeiten eines Konjunkturaufschwungs mehr, in Rezessionsphasen weniger. Von dieser 5-prozentigen Kapitalrendite ausgehend lässt sich nunmehr der Markenwert abschätzen. Wenn ein Unternehmen eine Kapitalrendite von 15 Prozent erwirtschaftet, ist zu vermuten, dass die zusätzlichen 10 Prozent Kapitalrendite auf den Markenwert zurückzuführen sind. Sie müssen nun die 10 Prozent in einem Geldwert ausdrücken und diesem Geldwert ein Vielfaches zuordnen, das den langfristig diskontierten Wert der Marke in Rechnung stellt. Die Formel lautet ganz einfach:

Jährlicher Markenwert = [(Nach-Steuer-Betriebsergebnis/Kapital) – 5%] • Kapital

Langfristiger Markenwert = jährlicher Markenwert • Aufschlag

Im genannten Beispiel hat die Firma Z eine Eigenkapitalrendite von 43 Prozent erzielt, und da keine Fremdmittel zu berücksichtigen sind, beläuft sich auch die Gesamtkapitalrendite auf 43 Prozent. Ziehen wir die 5 Prozent ab, erhalten wir für Firma Z einen jährlichen Markenwert von 38 Prozent des Kapitals – 1425 Dollar. Um nun den langfristigen Markenwert zu bestimmen, müssen wir diesen 1425 Dollar ein Vielfaches zuweisen, in dem der diskontierte künftige Markenwert zum Ausdruck kommt. Wenn der langfristige Markenwert der Firma Z Ihrer Meinung nach das 15fache des derzeitigen Markenwerts darstellt, ist die Marke 21375 Dollar wert. Wählen Sie 10 als Vielfaches, ist die Marke 14250 Dollar wert.

Ganz offensichtlich ist der Markenwert davon abhängig, inwieweit Ihr Aufschlag zutreffend gewählt wurde. Doch wenn Sie die Techniken anwenden, die in Kapitel 8 im Zusammenhang mit der Cashflow-Einschätzung diskutiert worden sind, müssten Sie in der Lage sein, dem jährlichen Markenwert ein angemessenes Vielfaches zuzuordnen.

Immaterieller Wert Nr. 5: Ein leserfreundlicher, klar verständlicher Jahresbericht

Unternehmen haben wenig Gelegenheit, ihren Anteilseignern Fakten zu präsentieren. Aber wenn es dazu kommt, sollten die Fakten klar und vollständig dargestellt sein und genügend Informationsgehalt für eine aussagekräftige Analyse liefern. Ein Jahresbericht, der ein Unternehmen in seinen Grundzügen nur unbefriedigend beschreibt, lässt Zweifel an der Eignung des Unternehmens als Investmentobjekt aufkommen – Zweifel auch an der Offenheit des Managements. Wenn Führungskräfte keinen klaren Überblick geben wollen, müssen Sie nach dem Grund forschen. In den letzten 20 Jahren sind Jahresberichte zunehmend als werbewirksames PR-Medium benutzt worden: Jeder Satz, jedes Bild, jede Überschrift, jedes Diagramm wurde sorgfältig gewählt, um das Unternehmen möglichst positiv darzustellen. Und mittendrin finden sich dann ganz verloren die paar obligatorischen Finanzangaben.

Natürlich lassen sich Investoren leicht von zwei Dutzend Hochglanz-Bildseiten, gefolgt von seitenlangen Ausführungen des Vorsitzenden und unnötigen Fußnoten, beeindrucken. Ist das alles erforderlich? Nein. Eine grundlegende, knappe Erläuterung der Unternehmensaktivitäten einschließlich der notwendigen Finanzaufstellung ist alles, was benötigt wird und erwartet werden sollte. Ein guter Jahresbericht enthält alle Informationen, die man braucht, um eine fundamentale Performance-Analyse der letzten Jahre durchzuführen. Dabei sollte der Jahresbericht dieselben Finanzinformationen ausweisen wie in den Vorjahren, im selben Format und mit derselben Seitenanordnung. Wenn die Berichterstattung in einheitlicher Form erfolgt, lassen sich die Daten von Jahr zu Jahr ohne weiteres vergleichen. Ebenso wichtig ist, dass der Leser seine ganz persönliche Systematik beim Lesen und Interpretieren der Informationen entwickeln kann.

Der Jahresbericht des Unternehmens *Nucor* ist altmodisch im besten Sinne des Wortes – die Lektüre ist eine wahre Freude. Investoren werden nicht durch aufgepeppte und geschönte Beschreibungen von Unternehmensanlagen geblendet. Das Foto des CEO sieht aus, als ob es vor 20 Jahren aufgenommen worden wäre. Wahrscheinlich trifft das sogar zu; das Unternehmen verwendet seit Jahren abwechselnd dieselben zwei Fotos von Kenneth Iverson. Im Gegensatz dazu enthält der Jahresbericht von *Walt Disney* so gut wie alles, was man über das Unternehmen nicht zu wissen braucht – einschließlich unaufgefordert eingesandter Fotos von Mitarbeitern, von vergnügten Besuchern in den Erlebnisparks und von gefüllten Regalen in *Disney*-Einzelhandelsgeschäften. Der Jahresbericht 1996 war einer der schlechtesten Geschäftsberichte, die je in Druck gegangen sind. Als Anleger stieß man erst auf Seite 55 auf eine brauchbare Finanzinformation.

Ein guter Jahresbericht braucht nicht mehr als 16 bis 20 Seiten zu umfassen: vier bis sechs Seiten zur Darstellung der Finanzdaten, weitere zwei bis vier Seiten Anmerkungen, ein bis zwei Seiten für den Brief des Vorsitzenden, zwei Seiten Berichterstattung über die bisherige finanzielle Performance und der Rest für nützliche Informationen zu den Märkten und Dienstleistungen des Unternehmens. Ein Unternehmen sollte nicht mehr als fünf Seiten für die Beschreibung seiner Aktivitäten brauchen. Allerdings ist hinsichtlich der Gesamtlänge eine gewisse Toleranz angesagt. Banken, Versicherungsgesellschaften und Finanzinstitute wie *American Express* sind verpflichtet, ihre Finanzangaben in weit größerer Ausführlichkeit zu machen als normale Unternehmen. Die Jahresberichte solcher Unternehmungen können allein zehn bis 20 Seiten Anhang umfassen.

Gütekriterien für einen Jahresbericht

1. *Sind die Angaben konsistent dargestellt?* Der Jahresbericht sollte Jahr für Jahr genau dieselben Finanztabellen und Daten an genau derselben Stelle wie im Vorjahr bieten. Viele Unternehmen ändern in jedem Jahr ihr Berichtsformat in dem Bemühen, die Aufmerksamkeit der Investoren auf verschiedene Ziele und Zahlen zu lenken. Im einen Jahr weisen sie die Eigenkapitalrendite aus, im nächsten vielleicht Auftragsüberhang und Auftragswachstum. Der Informationsgehalt eines guten Berichts ist so strukturiert, dass ein Investor die Jahresberichte über mehrere Jahre hinweg vergleichen und Trends in Bezug auf Markt, Umsatz, Aufwendungen, Erträge und Cashflow ermitteln kann.
2. *Sind die Ziele klar und konsistent definiert?* Man braucht nur den Jahresbericht von *NIKE* oder *Microsoft* zu lesen, um schnell zu begreifen, welche Mission das Unternehmen verfolgt. Sollte es Ihnen nicht gelingen, das Selbstverständnis des Unternehmens aus einem Jahresbericht abzuleiten, können Sie daraus schlussfolgern: Entweder hat das Management keine Zielsetzung formuliert oder das Management will Ihnen seine Ziele nicht mitteilen. Lesen Sie Berichte aus den Vorjahren, um ermessen zu können, inwieweit das Management an seinen früheren Zielen festgehalten hat. Wenn frühere Pläne aufgegeben wurden – warum?
3. *Äußert sich das Management freimütig über seine Leistungen?* Oder sind die Seiten voll von PR-Geschwätz? Ein Vorsitzender, der in seinem einleitenden Aktionärsbrief einen Mangel an spezifischer Darstellung zu erkennen gibt, dürfte den Investoren einen Vorgeschmack auf die folgenden Seiten liefern. Liest sich der Bericht wie ein vom CEO persönlich verfasster offener Brief (wie die Berichte von Warren Buffett) oder eher wie ein PR-Dokument – von PR-Mitarbeitern formuliert, von Juristen geprüft und in aller Eile vom CEO unterschrieben?

4. *Können Sie den Geldstrom verfolgen?* Manche Konzerne nehmen derart viele Akquisitionen vor, dass es so gut wie unmöglich ist, herauszufinden, ob das Unternehmen tatsächlich Gewinne macht. Mit Hilfe bilanztechnischer Anpassungen können Unternehmen die meisten fusionsbedingten Ineffizienzen „schönen" und Fehlentscheidungen verschleiern. Fusionen haben häufig eine Berichtigung der bisherigen Bilanzergebnisse zur Folge, was die Angaben in den Jahresberichten aus früheren Jahren so gut wie unbrauchbar macht. Wenn ein Unternehmen so viele Akquisitionen tätigt, dass Sie nicht mehr beurteilen können, ob aus den laufenden Geschäftstätigkeiten Gewinne erzielt werden oder nicht, sollten Sie von diesem Unternehmen Abstand nehmen.

5. *Haben Sie einen Eindruck von den Zukunftsaussichten des Unternehmens bekommen?* Hat das Unternehmen eine Vision, welche Märkte es anstrebt? Will man im Topmanagement eher aggressiv oder passiv bei der Wahrnehmung neuer Marktchancen vorgehen? Könnten Veränderungen am Markt die künftige Gewinnsituation beeinträchtigen? Als Investor sollten Sie bei jedem Kommentar zu den zukünftigen Gewinnen aufhorchen. Hat das Management so viele Optionsrechte vergeben, dass künftige Gewinnziele gar nicht erreicht werden können?

14 Zusammenstellung eines Portfolios: „Subsidiaritätsansatz"

*Sobald Sie hinreichend Erfahrung besitzen,
ist Diversifikation nicht mehr erstrebenswert.*

Gerald Loeb[1]

Eine der Fragen, die Investoren besonders häufig stellen, betrifft die Diversifikation ihres Portfolios. Meistenteils sind Investoren mit Umfang und Zusammensetzung ihrer Aktienbestände nicht recht zufrieden und suchen den Rat von Experten. Leider sammeln tatsächlich einige Anleger Aktien wie Briefmarken und besitzen Anteile an mehr als 100 Unternehmen. Praktisch gesehen haben sie sich zu einer Art Investmentfonds entwickelt. Sie mögen sich ob dieser Diversifikation „in Sicherheit" wiegen, aber aller Wahrscheinlichkeit nach wird die Performance ihres Portfolios niemals stärker vom Marktdurchschnitt abweichen – nur werden ihre Nettorenditen durch hohe Provisionskosten geschmälert. Hinzu kommen unzählige frustrierende Tage, an denen es Papierkram zu erledigen und Kostendaten, Aktiensplitting, Dividenden und Ausgliederungen zu überprüfen gilt. Dabei geht leicht etwas verloren – wie die berühmte Stecknadel im Heuhaufen der Verantwortlichkeiten: die *Performance*. Es dürfte wohl keinem Investor gelingen, so viele Unternehmen mit gebührender Sorgfalt im Überblick zu behalten. Vermutlich schlummert in solchen Portfolios so manche Aktie auf Jahre vor sich hin, überbewertete Aktien werden nicht rechtzeitig verkauft und den Anlegern selbst entgleitet die Kontrolle über ihre Anlageergebnisse.

Sinn und Zweck von Diversifikation

Der Grund für dieses Dilemma – die moderne Portfolio-Theorie – ist nicht neu; sie geht zurück auf wissenschaftliche Arbeiten aus den 50er und 60er Jahren, in denen man sich mit der Frage befasste,

---

[1] Gerald M. Loeb, *The Battle for Investment Survival*, New York, Simon & Schuster, 1965, S. 42.

14 Zusammenstellung eines Portfolios: „Subsidiaritätsansatz"

welche Renditen Investoren mit unterschiedlich zusammengesetzten Aktienbeständen erwarten können. In ihrem Bemühen um „Risikominimierung" untersuchten die Wissenschaftler, wie einzelne Aktien auf Veränderungen am Markt reagierten; anhand mathematischer Prinzipien zeigten sie, dass man die Volatilität eines Portfolios mit seinen Aufwärts- und Abwärtsbewegungen durch sorgfältige Auswahl „gegenläufiger" Aktien steuern konnte.

Diese mathematischen Forschungsarbeiten führten zu einer allgemeinen Diversifikationstheorie: Der Anleger sei gut beraten, wenn er Aktien aus verschiedenen Branchen kaufe, weil er sich so absichern könne, dass nicht alle Anlagewerte gleichzeitig Rückschläge erführen. Letztlich einigten sich die Wissenschaftler auf die Schlussfolgerung, ein Anleger könne Schwankungen in seinem Portfolio zwar niemals gänzlich verhindern, immerhin aber durch den Besitz von etwa 20 Aktien minimieren. Der Erwerb von mehr als 30 Aktien biete kaum noch Vorteile. Doch mit 20 Aktien, so argumentierten die Wissenschaftler, seien die meisten Privatanleger „praktisch" diversifiziert.

Und was bedeutet eine solche Diversifikation? Ein angemessen diversifiziertes Portfolio ist, im Fachjargon ausgedrückt, eine Mischung von Wertanlagen, bei der ein *nicht-systematisches Risiko* ausgeschlossen ist – das Risiko nämlich, dass eine einzige Aktie die Renditen Ihres Portfolios substanziell beeinträchtigen kann. Der Theorie zufolge können Sie mit der Kombination von 20, 30, 40 oder noch mehr Aktien in einem Portfolio das Risiko ausschalten, dass der Zusammenbruch einer einzigen Aktie das gesamte Portfolio in Mitleidenschaft zieht. Für jede Aktie, die unerwartet einen Rückschlag erleidet, können Sie mit einer anderen rechnen, die eine Kurssteigerung erfährt und den Verlust ausgleicht.

Dennoch: Auch gut diversifizierte Kapitalanlagen können Ihr Portfolio niemals vor Verlusten schützen. Selbst ein optimal geführter Investmentfonds mit mehr als 200 Aktien verliert regelmäßig Geld. Der Besitz so vieler Aktien *verringert die Wahrscheinlichkeit von Verlusten,* und diesen Unterschied sollten Sie als Anleger kennen. Investoren sind immer einem *systematischen Risiko* insofern ausgesetzt, als ein unvorhergesehenes Ereignis zu einem Einbruch auf dem gesamten Aktienmarkt führen kann. Sie können noch so viele Aktien kaufen – eine Absicherung gegen alle systematischen Risiken ist damit nicht zu erzielen. Der beste Schutz gegen einen Börsenzusammenbruch ist immer noch die Aufteilung Ihres Kapitals auf verschiedene Instrumente wie Anleihen und ausländische Aktien.

Sinn und Zweck von Diversifikation

Viele Investoren haben die leidvolle Erfahrung machen müssen, dass sie allein durch den Besitz von 20 Aktien noch lange nicht gegen Risiken gefeit sind. So mancher Anleger meinte 1994, mit rund einem Dutzend oder mehr Aktien öffentlicher Versorgungsbetriebe und all den *Baby-Bell*-Aktien seien sie gut diversifiziert. Sie bekamen ihre Lektion verpasst. „Gleich und gleich gesellt sich gern" – dieses Sprichwort hat für den Anleger eine besondere Bewandtnis: Als der Aktienmarkt am 19. Oktober 1987 abstürzte, erlitten fast alle an der *New York Stock Exchange, American Stock Exchange* und *Nasdaq* notierten Aktien einen Kurseinbruch. Es mag unwahrscheinlich anmuten, dass so gut wie jedes öffentlich gehandelte Unternehmen innerhalb eines Tages fallen oder plötzlich an innerem Wert verlieren konnte; Tatsache ist aber, dass die Kurse ins Rutschen gerieten.

Spätere Forschungsarbeiten haben dann ergeben, dass auch 20 Aktien nicht ausreichen, um eine hinreichende Diversifikation zu gewährleisten. Wenn Sie sicherstellen wollen, dass die mit Ihrem Portfolio zu erzielenden Renditen nicht wesentlich vom Marktdurchschnitt abweichen, müssen Sie 60 bis 100 Aktien besitzen, und das kommt für die meisten Investoren schon finanziell nicht in Frage.

Risiko lässt sich nicht mittels mathematischer Formeln oder anhand von Aktienkursschwankungen definieren. Vielmehr schaffen sich die Anleger ihr eigenes Risiko, wenn sie wahllos hinter Aktien herjagen, anstatt sich um ihr Portfolio zu kümmern.

Ein wertorientierter Anleger kann mit Pauschalaussagen über Risiko und Rendite, wie sie bei Investmentobjekten in Größenordnungen von Milliarden Dollar eine Rolle spielen mögen, nicht viel anfangen. Risiko lässt sich nicht mittels mathematischer Formeln oder anhand von Aktienkursschwankungen definieren. Vielmehr schaffen sich die Anleger ihr eigenes Risiko, wenn sie wahllos hinter Aktien herjagen, anstatt sich um ihr Portfolio zu kümmern. Als Anleger gehen Sie das größte Risiko ein, wenn Sie ein Unternehmen nicht richtig bewerten und infolgedessen einen höheren Preis pro Aktie zahlen, als das Unternehmen wirklich wert ist. Unternehmensanteile, zu einem Preis von 60 Dollar je Aktie erworben, bieten einen überzeugenden Wert und sind kaum mit einem Geschäftsrisiko verbunden, wenn die Aktien in Wirklichkeit 90 Dollar wert sind. Dieselben Aktien bergen ein ungeheures Risikopotenzial, wenn der innere Wert des Unternehmens nur 30 Dollar je Aktie beträgt. Dazu Warren Buffett:

14 Zusammenstellung eines Portfolios: „Subsidiaritätsansatz"

Ich messe der Sicherheit sehr viel Bedeutung bei. ...Wenn man das tut, erübrigt sich das gesamte Risikokonzept. Man investiert einfach nicht, wenn man damit ein signifikantes Risiko eingeht. Dagegen ist es überhaupt nicht riskant, Wertpapiere zu einem Bruchteil ihres Wertes zu erwerben.[2]

Eine mathematisch berechnete Diversifikation ist beim *Value Investing* fehl am Platz. Für viele Investoren stellt das Instrument *Diversifikation* eine Art Rechtfertigung dar, aber es verhilft ihnen allenfalls zu höchst mittelmäßigem *Stock Picking*. Wertorientierte Geldanlagen haben den deutlichen Vorteil, dass die Investoren ihre Aktien nicht wie Souvenir-Löffel oder Sammeltassen horten. Ein abgerundetes Portfolio mit acht bis 12 Unternehmensaktien, jeweils zu günstigen Kursen erworben, durch solide Grunddaten und angemessenes Steigerungspotenzial abgesichert, ist für die meisten Investoren zur Realisierung ihrer Ziele völlig ausreichend.

Eine mathematisch berechnete Diversifikation ist beim Value Investing fehl am Platz. Für viele Investoren stellt das Instrument Diversifikation eine Art Rechtfertigung dar, aber es verhilft ihnen allenfalls zu höchst mittelmäßigem Stock Picking.

Fünf Grundprinzipien zur Erzielung einer angemessenen Diversifikation

1. *Hüten Sie sich vor der Auffassung, Diversifikation sei eine reine Rechenaufgabe.* Die mathematischen Zusammenhänge, die zur Zusammensetzung eines vollkommen risikoneutralen Portfolios herangezogen werden müssen, sind sehr komplex und übersteigen die Möglichkeiten der meisten Privatanleger. Diversifikation als solche ist nach wie vor ein lohnendes Ziel, aber die Anwendung der dazu erforderlichen Techniken ist sehr zeitraubend und der Performance Ihres Portfolios nicht unbedingt förderlich.
2. *Befassen Sie sich nicht so intensiv mit Ihren Diversifikationsbemühungen, dass Sie Ihre Bestände aus den Augen verlieren.* Der Besitz von 30 bis 40 Aktien garantiert Ihnen keine Risikofreiheit – schon gar nicht, wenn Sie die falschen Aktien gewählt haben. Allgemeine Diversifikationstheorien machen keine spezifischen Aussagen darüber, wie letztlich ein Portfolio zusammenzustellen ist. Zum Beispiel treffen Sie die Entscheidung, 10 Prozent Ihres Portfolios in Kon-

---

[2] Jim Rasmussen, „Buffett Talks Strategy with Students", *Omaha World-Herald*, 2. Januar 1996, S. 17.

Fünf Grundprinzipien zur Erzielung einer angemessenen Diversifikation

sumpapiere zu investieren; dann bleibt es immer noch Ihnen überlassen, ob Sie irgendwo auf der Welt *Wal-Mart*-Aktien kaufen oder besser *Kmart*-Aktien nehmen.

3. *Definieren Sie Risiko nach Maßgabe der Performance eines Unternehmens, nicht auf Grund von Aktienkursschwankungen.* Wenn Sie Ihr Verlustrisiko diversifizieren wollen, müssen Sie Anteile solcher Unternehmen erwerben, deren Performance absehbar ist. Nichts vermag Sie besser gegen Aktionärsrisiken abzusichern als eine stetige Aufwärtsentwicklung. Ein Unternehmen, dessen Gewinne einen Zuwachstrend von 10 Prozent im Jahr aufweisen, wird vermutlich nicht denselben heftigen Kursschwankungen ausgesetzt sein wie ein Unternehmen mit einer vierteljährlich oder jährlich stark unregelmäßigen Gewinnentwicklung. Außerdem sollten Sie versuchen, Unternehmensaktien so günstig wie möglich zu erwerben, um das Volatilitätsrisiko zu minimieren und Enttäuschungen hinsichtlich der künftigen Unternehmensentwicklung weitgehend zu vermeiden. Wenn eine Aktie zum Kurs von 50 Dollar gehandelt wird und das Unternehmen, sagen wir, 25 Dollar pro Aktie wert ist, dann handeln *Sie* sich einen potenziellen Kursverfall von 50 Prozent ein für den Fall, dass die Investoren ihre Aktien nicht länger halten wollen. Erwerben Sie aber die Aktien des Unternehmens zu 20 Dollar, enthält dieser Kurswert bereits die „Diskontierung" einer potenziell enttäuschenden Performance-Verschlechterung.
4. *Halten Sie Ihr Portfolio verhältnismäßig klein und nachvollziehbar.* Viele Investorengruppen haben im letzten Jahrzehnt spektakuläre Erfolge mit Beständen von nur 12 bis 15 Aktien erzielt, darunter viele Aktien von Konsumgüter-Markenherstellern. Der Erfolg dieser Investoren ist auf sorgfältige Aktienauswahl und handhabbare Portfolio-Bestände zurückzuführen. Es ist klüger, Anteile an zehn Unternehmen zu besitzen, die man gut kennt, als 50 zufällig ausgewählte Aktien zu erwerben, deren Performance man nicht verfolgen kann.
5. *Sorgen Sie dafür, dass Sie den Überblick behalten.* Viele erfolgreiche Geldmanager beschränken ihr Portfolio bewusst auf 20 bis 25 Aktien, ersetzen aber laufend Werte, die nur unterdurchschnittliche Renditen bringen. Auch streuen sie ihren Aktienbesitz über mehrere Branchen und erwerben beispielsweise Anteile von Ölgesellschaften, Bankinstituten, Pharmakonzernen, Maschinenbauunternehmen und Einzelhandelsbetrieben, kaufen aber immer nur die besten zwei oder drei Aktien der jeweiligen Branche. Sollte dann ein Unternehmen eine enttäuschende Leistung er-

bringen, versuchen solche Investoren, die betreffenden Aktien durch Anteile an einem anderen Unternehmen aus derselben Branche, aber mit besseren Zukunftsaussichten, zu ersetzen. Im Lauf der Zeit mausert sich ihr Portfolio auf diese Weise zu einer erlesenen Sammlung hochkarätiger Werte.

Die Durchschnittskostenmethode

In den letzten Jahren ist derart viel über die Durchschnittskostenmethode geschrieben worden, dass auch ich mich bemüßigt fühle, die Vor- und Nachteile dieser populären Investment-Philosophie anzusprechen. Das Kursdurchschnittsverfahren, bei dem der Kapitalanleger ohne Rücksicht auf Kurswerte regelmäßig gleiche Beträge in sein Aktienportfolio investiert, hat sich zum bewährten Grundprinzip eines langfristig auf „Kaufen und Halten" ausgerichteten Anlegerpublikums entwickelt. In den 90er Jahren entstand daraus eine *rationale Methodik*, die hinlänglich strapaziert wurde, um erfahrene wie auch unerfahrene Investoren gleichermaßen anzulocken. Inzwischen wenden Millionen von Anlegern die Durchschnittskostenmethode bei der Verwaltung ihrer Aktienbestände, Investmentfonds oder Altersvorsorge-Portfolios an.

Auf den ersten Blick sieht es so aus, als sei die Strategie fast zu einfach und zu gut, um wahr zu sein. Die Durchschnittskostenmethode ist eine Art Zwangssparmodell. Ein Privatanleger beschließt etwa, regelmäßig 200 Dollar im Monat von seinen Ersparnissen abzuzweigen und an der Börse zu investieren – ohne Rücksicht auf Marktlage und private Finanzsituation. Dahinter steckt die folgende Idee: Je mehr Geld man heute in Wertpapiere investiert, desto größer ist der verdiente Wohlstand im Alter. Man soll regelmäßig in kleine Aktienbestände investieren, es dann aber dem Markt überlassen, wie viele Aktien zu welchem Preis erworben werden. Bei diesem Verfahren, so wird getönt, könne der Anleger gar nichts verlieren, zumal man gezwungen sei, bei steigenden Kursen weniger Aktien und bei fallenden Kursen mehr Aktien zu kaufen. Mit anderen Worten: Sämtliche Bemühungen um gutes Timing entfallen. An einem Beispiel soll verdeutlicht werden, wie es einem Privatanleger ergeht, der monatlich 200 Dollar in eine Aktie investiert (Abbildung 14-1).

In diesem Beispiel hat der Anleger 200 Dollar monatlich in sein Portfolio investiert: Er kaufte eine Aktie, deren Kurswert zwischen 12 Dollar und 21 Dollar schwankte. Nach Ablauf von fünf Monaten hatte er für seine 1000 Dollar 62 Aktien zum durchschnittlichen

Monat	Investition	Kurs	Auswahl der erworbenen Aktien	Gesamtwert
Januar	$200	$15	13	$200
Februar	$200	$18	11	$432
März	$200	$21	9	$693
April	$200	$16	13	$736
Mai	$200	$12	16	$744
Summe	$1000	$16	62	$744

Abbildung 14-1: Investition von 200 Dollar monatlich (Durchschnittskostenmethode)

Kaufkurs von 16,12 Dollar pro Aktie erworben, wobei jeden Monat noch etwas Geld übrig blieb. Als die Aktie bei 21 Dollar ihren Höchststand erreichte, waren für die monatlichen 200 Dollar nur neun Aktien zu haben. Beim Tiefststand von 12 Dollar konnte er 16 Aktien erwerben.

Die Durchschnittskostenmethode läuft dem wertorientierten Investmentansatz zuwider und hat in einem Value-Portfolio nichts zu suchen.

Nach der Lektüre der vorangegangenen Kapitel ahnen Sie vermutlich, welche logischen Probleme mit dieser Strategie verbunden sind. In der Tat: Die Durchschnittskostenmethode läuft dem wertorientierten Investmentansatz zuwider und hat in einem Value-Portfolio nichts zu suchen. Sie ist Ihren Renditen abträglich und erschwert Ihnen die Erzielung marktübertreffender Ergebnisse. Außerdem ist in längeren Hausse-Phasen eine schlechte Performance unvermeidlich, wenn viele Investoren ihre Bestände zu immer höheren Kursen aufstocken. Da es beim wertorientierten Investieren darum geht, Unternehmensanteile zu möglichst vernünftigen Preisen zu erwerben, ist es sinnlos, eine solche Strategie zu verfolgen und ungeachtet des Kursniveaus über Monate hinweg Aktienkäufe vorzunehmen. Erfolgreiche Value-Investoren sollten ihre Portfolio-Entscheidungen nie und nimmer auf Versuch und Irrtum – das Markenzeichen der Durchschnittskostenmethode – gründen. *Der Preis ist das wichtigste Kriterium.* Niemals sollte ein Aktienkauf zu einem Preis erfolgen, der sich nicht mit den Grunddaten des Unternehmens rechtfertigen lässt. Anleger, die in den 90er Jahren nach der Durchschnittskostenmethode investierten und immer höhere

Preise für Aktien von Unternehmen wie *Walgreen, Merck, Microsoft, Boston Scientific* oder *Procter & Gamble* zahlen mussten, sind ein erhebliches Risiko eingegangen und werden eines Tages die von ihnen so hoch gelobte Strategie noch bitter bereuen.

Die Durchschnittskostenmethode verdankt ihre Popularität einzig und allein dem Bullenmarkt und einer unermüdlich fortgesetzten Marketingkampagne seitens der Broker-Branche. Die Behauptung, die Aktienkurse würden auf Dauer steigen, ist lediglich ein branchenübliches Täuschungsmanöver, um Sie in guten wie in schlechten Zeiten bei Kauflaune zu halten – und sich die entsprechenden Provisionszahlungen zu sichern. Der Hauptunterschied zwischen dem wertorientierten Investmentansatz und einer Durchschnittskostenstrategie lässt sich wie folgt zusammenfassen:

Bei der Durchschnittskostenstrategie bleibt es dem Markt überlassen, die Struktur Ihres Portfolios, Ihre Gewinne und Verluste, zu bestimmen, so dass Unternehmensbewertung und Risikobeurteilung bei Ihrer Kaufentscheidung keine Rolle mehr spielen. Dagegen nehmen *Value*-Investoren Preise nicht einfach hin, sondern sind ständig auf Risiko und Preis bedacht. Als wertorientierter Anleger sollten Sie warten, bis die Aktien Ihrer Wahl auf einen vernünftigen Kurs unter Wert gefallen sind, um dann gleich so viele davon zu erwerben, wie Sie es sich leisten können – alle auf einmal.

Zusammenstellung eines Value-Portfolios

Wir wollen auf einige der in früheren Kapiteln dargestellten Prinzipien zurückgreifen und mit einem Portfolio beginnen, das ausschließlich aus *Merck & Co.*-Aktien bestehen soll. Dabei gelten die folgenden Annahmen:

Haltedauer: 6 Jahre
Anzahl der erworbenen Aktien: 200
Kaufkurs: 90 Dollar
Gesamtinvestition: 18000 Dollar
KGV zum Kaufzeitpunkt: 29
Gewinn je Aktie 1996: 3,07 Dollar

Vor dem Kauf der *Merck*-Aktien sollten Sie abschätzen, inwieweit *Merck* in den Jahren der von Ihnen beabsichtigten Haltedauer – in diesem Fall sechs Jahre – Gewinne mit Ihrer Geldanlage erwirtschaften kann. Bei Ihren Ermittlungen können Sie die durchschnittlichen Gewinnergebnisse der letzten Jahre zugrunde legen. Oder Sie versuchen, den Cashflow des Unternehmens für die sechs Jahre Ihrer Haltedauer zu bestimmen, was schon eine etwas anspruchsvollere Aufgabe wäre. In Anbetracht der nahezu konstanten Wachstumsbilanz bei *Merck* wäre es in diesem Fall allerdings sinnvoller, die künftigen Gewinne des Unternehmens anhand der bisherigen Gewinnzuwachsrate zu ermitteln. Nehmen wir einmal an, die Gewinnzuwachsrate beträgt 14 Prozent, ausgehend von einer Gewinnbasis 1996 in Höhe von 3,07 Dollar. Im Jahr 2001 müsste *Merck* dann mit Ihrem Geld 5922 Dollar Gewinn erwirtschaftet haben. Als nächstes müssen Sie die Möglichkeit einer Dividendenzahlung in Betracht ziehen. *Merck* hat seit jeher rund 45 Prozent seiner Gewinne in Form von Dividenden ausgezahlt. Entsprechend ist bei einer Investition in 200 Aktien mit folgendem Gewinn- und Dividendenstrom zu rechnen (Abbildung 14-2):

	1997	1998	1999	2000	2001	2002	Summe
Merck-Gewinne	$3,50	$3,95	$4,50	$5,14	$5,85	$6,67	$29,61
Merck-Dividenden	$1,58	$1,78	$2,03	$2,31	$2,63	$3,00	$13,33
Gewinne • 200 Aktien	$700	$790	$900	$1028	$1170	$1334	$5922
Dividenden • 200 Aktien	$316	$356	$406	$462	$526	$600	$2666
Einbehaltene Gewinne je Aktie • 200	$384	$434	$494	$566	$644	$734	$3256

Abbildung 14-2: Hypothetischer Gewinn- und Dividendenstrom auf der Basis von 200 *Merck*-Aktien

Welche Renditen kann ein Anleger von dieser Performance erwarten? *Zumindest* sollten Sie von einer Gesamtrendite in Höhe von 5922 Dollar beziehungsweise 29,61 Dollar pro Aktie ausgehen. Von diesen 29,61 Dollar entfallen 16,28 Dollar auf die einbehaltenen Gewinne, so dass noch 13,33 Dollar für die Dividendenzahlung verbleiben. Würde *Merck* keine Dividenden zahlen, könnten Sie davon ausgehen, dass die Aktie für die Dauer der sechs Jahre um volle 29,61 Dollar zulegt. Die Dividende bedeutet eine Kapitalrückzahlung und vermindert damit das Gewinnpotenzial – sie ist der Preis, den Sie für die schnellere Auszahlung eines Teils Ihrer Gewinne zahlen.

Ist diese Rendite angemessen? Über einen Zeitraum von sechs Jahren erwarten Sie 5922 Dollar Gewinn für Ihre Gesamtinvestition von 18000 Dollar. Das entspricht einer Mindestgesamtrendite von 32,9 Prozent – auf das Jahr gerechnet 4,85 Prozent. Gegenüber dem historischen Marktdurchschnitt, den Durchschnittswerten für Pharmaaktien und der Wachstumsrate von *Merck* ist dies ein eher schlechtes Ergebnis.

KGV-Effekt auf die Rendite des Anteilseigners

Damit stellt sich die folgende Frage: Warum sind die erwarteten *Merck*-Renditen so niedrig? Antwort: weil Sie Aktien zu einem aufgeblähten Kurs-Gewinn-Verhältnis gekauft haben. Sie haben beim Kauf der *Merck*-Aktien einen so hohen Aufpreis auf die Gewinne gezahlt, dass sich die Kapitalrückflusszeit um mehrere Jahre verlängerte – das KGV von 29 war mehr als doppelt so hoch wie die Gewinnzuwachsrate bei *Merck*. Entsprechend müssen Sie mit unterdurchschnittlichen Wertsteigerungen bei den Stammaktien des Unternehmens rechnen. *Merck* könnte mit Ihrer Investition nur dann eine höhere Rendite erwirtschaften, wenn (1) das Unternehmen eine höhere Wachstumsrate erzielen würde oder (2) die Investoren nach Ihrem Aktienkauf ebenfalls *Merck*-Werte in großen Mengen erwerben und die Aktien auf einem über der Gewinnzuwachsrate liegenden KGV halten würden.

Keines dieser Szenarien wäre sonderlich zu begrüßen, denn dann müssten Sie sich auf Prognosen oder auf die launische Unbeständigkeit von Markt und Investoren verlassen. Was aber würde mit Ihren Renditen passieren, wenn Sie *Merck*-Aktien zu einem KGV von nur 20 beziehungsweise zum Kurs von 61,40 Dollar gekauft hätten? Zunächst einmal hätten Sie für 18 000 Dollar mehr Aktien erwerben können – nämlich 293 anstelle von 200. Bei einer Ausgangsinvestition in 293 Aktien hätten sich Ihre anteiligen Gewinne wie folgt aufsummiert (Abbildung 14-3):

	1997	1998	1999	2000	2001	2002	Summe
Merck Gewinn	$3,50	$3,95	$4,50	$5,14	$5,85	$6,67	$29,61
Gewinne • 293 Aktien	$1026	$1157	$1319	$1506	$1714	$1954	$8676

Abbildung 14-3: Gewinnsummierung auf der Basis von 293 *Merck*-Aktien

Die Gesamtsumme von 8 676 Dollar bedeutet nach wie vor einen *Merck*-Gewinn von 29,61 Dollar je Aktie über den Betrachtungszeitraum von sechs Jahren, aber in diesem Fall wurde nur ein Kaufpreis von 61,40 Dollar (3,07 Dollar x 20) gezahlt und nicht mehr 90 Dollar. Damit ergibt sich, auf das Jahr gerechnet, eine schon ansehnlichere Rendite von 6,78 Prozent. Sie entspricht aber immer noch nicht den historischen Durchschnittswerten und bleibt auch erheblich hinter der Wachstumsrate von *Merck* zurück. Und Sie sind immer noch darauf angewiesen, dass launische Marktkräfte die Aktien auf einem überbewerteten Niveau halten. Mit anderen Worten: *Sie können Ihre anteiligen Gewinne nur verbessern, wenn Sie die Aktien zu einem möglichst niedrigen KGV kaufen.*

Sollte der Markt die *Merck*-Aktie nur zum 10fachen der Gewinne bewerten, würden sich Ihre Gewinnanteile deutlich verbessern und dicht an den durchschnittlichen Kaufpreis von 30,70 Dollar herankommen. Ihre auf das Jahr umgerechnete Mindestrendite würde sich sprungartig auf 11,9 Prozent erhöhen (Abbildung 14-4).

	1997	1998	1999	2000	2001	2002	Summe
Merck-Gewinn	$3,50	$3,95	$4,50	$5,14	$5,85	$6,67	$29,61
Gewinne • 586 Aktien	$2052	$2314	$2638	$3012	$3428	$3908	$17352

Abbildung 14-4: Gewinnsummierung auf der Basis von 586 *Merck*-Aktien

Schauen wir uns jetzt noch einmal die Kapitalrückfluss-Tabelle in Kapitel 7 an (Abbildung 7-2): Wenn Sie die *Merck*-Aktien zu einem KGV von 10 erworben hätten und die Gewinne mit einer Zuwachsrate von 14 Prozent gestiegen wären, hätte die Kapitalrückflusszeit sechs Jahre betragen. Wäre Ihr Aktienkauf zu einer der Zuwachsrate entsprechenden KGV erfolgt, hätten Sie Ihr Geld in rund sieben bis acht Jahren zurückerhalten. Wenn Sie aber – wie im ersten Fall angenommen – die Aktien zu einem KGV von 29 gekauft haben, vergehen 12 Jahre, bevor *Merck* Ihnen Ihre Ausgangsinvestition zurückzahlen kann. Auch dieses Beispiel beweist: Durch hinreichende Absicherung Ihres Aktienkaufs gegen ein Absturzrisiko – in diesem Fall mit einem niedrigeren KGV-Wert – erzielen Sie bessere Renditen.

Abrundung des Portfolios mittels „Subsidiaritätsansatz"

Die Zusammenstellung eines perfekt abgesicherten Portfolios ist für einen Anleger, der nicht über eine eigens zu diesem Zweck entwickelte Software verfügt, äußerst schwierig. Aus praktischer Sicht ist ein Privatanleger schlichtweg nicht in der Lage, Absicherungsmodelle für mehr als fünf Aktien zu verwalten, ohne den Aufwand einer kostspieligen Software mit hunderten von Dateneingaben zu treiben. Schon kurz nachdem ich während meines Studiums Portfolio-Allokationssysteme kennen gelernt hatte, verzichtete ich vollends auf solche Instrumente: Sie waren mir viel zu komplex und

14 Zusammenstellung eines Portfolios: „Subsidiaritätsansatz"

setzten ein gleichsam messianisches Vertrauen in statistische Daten und Erfahrungswerte voraus. Ein Ausrutscher in der Wirtschaft, ein Schluckauf am Markt oder auch nur ein plötzlicher Kurseinbruch bringt das gesamte Modell durcheinander und erfordert immerzu neue Feinsteuerungen. Ein solches System ist nie vollständig, sondern bedarf ständiger Anpassungen auf der Basis neuester Informationen. So gesehen ist es kein Wunder, dass so viele Anleger meinen, Aktienkurse seien effizient; die Hersteller solcher Modelle haben alle nur erdenklichen Daten in ihre Systeme gepackt. Sie sind tatsächlich davon überzeugt, es gäbe nichts mehr, was nicht bereits erforscht und vorausgesagt worden wäre.

Demgegenüber möchte ich ein denkbar einfaches System zur Modellierung eines Portfolios vorstellen. Ich bezeichne es als *Subsidiaritätsansatz* – eine erweiterte Form des Gewinnmodells, wie es weiter oben an unserem hypothetischen *Merck*-Beispiel erläutert worden ist. Bei meinen Ausführungen in diesem Buch habe ich dem Leser stets verdeutlichen wollen, er möge sich als Anteilseigner und nicht als Wertpapierhändler verstehen. Wenn Sie als Anleger bereit sind, die Aktien eines Unternehmens – ob nun 100 oder 50000 an der Zahl – zu kaufen, sollten Sie schon einige Annahmen über die Performance des Unternehmens getroffen haben. Und Sie sollten erwarten können, dass das Unternehmen mit Ihrer Geldanlage zufriedenstellende Gewinne erwirtschaftet, die Ihnen entweder ausgezahlt oder aber zur weiteren Verwendung im Unternehmen einbehalten werden. Der Subsidiaritätsansatz macht es Ihnen möglich, Prognosen zu erstellen, Aktien auszuwählen und ein optimales Portfolio zusammenzustellen – auf der Basis elegant einfacher Berechnungen.

Da Unternehmen zu dem Zweck gegründet werden, Gewinne an die Aktionäre zurückfließen zu lassen, stehen sie in Ihrer Pflicht. Betrachten Sie „Ihre" Unternehmen als eine Art Eskorte – als *persönliche Gesandte*, die in Ihrem Auftrag und zu Ihrem Vorteil arbeiten. Einer der Gründe, warum Warren Buffett so viele unterschiedliche Unternehmen in seinen *Berkshire-Hathaway*-Dachfonds geholt hat, war die Integration subsidiärer Einheiten, die der Mutter Cash liefern konnten. Zur Steigerung seines Anlageerfolgs benötigt Buffett einen kontinuierlichen Nachschub an Barmitteln für weitere Investmentprojekte. Diesbezüglich hat ihm die Akquisition rentabler Unternehmungen wie *GEICO, World Book Encyclopedia, Dairy Queen, Buffalo News, Kirby, See's Candies, Nebraska Furniture Mart* und anderer Firmen zu einer stetig fließenden Geldquelle – zu vierteljährlichem Cashflow – verholfen. Da der *Berkshire*-Fonds im Vollbesitz dieser subsidiären Unternehmen ist, gehören ihm auch die erwirtschafteten Gewinne. Buffett verlangt, dass die Unternehmensmanager *Berkshire* vierteljährlich einen Scheck – eine Dividende – nach Maßgabe ihres Nettoertrags beziehungsweise Cashflow-Wertes auszahlen.

Mit Ihrem Aktienportfolio verhält es sich nicht anders. Ob Sie Anteile an einem Unternehmen oder an 50 Unternehmen besitzen – betrachten Sie diese Unternehmen als *Ihre subsidiären Einheiten*, deren vorrangige Funktion darin besteht, Ihnen wunschgemäß Geld bereitzustellen. Ob Sie 100 Aktien besitzen oder 1000 Aktien – Sie haben einen Anspruch darauf, dass „Ihre" Unternehmen genügend Rendite erwirtschaften, um Ihren Bedürfnissen gerecht zu werden. Bei der Zusammenstellung eines Portfolios nach dem „Subsidiaritätsprinzip" müssen wir uns zunächst auf die folgenden fünf Grundsätze besinnen, die wir bereits in früheren Kapiteln erläutert haben:

- Der Umfang des Portfolios ist unerheblich, solange bei jeder Aktie das Risiko minimiert werden konnte. Sie sollten nicht automatisch Aktien nur zum Zweck der Diversifizierung kaufen.
- Die Branchenzusammenstellung des Portfolios ist unwichtig. Eine Diversifizierung über mehrere Branchen erübrigt sich, solange für jede Aktie das Risiko bereits reduziert ist.
- Unternehmen, die kürzere Rückzahlungsperioden zu bieten haben, sollten – bei sonst gleich bleibenden Bedingungen – den Unternehmen mit längerem Kapitalrückfluss vorgezogen werden.
- Unternehmen sollten solide Grunddaten aufweisen.
- Erwartete Aktienkursschwankungen spielen bei der Unternehmenswahl keine Rolle.

Auf diesen fünf Grundsätzen aufbauend wollen wir ein hypothetisches Portfolio mit fünf Unternehmen zusammenstellen: Wir beginnen mit 200 *Merck*-Aktien und ergänzen dann 100 Aktien von *General Electric*, 150 von *Cisco Systems*, 100 von *The Limited* und 100 von *Norfolk Southern*. Bezüglich der Gewinne je Aktie im Verlauf von sechs Jahren treffen wir die folgenden Annahmen (Abbildung 14-5):

	Gewinne je Aktie						
	1997	1998	1999	2000	2001	2002	Summe
Merck	3,50	3,95	4,50	5,14	5,85	6,67	29,61
General Electric	3,10	3,41	3,75	4,13	4,54	4,99	23,92
Cisco Systems	2,05	2,56	3,20	4,00	5,00	6,26	23,07
The Limited	1,15	1,15	1,15	1,15	1,20	1,20	7,00
Norfolk Southern	2,25	2,90	1,35	–,95	1,80	2,35	9,70
Summe	12,05	13,97	13,95	13,47	18,39	21,47	93,30

Abbildung 14-5: Hypothetisches Portfolio mit fünf Unternehmen

Da es sich um Ihre persönlichen subsidiären Einheiten handelt, haben Sie Anspruch auf die folgenden Gewinnanteile (Abbildung 14-6):

	Persönliche Gewinnanteile						
Aktien	1997	1998	1999	2000	2001	2002	Summe
200 Merck	700	790	900	1028	1170	1334	$5922
100 General Electric	310	341	375	413	454	499	$2392
150 Cisco Systems	308	384	480	600	750	939	$3461
100 The Limited	115	115	115	115	120	120	$700
100 Norfolk Southern	225	290	135	–95	180	235	$970
Summe	1658	1920	2005	2061	2674	3127	$13445

Abbildung 14-6: Gewinnanspruch

Nach sechsjähriger Haltedauer haben die fünf Unternehmen mit Ihrer Investition 13 445 Dollar Gewinn erwirtschaftet. Jedes Unternehmen wird diese Gewinne nun unterschiedlich einsetzen. Wie weiter oben bereits erwähnt, könnte *Merck* 3256 Dollar seiner Gewinne einbehalten und Ihnen die restlichen 2666 Dollar als Dividende auszahlen. *Norfolk Southern* beschließt etwa, 500 Dollar Dividende zu zahlen und die verbleibenden 470 Dollar einzubehalten. *Cisco* hat noch nie eine Dividende gezahlt und wird die 3461 Dollar vermutlich vollumfänglich einbehalten.

Sinnvollerweise ist aber davon auszugehen, dass Ihre Ausgangsinvestition während der sechsjährigen Haltezeit mindestens um den Betrag der in diesen fünf Unternehmen einbehaltenen Gewinne wächst. Wenn die Unternehmen in diesen sechs Jahren zusammengenommen 3000 Dollar Dividenden zahlen, müsste sich der

Gesamtwert Ihrer Aktien auf mindestens 10445 Dollar erhöhen. Dasselbe Prinzip gilt für die einzelnen Unternehmen. Wenn *Norfolk Southern* seine 970 Dollar Gewinn vollumfänglich als Dividende auszahlen würde, dürften Sie keine größere Kapitalaufwertung der Aktien erwarten – es sei denn, der Markt käme plötzlich zu der Überzeugung, der Gewinnzuwachs bei *Norfolk* würde sich beschleunigen. In dem Fall könnte die Aktie mit einem höheren KGV bewertet werden. Sollte eine solche Aufwertung durch die Investoren aber nicht stattfinden, werden Sie Ihren Gewinnanspruch größtenteils, wenn nicht gar vollumfänglich, in Form von Dividenden ausgezahlt bekommen.

Inwieweit Ihre persönlichen Gewinnanteile in Höhe von insgesamt 13445 Dollar eine angemessene Rendite darstellen, hängt vom Kaufpreis und vom anfänglichen KGV ab (siehe Ausführungen zum hypothetischen *Merck*-Beispiel weiter oben). Gehen wir davon aus, Sie hätten die fünf Aktien zu den in Abbildung 14-7 genannten Kaufkursen und KGVs erworben. Unter Hinzuziehung der Gewinnanspruch-Tabelle (Abbildung 14-6) können wir die Gesamtmindestrendite voraussagen, die Sie nach Maßgabe der einbehaltenen persönlichen Gewinnanteile zu erwarten haben (letzte Spalte in Abbildung 14-7).

Aktien		Kaufkurs	KGV	Ausgangs-investition	Gewinnan-spruch	Gesamt-rendite
200	Merck	$90	29	$18000	$5922	32,9%
100	General Electric	$100	24	$10000	$2392	23,9%
150	Cisco Systems	$75	35	$11250	$3461	30,8%
100	The Limited	$19	16	$1900	$700	26,8%
100	Norfolk Southern	$45	20	$4500	$970	21,6%
	Summe			$45650	$13445	29,4%

Abbildung 14-7: Mindestrenditen aus den fünf Unternehmensbeteiligungen

In Anbetracht der im 20. Jahrhundert durchschnittlich am Markt erzielten Jahresrendite von 10 Prozent sieht eine Gesamtrendite von 29,4 Prozent für einen sechsjährigen Betrachtungszeitraum eher mager aus. Grund hierfür könnte der hohe Aufpreis sein, den Sie für die Gewinne gezahlt haben. Sie haben das 35fache der Gewinne für *Cisco* gezahlt, wenngleich *Cisco* eine Gewinnzuwachsrate von 25 Prozent aufweist. Wie weiter oben ausgeführt wurde, ist der Kaufpreis bei *Merck* doppelt so hoch wie der Gewinnzuwachs, was auch für *General Electric* zutrifft. Der Kaufkurs für die *Norfolk-Southern*-Aktie war unrealistisch hoch, wenn man berücksichtigt, dass der Gewinnstrom des Unternehmens sehr ungleichmäßig ist. Sie hätten als Investor nicht bereit sein sollen, 45 Dollar pro Aktie zu zahlen.

Um nun ein erfolgreiches Value-Portfolio zusammenzustellen, müssen Sie die Gewinnansprüche maximieren, die Sie von Ihrer Ausgangsinvestition über die von Ihnen angestrebte Haltedauer erwarten. Logischerweise verlangen Sie, dass Ihnen Ihr Portfolio mit seinen subsidiären Einheiten schnellstmöglich so viel Geld wie möglich bereitstellt. In unserem hypothetischen Portfolio besteht also die Aufgabe darin, die richtige Aktienmischung zu ermitteln, um die Gesamtrendite bei einer Ausgangsinvestition von 45 460 Dollar zu maximieren. Ausschließlich unter Einsatz der fünf genannten Aktien haben Sie drei Möglichkeiten, Ihre Gewinnansprüche zu steigern. In jedem Fall verkürzen Sie die Rückzahlungszeit.

1. *Kaufen Sie alle fünf Aktien zu günstigeren Kursen und KGVs.* Wie im *Merck*-Beispiel ausgeführt, können Sie die Rendite für Ihre Investition schon dadurch verdoppeln, dass Sie so lange warten, bis das KGV der Aktien um 50 Prozent gefallen ist. Eine solche Entwicklung ist vor allem dann gegeben, wenn ein Kursrückgang einsetzt und zugleich die Gewinne steigen.
2. Kaufen Sie eine Aktie, die Ihnen zu höheren Gewinnansprüchen verhilft als der Rest.
3. Kaufen Sie eine Aktie, die zu einem KGV unterhalb der Gewinnzuwachsrate gehandelt wird.

Um ein erfolgreiches Value-Portfolio zusammenzustellen, müssen Sie die Gewinnansprüche maximieren, die Sie von Ihrer Ausgangsinvestition über die von Ihnen angestrebte Haltedauer erwarten.

Es ist durchaus möglich, ein perfektes, gewinnmaximierendes Portfolio mit diesen fünf Aktien anhand prognostizierter Gewinnströme und KGVs zusammenzustellen. Doch die dazu erforderlichen mathematischen Zusammenhänge – etwa die Methode der so genannten *linearen Programmierung* – sind derart komplex, dass sich ein solcher Versuch nicht lohnt. Um aber zu verdeutlichen, was machbar ist, möchte ich zwei Varianten zu unserem hypothetischen Portfolio-Beispiel vorstellen, mit denen bessere Renditen zu erzielen sind: (1) ein Portfolio bestehend aus einer einzigen Aktie – *Cisco Systems* – zum Kaufpreis von 50 Dollar je Aktie und (2) ein Portfolio bestehend aus drei Aktien – *Limited, Norfolk* und *GE* – zu Kaufpreisen, die gegenüber den oben angenommenen Kursen um jeweils 25 Prozent reduziert sind. In beiden Varianten gehen wir von derselben Ausgangsinvestition in Höhe von 45 650 Dollar aus, was zwangsläufig eine veränderte Aktienverteilung zur Folge hat (Abbildung 14-8):

Aktien	Variante 1 (1 Unternehmen)							
	1997	1998	1999	2000	2001	2002	Summe	Rendite
913 Cisco Systems	1872	2337	2922	3652	4565	5715	$21063	46,1%

Aktien	Variante 2 (3 Unternehmen)							
	1997	1998	1999	2000	2001	2002	Summe	Rendite
371 General Electric	1150	1265	1391	1532	1684	1851	$8873	31,9%
371 The Limited	427	427	427	427	445	445	$2598	49,1%
371 Norfolk So.	835	1076	501	−352	668	872	$3600	28,8%
	2412	2768	2319	1607	2797	3168	$15071	33,0%

Abbildung 14-8: Gewinnansprüche bei zwei Portfolio-Varianten

Schon intuitiv merken wir, dass das Kapitalrückflusskonzept eine große Rolle bei der Portfolio-Zusammenstellung spielt. Da Investoren durch den Kauf von Aktienwerten mit kürzerer Rückzahlungszeit ihre Renditen steigern und zugleich das eingegangene Risiko vermindern können, liegt der Schluss nahe, dass sie die Gesamtrendite ihres Portfolios verbessern können, wenn sie Aktien zusammenstellen, die eine kurze Kapitalrückflussdauer bieten. Schauen wir uns nochmals unser hypothetisches Portfolio mit den fünf Unternehmen an – nunmehr unter dem Aspekt der jeweiligen Rückzahlungsbedingungen (Abbildung 14-9):

Aktien	KGV	Zuwachsrate	Rückzahlung	Investition	Prozentualer Portfolio-Anteil
200 Merck	29	14	12	$18000	39,4
100 General Electric	24	10	12	$10000	21,9
150 Cisco Systems	35	25	10	$11250	24,6
100 The Limited	16	1	14	$ 1900	4,2
100 Norfolk Southern	20	1	18	$ 4500	9,9
Gewichteter Durchschnitt	27,9	14	12	$45650	100,0

Abbildung 14-9: Hypothetisches Portfolio mit fünf Unternehmen unter dem Aspekt der Kapitalrückflussdauer

Ein Blick auf die Zahlen gibt die Lösung zu erkennen: Offensichtlich können wir die Rendite des hypothetischen Portfolios verbessern, indem wir die gewichtete durchschnittliche Kapitalrückflussdauer von derzeit 12 Jahren verringern. Eine Möglichkeit besteht darin, mehr *Cisco*-Aktien mit der optimalen zehnjährigen Rückzahlungszeit zu erwerben. Allerdings würden Sie damit das Risiko eingehen, dass *Cisco* vielleicht nicht die von Ihnen erwartete Performance bringt und sich damit der Wert Ihres Portfolios drastisch verringert. Außerdem dürfen hinsichtlich der Marktdynamik keine Veränderungen eintreten. Würde die Zuwachsrate bei *The Limited* nur um ein paar Prozentpunkte zulegen, wären die Rückzahlungsbedingungen sogar besser als bei *Cisco*. Oder wenn der Kurs der *GE*-Aktien um 20 Prozent fiele, wäre eine Kapitalrückflussdauer wie bei den *Cisco*-Aktien gegeben. Und die Kapitalrückflussdauer für die *Merck*-Aktien könnte sich auf acht Jahre verbessern, wenn die Gewinne ein wenig zulegen und die Aktie im Kurs sinken würde. Zahlreiche Entwicklungen könnten potenziell die Kapitalrückflussdauer für Ihr Portfolio reduzieren.

Bei der Ermittlung unserer hypothetischen Renditen haben wir fünf Unternehmenswerte aus tausenden von Kaufangeboten herausgegriffen. Nach sorgfältiger Prüfung der Angebotssituation könnte sich ein umsichtiger Anleger durchaus über die Grenzen der hier vorgestellten Liste hinauswagen und angemessene Unternehmen mit günstigeren Rückzahlungszeiten finden. Doch der Grundansatz bleibt unverändert: Sie müssen Ihre Aktienwerte als subsidiäre Einheiten verstehen und Ihre Gewinnansprüche aus jedem investierten Dollar maximieren.

Wert und Wachstum

Wie in Kapitel 5 ausgeführt wurde, ist ein höherer KGV-Wert für ein Unternehmen gerechtfertigt, wenn das Unternehmen eine attraktive „Gewinnrendite" zu bieten hat. Ein Unternehmen, das über längere Zeit hinweg immer höhere Gewinne mit Ihrer Geldanlage zu erwirtschaften vermag, lässt Ihnen beim Aktienkauf mehr Spielraum. Im oben ausgeführten Beispiel wurden *Merck*-Aktien zum Kurs von 90 Dollar – dem 29fachen der Gewinne – erworben. In den ersten fünf Jahren schätzten wir die Gewinne je *Merck*-Aktie auf 29,61 Dollar, was einer 32,9-prozentigen Rendite auf Ihre Kapitalanlage entspricht. Allerdings sollten Sie den Zusammenhang nicht missverstehen: Die *Merck*-Aktie kann in fünf Jahren durchaus mehr zulegen als nur 32,9 Prozent – es handelt sich lediglich um die Mindestzuwachsrate, die wir für die Aktien angesetzt haben (vergleiche Ausführungen in Kapitel 10 zu den einbehaltenen Gewinnen). Im fünften Jahr, wenn *Merck* 6,67 Dollar Gewinn je Aktie erzielt, dürfte die Gewinnrendite ansehnliche 7,4 Prozent betragen. Solange die *Merck*-Gewinne weiterhin wachsen, werden die jährlichen Gewinne eine immer höhere Rendite auf Ihre Ausgangsinvestition von 90 Dollar abwerfen. Deshalb dürfen Sie die 32,9 Prozent nicht als „Absolutwert" verstehen – Sie würden sich sonst unnötigerweise abschrecken lassen und die meisten Unternehmen für ungeeignet halten. Betrachten Sie die 32,9 Prozent Rendite vielmehr als einen „Standardwert", den Sie möglichst übertreffen wollen. Ganz unterschiedliche Kombinationen von Gewinnen und Kaufpreisen können Ihnen zu einer fünfjährigen Rendite auf *Merck*-Aktien verhelfen, die 32,9 Prozent übersteigt.

Aktien auf der „Warteliste"

Erfolgreiche Investoren sind wählerisch; sie sind nicht bereit, alles und jedes zu kaufen. Jede Aktie ist potenziell eine gute Wertanlage, sofern sie zum richtigen Preis erworben wurde. Aber machen Sie sich nichts vor: Der Markt ist kein fairer Spielplatz für die Zusammenstellung Ihres Portfolios. Von den 10000 börsennotierten Unternehmen in den Vereinigten Staaten hat nur ein kleiner Teil einigermaßen überzeugende Langfristperspektiven zu bieten. Hunderte von Unternehmen kommen auf Grund ihrer schlechten Grunddaten gar nicht erst in Betracht. Die übrigen Unternehmen haben nur zeitweise, allenfalls für die Dauer eines Jahres, gute Renditen zu bieten. Nachdem Sie festgelegt haben, wie Sie bei der Auswahl geeigneter Unternehmen vorgehen wollen, sollten Sie systematisch die Zahl der in Frage kommenden Kandidaten von 10000 auf ein paar Dutzend reduzieren.

Es mag wie eine Ironie des Schicksals anmuten: Ausgerechnet Investoren, die hinreichend liquide sind, können sich – insbesondere zu Hausse-Zeiten – herbe Verluste einhandeln, denn Bullenmärkte verleiten Anleger leicht zum Kauf von Aktien, die sich nicht lohnen. Warum tun sie das? Manchmal sind ihre eigentlichen Favoriten vorübergehend überbewertet und liegen vorerst jenseits der Kaufmöglichkeiten. Anstatt nun geduldig darauf zu warten, dass ihre Aktien wieder im Kurs fallen, erwerben die Anleger Anteile an weniger lohnenden Unternehmen, mit deren Grunddaten sie sich gar nicht auseinander gesetzt haben. Als umsichtiger Anleger können Sie diese Falle vermeiden, indem Sie gewissermaßen in „Wartestellung" gehen: Sie suchen sich all die Aktien aus, die Sie in den nächsten Jahren erwerben wollen, kaufen sie aber erst nach und nach – dann nämlich, wenn der jeweilige Kurs auf ein attraktives Niveau gesunken ist. Und sollte das nicht sofort geschehen, warten Sie in aller Ruhe ab und tun gar nichts. Früher oder später werden die Aktien auf einen attraktiven Preis fallen! Zwischenzeitlich konzentrieren Sie sich auf andere erstrebenswerte Unternehmen, die vielleicht schon zu attraktiven Kursen zu haben sind. Wenn Sie sich eine solche „Warteliste" mit Aktien Ihrer Wahl anlegen und auf dem neuesten Stand halten, können Sie Wert und Preis gar nicht aus dem Blickfeld verlieren. Ihre „Warteliste" kann sehr detailliert aussehen, aber auch schon eine einfache Auflistung wie die in Abbildung 14-10 tut ihre Dienste:

Unternehmen	Preis	Angestrebter Kaufkurs	Bemerkungen
American Express	$100	$80	Noch nicht billig genug
Amgen	$50	$38	Zu teuer
Cisco Systems	$60	Unter $49	Zu teuer; abwarten
Federal Express	$64	$65	Kaufbereitschaft
General Electric	$80	$82	Sofort kaufen!
Intel	$75	$65	Volatilität zu hoch
NIKE	$55	Unter $44	Kurzfristige Gewinneinbußen
Nucor	$48	Unter $50	Kaufen!
Procter & Gamble	$90	Unter $85	Kaufbereit halten
Walgreen	$32	$24	Stark überbewertet
Walt Disney	$100	$75	Gewinnaussichten fraglich

Abbildung 14-10: „Warteliste" für Aktien Ihrer Wahl

Der Vorteil einer solchen „Warteliste" ist offensichtlich darin zu sehen, dass Sie sich zur Wachsamkeit zwingen. Bevor Sie kaufen, müssen Sie dem Unternehmen einen angemessenen Wert zuweisen – und das bedeutet, dass Sie sich mit dessen Grunddaten auseinander setzen müssen. Wenn Sie sich ein wenig Zeit für Ihre Unternehmensbewertung nehmen, können Sie die Gefahr vorschneller Aktienkäufe ganz erheblich verringern. Außerdem verhilft Ihnen ein solches Kaufverhalten zur Zusammenstellung des Portfolios, das Sie sich vorgestellt haben: Sie kaufen nicht einfach irgendwelche Aktien, nur weil Sie gerade Geld flüssig haben. Mit Ihrer „Warteliste" vor Augen zügeln Sie Ihre Ungeduld und erzielen vor allem

Spitzenerfolge, da Sie für keinen Ihrer Unternehmenswerte einen zu hohen Preis zahlen!

Sie sollten Ihre „Warteliste" regelmäßig aktualisieren, damit die von Ihnen angestrebten Zielkurse auch realistisch bleiben. Wenn die Wachstumsperspektiven bei einem Unternehmen nachlassen, könnte der ursprünglich von Ihnen festgelegte Kaufkurs zu hoch sein. Umgekehrt kann auch Folgendes passieren: Die Grunddaten eines Unternehmens verbessern sich in einer Weise, dass die Aktie Ihr veranschlagtes Kaufniveau vielleicht nie wieder erreicht. In solchen Fällen müssen Sie das Unternehmen neu bewerten, um festzustellen, ob es wirklich einen höheren Aktienpreis wert ist.

Der richtige Zeitpunkt für den Verkauf von Aktien

Kein Buch über wertorientiertes Investieren wäre vollständig, würde nicht abschließend noch diskutiert, wann der Ausstieg aus einem Aktiengeschäft erfolgen sollte. Aus Erfahrung weiß ich, dass die Frage nach dem Zeitpunkt eines Aktienverkaufs besonders häufig gestellt wird. Zugleich ist dies eine der schwierigsten Fragen überhaupt, denn sie beinhaltet nicht nur unumstößliche Finanzprinzipien, sondern auch menschliche Emotionen. So verfolgen die erfolgreichsten Investoren ganz unterschiedliche „Ausstiegsstrategien", von denen sich keine einzige als Königsweg erwiesen hat! Einige Value-Investoren klammern sich an die Methode von Benjamin Graham und verkaufen einen Unternehmenswert, sobald der Aktienkurs den Buchwert des Unternehmens übersteigt. Am anderen Ende des Spektrums steht Warren Buffett mit seiner Auffassung, einen Unternehmensanteil solle man nur dann kaufen, wenn man ihn auf unbegrenzte Dauer halten wolle. Solange es mit der Performance des Unternehmens aufwärts geht, pflegt Buffett seine Aktien zu halten. Doch gelegentlich hat selbst er Aktien innerhalb von ein bis zwei Jahren wieder verkauft – beispielsweise *Walt-Disney*-Aktien Mitte der 60er Jahre und *McDonald's*-Aktien 1997, als sich die Gewinnaussichten des Unternehmens verschlechterten. Hin und wieder verkauft er auch Aktien, wenn sie auf ein nicht haltbares Niveau gestiegen sind: 1997 stieß er einen Teil seiner *Walt-Disney*-Aktien aus diesem Grund ab.

Im Allgemeinen sollten Sie erst dann verkaufen, wenn *offenkundig ist, dass Sie das Unternehmen falsch bewertet haben* oder *der Marktpreis dem Unternehmenswert voll entspricht*.

Doch unter einer Bedingung würden wohl die meisten wertorientierten Anleger verkaufen: Der Markt hat die Aktien eines Unternehmens so unverhältnismäßig in die Höhe getrieben, dass sich der

Kurs in der nächsten Zeit kaum auf den wahren Wert der Aktie einpendeln dürfte. Die deutlichsten Warnsignale sind KGV-Werte, die weit über der Wachstumsrate des Unternehmens liegen. Bei Unternehmen mit einer Gewinnzuwachsrate von 12 Prozent ist kein KGV von 30 zu rechtfertigen, auch nicht unter günstigsten wirtschaftlichen Bedingungen. Ein akzeptabler Aktienpreis wäre vielleicht das 18- bis 20fache der Gewinne. Kurse, die darüber hinausgehen, legen die Vermutung nahe, dass die Aktie spekulativ hochgetrieben wurde und einer angemessenen Wertgrundlage entbehrt. Früher oder später wird die Aktie zurückfallen – etwa auf das 12fache der Gewinne. In Kapitel 7 wurde ausgeführt, wie Aktienkäufe zu KGV-Werten, die über der Gewinnzuwachsrate des Unternehmens liegen, die Rückzahlungszeit verlängern und das Risikopotenzial erhöhen. Anhand meiner Kapitalrückfluss-Tabelle (Abbildung 7-2) können Sie ermitteln, wie stark sich die Rückzahlungszeit einschließlich des damit verbundenen Risikos erhöht. Darüber hinaus gibt es keine Zauberformel, an der abzulesen wäre, wann eine Aktie zu unrealistischen Kursen gehandelt wird und somit verkauft werden sollte. Derartige Überbewertungen können jahrelang anhalten, wie die Bedingungen am Aktienmarkt in den 60er und 90er Jahren zeigen.

Erinnern wir uns an das *PepsiCo*-Beispiel aus Kapitel 7: Der Aktienkurs erfuhr seit Mitte der 60er Jahre ungefähr dieselbe Steigerung wie der Gewinnstrom (siehe Abbildung 7-4). Schauen Sie noch einmal hin, wie sich der Aktienkurs immer wieder auf den Mittelwert eingependelt hat – er stieg beziehungsweise fiel immer so weit, bis er die Gewinn-Trendlinie erreicht hatte. Auf Phasen der Überbewertung folgten stets Phasen mit rückläufiger Bewertung und umgekehrt. Sie erkennen, wie das KGV der *PepsiCo*-Aktien um die Gewinn-Trendlinie schwankt. Daraus ist der Schluss abzuleiten, dass die Gewinnzuwachsrate ein gutes Maß für ein angemessenes Kurs-Gewinn-Verhältnis ist. Ein Unternehmen, dessen Gewinne Jahr für Jahr konsistent 10 Prozent zulegen, wird – über einen längeren Betrachtungszeitraum gesehen – durchschnittlich zum 10fachen der Gewinne gehandelt werden. Liegt der KGV-Wert der Aktien unter der Gewinnzuwachsrate des Unternehmens, wird der Kurs mindestens bis auf das angemessene Niveau steigen. Liegt der KGV-Wert bereits weit über der voraussichtlichen Gewinnentwicklung, bahnt sich eine Katastrophe an. *PepsiCo* war 1972 derart überbewertet, dass steigende Gewinne keine Sicherheit mehr bieten konnten. In den zwei Jahren von 1972 bis 1974 brach die *PepsiCo*-Aktie 65 Prozent ein. Erst 1981 – neun Jahre später – konnte der Höchststand von 1972 wieder erreicht werden.

Dieselben Kriterien, die Sie beim Kauf von Unternehmenswerten anlegen, sollten auch für den Verkauf maßgeblich sein.

Abschließende Verhaltensmaßregeln für den Aktienverkauf

1. *Koppeln Sie Ihre Verkaufsentscheidung an den Aktienkauf.* Dieselben Kriterien, die Sie beim Kauf von Unternehmenswerten anlegen, sollten auch für den Verkauf maßgeblich sein. Achten Sie darauf, dass Sie Ihre Standards nicht vermischen. Meine Verkaufskriterien, wie ich sie in meinem Börsenblatt *Today's Value Investor* vertrete, basieren auf denselben grundlegenden Unternehmensdaten wie auch meine Kaufkriterien. Niemals verkaufe ich eine Aktie nur deshalb, weil sie im Kurs gefallen oder zu schnell gestiegen ist. Wenn ich ein Unternehmen auf Grund seiner hohen Eigenkapitalrenditen empfehle, empfehle ich den Verkauf der Aktien, wenn die Eigenkapitalrendite unter die von mir erwartete Mindestrendite absinkt. Wenn ich einen Unternehmenswert auf Grund seiner Gewinnrendite erwerbe, verkaufe ich die Aktie, wenn die Gewinnrendite auf eine im Vergleich zu Anleiherenditen unattraktives Niveau zurückgeht. Wenn ich Unternehmensanteile erwerbe, weil die Gewinnspannen des Unternehmens eine Verbesserung erkennen lassen, verkaufe ich die Aktien wieder, wenn die Gewinnspannen sich verschlechtern.
2. *Lassen Sie sich in Ihrer Verkaufsentscheidung nicht durch launische Wall-Street-Kursschwankungen beeinflussen.* Sie sollten niemals nur deshalb verkaufen, weil der Aktienkurs nach Ihrer Kaufaktion gefallen ist. Das wäre zweifellos einer der dümmsten Fehler, den ein Anleger machen kann. Dazu bemerkt Peter Lynch:

> Einige Leute verkaufen automatisch die „Gewinner" – steigende Aktien – und halten ihre „Verlierer" – fallende Aktien; das ist etwa so, als ob man die Blumen ausrupft und das Unkraut gießt. Andere verkaufen automatisch ihre Verlierer und halten ihre Gewinner, was auch nicht viel mehr einbringt. Beide Strategien schlagen fehl, weil sie an die aktuellen Kursschwankungen als Indikator für den fundamentalen Unternehmenswert gekoppelt sind.[3]

---

[3] Peter Lynch, *One Up on Wall Street*, New York, Penguin Books, 1989, S. 245.

Wenn Sie ohne Rechtfertigung durch die Grunddaten eines Unternehmens verkaufen, begeben Sie sich in die Abhängigkeit wankelmütiger Anleger und lassen erkennen, dass Sie nur auf kurzfristige Kursschwankungen spekulieren und nicht an einer wirklichen Geldanlage interessiert sind. Der Verkauf von Aktien nach einem Kursrückgang zeigt sehr schön, wie ineffizient der Markt ist: Sie müssen zugeben, dass Ihre Kaufaktion zu einem höheren Kurs ein Fehler war. Manchmal trifft auch das Umgekehrte zu – das Anlegerpublikum hat die Aktie zu Unrecht abgestoßen. Oberstes Gebot ist, dass Sie an Ihren ursprünglichen und instinktiven Einschätzungen bezüglich eines Unternehmens festhalten, bis Sie sich durch neue Informationen zu einer Überprüfung Ihrer Bewertung veranlasst sehen. *Wenn Sie auch nach einem Kursrückgang von „Ihrem" Unternehmen überzeugt sind, sollten Sie die Aktien wegen ihres niedrigeren Preises umso höher schätzen und Ihre Unternehmensanteile aufstocken!* Kein Mensch vermag die Höchst- und Tiefststände von Aktienkursen zeitlich genau zu terminieren. Die meisten Value-Investoren geben das auch zu. Für sie spielt es kaum eine Rolle, ob eine ihrer Aktien unmittelbar nach dem Kauf um 20 Prozent absackt – das ist in dieser Branche wohl schon jedem so ergangen. Was zählt, ist vielmehr die langfristige Rendite und die hängt vom jeweiligen Kaufpreis ab. Wenn Sie die Aktie zu einem so niedrigen Kurs gekauft haben, dass ein signifikantes Steigerungspotenzial gegeben ist, sollten Sie sich durch kurzfristige „Dellen" nicht abhalten lassen. Erfolgreiche Investoren werfen den Kopf in den Nacken und kaufen gerade dann hinzu!

3. *Machen Sie Ihre Verkaufsentscheidung nicht von Marktprognosen abhängig.* Häufig wird der Fehler begangen, kurzfristige Gewinne einzustecken und dann aus Angst vor einer Marktkorrektur schnell auszusteigen. Wenn Sie Unternehmensanteile zu einem Preis erwerben, der weit unter dem inneren Wert des Unternehmens liegt, sollten Sie sich damit trösten, dass die Aktie nicht so stark fallen kann wie der Marktdurchschnitt. Wertorientierte Geldanlagen setzen definitionsgemäß voraus, dass der Anleger preislich attraktive Unternehmen in einem vielfach unattraktiv bewerteten Markt ausfindig macht. Sie haben Ihre Aktien günstig erworben und brauchen sich keine Sorgen zu machen: Wenn die Durchschnittsaktie zum 22fachen der Gewinne gehandelt wird und Ihre Aktien mit dem 14fachen der Gewinne notiert sind, haben Sie sich ein gehöriges Schutzpolster in einem schwachen Markt zugelegt. Sie sind nicht völlig immun gegen rückläufige Markt-

entwicklungen (das ist bei den wenigsten Aktien der Fall), aber immerhin sind Sie weitaus besser abgesichert.
4. *Treffen Sie Ihre Verkaufsentscheidung nicht auf Grund von steuerlichen Konsequenzen.* Es gibt viele Gründe, warum man eine Aktie verkaufen sollte – unter anderem schlechte Unternehmensleistung, Bedarf an liquiden Mitteln oder ein äußerer Anlass für Investmentveränderungen; doch steuerliche Gründe sollten nie vorrangig sein. Steueraspekte sollten ganz zuletzt berücksichtigt werden und allenfalls den Ausschlag bei einer noch unschlüssigen Verkaufsüberlegung geben. Kapitalgewinnsteuern sind das Produkt erfolgreicher Geldanlagen und lassen sich nur dann vermeiden, wenn Sie eine Aktie auf unbegrenzte Zeit halten. Gute Aktien sollten Sie über Jahre, wenn nicht Jahrzehnte, halten, damit Sie Ihre Nach-Steuer-Renditen maximieren können. Dennoch gibt es immer mal wieder Situationen, in denen der Kurs einer Aktie so unrealistisch hoch oder die Performance eines Unternehmens so unerträglich schlecht ist, dass Sie sich zum Verkauf genötigt sehen. Also verkaufen Sie – egal, was dann mit Ihren Kapitalgewinnen passiert.

Einige Investoren wollen sich in dem Bemühen, Steuerzahlungen zu umgehen, auch dann nicht von ihren Aktien trennen, wenn die Grunddaten eines Unternehmens dies nahe legen. Sie verkennen die Tatsache, dass sie unter Umständen weitaus mehr an Nettowert verlieren, wenn sie an einer schwächelnden Aktie festhalten, als wenn sie die Aktie verkaufen und für den Kapitalgewinn Steuern zahlen. Sicher, die Aussicht auf einen gigantischen Steuerbescheid kann deprimieren. Stellen wir uns zum Beispiel vor, ein Anleger hat 1966 1000 *Walt-Disney*-Aktien zum Kurs von 32 Dollar erworben und befindet sich Anfang 1998 infolge von Aktiensplitting im Besitz von 128000 Aktien zu 100 Dollar. Wenn nun all diese Aktien zu 100 Dollar verkauft würden, ergäbe sich ein zu versteuernder Kapitalgewinn von 12768000 Dollar. Bei einem Steuersatz von 31 Prozent würde eine Kapitalgewinnsteuer in Höhe von 3958080 Dollar anfallen. Und wenn nun die *Disney*-Aktie auf 80 Dollar sänke? Dann würde sich zunächst einmal der Nettowert für den Investor um ganze 2560000 Dollar verringern. Im Fall eines Aktienverkaufs wären immer noch 3164480 Dollar an Steuern zu zahlen. Aber wenn der Anleger die Aktien nur deshalb behält, weil er die Steuern nicht zahlen will, steht er am Ende schlechter da: Der Verlust an Nettowert und die fällige Steuerlast addieren sich auf zu 5724480 Dollar!

15 Erfolgreich investieren mit Warren Buffett

Je mehr Sie sich mit Preis und Wert befassen, desto mehr lernen Sie den Investmentstil von Warren Buffett kennen und schätzen.

Robert Hagstrom Jr.[1]

Für so manchen Anleger weltweit ist er zum Schutzheiligen für kluges und umsichtiges Investieren geworden: Warren Buffett, Herr der Aktien – ein Mann, der die Ineffizienz der meisten weithin bekannten und gelehrten Finanztheorien bewiesen hat. Gut gerüstet mit den Lehren eines Benjamin Graham, warf Warren Buffett 100 Dollar eigener Barschaft mit 105 000 Dollar von Familienangehörigen und Freunden in einen Topf und schöpfte daraus im Lauf der nächsten 40 Jahre ein Privatvermögen in Höhe von über 30 Mrd. Dollar. Buffett hat zudem Gewinne in Milliardenhöhe für hunderte von Anlegern erwirtschaftet, die ihm ihre Ersparnisse anvertraut hatten. Wohl kein Kapitalist des 20. Jahrhunderts hat sich in den Vereinigten Staaten so profiliert wir er – allein auf Grund seiner integren Aktienkultur. Andere namhafte Kapitalisten wie Bill Gates, Sam Walton und Henry Ford haben zum Wohl der Gesellschaft Fabriken gebaut und Konsumgüter vermarktet. Buffett aber tat den für ihn logischen nächstliegenden Schritt: Er stilisierte den Akt einer passiven finanziellen Unternehmensbeteiligung zu einem gewinnbringenden, verselbständigten Engagement.

Das rätselhafte Ambiente dieses Mannes ist teilweise selbst „verschuldet": Buffett scheut die Öffentlichkeit und lässt sich bei seinen Börsengeschäften kaum in die Karten gucken. Teilweise gibt das „Buffett-Rätsel" aber auch zu erkennen, wie sehr die Öffentlichkeit seine Methoden und Motive verkannt hat. Unbedeutendere Leute als er haben sich weitaus mehr angestrengt und an der Wall Street viel weniger erreicht. Buffett scheint deshalb mehr erreicht zu haben, weil er zeigen wollte, was machbar ist: Mit seiner schier

---

[1] Robert G. Hagstrom, Jr., *The Warren Buffett Way*, New York, John Wiley & Sons, Inc., 1994, S. 236.

unglaublichen Erfolgsbilanz hat er aufgeräumt mit dem gemeinhin vertretenen Mythos, Investieren sei eine Art Würfelspiel, bei dem die Gewinnchancen allenfalls vom glücklichen Zufall abhängig sind. Buffetts Lebenslauf, sein zuweilen recht eigenwilliges Verhalten wie auch die Serie seiner Erfolge nehmen sich aus wie eine lange Persiflage auf Ticker-Notierungen. Und doch hat er wie kein anderer Integrität in das Geschäft mit dem *Stock Picking* gebracht. Buffett zählt zu den Reichsten der Welt und genehmigt sich dennoch nur ein bescheidenes Jahresgehalt von 100 000 Dollar; sein Reichtum soll nach seinem Tod Wohltätigkeitsfonds übertragen werden. Wie viele seiner der Mittelschicht zugehörigen Nachbarn wohnt er immer noch in seinem Haus in Omaha, Nebraska, speist seit eh und je bei McDonald's oder in einem Steakhouse vor Ort, spielt unablässig Bridge, konsumiert literweise Cherry Coke und verschwendet auch nicht ein Fitzelchen Papier in seinem spartanisch eingerichteten und personell unterbesetzten Büro.

Buffetts Lebenslauf, sein zuweilen recht eigenwilliges Verhalten wie auch die Serie seiner Erfolge nehmen sich aus wie eine lange Persiflage auf Ticker-Notierungen.

In den mehr als vier Jahrzehnten, in denen Buffett als Geldmanager tätig war, hat es nie ein Verlustjahr für ihn gegeben und bis auf einige wenige Jahre konnte er die Marktrenditen übertreffen. In den 60er Jahren erzielte seine Investment-Partnerschaft die wohl beste 10-Jahres-Erfolgsbilanz, die es im Fondsgeschäft je gegeben hat. Nicht nur, *dass* er die Renditen maßgeblicher Aktienindizes über zehn Jahre in Folge geschlagen hat – er hat sie haushoch übertroffen (siehe Kapitel 2). Von 1960 bis 1969 verzeichnete Buffett im Jahresdurchschnitt eine Rendite von 28,9 Prozent für seine Investoren, während der *Dow-Jones*-Industrieaktien-Index durchschnittlich 5,2 Prozent Rendite auswies. Ein Investor, der 1960 eine Investitionssumme von 10 000 Dollar in Buffetts Investment-Partnerschaft eingezahlt hatte, konnte 1969, als Buffett seine Zelte abbrach, weil er nur noch wenige Aktien zu vernünftigen Kurswerten fand, stolze 126 000 Dollar kassieren.

Buffetts langjähriger, geradezu ungeheuerlicher Erfolg ist auf vier Faktoren zurückzuführen: (1) die Verabscheuung von Verlusten, (2) eine routinierte Befähigung zu einem objektiven Börsenstil (nach Maßgabe mathematischer und nicht emotionaler Faktoren), (3) ein treffsicheres Gespür für unterbewertete Wertpapiere und (4) die Erkenntnis, dass internes Wachstum die Triebkraft für langfristige

Renditen ist. Über Buffetts Methoden sind lange Bücher geschrieben worden; in hunderten von Artikeln wurde versucht, Buffets synaptisches Potenzial aus seinen raren Kommentaren in der Öffentlichkeit abzuleiten. Immerhin aber hat Buffett so viel an Material hinterlassen, darunter seine Jahresberichte aus zwei Jahrzehnten, dass er selbst schrieb, jeder beliebige Anleger könne nun in seine Fußstapfen treten und Investmenterfolge erzielen. Inwieweit Buffett von Grahams Grundsätzen abweicht, lässt sich leicht in zehn Punkten zusammenfassen.

Punkt 1: Halten Sie sich ans „Schlagmann"-Konzept

Als persönliches Vermächtnis hat der berühmte Baseball-Spieler Ted Williams (der „Splendid Splinter") der Welt eines der besten Bücher hinterlassen, das je von einem Sportler geschrieben wurde: *The Science of Hitting*. Williams Grundthese lautete, man könnte im Schlägerfeld Minizonen markieren und anhand der Abgrenzungen die jeweiligen Fähigkeiten der Schlagmänner wie auch der Werfer testen. Ein hoher Inside-Schlag beispielsweise ließ Schwächen auf Seiten des Schlagmanns (*Batter*) und Stärken auf Seiten des Werfers (*Pitcher*) erkennen, während ein flacher Inside-Wurf einen Test für *Batter*-Stärken beziehungsweise *Pitcher*-Schwächen darstellte. Williams entwickelte einen taktischen Plan für die Schlagpartei: Die Schlagmänner sollten ihre Stärken und Grenzen erkennen und nach Möglichkeit nur solche Wurfbälle zurückschlagen, die ihre Stärkezonen kreuzen.

Buffett bedient sich im Zusammenhang mit Investmentobjekten einer ähnlichen Analogie: Wer dem Aktienmarkt folgt, verhält sich seiner Auffassung nach wie ein Spieler am Schlagmal, der einfach nur dasteht und tausenden von vorbeisausenden Wurfbällen nachsieht. Jeder Wurfball stellt eine Aktie dar, angeboten zu einem bestimmten Preis und zu einem bestimmten Zeitpunkt. Doch im Gegensatz zum Schlagmann auf dem Spielfeld sind Sie als potenzieller Anleger nicht genötigt, die Schlagkeule zu schwingen, denn Ihre Leistung wird nicht gewertet. In einer Vorlesung vor Betriebswirtschaftsstudenten an der *University of North Carolina* stellte Buffett sein „Schlagmann"-Konzept 1995 wie folgt dar:

Im Investmentgeschäft gibt es keinen Schlagzwang. Sie stehen da am Schlagmal und der Werfer kann den Ball genau auf die Mitte werfen, und wenn das *General Motors* zu 47 Dollar ist und Ihr Wissen nicht ausreicht, um sich für *General Motors* zu 47 Dollar zu entscheiden, lassen Sie den Ball einfach sausen,

ohne dass Ihnen ein Fehlschlag angerechnet wird. Von einem Fehlschlag kann nur dann die Rede sein, wenn Sie einen Schlagversuch machen und Ihnen dieser misslingt.

In der Tat sind Sie als Privatanleger gegenüber professionellen Fondsmanagern insoweit im Vorteil, als niemand Sie zu Fehlversuchen nötigt. Keiner fordert Sie auf, im laufenden Quartal den *S&P-500*-Index zu schlagen oder vom nächsten heißen Börsengang zu profitieren. Sie sind nicht verpflichtet, eine angemessene Rendite für tausende Klienten zu verdienen, und keiner verlangt von Ihnen, Ihr Portfolio vor der Veröffentlichung eines Jahresberichts noch schnell in Form zu bringen. Sie brauchen sich nicht um routinemäßigen Branchenwechsel oder um Kapitalaufteilung im Portfolio zu kümmern und es kann Ihnen gleichgültig sein, ob *Motorola* seine vierteljährlichen Gewinnziele erreicht oder ob Sie mit Ihrer Performance hinter Ihren Fondskonkurrenten zurückbleiben. Ihre einzige Aufgabe besteht darin, eine zufriedenstellende langfristige Rendite für Sie ganz persönlich zu erzielen. Sie genießen somit den Luxus, an die 100 Aktien im Monat prüfen zu dürfen, aber lediglich eine davon auszuwählen. Sie können in aller Gemütsruhe *Sun Microsystems* zu 50 Dollar links liegen lassen und mit Ihrem Kauf warten, bis die Aktien auf einen vernünftigen Kurs gesunken sind. Und sollten die *Sun*-Aktien überbewertet bleiben, braucht Sie auch das nicht anzufechten: Sie wenden Ihre Aufmerksamkeit eben irgendeinem der anderen 10000 öffentlich gehandelten Unternehmen zu. Sie können Ihre Broker Monat um Monat vertrösten, bis sie schließlich eine Ihnen hinlänglich bekannte Aktie zu einem anständigen Preis anbieten können. Sie haben die Freiheit, Ihr gesamtes Geld in Anleihen – oder Barmittel, Goldmünzen und Immobilien – zu investieren, wenn Sie keine attraktiv bewertete Aktie finden. Genau diesen Schritt hat Buffett 1969 getan; er löste seine Partnerschaft auf und verzichtete auf Aktien als Investmentobjekt, bis der Markt 1974 einen Tiefstand erreichte.

Der Aktienmarkt zwingt Sie nicht zum Kaufen. Wie Buffett sagt, führt er Sie lediglich in Versuchung. Sie können von jeder Aktie zu jedem Preis Abstand nehmen und sich damit trösten, kein Geld riskiert zu haben. Aber wenn Sie auf eine Aktie stoßen, die Ihnen zusagt und zu einem lächerlich niedrigen Kurs angeboten wird, dann sollten Sie zuschlagen. Solche Gelegenheiten sind nicht allzu häufig; da sollte sich kein Anleger etwas vormachen. Mit etwas Glück laufen Ihnen in Ihrer gesamten Anlegerkarriere vielleicht 20 solcher Schnäppchen über den Weg – Qualitätsaktien, die so unterbewertet sind, dass Sie ohne jedes Risiko investieren können. Aber auch andere und kaum weniger attraktive Gelegenheiten können sich bieten: Halten Sie sich schlagbereit!

Punkt 2: Vermeiden Sie Verluste

Wenn Sie Ihr gesamtes Vermögen in festverzinsliche Wertpapiere investieren und selbige bis zum Fälligkeitstermin halten, werden Sie nie einen Verlust erleiden. Verluste kommen dadurch zustande, dass Investoren größere Risiken in der Hoffnung auf höhere Gewinne eingehen. Um die Wahrscheinlichkeit solcher Verluste zu verringern, müssen Sie um Fehlerminimierung bemüht sein. Je weniger Fehler Sie in Ihrer Anlegerkarriere machen, desto besser fallen Ihre langfristigen Renditen aus. Denken Sie an die Vorteile, die Ihnen entstehen, wenn Sie den Markt auch nur um wenige Prozentpunkte im Jahr schlagen (siehe Kapitel 2). Im Lauf der Zeit nimmt Ihr Erfolg auf Grund der Kumulationseffekte ungeheure Ausmaße an. Vergleichbare Vorteile haben Sie, wann immer Sie Jahresverluste vermeiden können.

Wenn Sie Geld verlieren, und sei es auch nur für ein Jahr, verringern Sie damit den Endwert Ihres Portfolios ganz erheblich. Sie verzehren kostbare Ressourcen, die es zu ersetzen gilt. Zudem vergeuden Sie kostbare Zeit mit dem Versuch, den Verlust wieder auszugleichen. Verluste reduzieren obendrein die positiven Kumulationseffekte. Wir wollen zwei Portfolios betrachten, A und B: Beide Portfolios legen über einen Zeitraum von 30 Jahren 10 Prozent jährlich zu. Doch Portfolio B verzeichnet im fünften Jahr einen Verlust von 10 Prozent. Eine Investition von 10 000 Dollar in Portfolio A würde nach 30 Jahren 174 490 Dollar Rendite bringen. Portfolio B würde infolge des einen Verlustjahres beträchtlich weniger abwerfen – nur 142 760 Dollar (siehe Abbildung 15-1). Wenn nun Portfolio B zwei solcher Jahre mit jeweils 10 Prozent Verlust hätte (beispielsweise im fünften und im 15. Jahr), blieben dem Anleger zum Schluss nur 116 810 Dollar. Erfolgreiche Investoren sind wie Buffett geflissentlich um Verlustvermeidung bemüht.

Was aber können Anleger tun, um solche Verluste zu vermeiden? Natürlich können sie sich über Wasser halten, indem sie Aktien verkaufen, sobald diese unter die Gewinnschwelle abzusinken drohen. Langfristig dürfte eine solche Strategie aber trotzdem zu schlechteren Ergebnissen führen, weil unerträglich hohe Transaktions- und Provisionskosten anfallen würden. Eine andere Methode besteht schlicht darin, die Aktie zu halten, bis sie wieder über dem ur-

Jahr	Investor A* Jährlicher Gewinn	Portfolio	Investor B** Jährlicher Gewinn	Portfolio
0		$10000		$10000
1	10%	$11000	10%	$11000
2	10%	$12100	10%	$12100
3	10%	$13310	10%	$13310
4	10%	$14641	10%	$14641
5	10%	$16105	–10%	$13177
10	10%	$25937	10%	$21222
15	10%	$41772	–10%	$27963
20	10%	$67275	10%	$45035
25	10%	$108347	10%	$72530
30	10%	$174494	10%	$116810

* *Investor A erzielt 30 Jahre lang einen konstanten Jahresgewinn von 10 Prozent.*

***Investor B hat 10% Verlust im 5. und im 15. Jahr und erzielt in allen anderen Jahren jeweils 10% Gewinn.*

Abbildung 15-1: Verlustvermeidung in Barwerten

sprünglichen Kaufkurs liegt. Eine solche Strategie ist allerdings nur dann ratsam, wenn Sie Vertrauen zu dem betroffenen Unternehmen haben. Die Methode, die ich empfehlen würde, ist Benjamin Grahams Prinzip von der *Sicherheitsmarge* (siehe Kapitel 1): Kaufen Sie zu günstigen Kursen, um Ihr Verlustrisiko zu minimieren!

Punkt 3: Konzentrieren Sie sich auf wenige rentable Aktien

Wer Aktien zu Diversifikationszwecken erwirbt, ist nach Auffassung von Buffett kein kluger Anleger – Buffett selbst hält größere Anteile in höchstens einem Dutzend Unternehmen gleichzeitig. Investoren, die ihre Portfolios mit immer weiteren Aktienzukäufen absichern wollen, praktizieren letztlich einen auf Versuch und Irrtum basierenden „Arche Noah"-Ansatz: Außer dem Umstand, zwei Exemplare von allem zu haben, ergeben sich keine weiteren Vorteile. Wie viele andere wertorientierte Anleger definiert Buffett *Risiko* nicht so, wie es im Lehrbuch steht. Lehrbuchautoren bieten eine mathematische Risikodefinition nach Maßgabe der Aktienvolatilität. Einem solchen Verständnis zufolge sollte man hinreichend viele Aktien aus

Punkt 3: Konzentrieren Sie sich auf wenige rentable Aktien

verschiedenen Branchen zusammenstellen und damit nach Möglichkeit verhindern, dass ein Kurseinbruch bei einer einzigen Aktie verheerende Auswirkungen auf die Gesamtrendite hat. Allerdings reduziert sich bei dieser Methode auch der positive Renditeneffekt einiger hervorragender Aktien. In der Realität sieht es so aus, dass der Besitz guter, schlechter und schlichtweg mieser Aktien in einem Portfolio bestenfalls mittelmäßige Ergebnisse zeitigt.

Demgegenüber sieht Buffetts Ansatz vor, so viel Geld wie möglich in einige wenige unterbewertete Papiere zu investieren und die Aktien dann zu halten. Abbildung 15-2 zeigt die wichtigsten Aktienbestände, die Buffett seit 1977 in seinen *Berkshire-Hathaway*-Jahresberichten ausgewiesen hat: Über einen Zeitraum von 20 Jahren besitzt Buffett große Anteile an ein paar Dutzend Unternehmen, zusätzlich zu den acht Favoriten, die 1977 zu seinen Beständen zählten. Im Schnitt hält er jede Aktie für mehrere Jahre, wenngleich es auch vorgekommen ist, dass Buffett die eine oder andere Aktie großenteils oder auch in vollem Umfang schon nach kurzer Zeit wieder abgestoßen hat. Die Auflistung zeigt auch, dass Buffett bestimmte Branchen bevorzugt und folglich andere meidet. Konsumgüterwerte sind in Buffetts Portfolio stark vertreten, desgleichen Medienunternehmen, Verlage und Werbeagenturen. Hin und wieder hat Buffett große Anteile an Finanzgesellschaften wie *Federal Home Loan Mortgage, GEICO Insurance, National Student Marketing, PNC Banks* und *Wells Fargo* erworben und Werte aus der Schwerindustrie – *ALCOA, GATX, Cleveland Cliffs, Exxon, Handy & Harman, Kaiser Aluminum* und *R.J. Reynolds* – hinzugekauft. In diesen Fällen war Buffett bemüht, eher kurzfristige Branchentrends wie Einbrüche bei Rohstoffpreisen oder Zinssenkungen zu nutzen.

Aus der Aufstellung in Abbildung 15-2 können wir auch ersehen, inwieweit Buffett diversifiziert: Sein *Berkshire*-Portfolio weist die größten Bestände bei langfristig angelegten Unternehmenswerten („Kaufen und Halten") auf; die restlichen Portfolio-Werte betreffen Unternehmen, die kurzfristig zyklische Gewinne (innerhalb von drei bis fünf Jahren) abzuwerfen versprechen. Man kann nicht sagen, Buffett praktiziere stets nur „Kaufen und Halten". Vielleicht plant er zunächst, eine bestimmte Aktie auf unbegrenzte Zeit zu halten, sieht sich dann aber umständehalber doch veranlasst, sie wieder abzustoßen. Und das geschieht häufiger, als es Buffett-Biografen dargestellt haben. Nehmen wir zum Beispiel die *McDonald's*-Aktie, die Buffett 1966 gekauft, aber schon ein Jahr später wieder verkauft hat; oder die *Exxon*-Aktie, 1984 zum etwa Siebenfachen der Gewinne erworben, aber vermutlich noch vor dem Zusammen-

15 Erfolgreich investieren mit Warren Buffett

	1977	1978	1979	1980	1981	1982	1983	1984	1985	1986	1987	1988	1989	1990	1991	1992	1993	1994	1995	1996	1997
Affiliated Publications				290	452	461	691	691	691	1036											
ALCOA				435	704																
Amerada Hess			113	464																	
American Express																					
Arcata					420																
Beatrice Cos.									2351												
Capital Cities/ABC[1]	220	247	246					740	901	2990	3000	3000	3000	3000	3000	3000	3000	2000	20000	20000	20000
Cleveland Cliffs Iron					475																
Coca-Cola												14173	23350	46700	46700	2495	93400	100000	100000	200000	200000
Crum & Forster						909															
Exxon								3896													
Federal Home Loan Mtg.															2400	2400	2495	16197	13655	12761	12503	62246	63978
Gannett																			6854		
GATX					442																
GEICO[3]	1294	1294	3730	7200	7200	7200	6850	6850	6850	6850	6850	6850	6850	6850	6850	6350	34250	34250	34250	34250
General Dynamics																4350	4350				
General Foods			329	1984	2101	2101	4452	4047													
Gillette																24000	24000	24000	24000	48000	48000	48000
Guiness PLC																31247	38335	38335			
Handy & Harman				1008	2015	2379	2379	2379	2379	2379											
Interpublic Group	593	593	711	711	711	711	636	819													
Kaiser Aluminum	325	1066	1212	1212																	
Kaiser Industries	1306																				
Knight-Ridder	227	454																			
Lear Siegler										489											
McDonald's																					30157
Media General			283	283	283	283	197														

Punkt 3: Konzentrieren Sie sich auf wenige rentable Aktien

	1977	1978	1979	1980	1981	1982	1983	1984	1985	1986	1987	1988	1989	1990	1991	1992	1993	1994	1995	1996	1997
National Detroit Corp.		247																			
National Student Mkt.				882																	
Northwest Industries								556													
Ogilvy & Mather	171		391	391	391	391	250														
Pinkerton's				370	370																
PNC Bank																		19453			
R.J. Reynolds				246	1765	3108	5619														
SAFECO			954	1251	785																
Time						1531	901	2553	848												
Times Mirror Co.					151																
Travelers Group[2]																				24614	23733 21563
Walt Disney	934	934	1868	1869	1869	1869	1869	1869	1728	1728	1728	1728	1728	1728	1728	1728	1728	1728	1728	1728	1728
Washington Post													5000	5000	6358	6791	6791	6791	6791	7291	6690
Wells Fargo																					
Woolworth (F.W.)		772	667																		

[1] Von Walt Disney erworben.
[2] Durch Übernahme von Salomon Brothers erhalten.
[3] Von Buffett 1996 privatisiert.

Quelle: *Bershire-Hathaway*-Jahresberichte

Abbildung 15-2: Die wichtigsten Aktienbestände von Warren Buffett (1977–1997) [Aktienanzahl in Tausend, nicht splitangepasst]

bruch der Rohölpreise 1986 wieder verkauft. 1979 erwarb Buffett 772 000 *Woolworth*-Aktien zu einem Preis, der beim Sechsfachen der Gewinne lag. Er veräußerte die Aktie noch vor Beginn der Rezession 1981–1982. Später bekannte er öffentlich seine Abneigung gegen den Einzelhandel. Darüber hinaus gibt die Aufstellung zu erkennen, dass Buffett um Markt-Timing bemüht ist: Besonders zu Bärenmarkt-Zeiten begibt er sich auf die Jagd und schlägt bei preisgünstigen Aktien zu. In seinem Jahresbericht 1980 führte er 17 verschiedene Unternehmenswerte auf. 1987 hingegen, als der Markt zur Bullenstärke aufgelaufen war und anschließend zusammenbrach, hatte er nur noch drei zu verzeichnen – *GEICO*, *The Washington Post* und *Capital Cities/ABC*. Anstatt noch mehr Geld in überbewertete Aktien zu stecken, schaffte Buffett einen unternehmenseigenen Jet für *Berkshire* an. „Ich würde lieber eine gute Aktie als einen guten Flieger kaufen, aber so weit wir sehen können, gibt es nichts, was sich zu kaufen lohnt, selbst wenn der Preis noch 10 Prozent herunterginge."[2]

Punkt 4: Nutzen Sie „sichere Anlagen" als Garantie für positive Renditen

Buffett hat weithin Arbitragegewinne aus Übernahmen genutzt und damit nahezu risikofreie Renditen erzielt. Auf unsicheren Märkten haben ihn Übernahmegeschäfte gegen Verluste abgesichert und seine Jahresrenditen positiv gehalten. Übernahmegewinne entstehen, wenn ein Investor die Aktien eines Unternehmens nach dessen Einwilligung in die Akquisition kauft und dann von der Differenz zwischen Marktpreis und Übernahmeangebotspreis profitiert. Beispielsweise erhält ein Unternehmen ein Übernahmeangebot von 50 Dollar pro Aktie, aber bis die Akquisition als solche abgewickelt ist, liegt der Kurs der Aktien vielleicht nur noch bei 46 Dollar – ein Abschlag von 8 Prozent. Wenn die Übernahme zustande kommt, haben Sie mit 4 Dollar einen 8-prozentigen Gewinn gemacht. Nun mögen diese 8 Prozent nicht besonders attraktiv erscheinen, aber im Jahresschnitt kann die Rendite ohne weiteres das Zwei- oder Dreifache betragen, je nachdem, wie schnell sich die Unternehmen einig werden. So ergibt ein Abschlag von 8 Prozent auf das Jahr umgerechnet einen Gewinn von 36 Prozent, wenn die Transaktion innerhalb eines Quartals vollzogen wird. Sofern Sie nun mehrere sol-

---

[2] Zitat aus dem *Berkshire-Hathaway*-Jahresbericht 1986.

cher Deals nutzen, verschaffen Sie sich schnell ein Sicherheitspolster in einem ansonsten eher schlechten Aktienjahr. Wenn Buffett mit Übernahmegeschäften spekuliert, setzt er auf solche Kandidaten, deren Fusionsabsichten mit Sicherheit bekannt werden. Falls beide Parteien die geplante Fusion widerrufen oder die Bundesregierung die Transaktion verhindert, dürfte die Aktie des Zielunternehmens drastisch abstürzen; dieses Risiko muss der Arbitrageur einkalkulieren. Demgegenüber sind Buffett gelegentlich spektakuläre Erfolge gelungen, wenn die Aktie des Zielunternehmens nach Ankündigung der Fusionsabsichten in die Höhe schossen.

Punkt 5: Verlassen Sie sich nicht auf allzu seltene Absolutwerte

Die große Depression, die Graham tief beeindruckt hatte, war Millionen von Amerikanern nur noch in schwacher Erinnerung, als Buffett mit seinen Investmententscheidungen einen Volltreffer nach dem anderen erzielte. Auch der zweite Weltkrieg schien weit zurück zu liegen. In der amerikanischen Wirtschaft und auf den amerikanischen Märkten war wieder Stabilität eingekehrt; die Zeit der Superangebote im Aktienhandel, als Unternehmensbeteiligungen zu einem KGV von 2 beziehungsweise zu einem Bruchteil ihrer Bilanzwerte verkauft wurden, gehörte der Vergangenheit an. Buffett, der die vollen Auswirkungen der Marktpreise in der Ära der Depression nicht selbst erlebt hatte, mochte sich immer weniger an Grahams strikte bilanztechnische Unternehmensbewertungen halten und tendierte mehr zu den Veröffentlichungen von Philip Fisher, der als einer der Ersten die Vorteilhaftigkeit von Investitionen in Wachstumsunternehmen nachgewiesen hatte. Nachdem Buffett jahrelang die Methoden von Graham praktiziert hatte, löste er sich von Grahams „Zigarrenstummel"-Ansatz, wie er es nannte: Er wollte nicht mehr ausschließlich in billige Unternehmenswerte investieren, die nur noch einen guten Zug lohnten. Andererseits hat sich Buffett nie direkt zu Wachstumsmethoden bekannt, dafür steckte noch zu viel „Graham" in ihm. Nie hat er sich bei seinen Bewertungen Prognosen hingegeben oder Bestätigung für seine Investitionsentscheidungen von einem trunkenen Markt erwartet. Buffett kommt das große Verdienst zu, dass er das Zusammenspiel von Wachstum und Wert richtig erkannt hat. „Ben Graham wollte immer nur ein quantitatives Geschäft. Ich will ein quantitatives Geschäft mit Blick auf künftige Cash-Ströme", hat Buffett 1993 gesagt.³ Wenn ein Unternehmen nicht mehr wachsen oder seine einbehaltenen Gewinne hinreichend steigern kann (siehe Kapitel 10), stellt dieses Unternehmen für Buffett kein lohnendes Investmentobjekt dar, so niedrig der Preis auch sein mag. Für ihn ist unabdingbar, dass Unternehmen ihren inneren Wert ständig erhöhen. Genauso wichtig ist, dass die Gewinne mit einer Zuwachsrate steigen, die Buffett einen Inflationsausgleich bietet. Diese Verzahnung von wertorientierten und wachstumsorientierten Investmentstrategien, entstanden aus dem Bestreben, Inflationsrate und Anleiherenditen zu schlagen, ist vielleicht der größte Beitrag, den Buffett der Finanzwelt geliefert hat.

Buffett kommt das große Verdienst zu, dass er das Zusammenspiel von Wachstum und Wert richtig erkannt hat.

Buffetts Anlagestil ist auch weiterhin durch die Kombination von Wachstum und Wert geprägt – seine Investitionen in *American Express*, *Gillette*, *Wells Fargo Bank* und *Coca-Cola* sind ein deutlicher Hinweis darauf. Diese vier Unternehmensbeteiligungen lassen erkennen, dass Buffett nicht davor zurückscheut, für ein Wachstumsunternehmen ein höheres KGV zu zahlen, solange die langfristig erwarteten Gewinne des Unternehmens eine gewisse Sicherheit bieten. Ein Investor schläft 15 Jahre lang den Schlaf des Gerechten, so etwa formuliert es Buffett, und wenn er aufwacht, machen *Coca-Cola* und *Gillette* noch genau dasselbe wie eh und je – sie verkaufen Erfrischungsgetränke beziehungsweise Toilettenartikel. Danach bemisst Buffett Sicherheit.

Punkt 6: Kaufen Sie nachvollziehbare Unternehmenswerte

Sie kennen nicht den Unterschied zwischen einer Fräse von *Black & Decker* und einem entsprechenden Gerät von *Cisco Systems*? Dann sollten Sie um beide Aktien einen Bogen machen. Wenn Sie sich an einem Unternehmen beteiligen wollen, von dessen Geschäftstätigkeiten Sie keine Ahnung haben, können Sie sich genauso gut ins Cockpit einer DC-10 setzen: Sie landen nur dann auf Ihren Füßen, wenn das Flugzeug auf Autopilot geschaltet ist oder Sie das Glück

---

³ Robert Lenzner, „Warren Buffett's Idea of Heaven: I don't have to work with people I don't like", *Forbes 400*, 18. Oktober 1993, S. 40.

Punkt 6: Kaufen Sie nachvollziehbare Unternehmenswerte

haben, zufällig die richtigen Knöpfe und Schalter zu erwischen. Sie werden immer wieder versucht sein, mit einer exotischen, schnell steigenden Aktie aus einer Wachstumsbranche zu spekulieren, aber wenn es Ihnen selbst an rudimentären Kenntnissen hinsichtlich der Produkte oder Dienstleistungen des betroffenen Unternehmens mangelt, sollten Sie die Finger davon lassen. Buffett zufolge können Sie auf diese Weise Ihr Portfolio vor Schaden bewahren. Im Nachhinein eine Unterlassungssünde bedauern zu müssen ist niemals so schmerzlich wie die Konsequenz einer Investition, die Ihre Fähigkeiten übersteigt. Zu den besonders leistungsstarken Unternehmen der 90er Jahre zählten übrigens wenig reizvolle Unternehmungen in ebenso tristen Branchen: das Bestattungsunternehmen *Service Corp. International*, die Einzelhandelskette *Walgreen*, der Billigmarkt *Home Depot* und der Motorrad-König *Harley-Davidson*, um nur ein paar Namen zu nennen.

Ich gebe meinen Klienten häufig den Rat, aus demselben Grund die meisten ausländischen Aktien zu meiden. Sie sollten auf Investitionen im Ausland verzichten – es sei denn, Sie verfügen über genaue Kenntnisse in Bezug auf Wirtschaft, Steuergesetzgebung, Bilanzierung und politische Umgebung, in der das betroffene ausländische Unternehmen tätig ist. Je weniger Sie vor Ihrem Aktienkauf über ein Investmentobjekt wissen, desto mehr wagen Sie sich auf jenes gefährliche Territorium vor, das gemeinhin als spekulativ gilt. In Anbetracht der mehr als 10 000 öffentlich gehandelten US-stämmigen Unternehmen gibt es kaum einen Grund, begehrliche Blicke über den großen Teich zu werfen. Die Vereinigten Staaten haben das breiteste Spektrum an Unternehmen und Branchen schlechthin zu bieten, einschließlich dutzender Nischenbranchen und Nischenunternehmen; es müsste schon etwas Geeignetes darunter sein. Sie dürften kaum eine so außergewöhnlich gute ausländische Aktie finden, dass Sie Ihnen ein besseres Wertsteigerungspotenzial verspricht als eine vergleichbare amerikanische Aktie.

Buffett meidet ganz bewusst viele US-amerikanische und ausländische Unternehmen – nämlich solche aus der Technologiebranche – aus dem einfachen Grund, dass er von diesem Umfeld zu wenig versteht. Dennoch hat er es nie bedauert, nicht in Unternehmen wie *Oracle*, *Intel*, *Hewlett-Packard* oder *Texas Instruments* eingestiegen zu sein. Auf die Frage, warum er denn keine Technologiewerte erwerbe, gab Buffett den *Berkshire-Hathaway*-Aktionären 1988 zur Antwort, er wolle sich nicht der Konkurrenz aussetzen in einem Bereich, der von Experten beherrscht werde.

Die Wahrheit ist, dass ich nicht weiß, wie *Microsoft* oder *Intel* in zehn Jahren aussehen werden. Und ich will mich nicht an einem Spiel beteiligen, bei dem ich davon ausgehen muss, dass die anderen im Vorteil sind. Ich könnte jetzt das ganze nächste Jahr ununterbrochen über Technologiewerte nachdenken und wäre dann der Hunderttausendste von Aberzehntausenden gescheiter Köpfe hierzulande, die sich mit solchen Geschäften befassen. Das käme einem Hochsprung mit der Latte bei 2 Meter 10 oder 2 Meter 40 gleich und dazu bin ich nicht imstande.[4]

Punkt 7: Halten Sie Ausschau nach hohen Eigenkapitalrenditen

In Kapitel 10 habe ich ausgeführt, welche Bedeutung die Eigenkapitalrendite für einen wertorientierten Anleger hat. Buffett schwört auf diesen Performance-Standard. In den letzten 20 Jahren hat er bei vielen Gelegenheiten seine Vorliebe für Unternehmen gezeigt, die mindestens eine 15-prozentige Eigenkapitalrendite im Jahr erwirtschaften können. Mit einer so hoch angesetzten Mindestrendite beschränkt sich Buffett bewusst auf Unternehmen, die ein starkes, stetiges Gewinnwachstum zu verzeichnen haben (siehe Zusammenhang zwischen Eigenkapitalrendite und Gewinnzuwachs in Kapitel 8). Ein Unternehmen, das keine Dividende zahlt und konsistent Eigenkapitalrenditen über 15 Prozent ausweist, wird jährliche Gewinnzuwachsraten von weit mehr als 15 Prozent erzielen. Und damit dürfte auch der Kurs der Aktie auf die Dauer um mindestens 15 Prozent im Jahr steigen – eine Steigerungsrate, die weit über der Inflationsrate und über den Anleiherenditen liegt. Bei der Berechnung von Eigenkapitalrenditen nimmt Buffett eine einfache Anpassung vor: Er dividiert den jährlichen *operativen Ertrag* (nicht den Nettoertrag) durch das Eigenkapital. Nehmen wir zum Beispiel an, ein Unternehmen weist 10 Mio. Dollar Nettoertrag und 15 Mio. operativen Ertrag bei einer Eigenkapitalbasis von 30 Mio. Dollar aus. Steht nun der Nettoertrag im Zähler, beläuft sich die Eigenkapitalrendite auf 33,3 Prozent. Wird der operative Ertrag eingesetzt, ergibt sich eine Eigenkapitalrendite von 50 Prozent. Die operative Eigenkapitalrendite vermittelt ein realistischeres Bild davon, wie gut das Management das in Form von Aktien und Anleihen bereitgestellte Investorenkapital genutzt hat. Den Nettoertrag können die Unternehmen leicht durch Angabe außerordentlicher Gewinne oder Verluste manipulieren.

---

[4] Zitat aus dem Protokoll der *Berkshire-Hathaway*-Jahreshauptversammlung 1998, veröffentlicht auf der Web-Site von *Morningstar, Inc.*

Punkt 8: Suchen Sie nach „Bollwerk"-Werten

Ein Unternehmen, das Markenartikel, neuartige Produkte oder von der Konkurrenz nur schwer zu kopierende Erzeugnisse herstellt, besitzt einen undurchdringlichen Schutzschild – ein „Bollwerk", in dem es sich verschanzen und jahrelang ungehindert wachsen kann. *FlightSafety International*, Hersteller von Cockpitsimulatoren, war schon seit Jahren ohne ernsthafte Konkurrenz auf dem Markt, als Buffett das Unternehmen 1996 kaufte. *Dairy Queen International*, ein 1997 von Buffett erworbenes Unternehmen, kennt in ganz Nordamerika keine Rivalen im Softeisgeschäft. Und *Walt Disney* sucht gar weltweit seinesgleichen.

Buffett hält gezielt Ausschau nach Aktien mit vertretbaren Franchise-Werten wie beispielsweise *Coca-Cola* mit seinem in aller Welt hoch angesehenen Markennamen. *Coke* besitzt führende Marktanteile in fast jedem Land, in dem es seine Erfrischungsgetränke vertreibt. Die Tatsache, dass dieses Unternehmen nach 110-jähriger Marktpräsenz seinen Umsatz immer noch um 10 bis 12 Prozent im Jahr zu erhöhen vermag, ist seinem unglaublichen Franchise-Wert zu verdanken. Eine weitere „Bollwerk"-Aktie besitzt Buffett mit dem Unternehmen *Gillette*, das sich mit Rasierklingen und Kassetten in den meisten Ländern ebenfalls dominierende Marktanteile sichert. „Ich schlafe deshalb so ruhig, weil ich weiß, dass allmorgendlich 2 Mrd. Männer aufwachen und sich rasieren müssen", pflegt Buffett in solchem Kontext anzumerken.

„Bollwerke" kann es weltweit geben, wie das Beispiel *Coca-Cola* zeigt; aber auch lokale Einrichtungen können „Bollwerk"-Wirkung haben – etwa Ihre Sparkasse am Ort oder eine regionale Lebensmittelkette. Einige besonders leistungsstarke Investmentobjekte in Buffetts Portfolio sind Privatunternehmen, darunter *See's Candies* und der *Nebraska Furniture Mart* – beide Unternehmen besitzen buchstäblich ein Monopol in ihrem Umfeld. Wenn ein Unternehmen ein solches „Bollwerk" für sich beanspruchen kann, braucht es bei Preiserhöhungen keine Einbußen bezüglich seiner Marktanteile zu befürchten; allerdings sind nur noch wenige amerikanische Unternehmen mit diesem Luxus gesegnet. Dennoch: Buffett meidet Unternehmen, die wie Stahlfabrikanten, Autohersteller, Fluggesellschaften und Einzelhändler massengüterähnliche Produkte oder Dienste bereitstellen. Diese Unternehmen müssen hohe Beträge von ihren Jahresgewinnen für die Modernisierung von Sachanlagen oder die Entwicklung neuer Produkte aufwenden, nur um mit „flinkeren" Konkurrenten Schritt halten zu können.

Punkt 9: Verkaufen Sie starke Unternehmenswerte nicht zu früh

Wenn Sie abschätzen können, wo ein Unternehmen in 15 bis 20 Jahren stehen wird, können Sie sich auch mit Gewissheit darauf verlassen, dass dieses Unternehmen konsistente Renditen liefern wird. Da solche Unternehmen aber vergleichsweise rar sind, empfiehlt es sich, entsprechende Aktien nach Erwerb zu attraktiven Preisen langfristig zu halten. Die größten Fehler sind Buffett dann unterlaufen, wenn er auf der Suche nach raschen Gewinnen das längerfristige Potenzial des Unternehmens aus dem Blickfeld verlor. Eines seiner ersten Investmentobjekte war *City Service Preferred*: Buffett erwarb Unternehmensanteile zu 38 Dollar im zarten Alter von 11 Jahren. Die Aktie stieg letztlich auf 200 Dollar, doch Buffett verkaufte seine Aktien zu 40 Dollar und verdiente sich damit ein Taschengeld, das wohl jedes Kind für einen tollen Gewinn gehalten hätte. Mitte der 60er Jahre kaufte Buffett 6 Prozent *Walt-Disney*-Anteile zum lächerlich geringen Preis von 5 Mio. Dollar, verkaufte aber seinen gesamten *Disney*-Bestand schon ein Jahr später für 6 Mio. Dollar. Hätte er die Aktien gehalten, wäre seine ursprüngliche Investition 1998 an die 2 Mrd. Dollar wert gewesen.

So gut wie jede Aktie, die Sie verkaufen, wird eines Tages zu einem sehr viel höheren Preis gehandelt werden. Wenn Sie meinen, dass ein Unternehmen das Potenzial zu einer deutlichen künftigen Wertsteigerung hat, sollten Sie die Aktien wie einen Goldschatz horten. Sofern Sie nicht überzeugt sind, dass die Aktie weiterhin steigt, hätten Sie von vornherein die Finger davon lassen sollen! Halten Sie eine Aktie keine fünf Minuten, wenn Sie nicht bereit sind, selbige mindestens für fünf Jahre zu halten!

So gut wie jede Aktie, die Sie verkaufen, wird eines Tages zu einem sehr viel höheren Preis gehandelt werden. Wenn Sie meinen, dass ein Unternehmen das Potenzial zu einer deutlichen künftigen Wertsteigerung hat, sollten Sie die Aktien wie einen Goldschatz horten.

Punkt 10: Ignorieren Sie den Markt

An dieser Stelle gerät Buffetts Strategie zu einer Pille, an der man schwer zu schlucken hat: Buffett rät dem Anleger, Scheuklappen aufzusetzen und sich nicht um die Tagesschwankungen am Markt zu scheren. Ihn lässt es völlig kalt, ob die Aktien der *Dow-Jones*-Industrieunternehmen steigen oder fallen und was man in Anbetracht der neuesten Wirtschaftsnachrichten zu tun oder zu lassen hat. Er ignoriert solch kurzfristiges „Rauschen" und geht davon aus, dass ein Aktienkurs im Lauf der Zeit den Wachstumsraten des Unternehmens folgt. Es wäre Buffett völlig gleichgültig, wenn die Börse für zwei Jahre schließen würde und er für keines seiner Unternehmen den aktuellen Tageskurs erfahren würde. Mit und ohne Wall Street – die Unternehmen würden ihren Geschäften nachgehen und Gewinne erwirtschaften, die ihren inneren Wert und damit den Wert von Buffetts Unternehmensanteilen erhöhen. Stellen Sie sich einen Augenblick lang vor, der Aktienmarkt würde morgen geschlossen. Was würde denn passieren? In der Broker-Branche würde es bröseln, das schon, aber für die Unternehmen würde sich gar nichts ändern. Würde denn *General Electric* funktionsunfähig, wenn keiner mit *GE*-Aktien handeln könnte? Würden die Bestellungen für *Intel*-Mikroprozessoren zurückgehen? Würden die Verbraucher keine Haushaltsreiniger von *Procter & Gamble* mehr kaufen? Müsste *Ford* seine neuen Autos zurückrufen? Natürlich nicht! Alle diese Unternehmen würden vermutlich genauso funktionieren wie sonst auch. Obendrein bräuchten sie nicht ständig auf die nächsten Quartalsgewinne zu schielen, sondern könnten glücklich und zufrieden ihrer Produktionstätigkeit nachgehen – ohne den Druck, Fondsmanager, Arbitrageure, Analysten und Tagesspekulanten befriedigen zu müssen. *General Electric*, *Intel*, *P&G* und *Ford* besäßen natürlich immer noch ihren Wert. Aber ihr Wert würde, wie es sich gehört, auf den bilanztechnisch ausgewiesenen Gewinnen und Cashflow-Zahlen basieren – nicht auf Marktlaunen, Gerüchten, Chart-Konstellationen und Analystengemurmel.

Zusammenfassung: Mr. Buffett hat das Wort

In einer Veröffentlichung aus dem Jahr 1987 hat Warren Buffett bemerkt, Anleger könnten bei der Auswahl geeigneter Aktien sehr viel erfolgreicher sein, wenn sie sich Folgendes klarmachen würden: Wall Street ist dazu da, Ihnen zu Diensten zu sein, nicht aber, um Ihnen Anweisungen zu erteilen. Gehen Sie nie davon aus, dass der aktuelle Marktpreis für ein Unternehmen ein fairer Preis ist. Es steht Ihnen frei, jedwede Aktie abzulehnen, deren Kurs nicht nach Ihrem Geschmack ist. Die nachstehend wiedergegebene Passage aus Buffetts Brief an die Aktionäre im *Berkshire-Hathaway*-Jahresbericht 1987 zählt zu den großartigsten Investment-Fibeln, die je verfasst wurden:

15 Erfolgreich investieren mit Warren Buffett

Wann immer Charlie [Charlie Munger, Direktor von *Berkshire Hathaway*] und ich Stammaktien für unsere *Berkshire*-Versicherungsgesellschaften kaufen, gehen wir an die Sache heran, als ob wir es mit einem Privatunternehmen zu tun hätten. Wir schauen uns die Wirtschaftsperspektiven des Unternehmens an, die Leute in der Geschäftsführung und den Preis, den wir zahlen sollen. Wir haben keine Zeit- oder Preisvorstellungen für einen späteren Verkauf. Vielmehr sind wir bereit, eine Aktie für unbegrenzte Zeit zu halten, solange wir davon ausgehen können, dass der innere Unternehmenswert mit einer zufriedenstellenden Zuwachsrate steigt. Bei unseren Investmentgeschäften verstehen wir uns als Unternehmensanalysten – nicht als Marktanalysten, nicht als Wirtschaftsanalysten und nicht einmal als Wertpapieranalysten.

Für unser Vorgehen macht ein aktiver Handelsmarkt Sinn, denn er bietet uns von Zeit zu Zeit Schnäppchen, die einem den Mund wässrig machen. Aber notwendig ist er nicht: Eine längere Aussetzung jeglicher Handelstransaktionen bei unseren Wertpapieren würde uns nicht mehr ausmachen, als wenn wir keine Tagesnotierungen für *World Book* oder *Fechheimer* [zwei Unternehmen im *Berkshire-Hathaway*-Besitz] mehr bekämen. Wirtschaftlich gesehen hängen unsere Geschicke letztlich immer von der wirtschaftlichen Entwicklung „unserer" Unternehmen ab – gleich, ob wir sie nur anteilig oder zu 100 Prozent besitzen.

Ben Graham, mein Freund und Lehrer, hat vor langer Zeit eine Einstellung zu den Schwankungen des Marktes beschrieben, wie ich sie für den Erfolg an der Börse als höchst zuträglich erachte. Er sagte, man solle sich Börsennotierungen als Äußerungen eines bemerkenswert zuvorkommenden Gesprächspartners namens Mr. Börse vorstellen. Mr. Börse vertritt ein Privatunternehmen und macht täglich seine Aufwartung, um Ihnen einen Preis zu nennen, zu dem er Ihre Anteile kaufen oder Ihnen seine Anteile verkaufen möchte.

Das Unternehmen in Ihrem beiderseitigen Besitz mag wirtschaftlich stabile Merkmale aufweisen, aber die Notierungen des Mr. Börse sind alles andere als stabil. Denn der arme Kerl, so muss man leider sagen, leidet unter unheilbaren emotionalen Problemen. An manchen Tagen bricht er in Euphorie aus und sieht nur die positiven Seiten des Geschäfts. In einer solchen Stimmung nennt er sehr hohe Kauf-/Verkaufspreise, weil er Angst hat, Sie wollten seinen Anteil wegschnappen und ihn seiner fast schon greifbaren Gewinne berauben. An anderen Tagen versinkt er in Depression und sieht nichts als Probleme, die auf das Geschäft und die Welt zukommen. Dann nennt er einen sehr geringen Preis, denn es packt ihn das Entsetzen, Sie könnten Ihren Anteil abstoßen und ihm Verluste einbringen.

Mr. Börse hat aber auch einen liebenswerten Zug: Er nimmt es nicht übel, wenn Sie ihn nicht beachten. Wenn Ihnen seine Preisnotierungen heute nicht zusagen, kommt er morgen mit neuen Kursen wieder. Sie sind in Ihren Optionen völlig frei. Unter diesen Bedingungen ist es sogar umso vorteilhafter für Sie, je stärker sein manisch-depressives Verhalten ausgeprägt ist.

Doch wie Aschenputtel beim Hoftanz müssen Sie auf eines Acht geben, sonst verwandelt sich alles in Plumpsäcke und Mäuse: Mr. Börse ist dazu da, Ihnen zu Diensten zu sein, nicht aber, um Ihnen Anweisungen zu erteilen. Für Sie ist nur seine Geldbörse von Interesse – auf seine Börsenweisheit können Sie verzichten. Sollte er eines Tages besonders launisch auftreten, steht es

Ihnen frei, ihn zu ignorieren oder von ihm zu profitieren; verheerend aber ist es, wenn Sie unter seinen Einfluss geraten. Man kann sogar sagen: Wenn Sie nicht sicher sind, dass Sie Ihr Geschäft besser kennen und bewerten können als Mr. Börse, sollten Sie nicht mit von der Partie sein! Wie heißt es so schön beim Pokern: „Wenn du nach dreißigminütigem Spiel immer noch nicht weißt, wer hier der Trottel ist, dann bist du's selbst!"

Bens allegorische Darstellung des Mr. Börse mag in der heutigen Welt der Investoren überholt erscheinen, wo doch die meisten Profis und Experten von effizienten Märkten, dynamischen Hedging-Techniken und Beta-Faktoren reden. Das Interesse der Leute an derartigen Dingen ist verständlich, denn solche in geheimnisvolles Dunkel gehüllte Techniken sind von klar durchschaubarem Wert für die Hoflieferanten von Investmentempfehlungen. Welcher Medizinmann wäre schließlich je zu Ruhm und Reichtum gelangt, hätte er schlicht „zwei Aspirin" verordnet?

Welchen Wert solche Börsen-Esoterik allerdings für den Empfänger von Investmentempfehlungen hat, sei dahingestellt. Meiner Ansicht nach werden Anlageerfolge nicht mit Geheimformeln und Computerprogrammen erzielt, auch nicht nach Maßgabe von Signalen, wie sie vom Preisverhalten der Aktien und Märkte ausgesendet werden. Vielmehr wird ein Investor dann Erfolg haben, wenn er gutes unternehmerisches Urteilsvermögen mit der Fähigkeit zu verbinden weiß, sich im eigenen Denken und Tun von den höchst virulenten Emotionen am Markt fernzuhalten. Aus eigener Erfahrung weiß ich, dass diese Distanzierung besser gelingt, wenn man Bens Mr. Börse stets vor Augen hat.

Charlie und ich folgen Bens Lehren und lassen uns von den operativen Ergebnissen unserer börsengängigen Aktienwerte – nicht von ihren täglichen oder auch jährlichen Kursnotierungen – überzeugen, ob unsere Investitionen erfolgreich sind oder nicht. Der Markt mag Unternehmenserfolge eine Zeit lang verkennen, wird sie aber letztlich honorieren. Wie Ben gesagt hat: „Kurzfristig gesehen ist der Markt ein Abstimmungsmechanismus, langfristig aber ist er ein Gewichtungsmechanismus." Wie schnell der Erfolg eines Unternehmens erkannt wird, ist nicht sonderlich wichtig, solange der innere Wert des Unternehmens mit einer zufriedenstellenden Zuwachsrate steigt. Es kann sogar von Vorteil sein, wenn der Markt für seine Erkenntnis länger braucht: Umso besser können wir die Gelegenheit nutzen, mehr von einem guten Objekt zu einem günstigen Preis zu erwerben.

Manchmal bewertet der Markt ein Unternehmen allerdings auch höher, als dies in Anbetracht der zugrunde liegenden Fakten gerechtfertigt erscheint. In einem solchen Fall verkaufen wir unsere Bestände. Manchmal verkaufen wir auch ein angemessen bewertetes oder sogar unterbewertetes Papier, weil wir Gelder für ein noch stärker unterbewertetes Investmentobjekt oder eine für uns besser nachvollziehbare Kapitalanlage benötigen.

Allerdings weisen wir in aller Deutlichkeit darauf hin, dass wir keine Aktienbestände nur deshalb abstoßen, weil sie im Wert gestiegen sind oder schon lange in unserem Besitz waren. (Die dümmste aller Wall-Street-Maximen ist wohl diese: „Wer Gewinne mitnimmt, kann nicht Pleite gehen.") Wir sind es zufrieden, ein Wertpapier auf unbegrenzte Dauer zu halten, solange das betreffende Unternehmen voraussichtlich eine zufriedenstellende Eigenkapitalrendite erwirtschaftet, das Management kompetent und vertrauenswürdig ist und der Markt das Unternehmen nicht überbewertet.[5]

In elf leicht verständlichen Abschnitten fasste Buffett dann die wichtigsten Voraussetzungen für erfolgreiches wertorientiertes Investieren zusammen. Er brachte alles auf den Punkt, was je über Finanzierung und gezielte Aktienauswahl geschrieben worden ist – Gutes und Schlechtes wie auch regelrechte Schikane. Seine Hauptthesen, die jedem Anleger zum Erfolg verhelfen dürften, sollen abschließend kurz wiedergegeben werden:

1. *Betrachten Sie sich als „Unternehmensanalyst", nicht als Ersteller von Marktprognosen.* Niemand hat je konsistent voraussagen können, in welcher Richtung sich Wirtschaft oder Aktienmarkt entwickeln. Auch Sie werden das nicht schaffen. Wenn Sie diese Einschränkung akzeptieren, haben Sie schon viel gewonnen. Denn jede Investmententscheidung, die Sie nach Maßgabe von Fluktuationen am Markt oder in der Wirtschaft treffen, führt mit höherer Wahrscheinlichkeit zum Misserfolg. Doch wenn Sie Ihre Aufgabe auf die Bewertung von Unternehmen beschränken, können Sie auf Dauer nur Erfolg haben.
2. *Lassen Sie sich nicht durch Aktienkursschwankungen beeinträchtigen, zumal selbige häufig nur irrationale Reaktionen auf irgendwelche Ereignisse zu erkennen geben.* Das entscheidende Erfolgskriterium ist die Wachstumsrate Ihrer Unternehmen. Langfristig gesehen folgen Aktienkurse stets dem Unternehmenswachstum.
3. *Betrachten Sie Aktienkurse nicht als faire Preise.* Wenn Ihr Börsenfavorit zu 30 Dollar je Aktie gehandelt wird, bedeutet das noch lange nicht, dass das Unternehmen 30 Dollar wert ist. Es kann 20 Dollar wert sein; es kann 50 Dollar wert sein. Sie allein entscheiden, ob das Kursangebot angemessen ist oder nicht.
4. *Der Markt gelangt gelegentlich zu offenkundigen Fehleinschätzungen bei der Beurteilung des wahren Unternehmenswertes.* Ein kluger Anleger hält sich bereit, bei billig angebotenen Unternehmenswerten zuzuschlagen, die Aktien aber auch wieder abzustoßen, wenn ihr Wert deutlich überschätzt worden ist.
5. *Wall Street sieht ihren vornehmlichen Auftrag darin, Ihnen etwas zu verkaufen und Sie mit quantitativen Belegen zu Börsentransaktionen zu veranlassen.* Die Börse lebt davon, dass sie sich mit dem Schleier

---

[5] Zitat aus Warren Buffetts Brief an die Aktionäre im *Berkshire-Hathaway*-Jahresbericht 1987. Nachdruck des amerikanischen Originals mit freundlicher Genehmigung von Warren E. Buffett.

des Geheimnisvollen umgibt. Sie erhebt den Anspruch, Investieren sei ein durch und durch gelehrtes Unterfangen; damit soll aber lediglich erreicht werden, dass Sie sich durch ihre geheimen Methoden einfangen lassen und voller Ehrfurcht zu ihren führenden Persönlichkeiten aufblicken.

6. *Kein noch so umfangreiches technisches oder mathematisches Wissen kann die altmodische Analyse von Jahresabschlüssen ersetzen.* Erfolgreiches Investieren in Aktienwerte setzt nicht mehr voraus als ein bescheidenes mathematisches Grundwissen, praktische Kenntnisse in Bezug auf grundlegende Unternehmensprinzipien, ein gewisses Maß an Intuition, das man sich durch Erfahrung aneignen kann, sowie die Fähigkeit, Jahresabschlüsse zu lesen – nicht mehr und nicht weniger.

7. *Als wertorientierter Anleger heben Sie sich von der breiten Masse der Investoren ab, sind ihr aber um Nasenlängen voraus.* Wenn sich jeder dem *Value Investing* verschreiben würde, gäbe es kaum noch Werte auf dem Markt. Die Tatsache, dass die meisten Investoren auf Börsennachrichten irrational reagieren beziehungsweise vor ihren Aktienkäufen keine angemessene Unternehmensbewertung vornehmen, kann Ihnen nur zum Vorteil gereichen. Von solchen Launen sollen Sie profitieren!

Stichwortverzeichnis

Ziffern

10-Prozent-Regel, 39f.
3Com, 204

A

Abbot Laboratories, 35, 179, 279
ABC, 301
Abschreibungsquote, 104
Absicherung, 197
Advanced Micro Divices, 153
Akquisitions(-), 307, 344
– aufwand, 244
– kosten, 243
– politik, 282
Aktien-
– rückkäufe, 285f.
– split, 26f., 32, 165, 309, 333
– verkauf, 331f.
Alcoa, 341
AlliedSignal, 225
Allmon, Charles, 273
American Express, 67, 300, 306, 346
Analysen, charttechnische, 136
Andrew Corp., 234, 236
Anheuser-Busch, 300
Anlage-
– verhalten, 24, 30, 70, 82, 101, 131
– wert, 20
Anleihe/Aktie, 103f.
Anleihetreuhänder, 113
Arbitragegewinne, 344

AT&T, 282, 285, 288f., 293
Atlantic Richfield, 225
Aufgeld, 116, 119, 159, 268f., 282f., 296f., 318, 323
Aufschlag, 258
Ausschüttungsquote, 206f., 210
Ausstiegsstrategien, 329
Automatic Data Processing, 179

B

Babson, Roger, 33, 98
Baby-Bell, 289, 311
Baisse-Markt, 126
Baldwin, 299
Banc One, 225
Bank of New York, 225
Bärenmarkt, 17, 93, 126, 156, 272, 344
Bernhard, Arnold, 255
Bernstein, Sanford, 49
Beurteilungsmethode, 179f.
Bewertungen, marktgerechte, 20
Bilanz(-), 173ff.
– tricks, 177f.
Black & Decker, 346
Block, 35
Blockhandel, 33
Boeing, 288, 293
Bonbright, James, 169
Borden, 293
Börsen-
– crash, 97, 200
– kapitalisierung, 47, 53, 62f., 82, 202, 204, 206, 273
– profis, 23, 37

357

Boston Scientific, 204, 316
Bowman, 301
Brandes, Charles, 65
Browne, Tweedy, 64
Bruttogewinnspanne, 238, 241, 247f.
Buchwert (siehe auch Nettowert und Eigenkapitalwert), 21f., 64, 158, 220, 227, 255, 257, 263f., 265ff., 283, 297, 329
Buffalo News, 320
Buffett, Warren, 27, 34, 58, 63, 67, 121, 129, 131, 133, 179, 202, 218, 221, 226, 258, 264f., 306, 311, 320, 329, 335f.
– Builder's Square, 264
Buffett Partnership Ltd., 68
Bullenmarkt, 19, 47, 93, 126, 137, 155, 163, 180, 272, 316, 327

C

Cadillac, 299
Callaway Golf, 35, 169, 205, 223, 287
Caterpillar, 27, 58, 81f.
CBS, 282, 301
Charles Schwab, 205, 244, 251
Chart(-), 26
– analysen, 26
– techniker, 90, 95
Chase Manhattan Bank, 31, 57, 60, 77
Chashflow-Rechnung, 173, 175
Chemical Bank, 60, 288
Chicago Cubs, 300
Chrysler, 21, 34, 153
CIGNA, 57
Cisco Systems, 56, 204, 321f., 323f., 326, 284, 346
Citibank, 300

Citicorp, 21, 34, 81, 208, 281, 285
Cleveland Cliffs, 341
Clorox, 272
Coca Cola, 31, 67, 77, 129, 179, 185, 208, 225, 231, 248f., 279, 283, 299f., 346, 349
Colgate-Palmolive, 248
Columbia Pictures, 284
Continental Homes Holding, 35
Cracker Barrel, 150
Cracker Old Country Store, 205

D

DaimlerChrysler, 271
Dairy Queen International, 320, 349
Dell Computer, 204, 225
Depression, 345
Diskontierungs-
– faktor, 189
– rate, 188f., 192 f., 195, 295
Diversifikation, 40, 47, 51, 299, 309f., 340
Dividenden-
– reinvestition, 214
– rendite (DR), 44ff., 61, 146
Donruss, 301
Dow Chemical, 81
Dow Jones Industrial Average (DJIA), 60, 67f., 144f., 197
Dow, Charles, 17
Dow-Industrials-Index, 158
Dow-Jones-Industrieaktienindex, 37, 42, 223, 292, 336
Dow-Jones-Industrieunternehmen, 350f.
Dreman Value Management, 50, 82, 93
Dreman, David, 50f., 55, 82f., 93
DuPont, 58, 156f., 159, 208, 225, 271, 290, 297

Durchschnitt(s-)
- gewichteter, 181
- kostenmethode, 214, 314ff.

E

Eastman Kodak, 288, 290
Effiziente Märkte, Existenz, 136
Eigenkapital-
- basis, 187, 223, 225, 282, 286, 296, 348
- rendite, 186f., 206, 210, 218f., 226, 230, 267, 284, 286f., 303f., 306, 348
- rentabilität, 61
- wert, 21
- basis, 198
Eli Lilly, 162, 259, 300
Ellis, Charles, 132, 133, 134, 135
Emerson Electric, 179, 225
Equifax, 234
Erfolgsrechnung, 173f.
EVA (Economic Value Added), 294
- Konzept, 295
- Methode, 294
Exxon, 26, 75, 84, 225, 341

F

Fälligkeitstermin, 108, 339
Federal Home Loan Mortgage, 341
First Chicago, 57
Fisher, Philip, 279, 345
Fixkosten, 249, 251, 253f., 303
Fleer, 301
Fleming Cos., 275f.
FlightSafety International. 349
Fluor, 100
Ford Motor, 58, 69, 82, 153, 208, 271, 351
Franchise-Wert, 131, 298f., 349

Fremd-
- kapital, 249
- mittel, 223f.
Fruit of the Loom, 257f.
Fusion(s-), 97f., 345
- welle, 283

G

Gabelli Asset Management, 61, 101
Gabelli, Mario, 34, 61, 101, 129, 131
Gannett Co., 121f., 258
Gateway 200, 204
GATX, 341
GEICO Insurance, 320, 341
Gemeinkosten, 218, 249
General Electric, 26, 31, 78, 108f., 115, 224f., 260, 285, 294, 321, 324, 351
General Foods, 185
General Motors, 60, 81, 140, 142, 153, 203, 211, 238, 288, 290f., 337
Genuine Parts, 185, 187
Gesamtkapital-
- rendite, 303
- rentabilität, 302
Geschäftsberichte (Jahresbericht), 231
Geschäftswert, 258
Gewichtungsfaktor, 181
Gewinn- und Verlustrechnung, 173, 175, 239, 241, 243, 292
Gewinn(e)-
- abschätzung, 178
- durchschnitt, 183f.
- einbehaltene, 218, 227f., 294, 297f., 317, 327, 346
- potenzial, 270, 317
- prognosen, 226

– punkte, 144, 146f.
– Methode, 140f.
– rendite, 64, 110f., 114f., 122, 127, 131, 159, 198, 326, 331
– spanne, 94, 98, 208, 232, 237f., 241, 273ff., 302f., 331
– operative, 239, 251
– Trendlinie, 165f., 330
– wachstum, 139, 160
Gewinnzuwachs(-), 115ff., 122f., 163, 187, 199f., 208, 254, 279, 289, 292ff., 298, 317f., 323f., 330, 348
– rate, 159
Giant Cement Holding Co., 261, 263
Gillette, 67, 129, 179, 279, 349
Goldsmith, James, 36
Goodwill, 258f.
Graham, Benjamin, 17, 29ff., 44f., 58, 61, 63ff., 87, 182f., 201f., 227, 255ff., 329, 335, 337, 345
Greenspan, Alan, 85f.

H

Hagstrom, Robert, 335
Halte-
– dauer, 129, 315, 322, 324
– zeit, 137, 139, 156f., 199
Händlerspannen, 132f. ,136
Handy & Harman, 341
Harley-Davidson, 138, 298f., 347
Harrah's Entertainment, 241
Hausse (Bullenmarkt), 61, 315, 327
– Zeiten, 83
Hedge-Käufe, 103
Hewlett Packard, 71, 234, 261, 285, 347

Hollywood, 301
Home Depot, 151, 347
Honda, 69, 225, 299
Humankapital, 232

I

IBM, 73, 94f., 100, 240
Inflation, 43, 93, 103, 105 f., 108f., 150, 188, 193, 198f., 264
Informationsasymmetrie, 72, 83f.
Insiderhandel, 17
Intel, 25, 56, 85, 153, 215, 284, 293, 347, 351
Investitionsrentabilität, 150
Irrationalitätszyklus, 78

J

J. P. Morgan, 57
Jahresbericht, 63, 226, 233f., 292, 304, 337f., 341, 344, 351
Johnson & Johnson, 236
Jones, Thomas P. 295

K

Kaiser Aluminium, 341
Kapital-
– kosten, 192f.
– rückfluss, 149, 268, 270, 275, 318, 321, 325
– dauer, 325f.
– Tabelle, 164, 319, 330
– zeit, 319
Kaufen und Halten, 129 f., 314, 341
Kellogg, 204, 272
Kennzahlen(-)
– finanzielle, 255ff.
– analyse, 255
KGV, 316, 324, 330, 345f.

– Effekt, 318f.
Kimball, 299
Kimberly-Clark, 288
Kirby, 320
Kmart, 264f., 301, 131
Konjunkturabschwächung, 150
Konsumverhalten, 24, 70
Kosten
– -fixe, 250
– -variable, 248ff.
– senkung, 288, 291, 299
– struktur, 248, 250f., 253f.
– wirtschaftlichkeit, 208
Kumulationseffekt, 42, 120
Kupon, 108, 115f.
Kurs-Buchwert-Verhältnis
 (KBV), 44ff., 52f., 55ff., 66
Kurs-Cashflow-Verhältnis, 53
Kursdurchschnittsverfahren, 41
Kurs-Gewinn-Verhältnis
 (KGV), 44ff., 61f., 64, 66, 80,
 82, 106, 115, 120, 124, 127,
 159f., 268ff., 273ff., 298, 318
Kursschwankungen, 20
Kurs-Umsatz-Verhältnis (KUV),
 44, 52f., 55f., 66

L

Lebenszyklen, 206f.
Leverage-Effekt, 208, 218, 247f.
Levi's, 300
Lexus, 300
Liquidationswert, 255, 257, 259,
 264, 266f.
Liquidität(s-), 61
– überschuss, 287
Lockheed Martin, 288
Loeb, Gerald, 309
LTV Steel, 77f.
Lynch, Peter, 35, 149, 165, 331

M

Marken-
– name, 300, 302, 349
– wert, 302ff.
Markt-
– effizienz, 52, 58, 71ff., 81ff., 87,
 139
– kapitalisierung, 131, 143, 265
– preis, fairer, 260
– rendite, 192f.
– Timing, 135, 147f., 344
– wert, 22, 231, 273f., 297f.
 – fairer, 19, 30, 61, 76, 80, 269
Maverick Tube, 76, 246ff.
McDonald's, 31, 153, 179, 225,
 300, 329, 341
McDonnell Douglas, 60, 290
Mercedes-Benz, 299
Merck & Co. 35, 162, 170, 179,
 198f., 219, 225, 248f., 259,
 285, 316ff., 321ff., 326
Merrill Lynch, 57, 95
Metz, Robert, 217
Micron Technology, 94
Microsoft, 77, 95, 123, 204,
 240f., 266, 284f., 306, 316
Mindest-
– rendite, 134f., 194, 203, 295f.,
 317, 323, 331, 348
– wert, 256
Mitchell & Co., 290
Motorola, 338

N

National Student Marketing, 341
NBC, 300f.
NCR, 282
Nebraska Furniture Mart, 320,
 349
Neff, John, 34, 60
Nennwert, 108, 110

Nestlé, 299
Netto-
- ertrag, 154f., 157, 159f., 170, 173, 177, 187, 219ff., 226, 228, 238, 240, 245, 291, 296, 321, 348
- gewinnspanne, 239, 241
- umlaufvermögen, 44f., 64
- wert (siehe auch Wert, innerer), 19, 21, 56, 76, 104f., 112f., 131, 155 ,158 ,171f., 175, 185, 213f., 227, 229, 256f., 266, 333
NIKE, 99f., 299f., 302, 306
Norfolk & Western, 112
Norfolk Southern, 321ff., 324
Novellus Systems, 162, 271
Nucor, 116f., 305
Nutzwert, 25, 34
NYSE-AMEX-Aktienindex, 45

O

O'Higgins, Michael, 34
O'Shaugnessy, James P., 52f., 55
Office Depot, 204
Oppenheimer, Henry, 45
Opportunitätskosten, 152, 188, 192, 295f.
Oracle, 95, 204, 284, 347
Outback Steakhouse, 204

P

P&G, 290
PepsiCo, 24, 165f., 185, 231, 248, 300, 330
Performance (siehe auch Unternehmensleistung), 37, 50, 52, 55, 57, 60, 63, 65, 90, 123, 126, 154, 156, 162, 166, 169, 208, 237f., 240f., 270, 279, 288, 290, 292ff., 305, 309, 313, 315, 317, 320, 326, 329, 348

Personalkürzung, 288f.
Pfizer, 248
Philip Morris, 60, 121, 160f., 167, 185, 198f., 204, 230, 248, 272
Pitsburgh & West Virginia Railroad, 112, 113
PNC Banks, 341
Presstek, 270
Price, Michael, 59f., 129, 131
Procter & Gamble, 20, 156, 208, 225, 248, 272, 280, 285, 288, 290, 316, 351
Produktivität, 218, 232
Prognose(n), 89
- modelle, 23
- potenzial, 226
Provisionskosten, 132f., 136, 143f., 147, 309, 339

R

R.J. Reynolds, 341
Rawlings, 299f.
Realwert, 107
Rechnungslegungs-
- tricks, 96, 98
- vorschriften, 17, 260, 291f.
Relativwert, 62
Rendite-
- potenzial, 23, 25, 29, 122, 188
- steigerung, 42
Rentabilitätspotenzial, 152
Rezession, 156, 183, 187, 225, 304, 344
Risiko(-), 111, 166, 188, 193f., 201, 257, 264, 271ff., 310ff., 316, 321, 326, 339f., 345
- potenzial, 152, 311, 330
- zuschlag, 108, 111, 189, 193
Ruane, William, 63

S

S&P 500, 45, 55f., 61ff., 65 f., 106f., 123, 219
- Aktie, 146, 265
- Index, 37, 41, 43, 46f., 82, 134, 338

Samuelson, Paul, 72
Sanders, Lewis, 49
Sara Lee, 169
Schafer Capital Management, 62
Schafer, David, 62
Schering-Plough, 224f.
Schloss, Walter, 63
Schwankungsintensität, 22
Scott Paper, 288
Sears, Roebuch & Co., 266, 274, 299
Seattle Film Works, 243
See's Candies, 320, 349
Service Corp. International, 347
Sicherheit(s-), 49, 51, 70, 119, 123, 127, 182, 193, 200, 259, 267, 312, 333, 340, 344ff.
- marge, 29f., 64f., 82, 340
Small-Cap-Effekt, 82
Smith, Edgar Lawrence, 227 f., 230
Soros, George, 34, 39
Standardwerte, 22
Stern Stewart & Co., 294f.
Steuergesetzgebung, 209f.
Stock Picking, 138, 312, 336
Stromversorgungsunternehmen, 113, 215
Subsidiaritätsansatz, 309f.
Sun Microsystems, 338
Sunbeam, 60
Superior Industries, 138
Sutton, Gary, 237
Suzuki, 299

T

Target, 301
Technische Analyse, 135, 139
Tempelton, John, 34
Texas Instruments, 347
The Limited, 260, 321, 324f.
Timing, 73, 141f., 145
- Modelle, 146
Tootsie Ross Industries, 298
Topps, 299, 301
Transaktionskosten, 134, 137, 339
Trinity Capital, 55
Trinity Investment Management, 45f.
Trump, Donald, 133
Tweedy, Browne Co., 45

U

Über-
- kapitalisierung, 202
- reaktion, 49
Umsatz-
- erlöse, 273
- volumen, 180
Umschlags-
- häufigkeit, 132f., 136
- kennzahlen, 129f.
- quote, 133ff.
Unisys, 290
Unternehmens-
- bewertung, 28, 44, 169, 179, 190, 201, 248, 316, 328
- leistung, 33, 217, 246, 279, 333
- wert, 136, 187, 218, 296
- immaterieller, 279ff.

V

Value-Aktien, 52
Value-Portfolio, 315ff., 324

Veräußerungswert, 21f., 45, 62, 256
Verlust-
– aversion, 49
– risiko, 25
Verschuldung(s-), 194f., 223
– grad, 61

W

Wachstums-
– aktien, 52
– potenzial, 19, 179, 182
– rate, 117, 119, 123, 127
– unternehmen, 120f., 184, 197, 204f., 214, 227, 272f., 345f.
– werte, 19, 47, 57
Walgreen, 123, 163f., 179, 279, 316, 347
Wal-Mart, 156, 180, 205, 209, 289, 296, 300f., 313
Walt Disney, 67, 205, 208, 280f., 299, 305, 329, 333, 349f.
Walter & Edwin Schloss Ltd., 65
Weiss, Geraldine, 197
Wells Fargo Bank, 57, 346
Wells Fargo, 67, 270, 341
Weltwirtschaftkrise, 345
Weltwirtschaftskrise, 93, 200f.
Wendy's International, 153, 261ff.
Wert(-), 19 ff.
– fortlaufender, 190f., 194
– innerer (siehe auch Nettowert/ Substanzwert), 18f., 21f., 66, 71, 73, 78ff., 138, 156, 178, 180, 183ff., 188ff., 194, 196, 202, 213f., 222, 227, 231, 291, 299, 311, 332, 346, 351

– berichtigung, 225, 239f., 288f., 295
– immaterieller, 258
– entflechtung, 61
– kauf, 209
– korrektur, 37
– schöpfung im Management, 294f.
– schöpfungspotenzial, 296ff., 347
– standard, 20
– steigerungspotenzial, 105, 129, 199
– vorstellung, 24, 26f.
– zuwachs, 296f.
  – für die Aktionäre, 113
  – Konzept, 294
Western Digital, 271f.
Westinghouse, 282
William Wrigley, 279
Williams, John Burr, 74
Woolworth, 344
World Book Encyclopedia, 320
Wrigley, 298

Y

Yamaha, 299

Z

Zeitfaktor, 42
Zyklusphasen, 207f.

„Das wahrscheinlich wichtigste Geldanlagebuch in diesem Jahrzehnt" (Stock Trader's Almanac)

Angebliche Geheimtipps katapultieren Sie auf ein Pulverfass! Mit diesem Buch sind Sie nicht mehr auf Gerüchte angewiesen. Eine Analyse der Kursverläufe der letzten 45 Jahre liefert statistisch abgesicherte Erkenntnisse. Erkenntnisse, aus denen klare Handlungsempfehlungen abgeleitet werden.
Anhand Ihrer ganz individuellen Risikopräferenz können Sie die für Sie geeignete Strategie auswählen.

Die besten Anlagestrategien aller Zeiten – *Die richtigen Analyseinstrumente – Fundierte Kauf-und Verkaufsentscheidungen – Überdurchschnittliche Erträge*, JAMES P. O'SHAUGHNESSY, 380 SEITEN, 129,- DM, ISBN 3-478-36580-5

Fundiert entscheiden – sicher investieren!

Sie wollen intelligent an der Börse agieren, sich nicht von Boom-Euphorien anstecken oder von der Crash-Hysterie mitreißen lassen? Dann ist dieses Buch goldrichtig. Die hier vorgestellten Strategien helfen Ihnen, Fehler durch Emotionen gering zu halten und potenzielle Anlagemöglichkeiten nach messbaren Richtlinien und ihrem inneren Wert zu beurteilen. Ob Einsteiger oder Profi, hier lernen Sie nach kurzer Zeit, sich auf die Person zu verlassen, auf die es ankommt: Sie selbst!

Geld verdienen ohne Panik – *Die Psychologie der Börse verstehen und nutzen – Fundierte Anlageentscheidungen treffen – Die Performance verbessern*; JONATHAN MYERS, 330 SEITEN, 89,- DM, ISBN 3-478-38350-1

Geld verdienen – bequem vom PC aus!

Bevor Sie als Daytrader Geld einsetzen, müssen Sie den Markt und seine Eigenheiten kennen. Dieses Buch ist Ihr Begleiter durch das Haifischbecken des Daytrading. Nutzen Sie das Auf und Ab, ohne dabei selbst zum Spielball des Marktes zu werden. Profitieren Sie von den langjährigen Erfahrungen des Autors, die er im knallharten Profigeschäft sammelte. Thomas Priermeier gibt Ihnen nicht nur einen Einblick in Produkte, Strategien und Märkte, sondern informiert über technische Voraussetzungen und günstige Anbieter.

Geld verdienen mit Daytrading – *Europäische Anbieter – Technische Voraussetzungen – Professionelle Praktiken*; THOMAS PRIERMEIER, 288 SEITEN, 98,- DM, ISBN 3-478-38330-7

Ab sofort in Ihrer Buchhandlung erhältlich!